Hannah Arendt
(1906-1975)

EX-LIBRIS

孟凡礼译文集

I

Hannah Arendt & Isaiah Berlin:
Freedom, Politics and Humanity

汉娜·阿伦特与以赛亚·伯林：
自由、政治与人性

Kei Hiruta
[日] 蛭田圭 著

孟凡礼 译

贵州出版集团
贵州人民出版社

图书在版编目（CIP）数据

汉娜·阿伦特与以赛亚·伯林：自由、政治与人性/（日）蛭田圭著；孟凡礼译. -- 贵阳：贵州人民出版社，2024.8. -- ISBN 978-7-221-18444-3

Ⅰ. K837.125.1; K835.615.1

中国国家版本馆CIP数据核字第2024C913X5号

Copyright @ 2021 by Princeton University Press

All rights reserved. No part of this book may be reproduced or transmitted in any form or by any means, electronic or mechanical, including photocopying, recording or by any information storage and retrieval system, without permission in writing from the Publisher.

HANNA. A'LUNTE YU YISAIYA. BOLIN : ZIYOU、ZHENGZHI YU RENXING

汉娜·阿伦特与以赛亚·伯林：自由、政治与人性

（日）蛭田圭著　孟凡礼译

出 版 人	朱文迅
策划编辑	汉唐阳光
责任编辑	辜　亚
装帧设计	陆红强
责任印制	丁　寻
出版发行	贵州出版集团　贵州人民出版社
地　　址	贵阳市观山湖区中天会展城会展东路SOHO公寓A座
印　　刷	鸿博昊天科技有限公司
版　　次	2024年8月第1版
印　　次	2025年2月第2次印刷
开　　本	880mm×1230mm　1/32
印　　张	15
字　　数	30千字
书　　号	ISBN 978-7-221-18444-3
定　　价	98.00元

如发现图书印装质量问题，请与印刷厂联系调换；版权所有，翻版必究；未经许可，不得转载。

目 录

第1章　引论 001

第2章　"眼中钉" 015
　　敌意 017
　　汉娜·阿伦特的生平 018
　　以赛亚·伯林的生平 021
　　对话犹太复国主义 023
　　形而上学的自由联想 038
　　纽约的"内战" 055
　　俄国革命研讨会 071
　　"生前是，死后也是" 075

第3章　自由 079
　　术语及区分 084
　　伯林的自由理论 088
　　阿伦特的自由理论 106
　　消极自由、政治自由与个性 132
　　结论 138

第4章　非人性 141
　　定义极权主义 146
　　集中营社会：阿伦特论极权主义 153
　　极权的心理：伯林论极权主义 173
　　结论 198

- 第 5 章　邪恶与审判 ……………………… 201
  - 艾希曼神话 ……………………………… 206
  - 伯林评《艾希曼在耶路撒冷》：初看 …… 211
  - 程序上的反对 …………………………… 215
  - 实质上的反对 …………………………… 233
  - 结论 ……………………………………… 260

- 第 6 章　自由之岛 ………………………… 263
  - 伯林的英国 ……………………………… 268
  - 争辩英国帝国主义 ……………………… 277
  - 阿伦特的美国 …………………………… 291
  - 争辩革命精神：美国1968 ……………… 299
  - 自由和/或民族主义：匈牙利1956 ……… 303
  - 结论 ……………………………………… 321

- 第 7 章　结论 ……………………………… 325

- 致谢 ………………………………………… 337
- 附录 ………………………………………… 343
- 缩略词表 …………………………………… 347
- 注释 ………………………………………… 353
- 索引 ………………………………………… 449

第 1 章

引论

几年前,我把汉娜[·阿伦特]和以赛亚[·伯林]叫到一起……这次会面从一开始就搞砸了。对伯林来说,阿伦特太严肃、太自命清高、太条顿范、太黑格尔化了。阿伦特则把伯林的风趣误认为轻浮,觉得他不够严肃。

——阿瑟·小施莱辛格[1]

1991年,美国哲学家诺曼·奥利弗·布朗写信给他的朋友、从前的导师以赛亚·伯林,[2]赞许地提到了最近出版的一本名为《恐惧共和国》的书。[3]这本书是对萨达姆·侯赛因和他的复兴党(Baʿath Party)的开创性研究,将萨达姆统治下的伊拉克"卡夫卡式"世界与其据称的20世纪前身相比较。在做这样的比较的时候,这本书借鉴了一些反极权主义的经典作品,包括伯林的《自由四论》和汉娜·阿伦特的《极权主义的起源》。[4]伯林对这一对举颇为不悦。他回信给布朗,"我想那(《恐惧共和国》)是关于伊拉克恐怖的故事,这个就不说了。但让我深感不快的是,我的名字竟和汉娜·阿伦特小姐的名字连在了一起[……]告诉我,你真的明白阿伦特小姐跟我的某些根本区别吗——否则我们怎么继续交往?"[5]

伯林在1991年给布朗的信中表达出了对阿伦特的强烈厌

恶,其实这种恶感由来已久。它开始于半个世纪前,当时这两位思想家在二战时的纽约经介绍会面。我们对这次会面所知甚少,但他们的观点肯定不同,双方给彼此留下的印象也很糟糕。至少可以说,大约十年后,也就是1949年,当两位思想家在哈佛大学再次说话时,他们之间的关系并没有改善。安排这次会面的政治学家阿瑟·小施莱辛格后来回忆说,他俩的会面"从一开始就搞砸了"。[6]他们的道路在此后15年多的时间里没有再次交叉,伯林继续在英国建立他耀眼的学术生涯,阿伦特则在美国确立了自己作为一名有影响力的公共知识分子的地位。

不过,他们之间并没有太遥远的距离,如果从社会关系、文化或思想等方面来看的话。他们不仅有各种共同的研究兴趣,而且有许多共同的朋友、学术联系人和合作者。其中最值得一提的是英国政治理论家伯纳德·克里克,他试图说服伯林认识到阿伦特工作的重要性。这位牛津哲学家从未被说服。相反,由于他对现象学哲学传统的深深怀疑,伯林将阿伦特的理论著作如《人的条件》(中国大陆版译为《人的境况》)斥为一堆"自由的形而上学联想"。[7]他的蔑视随着1963年阿伦特的《艾希曼在耶路撒冷:一份关于平庸的恶的报告》的出版而演变成终生的憎恶。伯林极力地赞同广泛的指控,即阿伦特傲慢地指责大屠杀的受害者,她提出了一个有严重缺陷的关于恶的解释。

奇怪的是,尽管伯林对阿伦特及其著作不屑一顾,他还是继续阅读——或者更准确地说,略读——她的书籍和文章,包括被忽视的作品,如《拉赫尔·瓦尔哈根:一个犹太女人的一生》，也包括她的主要作品《人的条件》《论革命》。[8]然而，他读得越多，就越相信他对阿伦特作品的评价是正确的。后来伯林将他深思熟虑的观点总结如下：阿伦特"没有提出任何论点，没有严肃的哲学思想或历史思想的证据。"[9]此外，伯林对阿伦特的敌意从未因她的死或随后的时间流逝而减弱。在上面引用的1991年给布朗的信中，伯林形容阿伦特"对我来说是一个真正的眼中钉——无论是活着，还是在她死后"。他继续说："她真的是我最厌恶的东西。"[10]

阿伦特意识到伯林对她的敌意。这在很大程度上要归功于作家玛丽·麦卡锡，她多次抗议伯林对阿伦特的贬斥，以至于她和伯林的友谊因此被"毁掉"了。[11]与此同时，阿伦特本人也从未对伯林的敌意做出过回应。首先，她是一个有争议的人物并且以此而自豪，尤其是在《艾希曼在耶路撒冷》出版之后，她吸引了许多满怀怒气的批评家。她不可能回应所有人，在她看来，伯林并不是特别重要或值得回应的那一个。她知道伯林在英国、以色列和美国的地位和关系，但她认为伯林几乎算不上是一个有独创性的思想家。[12]这部分是因为阿伦特认为德国哲学理所当然地优于英美哲学。尽管她尊重霍布斯，但她通常认为英国是一个哲学沙漠，认为罗素、摩尔等人发起的分析运动没有什么价值。在这方面，我们两位主人公的偏见是对称的：一如伯林无法欣赏德国现象学，阿伦特也无法欣赏英国经验主义。不过阿伦特认为伯林是一个博学的学者，尤其是在俄国思想史这个主题上。她有时在课堂上使用伯林的作品；[13]她幸存的个人藏书里有一本伯林的处女作《卡尔·马克思：他的生平和环境》，以及他的四篇论文。[14]然而，这表明阿伦特似乎唯一仔细读过的伯林作品是他给Franco Venturi《革命的根源》写的导言。事实上，正是作为这篇导言的作者，伯林在阿伦特出版的著作中（而且是在脚注）唯一地出现了一次。[15]对她来说，伯林是一位受人尊敬的思想史家，也是她所谓的"犹太当权派"中一个相当重要的成员。伯林对她的敌意被她对伯林的冷漠和偶尔的怀疑所抵消。

不过事情不止于此。他们是同时代人，阿伦特出生于1906年，伯林出生于1909年。他们属于20世纪犹太移民知识分子群体，他们的思想和生活故事彼此重叠。[16]阿伦特和伯林分别出生于德国犹太家庭和波罗的海犹太家庭，在他们的成长时期都经历了反犹太主义。两人都开始关注20世纪30年代欧洲迫在眉睫的危机，都决定在第二次世界大战结束前放弃充满希望的纯哲学职业，并在此后投入大量时间和精力来理解极权主义的根源，遏制其增长并防止其死灰复燃。他们都有朋友和亲戚被他们后来致力于研究的极权主义政权谋杀或处死。此外，他们自己都曾在刚兴起的极权主义世界生活过，因此能够做一些类似于人类学家所说的"参与式观察"的事情：通过实际生活在所要研究的社会中来收集材料。众所周知，少年以赛亚·伯林惊恐地目睹了彼得格勒的二月革命和十月革命。在他后来1945—1946年回到苏联在英国大使馆工作之前，伯林"反复做着被逮捕的噩梦"，并考虑过被捕后自杀的可能性。[17]就阿伦特而言，她被逮捕并在纳粹化的德国接受了八天的审讯，随后在被占领的法国的拘留营被拘留了五周（在那里她也考虑过自杀），然后移民到美国写《极权主义的起源》。压迫、统治、非人性和政治的颠倒，既是他们的生活主题，也是他们的思想主题；自由、人性和政治也是如此。

※　※　※

本研究的两个目标是：追踪汉娜·阿伦特和以赛亚·伯林的历史形象和他们之间不幸关系的发展，并让他们的思想发生对话。前一个目标是历史和传记性质的；后一个是理论性质的。前者涉及以下问题：

阿伦特和伯林在何时何地会面，以及在这些会面中发生了什么？

两人的个人冲突是如何产生的？

伯林对阿伦特的敌意，以及阿伦特反过来对他的冷漠和怀疑，是如何步步升级的？除了实际会面之外，他们还有哪些互动？

这些问题值得一问，不仅因为它们是20世纪思想、文学和文化史的一个迷人部分。它们值得一问，还因为在阿伦特和伯林的生活和著作中，个人、政治和思想几乎是不可分割的。我严肃地认为，对于他们两人来说，一个基本事实是：政治理论不仅仅是一份工作或有报酬的劳动，还是韦伯意义上的天职，他们每个人都过着政治思想家的生活，体现了独特的理论观点。[18]我们的两位主人公都深切关注他们所处时代的紧迫问题，试图对他们居住的"现实世界"施加影响，尽管方式不同。正如我将要展示的那样，这种生活和思维模式有其自身的缺点，因此并不明显优于今天已经成为规范的更超然和制度化的政治理论模式。尽管如此，我们仍有一些很好的理由怀念那个时代，那时政治理论家更加严肃地对待自己，因为他们的"想法确实有后果"。[19]

这项研究的另一方面，即理论方面，涉及一系列基本问题，这些问题将我们的两位主角既联系又分别开来。联系在于：它们是阿伦特和伯林思想的中心；分歧在于：这两位思想家对它们的回答是相互冲突的。这些核心问题可以正式和扼要地表述如下：

> 对人来说，自由意味着什么？
>
> 一个人被剥夺自由、被剥夺人性是什么感觉？[20]最恶劣形式的不自由和非人性的社会，即极权主义，其核心特征是什么，这是如何典型地出现的？
>
> 我们应该如何评判抵抗或对抗极权主义邪恶的明显失败，比如当一个人被迫与国家支持的大规模谋杀者合作时？
>
> 如果我们想让尽可能多的人获得自由，过上真正的人的生活，我们应该致力于建设一个什么样的社会或政体？

阿伦特和伯林对这些问题有时重叠有时冲突的思考将在第

3—6章中讨论。这些章节是按主题组织的，尽管每个章节都笼统地对应着某个时间阶段。第3章，主题是关于"自由"，时间集中在20世纪50年代末60年代初，当时我们的两位主人公都已成为完全成熟的政治思想家，并提出了他们对立的自由理论，各自被他们对"人的条件"的对立观点所支撑。第4章"非人性"，涵盖了一个较长的时期，并追溯了两位主人公一生与极权主义的接触。它主要考察了两种不同的著作：他们对极权政治和社会的战时和战后分析；他们后来试图根据纳粹主义和斯大林主义的现实对西方政治思想史的重新考察。第5章"邪恶与审判"，重点是阿伦特的《艾希曼在耶路撒冷》和伯林对它的评论。由于我们两位主人公的争论与他们在核心道德和政治概念上的分歧有关，如责任、判断、权力和行为主体，本章也涵盖了讨论这些概念的相关作品。第6章"自由之岛"更深入地探讨了两位思想家的中后期作品，梳理出他们对理想政体的不同看法。在这一过程中，考虑了他们对一系列现实世界政治和社会的对立观点，包括英国自由主义的现在和帝国主义的过去、动荡的60年代的美国以及中欧和东欧对苏联统治的反抗。在结论（第7章）中，我简要重申了我的主要论点，并考虑了它们对当今政治思想和政治哲学的影响。

虽然我在这本书里讲的故事有很多曲折，但它的主干很简单，可以提纲挈领地表述如下。首先，阿伦特和伯林之间理论分歧的核心在于对"人之为人意味着什么"（what it means to be human）有着不同观点（第3章）。正如米勒和达格尔所说，如果当代政治理论的特点是拒绝"深刻的形而上学问题"(如"人的条件"),认为这与"发现人们应该如何生活在社会中并安排他们的共同事务"无关,那么阿伦特和伯林都属于更早的时代,当时政治理论还不那么"肤浅"。[21]其次,两位思想家对自由和人性的分歧源于他们对极权主义的不同观点。尽管两人都认为极权主义是非人性和不自由的终极形式,但他们的理论却有所不同,因为他们关注的是彼此竞争的模式:阿伦特的纳粹模式和伯林的"多数派"(Bolsheviks)模式(第4章)。这些分歧——一方面是对自由和人性的分歧,另一方面是对极权主义的不自由和非人性的分歧——在许多问题上引发了进一步的分歧。其中包括在极权主义条件下抵抗的可能性(第5章),以及理想政体的形式,在这种政体中,男男女女都有体面的机会过自由而充实的生活(第6章)。阿伦特和伯林的经历和生活故事为所有这些主要的比较点提供了一个重要的背景,尽管他们的想法不能简化为他们的传记。因此,在第2章中讲述的历史传记故事意在为后面提供信息,本书后面将集中于两位思想家之间的理论分歧。

※　※　※

本书是第一部全面研究阿伦特-伯林冲突各个方面(个人的、政治的和理论的)的著作。不过,不用说,它建立在现有文献的基础上,这些文献从更具体的角度阐明了冲突。虽然每一个这样的贡献都将在接下来的篇幅中讨论（通常在注释中），但在这一导论性章节中需要强调的是，相关文献的稀缺和出现时间的较晚。诚然，那些了解阿伦特和/或伯林的人早在20世纪70年代就开始写他们的冲突；[22]然而关于这个主题的学术著作只是最近才出现。[23]这不是偶然的。事实上，伯林与他"最厌恶"的女人保持距离的决心在这方面发挥了重要作用。[24]正如那些研究过他未发表的论文的人所知，伯林对阿伦特和她的著作有很多话要说，但他几乎从未在出版物上表达过自己的观点，因为伯林非常讨厌她，以至于不愿意"与（她）建立任何关系"，哪怕是敌意关系。[25]诚然，在他的一生中，这条规则有一个例外：他在1991年发表了关于阿伦特的实质性评论，作为他回答拉明·贾汉贝格鲁采访的一部分。[26]然而，除此之外，他对自己的"眼中钉"保持公开沉默。[27]结果，直到1997年他去世后，伯林对阿伦特的敌意评论才开始见诸报端。迈克尔·伊格纳季耶夫的授权传记是这方面的一个重要转折点。[28]尽管如此，它给出的仍是一幅不完整的画面，引发学者们一些有见地但基本上是推测性的评论。[29]伯林对阿伦特的作品和人格的完整评论的一个公平样本直到2004—2015年才出现，当时亨利·哈代、珍妮弗·霍尔姆斯和马克·波特尔出版了他的四卷精选信件。[30]这就是为什么阿伦特-伯林冲突，尤其是伯林对阿伦特的敌意，直到最近一直是一个基本上被忽视的话题；以及为什么直到现在还没有人试图讲述这场冲突的全部故事。

最后，我想再说几句，从一开始就说明这本书不是关于什么的。首先，正如已经清楚的那样，这项研究既不是一部纯粹的政治哲学，也不是一部纯粹的思想史。它调动了两个学科的方法论工具。一方面，它仔细考察了阿伦特和伯林的生平，并重构了相关的语境，以阐明两位思想家的思想及其比较优势和劣势。另一方面，它经常抽象地讨论他们的思想，撇开了这些思想的产生、传播和接受的背景。怀疑论者可能会说，这两种方法的并列必然是不连贯的。他们可能会说，政治哲学和思想史完全是两个独立的领域，在将二者应用于研究对象之前，必须选择使用哪种方法。我不敢苟同。在我看来，在广义的政治思想研究中，方法的选择应该遵循研究的对象和目标，而不是相反。这项研究需要哲学和历史的方法。借用一位最近的哲学史家的话来说，抱怨像我这样的学术研究"既不恰当地具有哲学意义，也不恰当地具有历史意义，就像抱怨一座桥既不在一边也不在另一边"。[31]话虽如此，我将不在一般和抽象的层面上详述方法论问题，因为目前的研究不是对政治思想研究方法论辩论的贡献。布丁好不好只有吃了才知道。以下几章展示了我的研究发现；读完这本书后，每个读者可能会得出自己的结论，我所采用的研究方式是不是成功了。

第二，这项研究不是为我们的两位主人公中的任何一个辩护。相反，这是一本不偏不倚的书。不用说，这并不意味着我对阿伦特-伯林冲突保持中立或试图保持中立。相反，这意味着我根据两位思想家各自的优点来评估他们的个人论点，而不是不加区别地支持他们中的任何一个。我知道这很可能会让一些读者失望。在这方面，值得回顾的是，暂且不说伯林，阿伦特仍然是一个高度分裂的人物，赢得一些人的盲目忠诚，同时激起其他人的强烈敌意。前者希望看到的是在批评面前对他们主人的坚定不移的辩护；后者，希望的则是对他们敌人的整体打击。这本书对双方都没用。正如我希望在接下来所展示的那样，阿伦特和伯林都做对了很多事情，也做错了很多事情，尽管方式不同。将两者并列的目的不是决定哪一方"赢了"，因为思想家之间的分歧不是体育比赛、选美比赛或任何其他类似的游戏。更确切地说，重点是更好地欣赏阿伦特和伯林的思想，互相对照阅读他们的作品，这样每个理论家所做的默认假设和隐藏的偏见就可以被梳理出来并受到批判性的审查。

如果这听起来闪烁其词，如果我被要求"坦白"我的偏好和偏见，我唯一能诚实地说的是：我知道我同时偏爱着阿伦特和伯林。我知道我的思想形成与我对这两个人的著作难以抑制的兴趣是分不开的，我的观点也是在与他们持续的批判性接触中从根本上形成的。阿伦特和伯林同样是我心目中的知识英雄。

然而，这两个英雄不幸地无法相处。下一章讲述了这个失败的故事。

第 2 章

"眼中钉"

敌　意

"我确实对阿伦特小姐有看法。我对她的作品和个性都极不欣赏（她知道的）。"[1]1992年冬天，82岁的以赛亚·伯林在给一位作家的回信中开篇就这样说道，后者正在准备写一本关于汉娜·阿伦特和马丁·海德格尔的书。[2]这位作家，即已故的阿丽斯贝塔·爱丁格（Elżbieta Ettinger），自然被伯林的话所吸引。她又发了几封信，要求伯林详述他的看法，聊聊轶事，并安排面谈。对爱丁格来说不幸的是，由于伯林生病，会面没有实现；对后来的历史学家来说幸运的是，伯林以书面形式回应了她的请求，重述了他在各种场合跟别人说过的话。他说，阿伦特自命不凡，太过自以为是，缺乏同情心；她1958年的书《人的条件》显示了她"对希腊经典的[……]广泛无知"，正如她1951年的书《极权主义的起源》显示了她对俄国近代史的同样无知；她不负责任地急剧改变了对犹太复国主义的看法；她在《艾希曼在耶路撒冷》中表现出"令人难以置信的傲慢"，竟然告诉纳粹的犹太受害者他们本该怎么做。[3]始终，伯林将阿伦特称为"我的眼中钉"（bête noire），他在不同的场合曾多次这样称呼阿伦特。[4]

他是如何对阿伦特生出这种敌意的？本章描绘了这一敌意

发展的关键阶段,这将有助于理解我在后面章节对两位思想家政治和思想分歧的讨论。为此,有必要对他们的生平做一个简要的概述。

汉娜·阿伦特的生平

汉娜·阿伦特1906年出生于汉诺威附近,在当时的东普鲁士首都柯尼斯堡(也就是现在的俄罗斯城市加里宁格勒)长大。她是独生女,父母是世俗化中产阶级,政治上属社会主义,并且完全归化;她上的是德语幼儿园、义务制主日学校和德语学校,对自己的犹太人身份有模糊的认识。她的母亲玛莎致力于歌德式的"教育"(Bildung)或性格培养的理想,父母和教师的努力得到了丰厚的回报,年少的汉娜表现出了对古典和现代欧洲哲学和文学的热爱。在被大学正式录取之前,汉娜·阿伦特在柏林大学度过了几个学期,之后她在马堡大学学习哲学,在那里她和她的老师马丁·海德格尔有过一段如今已是有耳皆闻的恋情。她对海德格尔从前的导师埃德蒙德·胡塞尔(Edmund Husserl)没有特别的印象,她在1926/27年的冬季学期参加了他的"现象学导论"讲座。[5]不过,她在海德堡找到了理想的导师卡尔·雅斯贝尔斯(Karl Jaspers),并于1929年完成了她的博士论文《奥古斯丁的爱的概念》。[6]

德国日益加深的危机打断了阿伦特随后的学术生涯。纳粹党大肆利用20世纪20年代末30年代初的经济和政治危机，在1930年9月的全国大选中赢得了18.3%的选票，并在随后的1932年7月的大选中赢得了37.4%的选票，成为德国国会最大的政党。阿伦特对即将发生的事情有所预感，她说："今天在德国，犹太人的同化必将宣告破产。"[7] 1933年2月27日国会纵火案的冲击让她彻底转向政治；她不能再"做一个旁观者"。[8] 她现在放弃了任何零敲碎打的改革的希望，用她的公寓为共产主义者提供隐藏，最惊人的是，她接受了德国犹太复国主义同盟成员的请求，非法收集纳粹化德国反犹太主义上升的证据。这导致她被逮捕并接受了为期八天的审讯。她被释放，但她知道"不可能一再侥幸"，于是非法离开德国前往巴黎。[9]

在法国首都的头几年，她对犹太复国主义的参与程度更深了。她正式加入了世界犹太复国主义组织；为另一个犹太复国主义组织"法国-巴勒斯坦"的办公室工作；在出版物中鼓吹劳工犹太复国主义思想；被布伯的犹太文化复兴思想所吸引；并开始为"青年阿利亚"（Youth Aliyah）工作，这是一个支持青年犹太人作为犹太复国主义先锋移居巴勒斯坦的组织。[10] 但从1936年起，她的犹太复国主义观点开始引入明显的马克思主义视角，部分是由于她未来（第二任）丈夫海因里希·布吕歇（Heinrich Blücher）的影响。这位自学成才的德国共产主义者属于一群流亡的魏玛知识分子，包括瓦尔特·本雅明、阿诺德·茨威格和埃里希·科恩-本迪特，阿伦特经常在巴黎与他们碰面。1939年9月战争爆发后，他们的处境发生了巨大的变化。法国当局现在开始拘留"敌国侨民",将阿伦特送到居尔的一个妇女营,将布吕歇送到科隆布的一个男子营。[11]双双获释后,他们出乎意料地竟得团聚,彼时已结为夫妻的两人遂于1941年5月移居美国。

定居纽约后,阿伦特在接下来的几年里为德语报纸《建设》(*Aufbau*)撰写专栏,同时寻求重启她作为学者和知识分子的职业生涯。[12]这并不意味着她把所有的时间和精力都投入到纯粹的智识追求中。相反,她在20世纪40年代中后期不知疲倦地为欧洲犹太文化重建委员会及其后继组织犹太文化重建公司工作,修复、检查、组织被掠夺的犹太文物,并将它们从战后的欧洲分发给巴勒斯坦/以色列、美国和其他地方的各种机构。同时,她在1951年发表了《极权主义的起源》,在学术上取得了重大进展。此后,她进一步研究了马克思主义及其背后的西方政治思想传统,出版了《人的条件》《过去与未来之间》和《论革命》。随着她对纳粹罪犯阿道夫·艾希曼审判的报道,她的思想向一个新的方向发展。1963年出版的《艾希曼在耶路撒冷:一份关于平庸的恶的报告》引发了激烈的争议,有时被称为"纽约知识分子圈的……内战"。[13]她最初的想法是,艾希曼的邪恶可能是因为他完全没有思考能力,这个想法最终发展成为对"精神生活",即对人类思考、意志和判断能力的全面考察;晚年阿伦特还在继续就当代社会和政治问题写作,证实了她作为20世纪影响力数一数二的公共知识分子的声誉。她于1975年去世,享年69岁,未能得享遐龄。

以赛亚·伯林的生平

以赛亚·伯林于1909年出生在拉脱维亚城市里加一个富裕的说俄语的犹太家庭。里加是当时帝俄的一个省会，这个城市相对稳定，直到1914年战争爆发，引发了新一轮的反犹主义，促使他们全家搬到俄国本土。[14]伯林一家最终在彼得堡找到一个临时住所，在那里，七八岁的少年以赛亚目睹了1917年的二月革命和十月革命。他的父亲孟德尔在动荡中仍然经营着木材生意，但他感觉自己被"囚禁"在这个"多数派"控制的城市里，一家人最终决定移居英国。[15]

1921年定居伦敦后，以赛亚·伯林于1922年至1928年间在圣保罗学校就读。然后，他去了牛津大学基督圣体学院（Corpus Christi College），攻读Greats（一门哲学和古代史课程）和"政治、哲学和经济学"，两门课程都取得了第一名。1932年，刚一毕业，"没有申请，没有面试"，伯林就成了新学院（New College）的一名哲学讲师。[16]随后，他很快被录取为全灵学院（All Souls College）的奖助研究员，当时他才23岁，是英国最负盛名的学术机构500年历史上第一个取得这一位置的犹太人。[17]20世纪30年代中期，伯林在他的房间里主持青年哲学家的每周会议，参加者包括A. J. 艾耶尔、J. L. 奥斯丁和斯图尔特·汉普希尔，这将成为一个学术传奇；伯林在战时和战后牛津和英国经验主义哲学的复兴中发挥了重要作用。在同一时期，伯林对政治思想产生了兴趣，特别是由于30年代欧洲危机的加深。1933年，他接受邀请，撰写关于卡尔·马克思的介绍性专著，为此他拼命阅读，并建立了"他余生所依赖的知识资本"。[18] 1938年9月12日，他提交了《卡尔·马克思：他的生平和环境》的最终手稿，此时距离《慕尼黑协定》签订不到三个星期，该协定授权德国占领苏台德地区。[19] 战争爆发后，他开始寻求各种方式，为他的第二祖国抗击纳粹德国的战争努力贡献力量。

伯林的外国血统，以及他左臂的残疾，使他无法参加正式的战争工作，也令他"助力打赢战争的愿望"落空。[20] 但他最终在纽约获得了一个职位，分析美国的舆论，帮助伦敦打破美国的孤立主义。这位哲学家出身的外交官很快调动起他巨大的个人魅力和精英机构关系，建立了一个令人赞叹的朋友圈和关系网。在证明了自己的价值之后，他得到了另一份公务员工作，这次是在英国驻华盛顿大使馆，起草每周一次的美国舆论摘要，发给白厅。[21] 战后，伯林在1945年9月至1946年1月期间为英国驻莫斯科大使馆工作。他既看到了斯大林统治下的生活，也看到了他所认为的前布尔什维克时代伟大的俄国文化传统的残余，这些文化传统体现在诗人安娜·阿赫马托娃和《日瓦戈医生》的作者鲍里斯·帕斯捷尔纳克身上。

1946年4月，伯林终于回到牛津，重启他的学术生涯，他决定致力于政治思想及其历史的研究。在接下来的半个世纪里，他处理了许多问题，其中包括：对自由（liberty/freedom）

含义的不同理解；近代欧洲文化中理性主义和浪漫主义的竞争性发展；俄国思想史；从 J. L.奥斯丁到哈伊姆·魏茨曼的当代天才人物；人文和社会研究（Geisteswissenschaften）的性质与自然科学（Naturwissenschaften）的差异。在战后的英国和其他国家，伯林成为备受追捧的公共知识分子；他到处游历，尤其是去美国，在那里他担任各种访问职位；与遍及世界各地的朋友、学生、学者、记者、作家、艺术家、外交官和政治家保持大量的通信往来。他还证明自己是一位富有想象力的大学改革者和杰出的学术管理者，在1966年至1975年期间担任牛津大学沃尔夫森学院（Wolfson College）的创始院长，并在1974年至1978年期间担任英国科学院（British Academy）院长。1997年，他在88岁高龄时去世，用文学评论家斯特凡·科里尼（Stefan Collini）的话说，他近乎"学术上的圣人"。[22]

对话犹太复国主义

阿伦特和伯林在他们的一生中只进行过两次实质性的谈话，尽管他们至少在一个场合和其他几个可能的场合出现在同一个房间里。[23]第一次谈话发生在战时的纽约，可能是在1941年底；第二次在哈佛，可能是在1949年上半年。[24]这两次会面标志着我们两位主人公共同故事的糟糕开局。

纽约，1941

两位思想家都是在第一次见面前一年左右到达纽约。伯林最初于1940年夏天到达那里，在冬季返回英国三个月后，于1941年1月在这座城市正式定居。[25]阿伦特于1941年5月到达纽约，比伯林定居晚四个月。他们当时的境况非常不同。伯林作为一名公职人员，是英国新闻署（British Press Service）的专员，在洛克菲勒广场30号工作，拿着政府雇员的薪水。阿伦特则是一名无国籍难民，与丈夫和母亲合租了两间共用厨房的小房间，最初不得不靠美国犹太复国主义组织的救济。[26]伯林出于自愿于1940年中止了学术生涯；阿伦特在1933年这样做则完全是出于无奈。在美国，不用说，伯林英语说得很流利，而阿伦特不得不于1941年夏天在马萨诸塞州温彻斯特的一个寄宿家庭学习新语言，这是由难民自助组织安排的。[27]但他们也有许多共同点，包括一种责任感——甚至是使命感——去做一些事情以减轻正在发生的灾难。两人都热切而劲头十足地在这个新的国家重塑自己，相信他们可以对历史进程施加某种影响。

但是，他们的参与方式是不同的，这反映了他们不同的性情和对各自以后工作的不同预期。伯林是政府雇员团队的一员。他有自己的政治目的，并且以非正式的方式去追求，他曾在1943年滥用职权泄露机密信息，那是关于英国保护犹太复国主义者利益的政策的。[28]不过，他总是试图使自己的目的与英国的目标一致，要么通过影响国家的政策制定者，要么尽可能妥协以守住官方路线。总之，伯林努力成为第二故乡的"我们中的一员"。[29]相反，阿伦特总是寻求成为一个独立的声音，"与更大的政治运动同行"，同时与它们保持一定的距离。[30]她为各种媒体撰稿，从周刊到附庸风雅的杂志和学术期刊；不管怎样，她更喜欢的参与方式是出版。与伯林不同，她不是某种意义上的"马基雅维利式人物"：她对跟王侯暗通款曲不感兴趣；她更关心说服民众（demos）。举例来说，看看1942年春天他们各自在做什么。伯林给哈伊姆·魏茨曼发了一份电报，询问"有什么我能做的"，而阿伦特正在跟《政治评论》的编辑瓦尔德马·古里安讨论出版计划。她用下面的话向他保证了自己的投入："因为我认为没有什么比抗击纳粹更重要，所以我自然不会假装在忙别的事情。"[31]这两位思想家对"抗击纳粹"有着的共同投入，但表现却非常不同。

一个《建设》杂志专栏作家，一个英国政府雇员，他们是怎么认识的？答案是，库尔特·布卢门菲尔德充当了居间人。布卢门菲尔德于1884年出生在东普鲁士的马格拉博瓦，在柏林学习法律时邂逅了犹太复国主义。他很快开始在这个当时还无足轻重的政治运动中发挥积极作用。布卢门菲尔德在1909年放弃了预期的法律生涯，最终在1924年当选为德国犹太复国主义者联盟的主席。[32]1926年，他在海德堡遇到阿伦特，当时他应阿伦特的朋友汉斯·约纳斯邀请，代表当地犹太复国主义学生俱乐部做了一次演讲。[33]阿伦特参加这次演讲是出于她与约纳斯的友谊，而不是出于对犹太复国主义的兴趣，这次演讲对她没有什么直接影响。直到20世纪30年代初,她一直专注于哲学。不过,阿伦特和布卢门菲尔德立即成为朋友,这被证明是重要的,因为她在1929年完成论文后变得热心政治了。[34]事实上,正是布卢门菲尔德在1933年夏天要求阿伦特为犹太复国主义者从事非法工作,导致她被捕。不久之后,他们两人都离开了德国——阿伦特向西去了巴黎,布卢门菲尔德向东去了巴勒斯坦。但他们于1941年在纽约重聚,当时布卢门菲尔德一直代表Keren Hayesod(基础基金会),这是犹太复国主义组织为巴勒斯坦的定居点和经济发展筹集资金的主要工具。[35]尽管阿伦特从未成为该组织的积极分子,但这两位德国犹太人在20世纪40年代的美国仍保持着密切的个人关系,并在他们政治目标一致时进行合作。

这位德国犹太复国主义领袖是如何认识以赛亚·伯林的尚不清楚。布卢门菲尔德很可能是在20世纪20年代的伦敦遇到了青少年时的以赛亚,伯林一家可能"搬到了[……]主要的犹太复国主义者的圈子里",包括当时以英国首都为基地的Keren Hayesod成员。[36]然而,鉴于少年时伯林与英国以外的犹太复国主义者的联系相对有限,他更有可能是在战时的纽约遇到布卢门菲尔德。在那里,早至1940—1941年,伯林以英国官员的身份与犹太复国主义的主要领导人和支持者进行了接触,包括美国犹太人大会的创始人斯蒂芬·怀斯和路易斯·利普斯基、最高法院法官路易斯·布兰代斯、神学家莱茵霍尔德·尼布尔和出版商——阿伦特未来的雇主(1946—1948)——萨尔曼·肖肯。[37]布卢门菲尔德和伯林之间的一些战时通信已经丢失，但是幸存的一封（1945年1月12日）显示了他们是何种关系。[38]布卢门菲尔德称呼通信人为"伯林先生"，并附上一份他最近发表的关于哈伊姆·魏茨曼的文章。布卢门菲尔德写给伯林的信简短、直奔主题且风格正式，表明两位通信人个人关系并不密切，但彼此有业务上的联系。

布卢门菲尔德在1941年底向阿伦特介绍了伯林，显然是在他自己的房间里。[39]这次会面唯一幸存的记录是伯林后来的回忆，聚焦在一个问题上：阿伦特对犹太复国主义投入的强度。伯林回忆道："那时，在我看来，她是一个百分百的犹太复国主义者。"[40]伯林在其他地方说得更为强烈："她狂热的犹太民族主义［……］，我记得，对我来说太夸张了。"[41]这些话在今天可能会让我们感到惊讶，因为如今阿伦特经常被描绘成一个后犹太复国主义先锋（post-Zionist avant la lettre）。但是这幅流行形象并没有告诉我们她在20世纪40年代初对犹太复国主义的立场。因此，时间的定位是最重要的，因为阿伦特关于犹太复国主义的思想在20世纪30年代至40年代发生了剧烈而不连续的变化，以应对欧洲和中东事件的巨大转折。那么，当她在1941年底会见伯林时，她对犹太复国主义的立场是什么？当时，她强烈主张组建一支犹太军队，以便"用我们手中的武器与希特勒作战"。[42]她希望极端的形势会迫使普通犹太人武装自己，建立团结，获得政治意识，行使集体权力。她主张"回归［犹太复国主义］运动最初的民族、革命口号"，包括"犹太人的民族复兴"。[43]伯林在他们第一次见面时对阿伦特的印象不是没有根据的。

事实上,阿伦特在1941年底的立场相当接近修正主义分子,即一群激进的犹太复国主义者,比魏茨曼领导的官方犹太复国主义者更具对抗性、更不妥协。虽然阿伦特明确批评被她视为修正主义分子的这群人过度依赖暴力,[44]但她慷慨激昂地呼吁组建一支犹太军队的语气和言辞几乎同样好战。事实上,对于历史学家德里克·彭斯勒（Derek Penslar）来说,它们"让人想起了修正主义犹太复国主义领导人弗拉基米尔·亚博京斯基（Vladimir Jabotinsky）"。[45]此外,由于起初并不知道犹太军队委员会（CJA）与修正主义分子有联系,阿伦特对该委员会积极支持了几个月,直到她在1942年3月意识到这种联系。[46]与此同时,以赛亚·伯林坚定地站在犹太复国主义分歧的另一方:他一直是并将继续是忠实的魏茨曼主义者。有趣的是,大约在阿伦特支持犹太军队委员会的时候,伯林加入了犹太复国主义事务紧急委员会,该委员会试图说服犹太军队委员会与官方犹太复国主义的目标保持一致。[47]因此,布卢门菲尔德有可能把阿伦特和伯林分别作为这两个对立的犹太复国主义团体的成员相互介绍。抛开猜测不谈,阿伦特在1941年底支持的犹太复国主义路线,与伯林在同一时期支持的另一条路线肯定是相互冲突的。这并不是他们唯一一次发现自己站在政治光谱的对立两端。

哈佛，1949

大约近十年后，伯林和阿伦特在哈佛大学第二次会面。确切的日期不得而知，比较靠谱的猜测是1949年春天或初夏的某个时候。[48]不过我们可以肯定的是，这次是阿瑟·小施莱辛格将他们俩约到了一起。施莱辛格后来做过肯尼迪总统的特别助理（1961—1963），还写了一本获过普利策奖的书《一千天：约翰·F.肯尼迪在白宫》，他如今因此而闻名，他是以赛亚·伯林一生的朋友和政治盟友。两人于1943—1944年之间的那个冬天在华盛顿特区相遇。这位哈佛历史学家那时为战略服务处工作，这是中央情报局（CIA）的前身，位于雾谷E街2430号，而我们的牛津哲学家彼时在为英国大使馆工作，在战略服务处总部西北约两英里处。[49]两人在战时的华盛顿形成的友谊，于1949年初继续加深，当时伯林是哈佛的客座讲师，讲授"俄国革命思想的发展"。[50]当伯林1月份到达哈佛时，小施莱辛格已经完成了他的冷战自由主义宣言《至关重要的中心：自由的政治》，据作者自己说，这应该感谢伯林。[51]但是两个人的亲密不仅是政治上或思想上的，也是人格上的。已故的伯林这样描述施莱辛格，说他是"一个极好的人；[……]完全正派、正直、诚实"。[52]施莱辛格则覆以更加慷慨的回报，他形容伯林具有"博大的胸怀，无比的有趣"并有着"提升生命的奇妙品质，能让人感知更多，思考更多，理解更多"。[53]

施莱辛格和汉娜·阿伦特的友谊就无法同日而语了。同样，很难确定他们第一次见面是什么时候。最早可能的日期是1948年5月,当时两人都参加了《评论》杂志在纽约举办的"犹太人在美国的经历"主题会议。28位出席者的名单令人印象深刻:丹尼尔·贝尔、内森·格雷泽和悉尼·胡克,以及阿伦特和施莱辛格都出席了。会议主席奥斯卡·汉德林对会议颇为振奋,"众多与会者彼此都是第一次见面,并有机会通过自由和坦诚的讨论,了解各种态度和当前的研究方向"。[54]这次会议让阿伦特和施莱辛格相互认识,但并没有发展成持久的友谊。在国会图书馆保存的汉娜·阿伦特文件中,以及在约翰·肯尼迪图书馆保存的阿瑟·M.施莱辛格个人文件中,没有发现两人之间的通信。此外,施莱辛格在1952—2000年的日记中只提到过阿伦特一次,而且他重复了伯林对她的贬低。他在1977年4月7日写道:"以赛亚〔伯林〕在去日本的路上。我打电话给他,对他在《泰晤士报文学增刊》上将汉娜·阿伦特列为本世纪最被高估的作家之一表示特别高兴。"[55]

然而,这并不是施莱辛格30年前的观点。根据他自己年轻时的说法,阿伦特"出色地论证了""20世纪极权主义的形象是〔……〕集中营",《至关重要的中心》在很大程度上归功于阿伦特1948年的文章《集中营》。[56]此外,1953年,施莱辛格和阿伦特与德怀特·麦克唐纳、阿尔弗雷德·卡津、玛丽·麦卡锡、哈罗德·罗森博格和理查德·罗维里一起讨论创办一份新杂志,以反对(参议员约瑟夫·)麦卡锡对公民自由的威胁。由于缺乏资金,该计划并未成行。[57]但这一插曲表明,当他们在1949年遇到伯林时，阿伦特和施莱辛格之间的关系是亲切友好的。

施莱辛格所记得的这次会面，留给他的印象是阿伦特和伯林在个性和倾向上的截然不同。据施莱辛格说，对伯林来说，阿伦特太严肃、太自命清高、太条顿范、太黑格尔化了。阿伦特则把伯林的风趣误认为轻浮，觉得他不够严肃。[58]伯林会记得另一件更重要的事情：阿伦特对犹太复国主义态度的（据称）彻底改变给他留下了持久的印象。"1941年我在纽约遇到她时，"伯林回忆道，"在我看来，她是一个百分之百的犹太复国主义者。大约十年后，我第二次见到她时，她却攻击以色列。"[59]

阿伦特是否像伯林认为的那样彻底改变了态度，这是一个有争议的问题。但是，考虑到他们两人两次会面的具体时间，不难理解为什么伯林会认为阿伦特个中复杂的忠诚转变是一个180度大转弯。早在1942年3月，就在她与伯林第一次会面后的几个月，阿伦特就与犹太军队委员会决裂，并开始与《建设》杂志的编辑约瑟夫·迈耶合作，发起了一场短暂的基层犹太民族解放运动，以挑战官方犹太复国主义的过度外交化手段。此时她对犹太复国主义的感觉是一种强烈的挫败，而不是幻灭。但是，这种情况很快就开始改变了。一个决定性的事件是1942年5月6日至11日在纽约比特摩尔酒店举行的"特别犹太复国主义会议"，阿伦特作为观察员出席了这次会议。代表们通过的措辞谨慎的《比特摩尔方案》象征着犹太复国主义者"决心在巴勒斯坦建立一个犹太人国家"，同时巧妙地绕过棘手的领土边界问题,以防止不同犹太复国主义团体之间的内部不和发展成公开冲突。[60]犹太复国主义历史学家经常正面描述比特摩尔方案,认为这是朝着正确方向迈出的重要一步,为1948年建立以色列国铺平了道路。[61]而在阿伦特看来,这标志着一个错误的转变,部分是因为它挫败了她建立犹太军队的提议,但更重要的是因为它采纳了——尽管是谨慎地——民族国家的民族主义,对此她一直持怀疑态度。比特摩尔事件后,她对官方犹太复国主义的暧昧同情消失了。

学者们对阿伦特在比特摩尔之后的选择见解不一。一些人认为,她实际上支持了Ihud*关于在巴勒斯坦建立一个双民族国家以及犹太人和阿拉伯人之间宪法平等的主张。[62]另一些人认为,她提倡一种独特的阿拉伯-犹太联邦制,原则上拒绝民族国家的犹太复国主义和双民族主义,尽管她在1948年初在最后时刻策略性地支持Ihud的计划。[63]另有其他人认为,阿伦特本人可能不确定她到底想要什么,尽管她发现桌上没有一个选项令人满意,并且"意图表明其他人都是错的"。[64]我们不想在这里解决这一争议。相关的一点是,在比特摩尔事件后,阿伦特对官方犹太复国主义的反对变得更加激烈,更加直言不讳,当有关欧洲犹太人被毁灭的消息不断流入美国时,她的紧迫感更加强烈了。她的愤怒在1944年底达到高潮,当时她发表了如今

---

* 译者注:Ihud("团结"),是一个主张双民族犹太复国主义的小政党,由犹大·莱昂·马格尼斯、马丁·布伯、恩斯特·西蒙和亨丽埃塔·绍德在1942年比特摩尔会议后成立。

著名的文章《犹太复国主义再思考》。[65]之后是《拯救犹太家园》（1948年5月5日）和被广泛阅读的《极权主义的起源》第九章——《民族国家的衰落和人权的终结》（1951年）。就是根据这三篇文章，评论家——不管他们赞同还是不赞同——把阿伦特描绘成一个最早的后犹太复国主义者，甚至是一个反犹太复国主义者。[66]

然而，注意这三篇文章记录了相当不同的情绪。1944年的文章《犹太复国主义再思考》是一篇特别有争议的文章。这是针对美国犹太复国主义组织10月15日在大西洋城通过的决议而写的。该决议不仅重申了比特摩尔方案，而且，用阿伦特的话来说，在民族国家犹太复国主义的方向上"更进了一步"。[67]因此，《犹太复国主义再思考》带上了对犹太复国主义运动及其领导层的"讽刺、挖苦、谴责、轻蔑和直言不讳的痛斥"也就不足为奇了。[68]但是随着阿伦特的重点从犹太复国主义者"应该做什么"转移到他们"本应做什么"，在后来发表于20世纪40年代末和50年代初的文章中，这种火爆的语气逐渐转变为更加克制的遗憾和无力感。在1949年的第二次会面中，伯林从未具体说明阿伦特是如何"攻击以色列"的。但可以肯定的是，她的语气与她这一时期的作品相似，充满了深深的失望。她的语气确实是尖刻的；不过，这并非源于反犹太复国主义本身。事实上，直到1951年，她还没有忘记承认以色列国的建立实现了"人权的恢复［……］通过恢复或建立民族权利"。[69]毋宁说，她的痛苦更多地来自于愤懑，因为她至少半认同的政治运动在1942年5月至1948年5月之间不可挽回地渐行渐远了。从阿伦特的角度来看，她从未背叛犹太复国主义；是犹太复国主义背叛了它自己。

犹太复国主义：政治与身份

伯林发现他与阿伦特的会面与其说无聊或毫无结果，不如说是令人难忘地恼火。第一次他很恼火，是因为他发现阿伦特自以为是，固执己见。伯林回忆说，阿伦特"向我兜售犹太复国主义，好像我需要它一样"。[70]第二次恼火，是因为他认为阿伦特已经从一个狂热的犹太复国主义转向了相反的一极。但值得追问的是，他为什么会生气。首先，伯林是一个温和派、怀疑论者，同时也是一个坚定的反狂热分子，尽管这听起来可能有些矛盾。他把法国政治家夏尔·莫里斯·德·塔列朗的格言当作自己的座右铭：*Surtout, Messieurs, point de zèle*（最重要的，先生们，不要有任何热情）。[71]如果是这样，当伯林感到他对政治意识形态的投入，而不是他对家人或朋友的忠诚受到怀疑时，他为什么要生气呢？[72]同样，伯林为什么会对阿伦特在犹太复国主义问题上的态度转变感到恼火，这一点也不清楚。作为一个自由主义者，尤其是伯林自命的穆勒式自由主义者，鼓励人们不断审查自己的信念，并随着成长和成熟而改变自己的想法，这难道不是自由主义者的一部分吗？这不正是阿伦特对犹太复国主义所做的吗？好像每次提到阿伦特，伯林身上的穆勒精神就不得不藏起来。或者在伯林看似狭隘的态度背后还有什么？[73]

这是一个人身与政治和智识相交叉的领域。当然，伯林对自由犹太复国主义的终身支持部分是理论上的投入。他认为，人想属于自己群体，这种需要是普遍的，某种形式的民族主义，其主要功能是为一个民族的集体生活提供一个家，是满足这种需要的合法手段。因此，他为自由犹太复国主义辩护，将它视作民族主义的一种特殊表现形式。他是一个犹太复国主义者，因为他支持自由主义和民族归属的普遍原则（参见第6章）。尽管如此，他对自由犹太复国主义的投入不仅仅是一个理论问题。这同时是一个身份认同问题。最能说明这一点的是他总是将自己的各种生活经历与自己的政治信念联系起来。看看下面的这个典型事例：在俄国革命之后，伯林一家离开彼得格勒，在移居英国之前一直待在里加。在这个波罗的海城市，这个家庭遭受了反犹太主义的言语攻击和骚扰。哲学家总结了他小时候在里加学到的教训：

> 我们是犹太人。……我们不是俄国人。我们不是列托人（Letts）。我们不一样。我们必须有一个家。活在"你是谁"的永恒追问中是没有意义的。最重要的是，否认它，隐藏它是没有意义的。这样做既有失尊严也不成功。[74]

不用说，这本身并不等同于对犹太复国主义的投入，犹太复国主义通常被理解为一种旨在在巴勒斯坦建立一个犹太国家的意识形态或运动。但它表达了其中的重要元素，包括承认同化主义的失败。伯林的记忆中储存了许多这样的片段，包括（仅举一例）：在彼得格勒庆祝《鲍尔弗宣言》时，他在犹太教堂地下室举着蓝白相间的旗帜走来走去，那年他8岁。[75]这些记忆使得他对犹太复国主义的投入成为"他是谁"的一部分。如果像人们经常说的那样，一个人对自己的感觉主要取决于他讲述的关于自己的故事，那么关于犹太复国主义的故事就是伯林"叙事自我"的重要组成部分。既然如此，就不难理解为什么他会反对阿伦特在犹太复国主义问题上立场的转变。在他看来，在这个问题上改变主意不仅仅是改变观点；这必定是一种意味着根本改变一个人身份认同的转变。对此，我们必须补充一个伯林非常清楚的事实：在20世纪40年代至50年代，做一名犹太复国主义者很容易，但坚持到以后就很难了。值得称道的是，伯林坚持到了生命尽头的1997年，尽管他对以色列政治随后的发展越来越失望。在他79岁的讲话中，一种自豪感清晰可见："我还是个小学生的时候就是一名犹太复国主义者。"[76]他不需要汉娜·阿伦特向他"兜售犹太复国主义"。

　　阿伦特的情况不同。跟伯林不一样，她没有打小就作为犹太复国主义者长大。套用伯林的说法，她并非还是小女生的时候就是犹太复国主义者。从她的角度看，她不仅有权，而且在道义上需要调整她对犹太复国主义的立场，这取决于该运动在不同发展阶段的不同优点。这正是她试图做的。1933年在德国，她尽其所能帮助布卢门菲尔德的小组；被流放到巴黎后,她从内部批评犹太复国主义领导人过于调和的做法,同时为青年阿利亚组织工作;[77]在20世纪40年代的美国,她继续表达类似的内部异议,尽管她所希望的犹太复国主义和后者实际上是如何发展的之间的差距不断扩大;待到差距变得太大,她就不再说话(直到阿道夫·艾希曼的被捕促使她重新审视犹太复国主义政治,但这是一个不同的故事了,将在下文讨论)。值得称道的是,阿伦特对犹太复国主义政治的参与无论如何不是短暂的。她在20世纪40年代末/50年代初的文章中充满怨恨的语气,是她长达15年的热切政治参与及其最终失败的结果。然而,伯林无由知道阿伦特对犹太复国主义态度的全部复杂性和微妙性。他把阿伦特的转变视作令人震惊的背叛。

人们不禁要问,如果这两位思想家会面的时间不同,会发生什么——比如,要是他们的第一次会面比现在晚一年。换句话说,如果第一次会面发生在比特摩尔事件之后几个月,那时阿伦特已经对犹太复国主义运动持高调批评态度,会发生什么?又或者,如果伯林因为刚刚康复的流感而无法参加第二次会面呢?在这两种情况下,伯林方面可能都不会认为阿伦特不负责任、不值得信任,会在一个至关重要,甚至关乎生死存亡的问题上改变主意。但是这些毕竟只是假设,实际发生的事情就没那么幸运了。1949年他们第二次见面后不久,伯林对阿伦特产生了心理学家所谓的"认识论偏见",而且偏见很大。彼时阿伦特还不是他的"眼中钉",但如果他们有机会再次相遇,伯林的反应可能会比中立更消极。这样的机会好多年没有出现。和阿伦特在纽约一样，伯林在牛津重新开始了他的学术生涯。然而，1958年，在第一次见面17年后，他们的道路再次交叉——不是人格上的，而是智识上的。[78]这一次相遇发生在大西洋彼岸的英国，战场从政治转移到他们共同关心的另一个问题：哲学。

形而上学的自由联想

伯林反复使用"形而上学的自由联想"这个短语来否定阿伦特的理论工作。这个短语具有历史和哲学的意义，它植根于两位思想家分别浸淫于其中的两种知识传统之间的竞争。此外，伯林对阿伦特的贬斥，与其说指的是阿伦特的具体思想，不如说指的是她的整个思考和写作的模式或风格。那么，在伯林看来，阿伦特的思想风格有什么问题？对伯林的这种整体否定，阿伦特有过回应吗？我在这里先考虑这些问题，然后将在后面的章节讨论这两位思想家之间的各个分歧点。

"无情的负面报告"

1958年，伦敦出版商费伯考虑是否购买汉娜·阿伦特的《人的条件》在英国的出版权，该书即将由芝加哥大学出版社在美国出版。这家英国公司联系了新近当选为牛津大学社会和政治理论齐切利教授的以赛亚·伯林爵士，请他担任外部评审。这个选择很自然。阿伦特的书是我们今天所说的"跨学科"作品，涵盖了政治理论、社会理论、社会和文化批评、哲学、思想史和哲学史。作为评审的伯林同样广学博通。他曾是一名全职哲学讲师、全职外交官、著名的美国政治和社会分析师、值得信赖的俄语文学专家和气质独特的苏联学家、专攻现代欧洲政治思想史的多语种历史学家、卡尔·马克思的传记作家、偶显身手的文化和音乐评论家以及杰出的散文家和广播员。最近，他被授予爵位，并当选为英国科学院院士，这奠定了他在英语学术界的地位。虽然阿伦特没有像伯林那样获得众多荣誉，但随着《极权主义的起源》的出版，她也理所当然地被认为是那一代最有影响力的著作家之一。因此，他们1958年的相遇不同于1941年和1949年的会面。作为完全成熟的思想家，他们的道路现在交叉了。正是作为思想家的阿伦特遭到了伯林的坚决痛斥，用亨利·哈代和珍妮弗·霍尔姆斯的话说，伯林向费伯公司提供了"无情的负面报告"。[79]

伯林对《人的条件》提出了"两个反对意见"："它不会好卖，书本身也不好。"[80]他的第一个反对意见被证明是完全错了。阿伦特1958年的这本书现在被视为经典之作，从未绝版，销量比大多数学术书籍都多。伯林的第二个反对意见是否正确，当然是一个见仁见智的问题。他的基本反对意见是，《人的条件》提出了一系列错误的问题。根据伯林的意见，作者在工作和劳动（work and labour）、行动和行为（action and behaviour）等之间作出了不可信的僵硬的且根本上武断的区分，让自己承担了阐明这些错误区分的毫无意义的任务。从表面上看，伯林的观点与阿伦特的那些更具同情心的批评家，如比库·帕雷克和汉娜·皮特金的观点相似，他们认为她的概念区分太过僵硬，不仅不能公正地对待普通用法，而且也不能始终如一地坚持，即使是阿伦特本人。[81]不过，阿伦特的同情的批评者认为，尽管她的分类过于僵硬，但还是阐明了一些重要的东西，伯林则认为她的区分毫无价值。事实上，他表示怀疑阿伦特有缺陷的推理可能源于"她对英语的掌握不足（她似乎是在成年期才学会这种语言的，作为一个从德国到美国的难民）"。[82]这是一个严酷的表述，尤其是从一个敏锐地意识到被视为局外人有多痛苦的人口中说出。将近40年前，当他还是一个刚到英国的移民时，少年以赛亚哭着从学校回来，因为他一个字也听不懂别人在说什么。[83]现在，成年的以赛亚爵士，在男性主导的英语学术界是一个舒适的圈内人，还是一个著名的语言大师，据说写得"跟康拉德一样好"，[84]却从他在牛津的权力基地向汉娜·阿伦特传递了一个禁令："你不属于这里。"

塞拉·本哈比（Seyla Benhabib）是阿伦特的同情读者之一，她认为伯林对阿伦特作品的否定是"冒犯性的"。[85]本哈比对伯林的评论早于《伯林书信集》第二卷的出版（书信集公开了《费伯报告》的存在），[86]但她对伯林关于《人的条件》的说法有着敏锐的感觉，因为她读过拉明·贾汉贝格鲁（Ramin

Jahanbegloo）对伯林的采访。[87]本哈比写道："对汉娜·阿伦特的任何细心读者来说，[伯林]在这次采访中对她的著作的批评，以及对《人的条件》中关于希腊和犹太人工作态度的相当随意的点评，既没有表现出对阿伦特思想的深刻理解，也没有表现出对阿伦特思想的耐心。"[88]本哈比在一个方面肯定是正确的。伯林不太可能有耐心读完他正在评论的这本书。很久以后，他说他读了头两章（总共六章）之后就没再读《人的条件》了，也就是只读了325页中的78页，因为他发现"她[在这些章节中]说的每一句话从史实来看都是胡说八道"。[89]可能伯林记忆有误，因为他在《费伯报告》中实际上引用了《人的条件》的第五章（第230页）。然而，正如本哈比所说，他的"无情的负面报告"确实是基于"既没有深刻理解也没有用心于阿伦特的思想"。[90]

这是否意味着伯林偷懒，没有做好为费伯公司充当外审的工作？当然，那些认为《人的条件》是一门严肃学问的人完全有理由这样认为。但伯林本人不会同意这种批评意见，因为他确信《人的条件》不值得认真对待，不值得仔细阅读。他知道自己的意见是少数的。各种报纸上出现了叫好的书评，他的许多朋友都称赞这本书，他自己也被要求为至少五种期刊写书评。[91]他询问了一些他信任的朋友对这本书的看法，并鼓励他们挑战他的负面评价。[92]但他的观点从未改变。伯林很可能从来没有从头到尾读完这本书，并在余生中重申了他在20世纪50年代末做出的评价：《人的条件》是"不好的"和"绝对不值得读的"，作者的论点"从史实来看都是胡说八道"并反映了她的"广泛的无知"。[93]总而言之，他发现《人的条件》"不真实，不新鲜，不有趣"，正如托洛茨基曾经对斯大林的一次演讲所说的那样。[94]

伯林无法欣赏阿伦特如今已被视为经典的作品，是否像一些批评家所声称的那样，是因为他不赞成阿伦特对犹太复国主义的立场？[95]我对此表示怀疑。我之前说过，他们的政治分歧确实对伯林方面产生了一定程度的认识论偏见。不过，这并不能完全解释他对阿伦特哲学著作的否定，尤其是因为他以类似的措辞直言不讳地贬斥了其他具有现象学倾向的思想家。举几个例子。在伯林看来，阿伦特的博士生导师卡尔·雅斯贝尔斯"讲着不明所以的垃圾，徒有门面，内部空洞而破烂，甚至对欧洲大陆的形而上学家来说都太假了"；[96]西奥多·阿多诺像阿伦特一样不可理解，并且"制造了无尽的黑烟代替思想"；[97]大卫·里斯曼、埃里希·弗洛姆、梅洛-庞蒂和让-保罗·萨特以及阿伦特都是"真诚而糊涂的"。[98]至于海德格尔，伯林拿不定主意，变换着称他为"某类重要的思想家"和"某类有天赋的大骗子"。[99]他对埃德蒙德·胡塞尔有更好的评价，赞赏他对"穆勒、孔德和冯特相当沉闷和相当庸俗的经验主义"的康德式挑战。然而，当谈到胡塞尔的弱点时，伯林的贬斥用了一种熟悉的语气："胡塞尔是晦涩的、浮夸的、形而上学的。"[100]

值得称赞的是，当伯林对自己所写的东西不满意时，他也用类似的措辞批评自己的作品。看看他对自己的文章草稿《20世纪的政治概念》的描述吧，这篇文章最终发表在1950年4月的《外交事务》杂志上，随后又在《自由四论》中重印——这意味着这篇被翻译成二十多种语言的文章70年来从未绝版过。关于这篇如今已属经典的作品，作者自己对杂志编辑说了以下的话：

> 文章太长了［……］；句子不优雅，风格浮夸，语法不确定。主题的处理［……］都［……］太抽象、庞大、模糊、形而上学。它不涉及过去50年的事件和观点，也没有一种清晰、连贯、详细的风格，就像一个有足够资格出现在你的版面上的专家应该做的那样。它在显豁和模糊之间摇摆不定；总之，这是一个卡莱尔式的怪物。[101]

在伯林的书中，诸如"晦涩的""混乱的"和"形而上学的"等用语指明了一般的哲学弱点。他的标准显然苛刻到了极点，当他认为一个思想家不符合这些标准时，他总是用这些用语来批评，而不管批评对象的性别、文化背景或政治信仰如何。诚然，他个人对阿伦特的厌恶和政治分歧放大了他对《人的条件》的不满。但是，假设作者是来自德国以外某个地方的男性犹太复国主义者，就推测伯林可能会欣赏这本书，这样做是愚蠢的。伯林对阿伦特作品的哲学抱怨本质上是哲学的，而不是政治的。

一次哲学上的革命

根据伯林的标准,阿伦特的著作品级最低;不过这个标准在很大程度上是他那个时代的产物,更具体地说,是两次哲学革命的产物。一个是现象学在德国的出现。这个新哲学运动最初由胡塞尔在他的《逻辑研究》(1900—1901)中发起,[102]在整个20世纪及其后得到发展,吸引了许多极具天赋的思想家,从海德格尔和雅斯贝尔斯,到萨特、梅洛－庞蒂和列维纳斯。尽管这些个体哲学家的创造力将使现象学呈现一种内部多样化或曰"多元传统",但他们有着共同的"某种风格和方法论信守"。[103]此中的核心是,决心分析出现在经验者面前的任何事物,并且是以事物出现在经验者面前的方式来分析,不受陈旧的哲学概念和理论的影响。正如索菲·洛依多尔特(Sophie Loidolt)所写道的,"著名的口号'回到事情本身!'"(胡塞尔)和"没有理论!"(海德格尔)已经成为典范,决心避免在思维中进行建构,而只依赖于对经验中给出的东西的直觉。[104]现象学因此呈现为对各种传统哲学流派的激进挑战,认为这些流派过于理论化、抽象且缺乏任何经验基础。这是一场雄心勃勃的运动,它的诱惑力是难以抗拒的。在第一次世界大战及其后的动荡岁月里,它以"复兴的主题"吸引了德国新一代的学生。[105]

年轻的阿伦特就是这些学生中的一员。她是这场哲学运动的受益者,这场由胡塞尔发起的运动后来被她称为"哲学解放"。[106]但是真正将她吸引到新哲学运动的人不是胡塞尔,而是他不羁的继任者马丁·海德格尔。海德格尔当时正在发展自己品牌的现象学,通常被划定为"存在主义",兼收并蓄地借鉴了一大群思想家,包括狄尔泰、尼采、克尔凯郭尔、康德和亚里士多德。他不愿意仅仅作为胡塞尔的学徒,准备从内部对他从前导师的哲学发起攻击,以确立自己的原创性、创造力和优越地位。正是这个现象学怪才(enfant terrible)吸引了1924年至1926年在马堡大学就读的少女阿伦特。她参加了海德格尔的课程"柏拉图的《智者篇》"(1924年冬季学期)、"时间概念的历史"(1925年夏季学期)和"逻辑:真理问题"(1925年冬季学期)。[107]在正式课程之外,她还与老师经常会面,老师很快就成了她的情人,她有机会接触海德格尔更具政治性的工作,如1924年关于亚里士多德的《修辞学》和《尼各马科伦理学》的讲座。[108]海德格尔对阿伦特智识发展的影响将被证明是终身的。虽然成熟期的阿伦特(与伯林一样)声称已经离开哲学,并确定自己是一个政治理论家,[109]但她的基本方法仍然广泛保持了现象学的东西,她的大部分著作可以被解读为一项持续尝试:从内部批评和克服现象学传统的最高成就,即海德格尔的存在主义现象学。她在这方面最重要的著作是《人的条件》,这部作品同时包含了对海德格尔哲学的深刻理解和根本挑战(参见第3章)。《人的条件》同时继承**和**颠覆了海德格尔的范畴。记住这种二重性,我们才能读懂阿伦特1960年写给海德格尔的一封信:她对她从前的老师说,《人的条件》"在各个方面几乎都应该感谢你"。[110]

在为海德格尔纪念文集撰写的题为《八十岁的海德格尔》的文章中,[111]阿伦特讲述了她在魏玛共和国当学生的经历。在她同时代的学生中,对于传统的研究和教学,对于"**关于哲学的学术讨论**"代替了哲学本身,"普遍感到不满"。[112]但是学生不知道他们想要什么。此时,传来了一位才华横溢的年轻思想家的传闻。他发表的东西不多,但"他的名字像隐藏的国王的谣言一样传遍了整个德国"。[113]阿伦特写道:

> 关于海德格尔的传言说得很简单:思考又复活了;被认为已经死亡的过去的文化宝藏正在说话,在这个过程中,它们提出的东西与它们从前被解释为的熟烂陈旧的零碎琐屑完全不同。有这样一个老师;人们也许可以学会思考。[114]

在《八十岁的海德格尔》中,这些回忆之后是对海德格尔思维方式的实质性分析,对他的成就的简明评估,以及对这位哲学家在纳粹掌权期间的政治失足的简短讨论。可以理解的是,关于阿伦特论文的研究文献主要集中在最后一部分,中心问题是她的讨论是否对她从前的老师和情人过于宽容,甚至等于"粉饰"了海德格尔不光彩的纳粹历史。[115]但是,为了我们当前的目的,我们必须将注意力转向较少被讨论的文章中间部分。[116]可能是想起了解释学循环的意象,阿伦特将海德格尔的思想描述为无休止和无情的质疑和再质疑,没有特定的方向，却破坏了传统哲学理论的基础和海德格尔自己的思想成果。阿伦特认为，这种思考的"唯一直接结果"是"传统形而上学大厦"的"坍塌"。[117]海德格尔没有，而且（与胡塞尔相反）也不打算找到一个安全的终极基础，在此基础上可以建立一种新的哲学和新的科学。相反，他的思想没有留下任何安全的基础。

阿伦特的评论在某种程度上并不新颖。它呼应了各路评论家对海德格尔拆除"形而上学"的意义的强调，在这种语境下，一般指的是，在所有传统形式的探究中，哲学的最基本问题，即存在的意义，被遮蔽了。但是，与许多人认为"海德格尔只是**开始**了解构，雅克·德里达等自诩的反形而上学者随后跟上来"这种解释不同，阿伦特对海德格尔的工作给予了更高的评价，认为他基本上**完成**了终结形而上学的任务。按照她的说法，"我们应该感谢[海德格尔]的，**并且仅仅应该感谢他一人的**，是这种[形而上学的]坍塌是以一种无愧于它从前的方式发生的；是形而上学被思考到了尽头"。[118]在阿伦特看来，自康德以来，哲学史上最重要的事件是在战时德国的她面前展开的。

另一次哲学革命

英吉利海峡彼岸的新一代经验主义者对德国哲学的发展看法截然不同。这里特别值得一提的是A. J. 艾耶尔在他1936年的著作《语言、真理和逻辑》中对海德格尔的著名攻击,这本书是他在朋友以赛亚·伯林的建议下开始写作的。[119]这位26岁的作者在德国哲学和英国哲学之间做了一个现在已经很为人熟悉的对比:"德国"形而上学据说是晦涩、笨拙且最终无意义的,而"英国"哲学则是理性、严谨且头脑清晰的。这是一个奇怪的对比,因为艾耶尔的许多思想实际上来源于维也纳,1932年至1933年,他在这个非英国城市花了四个月的时间与莫里茨·石里克、奥图·纽拉特、鲁道夫·卡尔纳普、库尔特·哥德尔等维也纳圈子成员一起学习。[120]不过艾耶尔对"德国"和"英国"的对比涉及的是知识传统,而不是地理位置。他把维也纳学派的新经验主义看作是贝克莱、洛克和休谟的古典经验主义的延续和激进化,古典经验主义在艾耶尔时代传给了罗素、摩尔和早期维特根斯坦。因此,在《语言、真理和逻辑》题为"形而上学的清除"的第一章,艾耶尔把相同的批评加给了一位德国哲学家——海德格尔,和一位前罗素/摩尔/维特根斯坦时期的英国哲学家——布拉德利。艾耶尔的攻击尤其简单、迅捷而猛烈。他声称海德格尔未能理解语言的作用,因此"致力于产出无意义的东西"。[121]同样,他提到布拉德利当时备受推崇的《现象与实在》(*Appearance and Reality*)是"伪命题"的仓库,并简要讨论了从书中"随机选取"的一句话,以说明无意义的哲学闲扯是什么样子。[122]我在这里关注的不是艾耶尔激烈批判的内在价值,而是他针对现象学革命而想要传达的信息。这一信息非常清楚:尽管胡塞尔和海德格尔都在谈论哲学的返本开新——用阿伦特的话说,"思考[……]又活过来了",但是现象学家和布拉德利一样,都受缚于传统,是形而上学的和过时的。与阿伦特的评价相反,海德格尔没有终结坏的哲学;相反,他是应被摧毁的坏哲学的最新例子。艾耶尔认为,如果要终结形而上学,也必须终结海德格尔。

伯林从来没有全心全意地赞同艾耶尔的实证主义计划。事实上,他早期的哲学著作包括了对后者核心原则的重要批判。[123]然而,在"德国形而上学"这个问题上,真正突出的不是它们的差异,而是它们的相似性。作为艾耶尔在牛津的同龄人,伯林也在他的本科教育中研究了英国唯心主义者的著作,如布拉德利、鲍桑葵、格林和麦克塔格特。[124]他也发现他们的著作毫无启发性,而对发生在剑桥和维也纳的经验主义传统复兴则更为同情。[125]再次像艾耶尔一样,伯林看到胡塞尔和海德格尔的所谓新哲学与康德、黑格尔和格林的旧哲学之间的相似之处多于不同之处。他也认为,与从罗素和摩尔开始的真正革命相比,现象学的出现是微不足道的小震动。像艾耶尔一样,伯林属于那一代英国哲学家,把他们的唯心主义先驱斥之为混乱的、荒谬的、形而上学的和"德国味的"。艾丽丝·默多克通过讨论唯心主义者麦克塔格特和经验主义者摩尔如何谈论彼此,很好地表现了这种代际冲突:"麦克塔格特说时间是不真实的。摩尔回答说,他刚刚吃过早餐。"[126]伯林当然会欣赏艾耶尔1933年写给他的信,当时艾耶尔正在维也纳学习。按照艾耶尔的说法,"形而上学"说到底就是黑话连篇,"甚至一想到海德格尔就让［维也纳圈子的成员］感到恶心"。[127]

很明显,我们可以看出艾耶尔用来攻击海德格尔和布拉德利的比喻,和伯林用来驳斥阿伦特的"形而上学的自由联想"的比喻极为贴近。当然,伯林很难说得上是一个典型的盎格鲁分析哲学家。事实上,成熟期的伯林变得有点像他在牛津的反欧陆哲学同事中的内部异见者。尽管如此,他仍然大体忠于经验主义传统,从未放弃他对"德国形而上学家"和他们在法国、北美和其他地方的次要追随者的艾耶尔式敌意。因此,晚年伯林不加区别地将"1940—1980年代的各路法国哲学家"斥之为"正是法国人所说的**冒牌货**(*fumiste*)",并攻击"海德格尔和法兰克福学派的信徒,例如汉娜·阿伦特小姐",理由是他们"易产出［……］职业黑话"。[128]伯林不喜欢阿伦特写的所有东西,尤其不喜欢她更具哲学性的作品。当回顾往事,他称《人的条件》是"最令我作呕的书"。[129]

我们来说得更确切些。伯林对20世纪欧洲大陆哲学的态度是复杂的,有着自相矛盾的一面。一方面,他通常缺乏与**当代**欧洲思想家认真交流的意愿,如阿伦特、阿多诺、海德格尔、雅斯贝尔斯和萨特,这不是因为他们的思想"超出了他的舒适区",而是因为他认为他们是虚假的、空洞的和"形而上学的",尽管程度不同。[130]另一方面,伯林调动他著名的移情理解能力来弄清**20世纪之前**的欧洲思想家,使维科、青年黑格尔派、哈曼等人艰涩并且通常是古怪的思想不仅变得可以让人理解,而且让20世纪的英语读者觉得有意义而又生动。此外,他经常利用这些欧洲思想来批评他所认为的20世纪经验主义哲学中过度非历史化和简单化的倾向，包括艾耶尔的逻辑实证主义。换句话说，伯林经常打欧洲牌来让他的经验主义同事适可而止，同时打经验主义牌来强调他所认为的当代欧洲哲学家的典型弱点。他反复打后一张牌，把阿伦特斥为"不可读"和"不可理解"，尽管他对她的具体思想也有更具体、最终也更有趣的东西要说。

然而，必须指出的是，伯林不愿意承认现象学家工作的重要性，这正如阿伦特也不愿意欣赏英国经验主义传统及其在20世纪的有力重申。几乎没有证据表明阿伦特试图去熟悉罗素、摩尔、艾耶尔、奥斯丁、蒯因、哈特或罗尔斯的作品。一个有趣但很难让人消除疑虑的例外是她在《精神生活》中对P. F.斯特劳森的简短讨论。她把斯特劳森作为"牛津批判学派"的典型，然后嘲笑牛津人强调"清晰和分析严谨"这种方法的浪漫：

> 牛津批判学派的特点是将谬误理解为逻辑上的非连续性——仿佛几个世纪以来的哲学家，由于不为人知的原因，有点愚笨，无法发现他们论证中的基本缺陷。事情的真相是，在哲学史上，基本的逻辑错误是相当罕见的。[131]

阿伦特彻底颠覆了牛津哲学家的优越感。他们经常觉得过去的哲学家"有点愚笨"而无法进行连贯的论证，但这并不是因为过去的哲学家**事实上**很笨。毋宁说，是牛津哲学家自己无法理解为什么过去的一些哲学论证在他们看来是不连贯的。真正的笨瓜是那些草率地说别人笨的人。在阿伦特看来,这说明了牛津人倾向于"不加批判地贬斥"哲学论证,将它们视为"无意义的"。[132]尽管阿伦特没有指明除了斯特劳森之外,谁属于这群据称笨瓜的牛津哲学家,但可以肯定的是,她心目中的"牛津"是她同时代的后唯心主义牛津。《语言、真理和逻辑》的作者很可能就是这种笨瓜的典型。他不仅以习惯性地宣称各种论证是荒谬的或者毫无意义而闻名;他也完全无法欣赏海德格尔对哲学的贡献。人们还需要什么来证实艾耶尔作为哲学家的无能呢?

那么,艾耶尔的朋友和同代人以赛亚·伯林呢?在阿伦特1963年的讲课笔记中发现了一段相关的话,尽管很简短,当时她在芝加哥大学教授一门名为"政治导论"的课程。在讨论伯林的文章《政治理论还存在吗?》时,阿伦特(正确地)指出,伯林把哲学问题概念化为那些"使我们困惑"的问题,并且是人们"对所涉概念没有广泛共识"的问题。然后,她以她特有的方式,添加了一个批判性的评论,以突出她所看到的古希腊哲学与20世纪中叶英语世界哲学之间的差异。她写道,"这种(伯林式的)困惑肯定与原初的惊奇——来自*theasthai*的*thaumadzein*——相去甚远,根据柏拉图和亚里士多德,这种惊奇是所有哲学的开端。剩下的是一种不踏实、**不安宁**的感觉,即对于存在的东西,知识的增加永远不会消除我们的无知。[133]换句话说,阿伦特在伯林的哲学模式中发现了一些肤浅的东西，这些东西很难说是被曾经激起希腊人进行哲学思考的迷人的"原初惊奇"所激发的。她对牛津人的评价与她对欧洲大陆存在主义哲学家如克尔凯郭尔、海德格尔、雅斯贝尔斯、萨特和加缪的看法形成了鲜明的对比。后者（像希腊人而不像伯林）不仅对各种实体的存在感到"困惑"，而且对存在本身感到**震惊**。[134] 在阿伦特看来，伯林与斯特劳森和艾耶尔没有什么不同。他对"大陆形而上学家"的彻底否定仅仅表明了他作为一个哲学家的无能。同样，当他"不加批判地驳回"现象学家的整个思维和写作模式，认为它们形而上学和晦涩时，他也没有充分考虑为什么他们的作品**在他看来**是这样的。如果是这样，从阿伦特的角度来看，伯林也有资格成为她所谓"牛津批判学派"笨瓜党的一员。

伯林曾将"由伯特兰·罗素开创的［经验主义］大革命"描述为"或许是17世纪以来最伟大的革命"。[135] 阿伦特完全不同意。她认为，与20世纪初德国发生的真正的哲学地震相比，这只是一次小小的震动。像威廉·菲利普斯一样认为伯林"有着太过系统化的教育和头脑"，不能欣赏阿伦特，这是错误的。[136] 至少可以说，阿伦特的教育系统化程度不亚于伯林（毕竟，她有博士学位，而伯林没有）。真正的问题是他们的思想是在非常不同的文化和思想流派中培养出来的。阿伦特在某种程度上同意19世纪和20世纪初德国思想家的假设，即他们的哲学和文化优于他们的英国和"盎格鲁-美利坚"同行，后者被认为是肤浅的、唯物的和功利的。尼采在他的一句格言中对这种鄙视作了最好的表达,这句话是针对 J. S. 穆勒"令人反感的清晰性"而说的。"**人并不**为幸福而奋斗,"尼采宣称,"只有英国人才会这样做。"[137] 阿伦特比较公正,但她绝非没有尼采式的偏见。例如,诺曼·波德霍雷兹回忆说,当约翰·洛克的名字在一个小型晚宴上出现时,阿伦特调侃道:"啊,这些英国人,他们认为他们有哲学家。"[138] 同样,当新学院的一名研究生问"哪位用英语写作的哲学家[……]值得作一篇[博士]论文"时,阿伦特勉强提到霍布斯,但"长时间停顿"后,想不出任何其他英国名字。[139] 有人可能会说,她至少提到了一位英国哲学家。然而,即便如此,也不要忘了,在《极权主义的起源》中,她尖刻地将霍布斯称为"真正的[……]市民阶级哲学家"。[140] 对她来说,这就是英国人对哲学的贡献。

总之,阿伦特和伯林之间缺乏直接的学术交流,这不仅是因为他们不幸的个性反应和政治分歧,也是因为日益扩大的所谓"分析派-欧陆派分歧"的哲学鸿沟。[141] 在这种情况下,"分析派-欧陆派"二分法在许多方面都是粗糙的,两种传统**内部**不同派别之间的竞争可能与分析和欧陆**之间**更显明的竞争一样激烈。与此相关的是,阿伦特属于,并认为自己属于,一个特定的欧陆哲学流派,其身份认同部分取决于它对所谓肤浅的英国经验主义的敌意。用她自己常说的一句话来说,如果可以说她来自任何地方的话,那么她来自德国哲学的一个异常活跃的时期,在这个时期,它自己的传统受到了有力的质疑,被急剧更新并获得了新的生命。[142] 在她看来,哲学的新的孪生中心不是维也纳和剑桥（更不用说牛津了）。相反，是马堡和弗赖堡。

我将在接下来的章节中搭建解释的桥梁，让阿伦特和伯林的思想相互对话，尽量减少他们风格上的差异，集中讨论他们的实质性分歧。当然，正如伯纳德·威廉斯所说，在哲学中，风格问题和实质问题通常是不可分割的。[143]但是，尽可能消除讨论中的风格差异**可能**是有益的，正如我希望在整个研究中所展示的那样。不过我现在的角度更加有限：到1958年，汉娜·阿伦特已经逐渐成为伯林"真正的眼中钉"。伯林已经对她产生了政治和哲学上的厌恶。然后，随着她关于阿道夫·艾希曼审判的"报告"的发表，又多了一层厌恶。这一层明显是**道德**性质的。

纽约的"内战"

伯林对《艾希曼在耶路撒冷》的批评值得仔细研究，我将在第5章中完成这个任务。作为后文讨论的预备，这一部分将概述艾希曼争论及其历史背景，并回顾伯林对阿伦特有争议的作品的最初反应。通过这样做，我将证明我已经含蓄地提出的论点：尽管夸大伯林对《艾希曼在耶路撒冷》的敌视很有诱惑力，但这只是他对阿伦特及其著作的敌意的一部分。

杀人狂

首先，需要简要介绍一下艾希曼的职业生涯和罪行。与汉娜·阿伦特同岁的阿道夫·艾希曼（生于1906年）于1932年加入纳粹党和党卫队，时年26岁。他最初的加入动机混合了机遇、机会主义和温和的政治同情，[144]但他很快就开始发挥积极作用，在1934年末成为纳粹帝国保安部（SD）的一员。艾希曼以犹太问题专家自居，在纳粹体系内建立了成功的职业生涯，在随后的几年里设计并实施了一系列反犹太措施。1938年，当他被指派监督来自新"统一"的奥地利的大规模移民时，他的局面大开。维也纳的犹太移民中央办公室强迫大约128,000名犹太人在1941年11月边境关闭之前离开该国。[145]随着他在被占领的布拉格成功复制"维也纳模式"，艾希曼名声大张，他于1939年10月被提拔到柏林市的盖世太保部门，负责整个帝国的犹太移民。

在接下来的几年内，犹太人"迁除"的含义将从大规模移民发展到强制驱逐，最终变成灭绝。直到战争结束，艾希曼的思想不断发展，他的角色也相应地成长。后来，在耶路撒冷，他的辩护律师声称艾希曼只不过是纳粹机器中的一个"小齿轮"，只是作为一个官僚扮演一个可替代的角色。事实上，艾希曼一直是"最终解决方案"的富有想象力的带头人，此外，作为花样齿轮，他精力充沛地在奥地利、比利时、法国、德国、希腊、匈牙利、意大利、荷兰、波兰、斯洛伐克和其他地方操作杀人机器。[146]他的全心投入并不一定意味着不知变通。当帝国获取资源以继续战争的战略需要优先于消灭犹太人的意识形态要求时，艾希曼参与了各种赎金谈判，包括著名的匈牙利"以血换货"案，我将在第5章回到这个问题。随着德国战败的可能性越来越大，他开始筹谋一个复杂的计划来确保他战后的逃亡，同时向同事撒谎说他决心战斗到底。大约在这个时候，他据说发表了那句臭名昭著的言论，他的前得力助手迪特尔·维斯里奇尼在纽伦堡审判期间公开透露，艾希曼说"他会笑着跳进墓穴，因为一想到有500万条人命要算在他的账上，他就感到极大的满足"。[147]

然而，艾希曼并没跳进坟坑。他在战后被关押的战俘营中隐藏了自己的身份。然后他逃到了德国北部的吕内堡荒原，在那里他伪造了一个新的身份，名叫奥托·海宁格，以伐木工的身份生活，后来成为了一名养鸡场主。他的安全在1947年受到了短暂的威胁，当时他忠诚的妻子试图为丈夫获得死亡证明的欺骗行为失败了，弄巧成拙，促使人们开始搜寻这位臭名昭著的纳粹罪犯。但在纳粹同情者和人贩子网络的帮助下，艾希曼伪造了另一个身份里卡多·克莱门特，并于1950年夏天离开德国前往布宜诺斯艾利斯。[148]在新的国家，他生活得更加惬意，在一个纳粹侨民社区找到了自己的位置，获得了各种管理工作并有了稳定的工资，1952年他的妻子和三个孩子（很快又有了第四个孩子）加入了他的行列。[149]艾希曼和他的纳粹同伴觉得不必再像从前那样隐姓埋名、诡秘行事，他们谈论着共同的过去和未来的雄心壮志。50年代末，闲聊发展成了一个项目，他们开始与前荷兰党卫队志愿者、后来成为作家的威廉·萨森合作，发表他们的观点。艾希曼加入这个项目的动机仍然不清楚。他肯定有一些小的动机，比如金钱利益的前景和想给他的纳粹同僚留下深刻印象的愿望。但也有更严重的原因，包括他强烈的愿望，甚至是一种反常的责任感，在"犹太世界"（world Jewry）和他的一些前同事的"谎言"中弄清"事实"，他们夸大了艾希曼在大屠杀中的作用以此来减轻他们自己的责任。他可能还希望帮助新纳粹分子破坏阿登纳政府，并暗图战后秩序本身。他知道这冒着生命危险，但他愿意冒这个险让别人听到他的声音。

关于艾希曼下落的谣言在整个50年代都有出现，欧洲、中东和南美，说在哪的都有。然而，在联邦德国，关于追捕、审判和惩罚藏匿的臭名昭著的纳粹罪犯，这种意愿并不特别强烈，因为政府内外有太多的人有理由担心对艾希曼的审判会产生什么样的后果。[150]到50年代中期，其他地方的意愿也减弱了。与纠正过去的不公正相比，西方政府更关心打击共产主义，急于避免疏远他们的德国盟友，而以色列则忙于解决更紧迫的问题，包括生存威胁。事实上，历史学家一直在争论，如果德国、美国和/或阿根廷有意愿充分利用其情报机构收集的信息，艾希曼的被捕是否会更早。[151]一些历史学家还指出，即使是以色列情报机构摩萨德，对最终导致艾希曼被捕的最初信息反应也相当缓慢。[152]但是，越来越多的信息将艾希曼与阿根廷联系起来,最终说服摩萨德采取有力行动,成就了该组织最著名的一次行动。1960年5月11日,一队以色列"志愿者"在阿根廷抓获了里卡多·克莱门特,对他进行了审讯,并确认他的身份是阿道夫·艾希曼。他们在那里绑架了他,并于5月23日上午成功地将他带到以色列。[153]此后不久,以色列总理大卫·本-古理安宣布了抓捕的消息。据美国电视网哥伦比亚广播公司(CBS)报道,这"震惊了全世界[……]仿佛希特勒本人被发现了"。[154]

伯林和阿伦特的反应

这个消息激起了以赛亚·伯林和汉娜·阿伦特的兴趣,促使他们以不同的方式做出反应。这位牛津哲学家就抓捕发表评论,就好像他是一名以色列政治战略家一样。许多人质疑以色列审判被告的合法权利,被告被指控的罪行是在1948年以色列建国之前犯下的。批评者想知道,如果这个新成立的国家对他进行审判、判决和惩罚,那不就相当于一种事后法了吗?但是法律问题并没有困扰伯林。他感兴趣的是一个政治问题:即将到来的审判总的来说对犹太国家有利吗?伯林从一开始就表达了他的保留意见。以色列可能希望"提醒世界关注大屠杀",但这一提醒很可能被置若罔闻。它也可能是希望"钉牢有罪者的罪行",但这"对一个国家来说在政治上是不明智的"。从现存的文献中还不清楚伯林在何种具体意义上认为这样"钉牢"在政治上是不明智的。一种可能的解释是，他呼应了当时普遍存在的对以色列潜在反弹的担忧——顺便提一下，这种担忧是卡尔·雅斯贝尔斯在审判开始前在给阿伦特的信中多次表达的。[155]此外，伯林继续说，以色列的另一个动机可能是将审判变成犹太人团结的呼吁，但这也将是无效的，因为那些听到呼吁的人已经团结起来，而那些需要被团结的人则不会响应呼吁。总之，这种尝试"[不会]改变任何人"。[156]

无论如何，伯林预见到在以色列的审判是必定要进行的。审判一开始，他就利用1962年春天去耶路撒冷的机会亲眼见了被告。看了"半个小时左右"的审判后，[157]他在给妻子艾琳的信中写下了自己的印象。他的第一反应与阿伦特和其他许多在Beit Ha'am（"人民之家"）见证艾希曼的人几乎没有什么不同，"人民之家"是一个由文化中心改造成的法庭。也就是说，伯林被玻璃亭子里的这个男人明显的平凡和庸常——用阿伦特的话来说就是"平庸"——所震惊。伯林写道，艾希曼"看起来像一只轻微癌变的老鼠：就像任何一个小小的奥地利或德国售票处职员"。[158]在随后的几个月和几年里，伯林会进一步思考他在耶路撒冷看到的那个人。但是他对审判本身的看法几乎没有变。他仍然坚信这不利于犹太人的国家。还在审判期间他就得出结论，可能的判决——死刑——会恶化以色列的国际地位。他甚至考虑以典型的伯林方式进行干预，"给国王带话"，即直接写信给本-古里安。[159]伯林似乎放弃了这个想法，但他还是"给以色列高级官员写了信，当然，是打算传递给以色列总理"。[160] 不过，即使伯林自己也不相信他的干预会改变本-古里安的想法或艾希曼的命运。他承认实然与应然的区别："我确定他们不应该绞死他，但我担心他们会。"[161] 1962年5月31日，罪犯被执行处决，这令伯林失望。

事后看来，人们可能会怀疑伯林的担忧是否有点夸大。也许，从长远来看，以色列将艾希曼绳之以法的决心和能力比这位哲学家预期的更有利于国家。但他的担心绝非毫无根据。艾希曼的被捕激起了国际媒体的大量讨论，"复仇的犹太人"与"宽恕的基督徒"形成鲜明对比。[162] 它还引发了对散居地犹太社区的反犹攻击。一个特别令人震惊的事件发生在布宜诺斯艾利斯，自称是"为艾希曼复仇"的三名男子，绑架了一名19岁的犹太女大学生，对她施以酷刑，并在她胸前刺了一个"卐"字。[163] 艾希曼的被捕进一步引发了以色列和阿根廷之间的外交争吵，阿根廷向联合国安理会提出了正式投诉。[164] 此外，伯林可能担心审判会给艾希曼公开宣传否认大屠杀的机会。结果，被告极力否认的是**他在**种族灭绝中的作用，而不是种族灭绝本身。

汉娜·阿伦特对艾希曼被捕消息的反应比伯林方面更具个人色彩。这也许并不令人惊讶。艾希曼对阿伦特在居尔拘留营的同室囚犯的命运负有责任，不像阿伦特那么幸运，这些同室囚犯因无法逃离而最终死在奥斯维辛。[165] 到达美国后，阿伦特密切关注欧洲犹太人的处境，这跟伯林不同，伯林颇有疑问地声称他直到1944年甚至1945年才读到或听到灭绝的消息（参见第5章）。[166] 相比之下，阿伦特首次发表对艾希曼致命工作

第2章 "眼中钉" [061]

的评论可追溯到1943年9月3日；至少从这个日期起，她已经仔细研究了与艾希曼罪行有关的一手和二手资料。[167]当然，当她就纳粹主义的性质和起源进行写作时，她尚不能依赖我们今天可以轻易获得的大量档案材料和历史研究。但《极权主义的起源》的作者，肯定比她同时代的大多数人更有资格讨论即将到来的审判，那本书里曾简要介绍了艾希曼是"希姆莱的盖世太保特别部门"负责人，负责"犹太问题清算（可不是仅仅研究）"。[168]她提出担任《纽约客》负责报道审判的记者，杂志编辑威廉·肖恩欣然接受。[169]阿伦特不得不取消或重新安排她的各种应诺，以腾出时间前往耶路撒冷。她发现重排时间表"很可怕"，尤其是因为审判的开始被一再推迟。然而，她在给雅斯贝尔斯的信中写道："如果我不去面对面看看这个活灾星，不管他［即艾希曼］是怎样匪夷所思的空洞，我将永远无法原谅自己。"[170]她在别处说得更直白："我觉得，出席这次审判是我欠自己过去的一笔债。"[171]

阿伦特最初认为自己只不过是审判的"简单报道者"，她最初的计划是"为《纽约客》撰写一篇文章"。[172]换句话说，当她踏上耶路撒冷时，她不知道她将撰写连载五期的系列杂志文章，日后还将成为一部专著。她也没有（与大卫·切萨拉尼的指控相反[173]）准备让艾希曼适应她在《起源》一书中先已形成的极权主义理论。相反，她出乎意料地发现自己写的比她预期的多得多，因为，首先，她发现迄今为止在审判中写的一切都非常不能令人满意；其次，《纽约客》编辑放手让她想花多少时间就花多少时间,想写多少就写多少;第三,也是最重要的一点,她对阿道夫·艾希曼的形象和他邪恶的性质感到困惑。《艾希曼在耶路撒冷》的这一出乎意料的缘起需要格外留意,因为这解释了这本书的混合性质,它既不是传统的审判报告,也不是理论论文。阿伦特不是从耶路撒冷为美国受众发回她写的"报告";大部分文本是在纽约写成的,她在那里研究审讯和审判记录。她也不打算在书中发展出一套关于恶的一般理论。相反,她写下了她在耶路撒冷所见所闻引发的对恶的性质的即时思考。事实上,在她丰饶的头脑中,一种关于恶的新思想从1961—1963年开始,一直延续到她生命的尽头。

"艾希曼大争论"

《艾希曼在耶路撒冷》中最有争议的部分关乎作者所说的"整个黑暗故事中最黑暗的一章",即"犹太人领袖在自己民族毁灭中的作用"。[174]阿伦特挑战当时有罪的德国人和无辜的犹太人之间的明确区别,尖锐地批评了她所认为的犹太人领袖在处理纳粹问题上的失败。说她打破了禁忌不太准确。1942年末首批幸存者抵达巴勒斯坦,已经很自然地引起了讨论,犹太人领袖是否做了足够多的事情来减轻这场灾难;心烦意乱的本-古里安称这是一场相互指责的"虐待狂运动"。[175]战后,在50年代中期,所谓的"卡斯特纳审判"以一种更加戏剧化的形式重新提出了这个问题,当时以色列法官便雅悯·哈勒维指控战时匈牙利裔犹太人领袖鲁道夫·卡斯特纳"将灵魂卖给了魔鬼",即与纳粹合作(参见第5章)。一段时间以来,"合作"问题也一直是学术讨论的主题:例如,莱昂·波利亚科夫的《海恩的祈祷书》(1951年),阿伦特在《极权主义的起源》中引用过;劳尔·希尔伯格里程碑式的《欧洲犹太人的毁灭》(1961年),阿伦特在《艾希曼在耶路撒冷》中做了大量引用。[176] 此外,阿伦特本人以前也考虑过犹太人领袖在纳粹化的欧洲面临的困境,只是比她1963年"报告"中的类似讨论更具同情心。[177]

因此,阿伦特引起争议的作品的爆炸性与其说源于她挑战争议问题的事实,毋宁说源于她挑战争议问题的方式。在她的许多读者眼中,阿伦特的语气完全不恰当,表现出对大屠杀受害者的不尊重甚至残忍。《艾希曼在耶路撒冷》的下列句段最具争议:

> 无论犹太人生活在哪里,都有公认的犹太领袖,而这类领袖几乎无一例外地以这样或那样的方式,出于这样或那样的原因,与纳粹合作。整个事实是,如果犹太人真的没有组织,没有领袖,那即便会有混乱和大量的痛苦,但受害者的总数就不会在450万到600万之间。[178]

人们即使不是不同情阿伦特的作品,也能明白为什么这样的话会在60年代初被证明是爆炸性的,当时种族灭绝的记忆痛苦而鲜活,但很少在大众媒体上表达。她的语气明显不同于后来处理类似道德和历史问题的作品,如耶胡达·鲍尔的《供售卖的犹太人》——以高度科学的风格根据确凿的统计数据写成，以及伯纳德·瓦瑟斯坦的《美德的暧昧性》——充满了同情、人性的温暖和**悬置判断**的决心。[179]与这两部作品相比，阿伦特的《艾希曼》的经验一面更像是片段性的，而不是系统性和科学性的，非经验的一面则被她特有的运用判断力的意愿所激发。她的批评者从两方面攻击这本书。例如，雅各布·罗宾逊在他长达400页的反驳阿伦特的"报告"中夸张地声称，他在这本书中发现了400个"事实错误"，[180]而几乎所有她的批评者，包括伯林，都指责她对大屠杀受害者的行为进行道德说教。正如我们将看到的，阿伦特这样处理这个有争议的问题是有她的理由的，但是批评者并没有仔细考虑她的理由。相反，一些人只想"以牙还牙"，称她为"魔鬼的代表"，指控她"挖掘未来的犹太人坟墓"，等等。[181]

第一轮艾希曼争论的另一个主要问题针对的是阿伦特此书副标题中一个非常著名的短语："平庸的恶"（the banality of evil）。事后来看，她的基本观点并不像批评者认为的那样有争议。她的主要意思是，一个人不需要成为一个非常邪恶的人来犯下非常邪恶的罪行；相反，一个没有深刻动机的平庸之辈（比如阿伦特眼中的艾希曼）可能在骇人听闻的罪行中扮演重要角色，只要他或她没有思考自己行为的真正意义。正如卢克·拉塞尔指出的，阿伦特的"平庸"意在"表明动机类型和主体类型的平庸，而不是行为的平庸"。[182]今天，即使是那些对《艾希曼在耶路撒冷》持保留意见的人也承认"平庸"论具有一定的说服力。[183]不过,阿伦特当时的读者却有着不同的反应,他们真的不能理解她所说的"平庸"是什么意思。虽然她的捍卫者喜欢指责读者没有努力理解她所要传达的意思,但我认为她对造成混乱负有部分责任。尽管她决定在书的副标题中使用"平庸的恶",但却没有阐明这个挑衅性短语的意思:这个短语在书中只出现过一次,但作者却没有提供定义;[184]它根本没有出现在最初的《纽约客》文章中。诚然,阿伦特的想法变得相当清楚,如果将《艾希曼在耶路撒冷》与她的其他尤其是后来的文本一起阅读的话。[185]但《艾希曼在耶路撒冷》本身并没有解释作者关于恶的思想,她同时代的许多读者发现这本书令人困惑也就不是什么怪事了。不幸的是,一些沮丧的读者随后将他们**想要**看到的东西一股脑地扔给"平庸",声称阿伦特降低了艾希曼罪行的严重性,经常忘记她毫不含糊地支持处决这个大屠杀凶手。

阿伦特真的被她的作品引发的争议规模和强度吓了一跳。她不仅感到被严重误解,还开始相信是"犹太当权派"搞了一场有组织的运动来歪曲她的作品,并控制人们对作品的看法。根据阿伦特的说法,这场运动非常成功,以至于"大部分讨论"都是"在针对**一本没人写过的书**"。[186]她对有组织的运动的怀疑可能有些夸张,但不是毫无根据。[187]例如,圣约信徒会的反诽谤联盟公开谴责《艾希曼在耶路撒冷》,并散发一本名为《阿伦特胡说八道》的小册子;德国犹太人委员会的齐格弗里德·摩西试图阻止阿伦特的"报告"以书的形式出版;以色列检察官吉迪翁·豪斯纳和世界犹太复国主义组织主席纳胡姆·戈德曼都在纽约卑尔根-贝尔森幸存者协会的一次会议上发言,谴责阿伦特所谓的"重写历史"(豪斯纳)和"向纳粹受害者扔石头"(戈德曼)。[188] 在对手的"金钱、人员、时间、人脉,等等"面前,阿伦特感到无能为力,她说,这本书的形象已被她的对手们所塑造,有效地蒙蔽了读者的眼睛,以至于即使像格肖姆·肖勒姆那样最聪明的人,也不能看清她的书里到底写了什么。[189]

当然,阿伦特有她的辩护者。玛丽·麦卡锡、汉斯·摩根索、丹尼尔·贝尔和德怀特·麦克唐纳等作家,竭尽所能地支持他们认为《艾希曼在耶路撒冷》中有效的观点。[190] 但是,他们的努力并没有让群情激奋转为理性的讨论。相反,他们经常引起粗暴反应,比如当阿尔弗雷德·卡津——一个有点暧昧的阿伦特辩护者——试图在一个公共论坛上为她说话,却被莱昂内尔·阿贝尔吼道:"谁让你上来的?谁问你的意见了?"[191] 与此同时,争议中的作者自己也变得谨慎起来。在一个罕见的场合阿伦特公开为自己辩护,她称这些争论是"无意义和盲目的",这进一步激怒了批评者,指责她傲慢。[192] 于是争论一直持续到1966年,"每个人似乎都筋疲力尽了"。[193] 如果说"艾希曼大争论"是纽约知识分子圈的"内战",那么它更类似于托马斯·霍布斯假设的那种自然状态,而不是19世纪美国真实世界的自然状态:它退化为一场为短期目标而进行的组合混战,不再朝向和平与和解,而和平和解才是内战应该追求的目标,至少理论上如此。

"艾希曼大争论"中的伯林

以赛亚·伯林不是"艾希曼大争论"中的核心人物。然而，他饶有兴趣地关注着它，并在其中扮演了一个小角色。就像《人的条件》出版时一样，伯林被要求写一篇关于《艾希曼在耶路撒冷》的评论。他拒绝了这一请求，并在给《党派评论》编辑威廉·菲利普斯的一封信中，以令人钦佩的坦率陈述了自己的理由："我对（阿伦特）所写的一切感到奇怪的反感——我很确定我应该非常不公正。[……]关于艾希曼的书可能很好，但我可能察觉不到。"[194] 他在给玛丽·麦卡锡的一封信中说了类似的话：

> 事实上——虽然我没有认真读过这本书[《艾希曼在耶路撒冷》]，但在我看来，这是她更清晰、更有说服力、更深刻的作品之一——不像她其他著作那样，在我看来充满着不相干和自由联想的晦暗的日耳曼式阴云（论革命的那本书直接把我们扔回了旧德国形而上学的沟里，我无法理解）。[……]阿小姐当然更有资格发表她对艾希曼的看法，而不是她对希腊人、希伯来人或对18世纪和19世纪的看法，这些看法使我的同事中更注重事实和一丝不苟的人感到不安。[195]

伯林缓和了对阿伦特及其作品的敌意，承认《艾希曼在耶路撒冷》可能"很好"，这与他长期以来的观点一致，即阿伦特在《起源》中对纳粹主义的讨论是她作品中最不坏的。然而，正如 Arie Dubnov 和 Lotte Houwink ten Cate 等历史学家最近所表明的那样，伯林在《文汇》(Encounter) 杂志发表著名的"阿伦特-肖勒姆对话"的英译稿方面发挥了作用。他的作用是双重的：首先，他鼓励肖勒姆出版对话的英文翻译；[196] 其次，他在肖勒姆和《文汇》驻伦敦助理编辑约翰·曼德之间充当中间人。[197] 这意味着，一方面，伯林在特拉维夫杂志《通讯》(Mitteilungsblatt) 最初发表对话的德文版方面没有扮演任何角色。他也没有参与瑞士杂志《新苏黎世报》转载这次对话。这两回，采取主动的人都是肖勒姆本人。[198] 另一方面，伯林在英译稿方面发挥了重要作用。他让《文汇》杂志的编辑注意到了阿伦特和肖勒姆的对话，并"暗示[该杂志]可能会对此感兴趣"。[199]

当阿伦特从曼德那里听说他的杂志想发表她与肖勒姆的对话时，她担心她最初仅是与朋友的私人讨论现在会接触到过多的读者。然而，尽管有所保留，她还是允许《文汇》出版对话，条件是她在英译稿上有发言权。[200] 她很快就会后悔这个决定，感觉自己"误入了埋伏"或"陷阱"。[201] 不清楚她是否知道伯林参与了《文汇》一事，尽管她当时怀疑伯林是"与以色列政府关系最密切的人"，是她认为的反对《艾希曼在耶路撒冷》的有组织运动的一份子。[202] 无论如何，阿伦特-肖勒姆对话的英语译文准时出现在1964年1月的《文汇》杂志上，这让阿伦特很遗憾。

鉴于这种背景，对大西洋彼岸知识界内战中的毁灭景象，伯林偶尔会表现出恶作剧般的喜悦,这很说明问题。1963年7月,他告诉他的朋友斯蒂芬·斯彭德:"我乐见关于阿伦特小姐的书的可怕丑闻。"[203]说句公道话,伯林并没有利用艾希曼大争论期间的机会对阿伦特发起全面攻击,当时可是阿伦特最脆弱的时候,并且"成为她自己人中间的贱民"。[204]然而,正如《文汇》一事表明,他从道德上支持阿伦特的批评者,并愿意对谴责《艾希曼在耶路撒冷》施以援手。这并不奇怪,因为阿伦特的批评者现在呼应了伯林的长期观点,即阿伦特在智识上肤浅,在道德上傲慢。因此,他很高兴看到罗宾逊对阿伦特的400个"事实错误"的反驳,认为它"料多到足够[……]挑明[阿伦特]对事实的无力把握"。[205]此外,伯林可能帮助全灵学院学监约翰·斯派洛为《泰晤士报文学增刊》写了一篇针对阿伦特书的高度批判性的匿名书评。前全灵学院研究员大卫·柯特这样暗示:"我们可以推测他们一直谈到深夜[……],伯林促动斯派洛把美国犹太圈的争论推向升级。"[206]

虽然伯林高度看重斯派洛的书评,但从长时间来看还是肖勒姆与阿伦特的对话给他留下了更深刻的印象。肖勒姆的两个关键指控在伯林看来都是公正和正确的:首先,阿伦特缺乏"对犹太民族的爱";其次,她对犹太人领袖的讨论是"无情的,经常差不多是嘲笑和恶毒的口吻"。[207]伯林在他的余生都诉诸肖勒姆的权威来支持他自己对阿伦特的看法,"肖勒姆正确指责汉娜·阿伦特可怕地没有心肝"。[208]

但是,值得注意的是,在批评阿伦特时,伯林愿意比肖勒姆走得更远。甚至在《艾希曼在耶路撒冷》出版之前,肖勒姆和阿伦特就已经吵过架,尤其是后者1944年的文章《犹太复国主义再思考》,让"[肖勒姆]非常失望并且[……]有点刺痛"了他。[209]尽管如此,他们自20世纪30年代以来一直有私交,在40年代末和50年代初密切合作,即使在艾希曼大争论使他们的友谊紧张并最终结束时,他们也继续**尊重**对方。[210]正如阿伦特所知,在大争论期间,肖勒姆没有接受或附和其他人对她的一些最严厉的指控,包括阿伦特所谓的"自我仇恨"。[211]相比之下,伯林则完全同意这一指控。[212]1963年7月,正值艾希曼大争论的高峰,他对阿伦特发表了可以说是最残酷的评论,伯林指控,阿伦特"自己的潜意识里充满了最可怕的怪物","如果有人需要深一点、再深一点的分析,那就是阿小姐"。[213]

到60年代末艾希曼大争论第一轮结束时,"阿伦特"已经成为伯林书中的一个通用名词,用以指某种反常和扭曲的东西。[214]1941年在伯林的心灵和思想中播下的对汉娜·阿伦特厌恶的种子,到60年代末已经成熟为完全盛开的敌意之花。这朵花从未枯萎,直到他生命的尽头。

俄国革命研讨会

阿伦特和伯林最后一次相遇是在1967年4月,当时理查德·派普斯在哈佛大学俄国研究中心组织了一次会议,纪念俄国革命五十周年。共有27名参与者,代表了"业内翘楚",包括乔治·凯南、默尔·芬索德、亚当·乌拉姆、伦纳德·夏皮罗、E.H.卡尔和马克·费罗。[215]阿伦特的出席可能会令人惊讶,因为她绝不是苏联问题专家或俄国研究专家。但她的角色是回应乌拉姆关于《革命的用处》的报告,这个任务看起来适合《论革命》的作者。阿伦特本人从不墨守成规,她很荣幸成为会议上唯一的非专业人士。(扬-布鲁尔写道,"她对雅斯贝尔斯说,她是唯一一个外行,但没有说她是唯一的非男性。"[216])相比之下,伯林是美国俄罗斯研究界的圈内人,尤其是哈佛大学俄国研究中心的圈内人。自1949年以来,他断断续续地与这个中心有联系,并与理查德·派普斯关系密切,派普斯将他1970年的书献给了伯林。[217]这位哈佛历史学家实际上在1966年6月前往英国时在牛津拜访了伯林,两人经常通信讨论会议计划。[218]在一封信中,伯林表达了他对阿伦特的保留意见,但没有否决她参加会议。他告诉派普斯:"我对这位女士不大看好。不过,我们也不会因为她而变得更贫乏。"[219]

会议于4月4日至9日如期举行。[220]会议记录(包括正式发言后的讨论摘要)被编辑成书出版,即长达350页的《革命的俄国》。[221]阿伦特和伯林在会上交锋了吗?谈不上。他们交流了两次,但这些互动还谈不上算是交锋。第一次交流发生在讨论凯南的论文《沙皇专制的崩溃》的时候。在讨论接近尾声时,阿伦特提出,"俄国的民族主义与西欧的民族主义有着根本的不同,从19世纪中叶开始,俄国民族主义实际上是泛斯拉夫主义"。这个意见没有被与会专家接受。凯南对阿伦特不以为然，他说"俄国民族主义只部分是泛斯拉夫主义"。伯林应声附和，他补充说，政治上的泛斯拉夫主义是一种短期现象，"到1900年已经不存在了"。其他人随后的评论也没有支持阿伦特，讨论很快朝着不同的方向发展。《革命的俄国》里没有阿伦特针对凯南－伯林联手的反驳记录。[222]

阿伦特和伯林的下一次简短交流发生在派普斯关于《布尔什维克主义起源》的论文的讨论中，伯林是该论文的指定回应者。再次，阿伦特发起对话。她重申了她在《论革命》中的观点，[223]强调了实干家列宁和共产党领袖列宁之间的深刻矛盾。根据阿伦特的说法，实干家由于对革命运动有第一手经验，认识到自发性和自由行动的重要性，而党领袖教条化地赞同决定论意识形态和一党统治。她的评论是中肯的，因为派普斯论文的目的就是追溯青年列宁在世纪之交以布尔什维克主义为顶点的思想演变。然而，伯林并没有完全回应阿伦特的说法。相反，他再次发表了一个非常简短的评论，质疑阿伦特点评的历史准确性，这一次他指出，"大多数积极分子没有成为马克思主义者，而是社会革命者或恐怖分子"。随后讨论再次发展到一个不同的方向，派普斯以场面话结束了讨论环节：青年列宁的主题"值得深入研究"。[224]

我们该如何理解阿伦特和伯林在1967年4月的对话呢？伊利亚·温汉姆提出的一种解释是，伯林选择打的是防御战，采用操控议程的策略。[225]他知道阿伦特是与会者中唯一的非专业人士。只要讨论集中在俄国历史上，他相对于阿伦特的优势就是安全的，而如果讨论扩大到政治理论中更广泛的问题，他的优势就可疑了。从这个角度来看，哈佛俄国研究中心是伯林的理想战场。他所需要做的就是等待阿伦特踏入**他的**世界；一旦阿伦特这样做了，他就可以出击，揭露她对"近代俄国历史［……］的无知"。[226] 但有另一个最终更合理的解释，更好地解释了伯林对阿伦特的评论的简短性。也就是说，他把对阿伦特的回应限制在最低限度，因为他不想和她交流。他并没有完全忽视阿伦特，但那只是因为无法忍受"她广泛的无知"。因此，他们1967年互动的中心特征与其说是"伯林纠正阿伦特错误的学究式热情"，不如说是他不愿与她交谈。[227] 这种解释得到了他的一些信件的支持，其中一封信中他表示不愿意"与［阿伦特］建立任何关系，哪怕是敌对关系"。[228]

我们没有足够的证据来确定伯林在哈佛会议上两次与阿伦特短暂互动时的想法和感受到底是什么。对阿伦特来说，她似乎不太关心伯林的想法或感受。她兴奋地告诉雅斯贝尔斯，她发现会议"非常有趣"。[229] 她对乌拉姆论文的评论确实得到了发言者的赞赏，她自始至终积极参与了会议。也许她的外行身份让她感觉比平时更放松。她知道自己属于"门外汉"，就像她在回应乌拉姆的开头告诉她的听众的那样。[230] 即使她被告知她不懂关于俄国历史的事实，她可能也不会太介意。这可能解释了为什么她觉得哈佛会议特别刺激，因为她可以在26个合格的事实收集者面前测试她的想法，包括伯林。

如果哈佛会议有更好的记录，那么可说的可能会更多。但是我们所掌握的有限信息足以表明，从本研究的角度来看，这是一次错失的机会。阿伦特和伯林在这一次几乎没有交锋。用一个更恰当的比喻来描述他们的互动，这是一场无谓的战壕战中的拉锯。双方都从战壕中发射了几次，但都没有击中目标，而且双方都没有准备好发动全面进攻。还能有什么别的原因呢？与伯林争论从来都不是阿伦特的重头，尤其是因为她比伯林面对的对手多得多。就伯林而言，当他1967年4月到达马萨诸塞州剑桥时，他已经对阿伦特有了决定。会议一开始，他就做了他说过要对阿伦特做的事情：尽可能地远离她。

近20年前，在阿瑟·小施莱辛格的倡议下，两位思想家于1949年在哈佛大学会面。这次会面最终"搞砸"了，但他们至少能互相交谈。[231]另一场搞砸在1967年得以避免；但这仅仅是因为阿伦特和伯林之间的距离已经变得如此之大，以至于连冲突或交锋都不再可能。这是他们最后一次相遇——在阿伦特69岁早逝前的八年零八个月。

"生前是，死后也是"

1972年春天，伯林用下面的话表达了他对阿伦特的深刻敌意："我对阿伦特小姐绝对反感，她一出现在房间里就让我浑身起鸡皮疙瘩。"[232]伯林在出版物上和身体上都避开她，表示他不愿意"当众洗一块哪怕是最干净的布"。[233]（译按："当众洗脏布"为谚语，意思是私丑外扬。）言外之意是，与阿伦特公开讨论会让他感到尴尬，即使他自己正确到一尘不染。然而，无论是阿伦特本人，还是她的出版物，伯林都用不着小心翼翼地长时间躲避了，因为阿伦特在1975年12月去世了，就在伯林写下那些刺耳的话一年后。相比之下，伯林还有20多年的时间来见证她死后名声的增长。伯林认为这迟早会消失，因为他在阿伦特的著作中看不到任何有持久价值的东西。在这上面，伯林被证明是错误的（至少到目前为止），因为阿伦特的名气没有衰落的迹象。相反，《极权主义的起源》和《人的条件》都被认为是"现代经典"，到1997年伯林去世时，"阿伦特研究"已经成为一个分支学科和一个小产业。

阿伦特死后名声不减，这使伯林对她的憎恶更深了一层。令他恼火的是，新一代学者开始以各种方式将两位思想家联系起来。一个例子发生在1983年，伯林收到年轻的牛津同事兹比格涅夫·佩琴斯基和约翰·格雷的请求，为他们计划编辑的题为"政治哲学中的自由概念"的书写一篇导论。[234]这个邀请是完全合适的。伯林在过去的20年里一直是英国最重要的自由理论家，与格雷和佩琴斯基关系都很好，事实上还参加了他们编辑的那本书的出版讨论会。然而，他拒绝了邀请，理由是他"讨厌"书中讨论的一位思想家：汉娜·阿伦特。他不愿意看到自己的名字和她的名字出现在同一页上。"尽管我很不喜欢阿小姐，"他对其中一位编辑说，"但我不想让她在地下也

不得安生。[235]

事情还在继续。例如，当拉明·贾汉贝格鲁在1988年12月对伯林进行系列录音采访时，他提出了伯林和阿伦特著作之间的一些相似之处。贾汉贝格鲁没有意识到他的受访者对阿伦特的强烈厌恶，无意中激起了他深深的愤怒。伯林回答说："你说她和我很相近，吓死我了。"[236]几年后发生了类似的事情，正如我在我的导论中提到的，诺曼·奥利弗·布朗向伯林提到了卡南·马基亚（又名萨米尔·哈利勒）的《恐惧共和国》。[237]后者愤怒地回答道："打倒哈利勒，告诉我，你［指布朗］真的明白阿伦特小姐和我之间的某种根本区别吗——不然我们怎么继续交往？"尽管《恐惧共和国》并没有在同一页上甚至在没有在同一章中讨论阿伦特和伯林；[238]伯林仍然做出了强烈的反应："她对我来说是一个真正的眼中钉——**活着的时候是，死后也是。**"[239]时间的流逝显然没有减轻伯林对阿伦特的敌意。

伯林坚持认为他和他"最厌恶"的女人之间存在"某种根本区别"，这是正确的吗？答案既是肯定的，也是否定的。一方面，当他说［想不出］有什么话题能让我和汉娜·阿伦特小姐站在同一个讲台上时，他无疑是言过其实了。[240]不用说，能够也确实让他和汉娜·阿伦特小姐站在同一个讲台上的共同话题包括：纳粹主义和斯大林主义这两大罪恶（作为需要应对的最终敌人），以及在大屠杀和总体战的时代捍卫人的自由。此外，两位思想家都高度怀疑结果论推理及其格言，"你不能不打破鸡蛋煎蛋"，这两者都被拿来当作正当理由，用以解释国家为实现意识形态目标而行的恐怖。此外，他们都呼应了他们这一代人对西方政治思想主流的理性主义的不满，这种理性主义未能公正对待人类生活的复杂性（迈克尔·欧克肖特、弗里德里希·哈耶克、列奥·斯特劳斯、西奥多·阿多诺和马克斯·霍克海默等人以不同方式分享着这种不满）。进而，他们都表示深刻怀疑理性主义倾向的最新表现，即过度应用科学方法来研究人类事务。这些仅仅是能让阿伦特和伯林站到"同一个讲台"的主题的一部分。[241]

另一方面，伯林坚持认为他和阿伦特之间存在"某种根本区别"，这也是正确的——不是因为他们的思想没有共同基础，而是因为他们共同的基础也是一个战场，可以说，他们是在这个战场上作为对手相互照面的。这里需要记住的是，敌人的敌人并不总是朋友。这两位思想家当然都认为纳粹主义和斯大林主义是头号敌人。然而，在几个关键问题上，他们的观点相互冲突，有时不可调和。这使得他们之间的相互厌恶远远超过了单纯的个人争吵。是时候审视这些**理论**冲突的每一点了，从最基本的开始：对人来说自由意味着什么。

第3章

自由

1958年5月22日，汉娜·阿伦特在苏黎世发表了题为《自由与政治》的演讲，[1]后经修订以《什么是自由？》为标题用英语发表。[2]这篇25页的论文既是历史的也是哲学的，全面展示了从前苏格拉底时期到现在对自由的不同理解。文章还捍卫了对阿伦特所称"政治自由"的一种特殊理解，其本质被以警句的形式总结如下："政治的存在理由（raison d'etre）是自由，其经验场所是行动。"[3]按照阿伦特的说法，这种观念是深深扎根在我们的文化中的，因此她对政治、自由和行动之间错综复杂的联系的论述，会让她的读者感到一目了然。她声称，从这个意义上说，她的讨论等于"只不过是对一个古老的真理的反思"。[4]

　　正当阿伦特的演讲即将发表在德语杂志《新观察》冬季号的时候，在英吉利海峡的另一边，以赛亚·伯林于10月31日发表了题为《两种自由概念》的演讲，作为他在牛津大学担任社会和政治理论齐切利教授职位的就职仪式。他几乎肯定不知道阿伦特五个月前的讲座。他没有参加，而且在阿伦特文章发表*之前*，他已经起草并修改了《两种自由概念》。[5]初看上去，他的演讲与阿伦特的演讲有几个相似之处。伯林57页的文本融合了历史研究和哲学探讨，概述了从古代文明到20世纪对自由的不同理解，并为伯林所称"消极自由"的一种特殊理解辩护。他依赖阿伦特在《什么是自由？》中也使用的一些标准区分，如古代与现代、作为政治概念的自由与作为自由意志的自由。他还讨论了也包含在阿伦特文本中的关键人物，包括斯多葛派、霍布斯、卢梭、康德、孟德斯鸠和穆勒。而且，和阿伦特一样，他认为他偏爱的自由概念对他的读者来说是普通而易懂的。然而，尽管表面上有这些相似之处，他们论述的实质却大相径庭。

本章的目的即是考察阿伦特和伯林对峙的自由理论。这绝不是两位思想家唯一的分歧点。但是这是他们所有分歧中最根本的一个，因为对我们的两位主人公来说，**自由**就意味着完全意义上的人，剥夺一个人的自由就是否认一个人的人性。因此，考察他们在自由问题上的分歧，不仅仅是考虑他们赋予"自由"（'liberty'或'freedom'）什么意思，以及他们从中看到了什么价值。这也是为了梳理他们对人的条件的对立概念，这些概念最终支撑了他们各自的自由理论和整个政治思想。开门见山地说，我希望在这一章中表明，英国哲学家马丁·霍利斯的以下观察，用在阿伦特和伯林身上是正确的："斗胆来讲，所有政治和社会理论家在解释'推动人并说明制度的是什么'时，都依赖于某种人类模型。这种模型有时是隐蔽的，但从不缺失〔……〕。在政治研究中，没有比这更核心或更普遍的主题了。"[6]

以自由开始我们对阿伦特和伯林政治思想的研究的另一个好处是，这两位思想家在提出他们各自的自由理论时都已经达到了一定的思想成熟。当然，他们还能活很多年，他们的思想发展也都没有停留在20世纪50年代或60年代。不过，在阿伦特出版《人的条件》（1958年）、《过去与未来之间》（1961年）和《论革命》（1963年）时，以及在伯林1958年发表《两种自由概念》并在1969年出版修订版时，两位理论家的思想主干都已经形成。换句话说，如果放到50年代初，那么这两位思想家都仍在成熟之中。例如，尽管1951年出版的《极权主义的起源》无疑是一本开创性的书，但阿伦特的一些关键思想，如她对武力、暴力和权力，以及对劳动、工作和行动的标志性区分，仍然没有出现在这部早期杰作中。同样，尽管伯林自50年代初以来就已经针对自由问题写了大量的文章，但直到50年代后期，他才阐明了消极自由与积极自由的标志性区分。这两位思想家后来都补充、完善和发展了他们关于自由和其他问题的观点，但他们职业生涯中期的著作为我们在本书其余部分的探究提供了一个理想的起点。

除了导言，这一章分为四个主要部分。第一部分介绍了一些基本的分析工具和术语区别，这是后面讨论所要依赖的。我解释了我如何使用关于"自由"的两个术语（liberty和freedom），并区分了"观点"（conceptions）、"概念"（concepts）、"观念"（ideas）和"理论"（theories）。接下来，我转向伯林的自由理论。虽然他最著名的是对消极自由和积极自由的二分法，但这些概念中的每一个都可以细分。因此，他的自由理论可能比通常认为的更丰富、更复杂、更模糊。但是，综合考虑，伯林让消极自由优先于积极自由，或者更准确地说是优先于作为对手的诸多积极自由，因为他相信消极自由概念更符合人的条件的本质：人是一种做出选择的动物。

接下来的部分转向阿伦特的自由理论。一方面通过与伯林的理论相比较来分析，另一方面通过与昆廷·斯金纳和菲利普·佩迪特提出的新共和主义理论相比较来分析。本文将指出，阿伦特的政治自由不同于消极自由、积极自由和新共和主义自由的概念，它是建立在对人的条件的另一种观点基础上的，在这种观点中，人被概念化为以复数性和"出生性"为条件的政治动物。最后，我检视了阿伦特和伯林对自由历史的竞争性论述，尤其是他们相互冲突的对古代哲学的观点，以进一步阐明两位思想家分歧的核心。

术语及区分

首先，简要讨论一下术语。关于liberty和freedom这两个词是不是或者应该作为同义词使用，已经有很长时间的争论了。没有一个单独的尝试有可能结束这场争论，本书也不打算这样做。然而，为了尽量减少混淆和避免误解，我对接下来的篇幅使用的术语法说明如下。首先，我反对严格区分liberty和freedom的观点。没错，这两个词有着细微差别，内涵略有不同，隐晦地说明了"在说英语的民族的民间记忆中，意义的古老张力依然存在"。[7] 从词源上看，liberty源于拉丁语和古法语，freedom源于日耳曼语。一个是由诺曼人带入英语的，另一个则是盎格鲁-撒克逊人带入的。因此，在康德、黑格尔或马克思上，说"freedom学说"要比说"liberty学说"更加合乎习惯，因为使用freedom而不是liberty来翻译或讨论这些德语作者关于Freiheit的文章更为直接。同样，即使不同意大卫·里奇的夸张说法，liberty是"法国的东西，愚蠢且轻浮"，而freedom是"英国的，坚实且明智，即便有点枯燥"，但人们至少可以理解这种说法。[8] 人们可以举出许多其他例子，证明这两个词传达或据说传达着不同的内涵。然而，正如汉娜·皮特金在她的开创性文章《'liberty'或'freedom'是双生子吗？》中所展示的那样，这种差异是非常微妙的，最终是不连贯的，并且当我们转向动词to free和to liberate，形容词free和liberal以及副词freely和liberally时，它们变得极其复杂。[9] 遵循严格的术语区分很难帮助捕捉这些复杂性，明智的做法是，放弃这种徒劳的希望，即认为当且仅当这两个术语严格区分时才可能达到清晰。

证实我现在观点的不是别人，正是汉娜·阿伦特本人。众所周知，她在《论革命》的第一章中强调liberty和freedom的区别，挑战了这两个术语可以作为同义词使用的现代传统。[10] 但她在同一本书的后面并没有遵循她自己的区分。[11] 例如，她在题为"革命传统及其失落的珍宝"的最后一章中交替使用liberty和freedom，阿伦特将"运动自由"（*freedom* of movement）描述为"所有消极自由（negative *liberties*）中最伟大和最基本的"。[12] 同样，在其他文本中，例如在20世纪60年代后期创作并在死后以"The Freedom to Be Free"为题发表的一篇文章中，阿伦特指出，"自由（liberty）[在18世纪后期]只意味着免受不正当限制的自由（freedom）"。[13]可以看出，她对这两个词的使用有一种持续的模式。一方面，她反复交替使用它们，尤其是它们的形容词和副词形式。另一方面，她反复试图强调这两个词所传达的细微差别。总之，关于这两个术语是否为同义词，阿伦特是未能前后一致的，起码和日常语言一样不一致。这并不奇怪，因为简单的二分法无法公正对待阿伦特思想的复杂性或日常语言的不规整。那么，更好的做法是接受这种不规整，承认两个术语之间的语义重叠和差异，并引入一系列术语区分来具体说明具体语境下的liberty或freedom的确切含义。

为此目的，借鉴H. L. A.哈特和约翰·罗尔斯的著作并区分"观点"（conceptions）、"概念"（concepts）、"观念"（ideas）和"理论"（theories）是有益的。[14]前两者的区别是人们非常熟悉的：**概念**是思想的基本单位或"砖块"，[15]而当**概念**的意思存在争议时，**观点**表示对给定概念的不同解释。例如，分配正义是一个争议很大的**概念**，可能会有不同的解释，从而产生一系列**观点**，例如自由平等主义的分配正义观点、基于福利的和基于应得的分配正义观点，等等。尽管这很有帮助，但是概念/观点的二分法仍然太粗糙，无法为我们辨明关于自由的两个术语的高度复杂性指明方向（或者对于"正义"来说也是如此）。因此，可以再增加两个术语来丰富二分法。一个是**观念**，它可以被用作一个通用类别，将相关的概念组合在一起。例如，虽然分配正义和刑事正义可以被视为独立的概念，但它们可以被归为一类，因为它们源自更抽象的正义观念。换句话说，正义的观念分为多个**概念**，如分配正义和刑事正义，每个概念又分为多个**观点**，如基于福利和基于应得的分配正义观点，以及惩罚主义和结果主义的刑事正义观点。最后，我使用**理论**一词来指一套思想模式，这种模式既可以是严格系统化的，也可以是相对非系统化的，以一个给定的概念及其观点为中心，并伴以相关的理由考量。[16] 例如，通常情况下，一个人对分配正义的具体观点伴随着对国家的适当作用、可允许的社会经济不平等水平等等的理由考量。当一个人以这种方式将自己的分配正义观点与自己关于权威、平等等的观点结合起来时，我们就说他有了分配正义的理论。

我强调一下，这些术语上的区别只不过是一种启发性的方法。它们的价值仅仅在于能够帮助调整一个人的焦点，看清他想看的东西；赋予它们超过于此的价值就成了对启发性方法的盲目崇拜，也就是说，把其工具价值误认为内在价值。打个比方来说。考虑一下你和一个新近搬到伦敦的朋友的对话。你可以问他（她）准确的地址，或者最近的火车站，或者居所的比邻，这取决于你想如何使用这些信息。例如，如果你打算给你的朋友寄一个包裹，你需要知道确切的地址，而如果你想在附近的咖啡馆见他（她），你只需要知道他（她）的比邻所在。在微调用来检验想法的分析透镜时，类似的实用方法是可取的。例如，当我在相对一般的层面上概述一种思考自由的方式时，我将集中于消极自由的**概念**，而当我分析一个人对这个概念的特殊解释时，就要放大来看一个人对消极自由的理解**观点**。我不关心这里的术语区分对于考察语言哲学的一般问题是否有用。在目前的语境下，重要的是这种区分对于我手头的任务是有用的：检验阿伦特和伯林对峙的自由理论。

伯林的自由理论

以赛亚·伯林对自由的关切持续终生。这种关切的演变已经得到了广泛的研究，最著名的是约书亚·切尼斯写的青年伯林思想传记。[17]伯林对自由的兴趣至少可以追溯到1928年，当时这位未来的哲学家在圣保罗学校写下了他现存最早的关于自由的论文。[18]随后是他的第一本书《卡尔·马克思》（1939），其中分析了马克思的"纯粹黑格尔式自由观"；[19]紧随战后伯林写了许多关于苏俄的文章，这些文章分析了压迫、强制、迫害等形式的不自由；[20]通过他在50年代的各种撰述，伯林致力于形成一个令人满意的自由理论。[21]这一努力在1958年取得了成果，彼时他在《两种自由概念》中初步提出了他的成熟理论。[22]尽管他的思想在随后几年中继续有所发展，但伯林成熟理论的基础在1969年已经奠定，当时《两种自由概念》的修订版与其他论文一起发表在《自由四论》这部文集中。[23]在本章中，我将重点处理伯林理论的这些基础。

消极自由

从消极自由开始吧。伯林将消极自由描述为由一群理论家以不同方式阐述的概念,包括霍布斯、边沁、贡斯当、托克维尔和穆勒。伯林在《两种自由概念》中的一个目标即是对这一思想传统加以概述。但与当前讨论更相关的是这篇文献的另一个目标,即提出伯林认为最站得住脚的消极自由概念,以显示其相对于积极自由的优越性。这一特定的伯林式消极自由概念通常被称为"不干涉的自由"。这是一个很好的起点,但并不像人们通常认为的那样具有启发性,因为"干涉"不是一个不言自明的概念,可以有多种解释。因此,我们需要分析与伯林的"不干涉的自由"相关的是何种干涉,以及其他连带概念,如阻止、限制、压迫和障碍。在这个问题上可能会取得一些进展,如果我们把伯林的消极自由描述如下:若一个人不被他人阻止去做他本可以做的事情,那他就从消极意义上是自由的。一种阻止是身体上的。例如,当一个人想散步时,若没有人在身体上阻止他散步,他就是消极自由的;而当一个人想去散步时,如果有人朝他的腿开枪,他就不能自由散步。但是这种阻止也可以是心理上的。如果一个人被告知,若他去散步,他的腿会被击中,那么他散步的自由就可能被剥夺。是否真的开枪无关紧要,只要威胁被认为是严重的和可信的。在这种情况下,心理约束的效果不亚于身体约束,消极自由"在于不被其他人阻止自我**选择**"。[24] 虽然消极自由的存在"最终取决于身体之间的因果互动",但一些身体互动,例如甲用枪指着乙,可以使乙想做的事做不成而取消乙的消极自由。[25]

在伯林的意义上,消极自由的状态不仅仅是感觉上的自由。如果一个人的欲望没有受到挫折,他就会感到自由,但这可以通过"消除欲望"来实现,其效果"跟满足欲望一样"。[26]例如,一个发现很难写出小说的未来作家,会完全放弃他/她的抱负,其结束挫败感的效果一如出版他/她的作品。当然,像斯多葛派的一些哲学家,就利用了这一观念,将自由等同为自我控制,将消除欲望视为通往自由的真正道路。根据这种观点,如果一个人掌握了生活的艺术,不管他所处的外部环境如何,都能过上平静而愉快的生活,那么他就是自由的。伯林承认,这种观点是能够自圆其说并可理解的。然而,他断然拒绝这种观点,认为它是错误的,这等于"一种不折不扣的酸葡萄学说"。[27]这里的典故是伊索寓言,在这则寓言中,一只狐狸告诉自己,葡萄**一定**是酸的,不值得去摘,甚至不值得去追求,从而为自己无法摘到高枝上成熟的葡萄找到了借口。消极自由拒绝这种合理化。消极自由就是自由;它不是**感到**自由。

有做某事或成为某某的消极自由,与有能力做某事或有能力成为某某是不同的。一个人可能不会飞翔,但这并不意味着他没有自由去飞。一个人可能无法穿越被地震毁坏的道路,但这并不意味着一个人没有自由去穿越道路。当且仅当一个人的欲望由于"可改变的人类实践"而受挫时，这个人才被称为不自由的。[28]作为典型，一个人由于某人的**故意**干涉而变得不自由；在这种情况下，一个人被说成是受压迫的。但是，一个人也可能因为"人类机构运作"的**意外**结果而变得不自由。[29]以贫困为例。[30]如果一个人的贫困是由人为安排造成的，那么他就无法获得食物、水和其他基本必需品。这样的情况不同于自然灾害直接造成的粮食危机（前提是灾害不是人类活动造成的）。在后一种情况下，受害者没有能力获得基本必需品，但这既说不上不自由，也说不上自由。消极自由的概念在这里完全不相关。

为了证实这一点，伯林有名地强调了消极自由和"行使消极自由的条件"之间的区别。[31]一个贫病交加的公民，缺衣少穿，在他/她的基本需求得到满足之前，是不可能去投票站的。然而，这并不意味着公民没有投票的自由。他/她所缺乏的是行使这种自由的一系列条件；一旦更基本的需求，如食物、住所和安全得到满足，如果他/她愿意，他/她将行使**已经**拥有的投票自由。这是一个能服人的说法吗？不是所有人都这么认为。伯林对自由及其条件的严格区分被批评为相当于向自由至上主义（libertarianism，一译"自由意志主义"）的"不幸倒退"；也就是说，以牺牲其他考虑因素，特别是经济平等为代价，实现对消极自由价值的夸大。[32]从这一批判性解读来看，伯林是弗里德里希·哈耶克的一个略微偏左翼的版本，他对自由的看似严格的分析实际上掩盖了对经济弱势群体自由的剥夺。

这是一个有效的批评吗？伯林是一个伪装成自由主义者的自由至上主义者吗？一方面，这种批评是片面的，因为伯林对消极自由的支持不是无条件的。相反，他承认消极自由必须与平等、正义和团结等其他价值相平衡，有时还要向这些价值让步。这意味着伯林对自由及其条件的区分是为了分析的目的，而不是社会或政治性的。他强调了这一区别，因为他认为"混淆术语不会带来任何好处"。[33]然而，另一方面，批评者正确地指出，伯林在总体上对经济不平等，特别是我们今天所谓的新自由主义的破坏性力量几乎没有说过什么。尽管他承认后一个问题的重要性，甚至在他1969年的《自由四论》导言中警告"无限制的自由放任的罪恶"，伯林并没有详细讨论消极自由的不受管制的行使，特别是在经济领域，如何导致对"基本人权"和消极自由本身的侵犯。[34]他也没有对如何遏制"无限制的自由放任的罪恶"发表太多意见。他开始对这种关注的不足感到遗憾，并在后来的场合，特别是在采访中强调了他对新自由主义经济的危险的认识。[35]晚年伯林的努力得到了他的友好读者类似努力的辅助，他们坚持认为伯林和自由至上论者在消极自由的价值上有所不同。[36]不过伯林的批评者从未被说服，一些人继续声称他对新自由主义造成的伤害视而不见，甚至是同谋。[37]伯林在1986年的一句话，可以听出一种听天由命的语气："对我的指控千篇一律，说这是一种干巴巴的、消极的个人主义。"[38]

不干涉和选择的能力

让事情更加复杂的是，伯林并不总是把他的消极自由概念描述为不干涉。根据他反复提供的另一种解释，消极自由意味着拥有机会。拥有机会不同于使用或实现机会。伯林通过反复援引"敞开的门"的形象来突出这种差异。一个自由的人面前有许多各种各样敞开的门。他/她可能没有走进一扇门，或者可能还没有决定要走进哪扇门，但这些都不会使他/她不自由或不那么自由。自由首先在于一个人在多种选项中做出选择的能力。请注意，选项的数量和质量对伯林的消极自由都很重要。作为举例，看看下面四种不同情况下的虚拟被拘留者，假设没有人喜欢或希望被拘留：

> 甲将被拘留30天。
> 乙可以选择30天到31天的拘留。
> 丙可以选择30天、31天或32天的拘留。
> 丁可以选择30天拘留或立即释放。

根据伯林的说法，乙和丙（以及丁）比甲更自由，因为他们有更多的选项；并且丁比乙和丙（以及甲）更自由，因为丁的选项在质量上比其他选项更好，尽管从数量上来说，丁并不比乙或丙拥有更多的选项。遗憾的是，他没有具体说明消极自由的数量和质量这两方面如何相互比较。[39]不过，与他的批评者的指控相反，伯林并非仅仅关注数量方面。[40]他当然知道立即释放比少拘留一天要好。尽管如此,他还是相对强调数量方面,强调额外选项的存在必然会增加消极自由,即使这种选项并不可取。有更多的选项是一回事;这些选项是否可取是另一回事;两者都与消极自由有关。因此,在我的例子中,乙并不比甲**更多一些**自由,但乙仍然是更自由的。援引伯林更幽默的例子,"站在我头上像公鸡一样叫(假如我乐意的话)"可能完全没有价值,然而能够这样做是一种真正的自由。[41]

"敞开的门"的形象是生动有力的,但也带来了很大的模糊性。事实上,可以说伯林无意中提出了两种消极自由观:不干涉和选择的能力。当然,两者有很多重叠的地方,有时甚至是完全重合的,例如在被拘留者的例子中。被拘留者的选择能力受到限制,因为他/她被外部干涉者拘留。在这种情况下,作为不干涉的自由和作为选择能力的自由就是一致的。但是,它们并非**一定**是重合一致的。例如,如果一个人只懂一种语言,他就不能做双语人能做的各种事情,比如阅读外文原版书籍。在其他条件相同的情况下,单语者比双语者有更少的选择或"敞开的门"。然而,这并不一定意味着前者受到外部干涉。当然,这种干涉原则上是可能的。例如,如果一个孩子被他/她的古怪的种族民族主义父母禁止学习外语,他们认为双语等于民族背叛,那么这个孩子在两种意义上都是没有消极自由的。首先,在"敞开的门"的意义上,孩子是不自由的,或者至少比双语者更不自由,因为他/她比后者有更少的选择。第二,在"不干涉"的意义上,孩子也是不自由的,因为他/她被外部干涉者，即种族民族主义父母，阻止习得第二语言。不过，在其他更普通的情况下，单语者相对缺乏选择可能不是由于外部干涉。例如，尽管尽了最大努力，一个人可能还是学不会第二语言。在这种情况下，一个人在"敞开的门"的意义上是**没有**消极自由的，而在"不干涉"的意义上又是**有**消极自由的。伯林的两种消极自由观出现了裂隙。

然则，伯林对消极自由的**真正**观点是什么？是不干涉，还是选择的能力？前者通常被视为伯林消极自由的简称。它的优势在于与前述伯林对自由和能力的区分相一致。而如果他的消极自由观是一个纯粹的选择或"敞开的门"的观点，那么就搞不清为什么一个不能飞的人不应该被视为不自由的，因为如果一个人能飞，他肯定会有一个额外的选项，有另一个"敞开的门"可以走进（或者说飞进），并且在这种情形上是"更自由的"。伯林对这一推理的拒绝是否表明他在消极自由上的真正观点是不干涉？也许吧。但是，将"敞开的门"的定义完全排除在伯林的消极自由之外面临的问题是，他的文本确实具有很大的模糊性，他对消极自由的大量描述经常在不干涉和选择能力之间摇摆。[42]那么，更坦率的评价是承认这种模糊性，并首先追问它为什么存在。对于这个问题，有一个明确的答案：尽管它们在概念上是不同的，但消极自由的两种含义在经验现实中往往是重合一致的；伯林关心的是那些个人的选择能力**由于外部干涉而减弱**的例子。在他关于消极自由的众多表述中，有一个很好地捕捉到了这一点。他写道，自由就是能够做出**非强**

迫的选择；选择意味着竞争的可能性。[43]这可能分析起来令人沮丧，因为它既包含了作为不干涉的自由，也包含了作为选择能力的自由。然而，它无疑表明了伯林优先考虑的不是纯粹分析上的清晰。相反，它强调不干涉和最基本的人类自由的多种选择的存在都是不可或缺的。

积极自由

总的来说，伯林将积极自由看作对"我将被谁支配"（'By whom am I to be governed'）这一问题的回答。对此，积极自由的辩护者回答说，"我自己。"[44]然而，将积极自由定义为"自我主宰"（self-mastery）并不能说明太多问题，因为与干涉一样，主宰不是一个不言自明的概念，可以有不同的解释，因此会产生各种各样的观点。伯林对汇编这些不同观点的综合清单不感兴趣。相反，他特别关注了两个方面——斯多葛派和唯理性主义者——以强调积极自由易于导向政治滥用，从而破坏其规范性的吸引力。因此，他对消极自由和积极自由的讨论是不对称的。当他讨论前者时，他关心的是阐明和捍卫**他自己的**观点；当他讨论后者时，他考虑了**其他人提出的**各种观点，并对它们加以批评。[45]

伯林关注的第一个积极自由观点是斯多葛派的，它将自我主宰与自我控制、禁欲、纪律以及最终的自我放弃联系在一起。斯多葛派和消极自由论者都同意，如果甲被其他人阻止做某事，甲就不能自由地做某事。但他们有所分歧的是，在这种情况下甲如何获得自由。根据消极自由论者的观点，结束甲的不自由的**唯一**方法是移除或跨越相关的障碍。而根据斯多葛派，甲的不自由结束于：1）相关的障碍被移除或跨越；**或者**2）甲放弃他/她做某事的愿望。根据伯林的说法，斯多葛派观点的独特主张是，它认为这两种选择**同等**有效。这种说法的逻辑结论是，绝对自由=彻底的自我放弃——换言之即自杀。因为只要一个人活着，他的欲望总是会被挫败，而他"永远不可能完全安全"，所以"从这个意义上来说只有死亡才能带来……彻底的解脱"。[46]这个想法是自洽的，但是伯林认为它非常没有吸引力。正如我前面提到的，这让他想起了伊索寓言中自我欺骗的狐狸。

伯林关注的另一个积极自由观点是唯理性主义的，它将自我主宰与由理性的反思性运用所引导的自我指导联系起来。这种观点认为，自由地做某事不仅仅是为了满足一个人**碰巧**有的偏好。自由不是做不理智、愚蠢或错误事情的自由。[47]积极意义的自由地做某事，在于**知道**某事值得做，以及实际去做。这种推理的一个优点是，它可以解释当一个人反思他所做的令他后悔的某件事情时，或者当一个人模糊地意识到他会后悔他现在所做的事情时，可能会产生的那种"虚假自由"的感觉。想想一个无法戒掉烟瘾的吸烟者，他/她知道必须要戒烟，因为吸烟是不好的。[48]从消极意义来说，吸烟者并不是没有戒烟的自由，因为，首先，他/她有戒烟和不戒烟的选择，其次，他/

她没有受到其他人的外部阻挠去做自己本来可以做的事情,即戒烟。而从积极意义来说,吸烟者在戒烟这件事上是不自由的,因为他/她被不受控制的欲望内在地阻止了他/她去做自己知道是正确的事情,即戒烟。消极自由理论家当然可以承认,吸烟者要继续做令他/她后悔的事情,这是不幸的、不好的;但他们不能说吸烟者**不自由**,因为在这种情况下,既没有外部干涉,也没有缺乏多种选择。积极自由的概念认为内在限制是人类自由的真正障碍。消极自由的概念则不这样认为。

"真实自我的神话"

为什么伯林认为积极自由容易导向政治滥用?积极自由的弱点在哪里?他的回答是,积极自由本身包含一个脆弱的成分,他称之为"真实自我的神话"。[49]将自由定义为自我主宰,必然需要区分行动的"高级"目的和"低级"目的,它们被相应的两个"自我"所追求,因为否则的话,一个人是**自己**的主人的想法就是难以理解的。伯林承认,这一想法也会没有政治上的危险。例如,在斯多葛主义的例子中,自我被分成两部分,一部分追求令人沮丧的欲望,另一部分则有放弃这些欲望的审慎和意志力。在这里,分裂是严格的个人主义的,发生在**一个人身上**。它没有明显的政治含义。

然而,伯林继续说,在康德的道德哲学中发生了一个非常不可取的发展,其中两个自我之间的分裂采取了一种更强烈的形式。随着自我主宰被定义为理性的自我指导,两个自我被等同于理性-非理性的一对。仍以吸烟者为例。从康德的观点来看,吸烟者分为他/她的"理性自我"和"非理性自我",前者知道自己应该戒烟,后者却做不到前者知道应该去做的事情(即戒烟)。因此,自由意味着让一个人的非理性欲望**服从**于理性自我的需求,从而实现自我主宰。伯林认为,积极自由的脆弱性就在于此。尽管如前所述它的优点是能够解释"虚假自由"的感觉,但唯理性主义版本的真实自我神话的缺点在于,剥夺一个人满足实际拥有的欲望,却还允许这种做法被视同与自由兼容。实际上,这种剥夺还会被视同解放,只要欲望被认为是非理性的或者是不值得追求的。这种推理允许潜在的干涉者,包括暴君,当他们事实上强迫一个人做他本来不想做的事情时,却声称他们是在帮助这个人实现自己的"真正自由"。同样,它允许干涉者声称他们只是在阻止一个人行使"虚假的自由",而事实上他们阻止了一个人做他实际上明确想要做的事情。积极自由的概念就这样被外部干涉者以"真正自由"的名义剥夺了消极自由。自我主宰让位于他人主宰。

根据伯林有争议的解释,康德道德哲学中播下的专制压迫的种子在卢梭的政治理论中完全成熟。两位思想家都将自由定义为"服从自我强加的禁令"。[50] 不过,康德的自由观仍然是个人主义的,卢梭则通过将理性的自我整合到更大的整体公意中而将其**集体化**了,将非理性的自我视为仅仅追求一个人的私己的特殊利益。卢梭在《社会契约论》中用他那句著名的话

"强迫人们自由"表达了这一点,他为个人"实际拥有的愿望和欲望"必须从属于国家的集体需求提供了理论依据。伯林以最强烈的措辞表达了批评,甚至写道,"在卢梭之后的岁月里,西方没有一个独裁者不使用这种可怕的悖论来为自己的行为辩护"。[51]伯林的积极自由谱系始于斯多葛派,中经康德,终于卢梭,为基于积极自由的暴君和极权主义领袖,包括列宁和斯大林,铺平了道路。这可能会让今天的读者觉得有些夸张,甚至可笑,因为伯林实际上暗示了康德为斯大林做好了准备。尽管如此,他的论点是基于20世纪中期(如果不是今天的话)流行的两个观点:第一,卢梭、黑格尔和[……]是20世纪极权主义者的先驱;第二,卢梭在理论上架起了康德和黑格尔(以及马克思)的桥梁。这两种说法实际上都是伯特兰·罗素提出的,他写道"希特勒是卢梭的产物",卢梭和康德无意中"产生了"希特勒和斯大林。[52]伯林的"积极自由谱系学"则说出了这两种说法结合起来的全部含义。

消极自由的优先性

很明显,伯林为消极自由辩护的一个重要论据是间接的:消极自由比积极自由更不容易被滥用。他观察到的历史**事实**是,暴君和独裁者对积极自由的利用已经泛滥至极,到20世纪中期,这一概念已经演变成"某种近乎纯粹极权主义的东西"。[53]在这里,伯林无疑将苏联领导人作为他的主要批评目标,评论家们在相关文本上发现"'我们'和'他们'的逻辑激起冷战"的暗示，这是正确的。[54]伯林本人对自己的政治信念直言不讳。例如，他在后来的一次采访中承认，当他写作《两种概念》时，他"被所有还在继续的［……］欺骗，所有关于'真正自由'的言论，斯大林主义者关于'真正自由'的滥调弄得发狂"。[55]很难说这是他后来的兴趣投射到他的过去。他在1969年的"导言"中已经清楚地表明，他对积极自由的负面影响的极端强调在很大程度上是有所指的，他写道，"自由主义的超级个人主义目前几乎不可能说是一种上升的力量，但'积极'自由的辞令［……］还在继续发挥其历史作用［……］以更大自由的名义为专制披上外衣"。[56]就此而言，《两种概念》确实像读者经常认为的那样：〔是〕一部冷战文本。

但是，这并不意味着消极/积极的区别对应于自由主义/共产主义的区别，甚至也不意味着对应于自由主义/非自由主义的区别。虽然伯林的积极自由理论家名单包括"黑格尔和马克思的晚近信徒"以及他们的政治上可疑的前辈（包括费希特和卢梭），但还包括政治寂静的斯多葛派，克尔凯郭尔和"佛教圣人"，以及康德派自由主义者，如T. H. 格林、F. H. 布拉德利和伯纳德·鲍桑葵。[57]事实上，伯林甚至认为，经由康德洗礼的积极自由"至少与自由的'消极'概念一样深地进入了自由个人主义的传统"。[58]总之，积极自由的某些倡导者是反自由主义的，某些则不是。伯林的消极自由理论家名单同样是一个大杂烩，包括威权主义的霍布斯和自由-威权主义的混合体杰里米·边沁，以及古典自由主义者如贡斯当、穆勒和托克维尔。在这一脉络中，值得注意的是，伯林在《两种概念》之前使用自由主义/浪漫主义的二分法对各种自由概念进行分类。[59]但他在1958年意识到，并非所有的自由主义者都赞同消极自由（想一下格林），也并非所有的消极自由理论家都是自由主义者（想一下霍布斯）。因此，他放弃了自由/浪漫的区分，而选择了消极/积极的对子，这是他一生都坚持的。

此外，需要注意的是，伯林对积极自由的理论批判并不是基于他对这一概念在经验现实中的滥用的历史观察。当然，如果他的历史观察是不准确的，他的批判力量会被大大削弱。不过，即使他关于积极自由与实际存在的专制、独裁和极权主义之间的历史联系是错误的，他提出的核心论点作为一个独立的理论论点也是有效的：作为自我支配的积极自由很容易受到政治滥用，因为它本身包含了分裂的自我的观念，这种观念可以被外部干涉者利用。消极自由优于积极自由，至少就不存在易被政治滥用的危险方面是如此。他后来说："强调消极自由绝不是否认积极自由。而强调积极自由往往就是否认消极自由。"[60]

不过，伯林为消极自由辩护时提出的更重要的论点，与他关于积极自由脆弱性的主张形成了鲜明对比。它植根于伯林的旗帜性思想，即后来知名的"价值多元论"。这一思想的核心在于下述观察，即人类追求和赖以生活的终极和客观价值的数量既不是一个也不是无限的，而是多个；这些价值观并不总是相互协调或可以通约的，因此善与善之间的冲突（除了善与恶之间的冲突）经常必然发生，损失有时是不可避免的。[61] 用伯林的话说：

> 我们在日常经验中遇到的世界是一个我们面临选择的世界，在这个世界中，我们在同等终极的目的和同等绝对的要求之间做出选择，其中一些目的的实现必然涉及其他目的的牺牲。甚至，正是因为处身这样的境况，人们才赋予选择自由如此重大的价值［……］。如果正像我所相信的那样，人类的目的是多种多样的，而且并非所有的目的在原则上都是相互兼容的，那么冲突和悲剧的可能性就永远无法从人类生活中完全消除，无论是个人生活还是社会生活。因此，必然要在绝对要求之间做出选择，就是人的条件的一个不可避免的特征。这就赋予了阿克顿所理解的那种自由以价值——自由本身就是目的，而不是短暂的需要。[62]

如果这种意义上的多元主义是真实的，而且并非所有的价值在原则上都是相互兼容或可通约的，那么人类就必然要在客观价值和终极价值之间做出选择：例如，在自由和平等之间，在效率和自发性之间。由于消极自由（与积极自由不同）赋予个人选择的自由以基本的规范意义，因此它更适应于价值冲突的不可避免性，而必须被视为比积极自由"更真实、更人道的理想"。[63] 尽管伯林在随后的生涯中对他的多元论观点有更多的说法，但"两种概念"已经清楚地表明，消极自由的价值最终植根于他所认为的价值多元论的真理的关键含义：人是一种做出选择的动物。[64]正如他后来所说,"做出选择是人之为人的固有特征"。[65]相反,"限制选择〔……〕将使人非人"。[66]

如果我们转向他对穆勒作品的批评和改造,就可以更清楚地看到伯林对消极自由的价值多元论辩护。[67]他在穆勒思想的自由主义和结果主义两个方面之间做了一个鲜明的对比,以淡化后者的意义。**有别于**作为结果论者的穆勒,伯林认为,消极自由之所以有价值,主要原因不是它有助于男男女女个性的发展,个性的发展反过来又促进了兴趣和意见的多样性,而兴趣和意见的多样性被认为有助于文明社会的集体进步。伯林的反对意见有二。第一,结果主义的推理是没有经验根据的,因为个性在"纪律严格的社群"跟在"更宽容或不相干扰的社会"同样可以繁荣到最高程度。[68]伯林认为,他在1945—1946年访问苏联期间看到了强有力的,甚至可说是决定性的证据来证明这一点,当时他会见了诗人安娜·阿赫马托娃、作家鲍里斯·帕斯捷尔纳克和其他在斯大林统治下捍卫其艺术完整性的人。[69]他们的言论自由受到严重限制,但他们的创造力仍未减弱。这些俄罗斯艺术家的活力表明,当穆勒写道"天才只能在自由的**空气**中自由呼吸"时,[70]他夸大了自己的例子。第二,穆勒的结果主义观点是多余的,因为最终使消极自由内在地具有价值的是价值多元化对人类生活的影响:人类注定要在终极价值和客观价值之间做出选择。这使得选择自由成为解释人之为人意味着什么的重要部分。伯林认为,自由的捍卫者穆勒看到了这一点,而结果论者的穆勒没有看到这一点。这就是为什么伯林把他对消极自由的辩护,作为对穆勒《论自由》论点的重述。人是一种做出选择的动物，这一真理是消极自由价值的**最终**基础。

正如伯林自己承认的那样，他对穆勒自由观点的讨论并不是一个公正的解释。毋宁说，这是对穆勒主要论点的重构，他将这一点融入了自己的自由理论。不过，他并没有明确地解释他与穆勒的不同之处，也没有完全承认他对穆勒作品强加诠释的程度。事实上，尽管伯林给人的印象是，他在修改穆勒对自由的辩护时并没有改变穆勒自由观点的实质，但他自己的消极自由观点并不像他所说的那样仍是穆勒式的。当然，当穆勒将自由描述为"以我们自己的方式追求我们自身之善"时，他在一定程度上考虑到了伯林的消极自由。[71]然而，正如迈克尔·弗里登所观察到的，穆勒的重点不仅在于选择的能力，还在于行使所选择的行为，他的自由观点"不仅仅是不受干涉的消极状态，而是培养有价值的行为和目的的积极状态"。[72]总之，它将消极的和积极的成分融合在一起。[73]相比之下，伯林的消极自由更加明确地是消极的。的确，正如我所讨论的，它显示了极大的模糊性和复杂性，因为他的重点在"自由持有者可利用的选择的数量质量"和"相关干预之不存在"之间摇摆不定。然而，这种摇摆并不是源于他对消极自由的矛盾心理，而是源于他的雄心：基于人是一种做出选择的动物的想法，来构建最令人满意的消极自由观点。

最后，我想强调的一点是，伯林并不认为积极自由是无效的或毫无价值。诚然，《两种概念》本身是一篇颇具偏袒色彩的文章，旨在强调积极概念容易被利用和在政治上滥用。然而，在回应批评者的指控时，伯林在他1958年后的著作中反复强调，他意识到积极自由的有效性。例如，他说"积极自由［……］是一个有效的普遍目标"，它"基本上是一个基于消极自由观念的隐喻，但它是对某种**绝对真实**的东西的隐喻"。[74] 人们不应该把这样的补论仅仅看作是作者受到攻击后的事后之思。伯林未发表和死后发表的论文事实上表明，在1958年之前，他对他后来称之为积极自由的东西感到更加矛盾。[75] 但是，这并不是说伯林同等地欣赏积极自由和消极自由。相反，他认为前者是一种选择，而后者是人们可以在多种选择中做出选择的基础。扩展一下他自己的想象，积极自由是许多敞开的门中的一扇，如果一个人选定了的话，他可以走进这扇门，而消极自由把首先拥有各种敞开的门作为先决条件。一个不行使积极自由的人的生活可能是贫困的。但是一个没有消极自由的人的生活是无法忍受的——事实上，这是**非人性**的。在这个意义上，消极自由优先于积极自由。

阿伦特的自由理论

1958年，汉娜·阿伦特在苏黎世发表《自由与政治》演讲时，她52岁。自不待言，在演讲之前和之后，她会有更多关于自由的话要说。不过，她对这个话题的持久兴趣可能会让我们感到惊讶。她对自由的第一次实质性讨论是在她论奥古斯丁的博士论文中,完成于1929年。[76]她最初对自由这一特定政治概念的兴趣出现在20世纪30年代的动荡时期。[77]她战时的文章多次讨论了"为自由而战"反对纳粹主义;[78]随后的作品包含了对极权统治下各种形式的不自由的重要分析,在《极权主义的起源》中达到顶峰。[79]正如我将在下一章中阐述的,继此之后便是她在20世纪50年代对西方政治思想史的广泛研究,当时她正致力写一本论马克思和马克思主义的书,但最终未能完成。但是这种努力使她形成了成熟的政治理论,其核心是她的政治观、自由观和行动观以及它们之间错综复杂的联系。我马上来处理她的观点。

阿伦特论消极自由

汉娜·阿伦特是否读过伯林的《两种自由概念》,我们不得而知。[80]巴德学院的史蒂文森图书馆保留了她个人藏书的一部分——包括4000件藏品。这里面包含《两种概念》的高度删节版本,收在安东尼·昆顿编选的《政治哲学》中,出版于1967年。[81]但阿伦特的这本藏书没有显示出充分使用过的迹象:事实上,它可以在二手书店以品相"非常好"出售,尽管书龄已经超过50年了。[82]当然,阿伦特也可能在图书馆读过伯林的《自由四论》,或者有过一本已经丢失的副本。然而,没有已知的证据表明她熟悉伯林的《两种概念》。她从没提过那篇文章。她也从未提及伯林关于自由的其他作品。虽然她依靠伯林的作品寻找过俄国思想史的线索，但当谈到自由时，她选择了其他对话者。

这并不是说阿伦特不熟悉消极自由和积极自由之间的区别。正如许多学者所指出的，伯林不是发明而是挪用了这种至少可以追溯到18世纪晚期的区分。[83] 阿伦特本人早在1951年6月就在《思想日记》（Denktagebuch）里对比了"心理上消极的"和"心理上积极的"自由——也就是说，在伯林发表《两种概念》讲座七年之前。[84] 更有趣的是，她在1953年7月的《思想日记》中对比了基督教和希腊的自由观，将前者定性为"消极的"，'frei von...'（"免于……的自由"），而将后者定性为"积极的"，"ein πολίτης sein, nicht Sklave sein"（做一个公民，而不是一个奴隶）。[85] 此外，她熟悉其他先于伯林的消极/积极区别的用法，包括马丁·海德格尔的《论真理的本质》（最初是1930年的讲座，后于1943年出版）。[86] 海德格尔写道，自由不是"常识"会让我们相信的东西。它既不是"消极的"，也不是"积极的"，也不是"仅仅对我们能做什么或不能做什么没有限制"，也不是"仅仅为所要求和必需的事情做好准备"。海德格尔宣称，在这两种概念之先，是第三种自由概念。这就是作为"参与揭示存在本身"的本体论自由。[87]

阿伦特在她的自由理论中如何借鉴了海德格尔关于"存在的揭示"的讨论，这个问题我们后文再说。现在，先来看一下她关于消极自由的说法。需要注意的一点是，她通常使用复数的"消极自由"来表示特定的义项，如"行动自由"和"免于匮乏和恐惧的自由"。[88]但这并不意味着她从不讨论单数的消极自由。她偶尔会提到类似于邦雅曼·贡斯当"现代人的自由"的东西，将其与"免受非正当限制的自由"联系起来，并将国家视为易为施加此种限制的主要实体。[89]重要的是，她并不敌视单数形式的消极自由或复数形式的消极自由。她的讨论语气多少有点是中性的，将这个消极概念归于她广为同情的思想家，如威廉·布莱克斯通、孟德斯鸠和美国制宪者。但是，她认为消极自由是**不够**的，并且从工具的意义来看，消极自由是追求更高的目标或理想所必需的。这些目标或理想之一就是她声称正是她自己观点之所在的"政治自由"。

政治自由

那么，什么是阿伦特的政治自由，它的价值在哪里？一般来说，当一个人在正式或非正式制度的公共领域中行动和互动，与他人谈论和讨论公共关注的问题时，在阿伦特看来，他在政治上就是自由的。自由就是行使政治参与的机会。借用伯林的比喻，阿伦特意义上的自由人，不是站在无数诱人的敞开的门之前的人，而是真正走进政治大门的人。对她来说，自由是"一种表现在行动中的状态"。[90]

政治自由需要一系列先决条件。在参与政治之前，一个人需要吃、喝、睡，并满足基本的生理需求。此外，政治参与通常假定存在一个相当稳定和持久的机构网络（从宪法和该国的其他法律到非法律性的习俗和惯例），规范政治行为，管理审议过程和决策程序，并监督已议定政策的恰当执行。[91]男男女女作为公民进入这样一个机构网络。公民身份使人们出于政治目的而平等，抽离他们作为人所具有的各种自然差异。它使公民能够构建公共**人格**（personae），出现在他们的公民同胞面前和中间。那些没有公民身份的人——古代的奴隶、妇女和体力劳动者以及现代的难民和无国籍者，等等——被排除在既定的公共领域之外，缺乏政治自由的基本条件。因此，阿伦特使用"解放"（liberation）一词来指解除阻碍进入公共领域的生命和法律障碍。被"解放"就是有了参与政治的地位。自由就是利用这种地位。[92]

但是，**正式**制度对于阿伦特的政治自由观点的意义不应被夸大。首先，她认为，即使正式的制度还没有到位，人们也可以享有政治自由。例如，在美洲殖民地反抗英国统治的人只有有限的法律保护来行使他们的自由而去行动，但这并不妨碍他们自由行动起来，宣布独立，制定和批准新宪法，并为新的自由共和国奠定基础。同样，1956年在匈牙利反抗苏联统治的人没有合法权利这样做，但这并不妨碍他们行使政治自由，采取一致行动抗议匈共的统治（详见第6章）。此外，阿伦特坚持认为，缺乏相匹配的政治文化支持的法律是有缺陷的，这呼应了以社会学为导向的20世纪中期政治科学家的智慧，如罗伯特·达尔、加布里埃尔·阿尔蒙德和西德尼·韦尔巴。[93]这并不是说这些人**直接**影响了阿伦特。她非常反对将科学方法应用于政治研究的想法，因此无法公正地评价这些政治科学家的贡献。然而，她的看法比她愿意承认的更接近他们，尤其是因为两者都从美国实践的各个方面来构建民主政治的理论。她引用约翰·亚当斯的话来说明她的观点："当宪法被理解、认可和爱戴时，它就是标准、支柱和纽带。而如果没有这种理解和情感，它还不如一只飘浮在空中的风筝或气球。"[94]虽然正式制度大大促进了政治自由，但它们并不保证政治自由，有时没有正式制度，政治自由也能表现出来。

最终能让政治自由有用武之地的是阿伦特所说的"中间地带"，或者同时"联系和区隔"人们的空间。[95]更具体地说，这是一个政治化的"中间地带"或"表现空间"，作为公民的男男女女聚集在一起，表现出在公共场合说话和行动的勇气，表示愿意听听别人要说什么，看看别人要做什么，并就别人的言行形成和交换意见。阿伦特一再声称，人有说话和行动的内在潜力，以这种方式使"表现空间"形成，并将这种潜力称为"人的复数性"。用阿伦特的话来说，这是"所有政治生活的**特定条件**——不仅是必要条件（conditio sine qua non），而且是充分条件（conditio per quam）"。[96]

为了更详细地了解阿伦特关于政治自由的观点，可以看一下她反复做的一个类比：表演艺术和在政治行动中体验到的自由。她声称这种类比并不新鲜，因为"希腊人总是使用长笛演奏、舞蹈、治疗和航海等比喻将政治活动和其他活动区别开来"。[97]不过，她还是提出了一种一望即知的"阿伦特式"希腊解释，以呈现她对政治自由的观点。举例来说，考虑一个毕生致力于舞蹈的艺术家。他/她的自由在哪里？根据伯林式的消极观点，如果他/她在选择跳舞时不被其他人从身体上或心理上直接或间接阻止，他/她就是自由的。相比之下，根据阿伦特受希腊启发而来的观点，当舞者实际上以这样一种方式跳舞时，即他/她可以被有意义地描述为意识到自己全部生活之所为乃是舞蹈时，他/她才是自由的。这通常需要一定的先决条件和设置，从一双合适的鞋子到舞台和观众。同样，阿伦特的政治行动发生在由法律、公民身份和其他制度设置所规范的"一种戏剧"中。[98]阿伦特观察到，在表演艺术和政治中，出类拔萃的卓越或"技艺的精湛"都是"决定性的"。[99]

像所有的类比一样，阿伦特在政治和表演艺术之间的类比也不是没有局限性。事实上，它在一个方面具有误导性：一个舞者可以独自跳舞，但一个阿伦特意义上的自由持有者不能独自利用他/她的自由并采取政治行动。之所以如此，是因为在阿伦特的意义上，政治行动总是与他人一起行动。阿伦特默认的艺术家形象不是一个单独的表演者，而是团体的一员。不过，尽管有这种限制，她的类比有效地强调了政治自由与表演艺术共有的一个核心特征：即"成就在于表演本身，而不是最终的产出"。[100]当然，一个伟大的舞蹈家或长笛演奏家的表演可能有助于提高个人的福祉，丰富人类文化，刺激经济，等等。但说这些结果或最终产出穷尽了表演艺术的价值似乎有悖常理。

阿伦特的政治也是如此。她不否认，如果一个人行使政治自由的结果是令人可意的，比如一部成文宪法，这是理想的；但她拒绝将一个行动的意义与其最终结果等同起来。这就是为什么她对匈牙利起义等流产革命的称赞不亚于更成功的美国革命。在评论1956年"匈牙利人民"的"辉煌时刻"时，她写道，革命起义的"地位"将"不取决于胜利或失败"。[101]行动是否成功是一回事；是否伟大是另一回事。前者看的是结果；后者看的是卓越。

政治自由与积极自由

阿伦特的政治自由应该被视为积极自由的一个亚种吗？如果我们所说的"积极自由"是指作为自我做主人的伯林式自由，那么答案是明确的"否"。正如我前面所讨论的，这可能有不同的解释，但总是指的是对一个人的**内在**欲望、愿望和偏好的掌控。与一些批评家的指控相反，阿伦特的政治自由概念显然不是这种类型的自我做主。[102]之所以如此，是因为阿伦特式政治自由的行使，只有在主体间互动的领域里才是可能的。如果一个人要成为阿伦特式的政治行动者，他需要在他人面前和在他人中间行使自由。阿伦特式行动者永远无法达到自我做主，首先是因为他/她能做什么取决于其他人（作为共同行动者的同胞）的行动，其次是因为他/她的行动意义取决于其他人（作为旁观者的同胞）的意见和判断。

相反，伯林式积极自由可以在完全孤独的情况下行使。一个人不依靠别人来做自己的主人。此外，一个人甚至不需要自己成为自己的主人，因为正如我已经讨论过的，控制一个人的受挫的欲望的最可靠方法是自杀。[103]阿伦特对从斯多葛派到黑格尔和马克思的伯林版积极自由理论家的评价很低并非巧合。在这些思想家中，只有康德吸引了阿伦特的同情和钦佩，但她欣赏的不是他的道德哲学，而是他的美学和判断理论。[104]虽然阿伦特没有使用"自我做主"这个术语来挑战伯林式积极自由，但她通过批评她所谓的"主权"或"主权自由"来有效地挑战它，这种"主权"被理解为个人或集体对自身行使排他性控制的能力。[105]尽管侧重点略有不同，但主权式自由和自我做主式自由的错误之处在于，未能看到自由在很大程度上取决于他人的存在。阿伦特写道，如果人们希望自由，他们必须放弃的恰恰是主权。[106]换成伯林的术语来说就是，如果人们希望自由，他们必须放弃的恰恰是自我主宰式的积极自由。[107]

但是，这并不是说阿伦特关于政治自由的观点在更宽泛、非伯林的意义上不能被称为"积极的"。事实上，它就是一个积极的概念，以至于不能充分地（从消极的角度）被描述为非自由的**不存在**。此外，它可以被看作是"自由之为自我实现"这一观点家族中的一个非常特殊的成员。这个家族根据"某种特定的行为模式"来定义自由，而不是把它看作没有他人的约束或干涉。[108]在其最强的形式中，它将自由等同于"实现一个人的可能性"。[109]更具体地说，内在于阿伦特政治自由的"自我实现"亚种——或者说表亲——是**"自我展示/揭示"**（self-disclosure）。她自己也使用这一术语和相关术语，包括"展示某人是谁"、"主体的展示"和"行为者的展示"。[110]她倾向于使用"自我展示"而非"自我实现"的理由似乎是，与后者不同，前者意味着其他人的存在。展示自己总是向别人**展示**自己。值得注意的是，正是在这种语境下，阿伦特让表演艺术与工艺形成鲜明对比，将前者与"行动"联系起来，将后者与"制作"联系起来。一个**独自**全神贯注于自己工作的木匠可能会实现他/她自己，但是不能说他/她在展示他/她自己，因为木匠**没有向任何人**展示他/她自己。相比之下，一个在观众面前表演的舞者既是在展示也是在实现他/她自己。阿伦特的政治行动者也是如此。每当一个人行使政治自由而去行动时，他就是在向那些见证他/她的行动和人格（他/她是谁）的人展示自己。阿伦特写道："言语和行动是人之为人［……］相互交流的方式。"[111]

从阿伦特的观点来看，"自我展示"的另一个优点是，它不会被"自我实现"一词可能引发的确定性内涵所污染。想想橡子和橡树的经典目的论比喻，它适用于自我实现的概念。阿伦特认为，人就像橡子一样，在适当的条件下有生长和盛开的潜力；她写道，如果他们这样做了，他们会在"我们曾称之为荣耀的闪亮光芒中"盛开。[112]但人在两个关键方面不同于从目的论来定义的橡子。一个关乎个性。当一个人行使他/她的行动自由并充分实现他/她的潜力时,他/她就展示了他/她的**独特身份**。相反,当橡子成熟为橡树时,它仍然是物种中的一个匿名成员,与其他橡树无法区分,也无法交流。第二,我们事先就知道橡子会长成一棵橡树,如果它实现了自身的潜力,但没有人事先知道谁会是一个阿伦特式行动者,直到他/她展示他/她自己。只有在一个人的潜力得到充分发挥之后,再往回看,他才能发现自己过去(潜在地)是谁,现在是谁。正如伯尼·霍尼格(Bonnie Honig)敏锐地写道的那样,套用阿伦特的话,一个人作为自由行动的结果而获得的独特身份,就是对其表现的"奖励"。[113]

政治自由与共和主义自由

尽管阿伦特的政治自由有时被描述为"共和主义的",[114] 但它与昆廷·斯金纳、菲利普·佩迪特等人新近提出的新共和主义的自由概念是有区别的。[115] 根据这组理论家,自由应当被定义为不被支配,而不是不被干涉。前者比后者更合乎人意,因为即使一个人完全不受**实际**干涉,他也可能会变得不自由,只要他意识到其他人处于(潜在地)干涉他的位置——也就是说,只要其他人处于支配地位。基于这种理解,一个人意识到某人**可以**对他行使专断的权力,这就足以让他停止自由地行动或思考,因为这种意识阻止他以可能会引起主人实际干涉的方式思考或行动。不被支配的自由是一种社会理想,它要求相关各方之间有一定程度的平等。

的确,阿伦特和新共和主义者都可以拿来与消极自由理论家(如伯林)做有意义的对比,在某种程度上,他们都看到了政治参与和个人自由之间的本质联系。但是,他们在两个关键方面彼此不同。首先,阿伦特既批评消极自由的实质,也批评确保消极自由的手段,而新共和主义者仅仅拒斥这种手段。阿伦特(与新共和主义者不同)看到了政治参与的内在价值。新共和主义者(与阿伦特不同)认为政治参与只有在有助于"避免与干涉相关的恶"时才是重要的。[116] 可以说,阿伦特对政治参与提出了正向激励的论点,强调了与他人协同行动的回报。正如杰里米·阿诺德(Jeremy Arnold)很好地指出的那样,在政治参与中体验到的阿伦特式自由"通常会引发一种感觉或想法,即一个人宁愿不去任何其他地方或做任何其他事情,也要待在自己所在的地方或做自己正在做的事情"。[117] 相比之下,新共和主义者提出的是政治参与的逆向激励论点。他们警告我们,如果我们不充分参与政治,就有出现支配关系的危险。

阿伦特与当代新共和主义者的另一个主要分歧点是谁应该或愿意参与政治。新共和主义者通常认为,**所有**公民都应该为共和国服务,如果他们希望确保个人自由的话,因为不这样做就会为支配力量的出现提供空间。相比之下,阿伦特认为,自我选择的**少数人**会自愿参与政治,因为他们"爱好公共自由,没有公共自由就不会'快乐'"。[118] 她认为每个人都应该被给予参与政治的机会。但她知道有些人会选择不利用这个机会,并坚持认为他们不应该被强迫进入政治生活。阿伦特的政治理论可能不如新共和主义的理论那么实在,因为它假设政治参与可以让人们在一种强烈、幸福的意义上"快乐"。然而,她的理论在另一个方面则是更实在的,因为她不像马基雅维利和他的后继者那样,要求不情愿的公民履行公共义务。[119] 在阿伦特看来,"好政府的任务"只不过是"确保[自愿选择的少数人]在公共领域的正当地位"。[120] 退出公共领域的选择永远应该是自我退出。

这意味着阿伦特像伯林和其他自由主义者一样承认"**不参与政治**"的消极自由是一个重要的选项。[121] 没有这种自由就是生活在暴政之下,她没有忘记强调暴政和宪政之间的重大区别,在"有限的宪法政府"中,公民有权利、但没有法律义务参与政治。[122] 这里,可以回忆一下我之前关于阿伦特对消极自由的(工具性)价值的评价。根据她的说法,"远离政治的自由"是"自古代世界结束以来,我们所享有的最重要的消极自由之一"。[123] 对于人们来说,将自己从暴政统治下解放出来是一项不小的成就,阿伦特并没有贬低这种解放的意义。然而,这很难使她成为从伯林到罗尔斯的反至善论自由主义的支持者。相反,她离开了自由主义传统,坚持认为"远离政治的自由"在规范上是不充分的,并声称人只有在政治行动中才能充分实现潜力。再次拿伯林的比喻来说,在阿伦特看来,一个自由社会的人,他/她面前必须能够有许多各种各样敞开的门,包括退出政治、享受隐私和家庭生活的布尔乔亚之门。但是,如果一个人想要真正自由并过上充实的生活，只有一扇门可供选择。那就是通向"政治生活方式"的门。[124]这是因为在阿伦特看来，作为人就是自由，而自由就是行动。[125]

政治自由与"出生性"

为什么阿伦特将政治置于其他人类活动之上？为什么她反复强调政治自由和"真正的人类生活"之间的内在联系？[126]答案就在她对人的条件的理解中——即人之为人意味着什么。诚然，她不愿意讨论一般的"人性"或抽象的"人"。[127]但她拒绝的只是静态的人性观点。她并不回避就人性做出重要的一般主张，只要这些主张是关于一个稳定但可变的"**准先验**"条件集的。[128]这些条件揭示了人的具体存在的一般结构，尽管是非绝对的。

鉴于"人性"一词不幸具有本质主义的含义，对于是否应该避免使用它，这在某种程度上只是一个语义学问题。在现代，很少有严肃的思想家认为自然（nature）——更不用说人性（human nature）——是静止的、固定的或不变的，尤其是达尔文之后确乎没有。[129]但是，"人性"一词通常被视为暗示了这种本质主义，因此阿伦特建议使用"人的条件"来代替，以避免混淆，并且将这一术语作为同题书名。但她的术语偏好不单单是为了避免混淆。这也标志着她总的海德格尔式倾向，将我们的注意力吸引到作为定义极限的"条件"上。在生命的每时每刻,男男女女都发现他们处于一系列自己既没有创造也没有能力克服或超越的条件中。这不仅仅意味着他们作为肉体的存在不能逃避某些物理条件,例如,人不能摆脱重力。更重要的是,这还意味着,每一个人在出生时就进入了一个已经有其他人居于其中的世界,交织着他们之间的关系,充满了人造物品、机构、文化,等等。人类生活的这种结构不是因为一个人做了什么而存在,而是因为一个人出生前几代人所做的事情。一个人在一生中无论做什么都无法撤销这种预先存在的结构;它只能给它增添新的意义。在这个意义上,阿伦特写道,"人的存在是有条件的存在"。[130]在这里重要的是要记住,条件不同于约束(conditions are not the same as constraints),限度也不同于局限(limits are not the same as limitations)。[131]相反,阿伦特意义上的条件性划定了可能性的领域;男男女女能做什么,不能做什么,取决于人的条件。理解男男女女在这个意义上是如何被限制的,也就理解了作为人意味着什么。

阿伦特在海德格尔和亚里士多德的基础上建立了"人的条件"的理论。首先,看看她如何用类海式术语把人描述为"出生者"('natal')。这是对海德格尔的一个直接而明确的呼应,海德格尔认为死亡是"人"(或者用海氏术语来说是"此在"Dasein)的一个基本存在条件。根据海德格尔的观点,死的三个核心特征使得死亡,或者说死亡的可能性,不同于所有其他对人类敞开的可能性。首先,死亡是无处不在的,因为一个人随时都可能死去。第二,这是不可避免的,因为我们每个人总有一天都会死。然而,第三,死是未实现的或"**明显迫近的**",因为当一个人自己的死的可能性成为现实时,他已无法再去经验它。[132] 比较好懂的是,死亡告诉人类他们最根本的有限性:"我们的出生不是必然的;我们生命的进程可能会不同;它从一个时刻延续到另一个时刻只不过是一个事实;它会在某个时候结束。"[133] 既然如此,人类很难面对和承受自己的死亡。然而,一个人算不上本真地活着,除非他接受自己的限制,并对自己的生死做出适当的回应。在这个意义上,正如彼得·戈登所说,海德格尔的"人的规范形象"首先在于有限性和回应性。[134]

阿伦特从海德格尔那里继承了这一主题,并将其反转,以展开她自己对人的条件的理解。她当然不否认死亡是人的一个基本条件。但是,她对死或必死性本身几乎没有说过什么,有时她不得不说一点点,往往涉及的也都是比死者本身更长久的伟大言行的**不朽性**。[135] 这种明显忽略的原因是,死亡与她的大部分著作致力于之的政治模式**无关**。[136] 为了理解**这种**模式,她将我们的注意力引向了以死而终结的人的生命的另一端:出生。根据阿伦特的观点,出生性,即出生的可能性,为人的存在设定了一个不亚于死亡的基本限制。简单地说,每一个人都是为了**存在**而出生的。像海德格尔一样,阿伦特认为人从根本上是受条件限制的,而且(也像海氏一样)她希望男男女女对人的有限性做出适当的回应。但是她希望他们培养的是对出生性的回应,而不是对必死性的回应。这需要男男女女适应他们的行动能力，因为"人出生性条件的现实化"意味着"去行动［……］，去创新，去开始［……］，使某件事发动起来"。[137] 回避行动并不像回避人可以利用的任何其他随机选项。相反，它意味着不能正确理解人的条件。她写道，从这个意义上来说，"没有人能够不［去行动］而仍然是人。"[138]

这样，阿伦特从她对海德格尔作品的批判性运用中提取了一个高度非海德格尔的教训。在她看来，作为人的出生性条件的现实化的行动，并不是这个世界提供给我们的众多生存上的可能性（用海氏术语即是 existentiell possibilities）之一。相反，她写道：

> 通过言语和行为，我们将自己切入人类世界，这种切入就像第二次出生，在其中，我们亲自确认并承担了我们最初的身体出现这一赤裸裸的事实。这种切入的动力来自我们出生时带给这个世界的开始，我们又以自身的主动开启某些新的东西，来回应这个开始。［……］因为就出生性来说，他们是 *initium*——新来者和开创者，所以人开新启端，促成行动。[139]

阿伦特在讨论与出生性相关的开始时，想到了一种特定类型的开始：以打断为开始。在这里，她再次薅起了她从前老师的作品，首先重申了海德格尔关于自然的循环观点。自然界中的所有生物，包括作为生物物种的植物、动物和智人，都遵循自己的物种本能和行为模式，无休止地繁殖自己。我们不能在恰当的意义上谈论"个体"的花,"个体"的蜜蜂或者甚至"个体"的智人成员,因为这些仅仅是它们各自物种的实例。[140] 相比之下,人之为人,是"独特的、不可改变的、不可复制的实体"。[141] 他们中的每一个人都**线性地**过着自己的生活,以自己独特的出生开始,以自己独特的死亡结束。当一个人出生时,自然的循环被一个不可替代的存在的身体出现所打断,这个存在过着这样的线性生活;当这个生命开始新的事物,并打断自然的循环时,他/她就被说成是对他/她作为身体出现的原初事实的人的出生性条件作出了回应。回想起来,正是对无所不在、不可避免但又未经实现的死亡可能性的理解,使得海德格尔的"此在"意识到他/她自己的有限性,对他/她自己的生命负责,并给他/她过上本真生活的机会。相比之下,正是对出生之必定性的理解让阿伦特的"出生者"意识到他/她的条件性,认识到他/她的行动能力,并参与政治生活以回应他/她的出生。如果一个人要本真地生活,他/她必须响应出生的召唤和这种出生性对现实化的需求。从这个意义上来说,阿伦特写道:"人,虽然他们必然死亡,但不是为了死亡而生,而是为了开始。"[142]

政治自由与"复数性"

下面转向阿伦特借用海德格尔哲学的另一个重要例子,这启发了她关于人的"**复数性**"的讨论。她基本上接受了海氏对此在的分析,认为此在是"在世界中的存在"和"共在"。也就是说,首先,一个人总是已经发现自己处于一个关系网中,在这个关系网中,一个人与呈现给他的各种存在者相遇,比如可以坐的凳子和吃饭用的餐具。第二,一个人总是已经发现自己生活在一个由像自己一样的人居住的世界里,因为除此之外的关系网是不可想象的。即使一个人被认为是"自己"做的事情也是以他和别人共在为前提的,比如当他坐在**别人**(例如,相关的市政当局)维护的长椅上,或者使用别人(例如,生产家庭用品的私人公司)制造的餐具。简而言之,阿伦特认同海氏的反笛卡尔本体论。此外,她部分同意海氏的观点,即"人"在日常生活中没有表现出个性,顺从并迷失在集体而无从差别的"常人"中。事实上,根据阿伦特的观点,海德格尔的解释学现象学从"常人"的角度对日常生活进行了阐释,"为社会的一个基本方面提供了最深刻的洞见"。[143]

但是,这并不是说她不加批判地接受了海德格尔的诊断。相反,阿伦特以各种方式做了修改和补充——例如,通过提出自己的批判性观点来表明"人"如何在日常生活中日益迷失在社会经济活动中,而不是像海德格尔在《存在与时间》中原本表明的那样迷失在"闲言、好奇和两可"中。[144]换句话说,她引入了一个新的"社会"观点来丰富海氏对"常人"的分析。[145]但阿伦特与海德格尔最具决定性的分歧与其说是关于诊断的,不如说是关于处方的。海德格尔对"常人"的非本真性问题的回应是鼓励此在从日常环境中退一步,接受他/她的有限性,倾听良心的召唤，并毅然决然地面对他/她的存在-死亡。这到底意味着什么且实际上需要什么，是一个有争议的问题，我们在这里不必关心。这里相关的点是，阿伦特发现海德格尔的建议是唯我论的。在她看来，海氏从最好的方面说只是重申了哲学对生活在他人之间以及与他人一起思考的古老的（柏拉图式）敌意，[146]而从最坏的方面说，则是给了毫无根据的决断论以哲学上的许可，因为在海氏的哲学中"没有人的观念指导着存在方式的选择"。[147]

阿伦特对海德格尔的"在世界中存在"和"共在"的批判性借用持续了几十年。毫不奇怪，她有各种各样的事情要说，她在1970年明确地问自己，她早期作品中对海德格尔唯我论的批评是否正确。[148]因此，后来的学者面临着许多解释困难。一些人，如塞拉·本哈比和理查德·伯恩斯坦，强调了阿伦特对海氏的据称唯我论的更严厉的评论。根据他们的观点，海氏的存在主义分析仅仅关注"自我与自我的关联"的形式，并且"在海氏那里没有任何东西近于阿伦特所说的复数性"。[149]其他人，如德纳·维拉（Dana Villa），认为即使阿伦特对海氏最慷慨的评论也没有公正对待海氏对"常人"态度的全部复杂性。与本哈比和伯恩斯坦相反，维拉认为海氏提出的"对沉沦的日常性的'超越'［……］可以暗示实现一种更本真的**社群生活形式**"。[150]尽管这很重要，但对于我们当下的目的来说，这种解释性的辩论可以暂时搁置，因为辩论的大部分涉及的是海德格尔的作品，而不是阿伦特对它的态度。至于后者，总的来说，她对海德格尔的据称唯我论倾向表达了相当强烈的保留，尽管前面提到她在生命的最后几年开始接受自我怀疑。在她学术生涯的大部分时间里，她不断努力挪用海德格尔的主题，以发展她自己的复数性现象学，并"与海氏自己的哲学分道扬镳"。[151]

与复数性这个主题特别相关的是，阿伦特反对海德格尔的两个理论指向。首先，她指出，男男女女应该拥抱他们的"与他人共在的在世界中存在"：他们应该认识到，世界不仅存在于有用的、"现成的"东西及其功能关系，还存在于行动着的男人和女人"中间"；他们应该一同行动，在"常人"的公共性中创造这样一个"中间地带"。第二，她将政治领域定义为一个空间，在**这个**空间里，男男女女相互联系，相互展示自己的身份，共同行动，不仅创造，而且维护"中间地带"并使之制度化。总之，如果一个人要本真地生活，就不应该独自面对死亡而走向"存在的孤独"；更确切地说，一个人应该"投入公共的视域"。[152]阿伦特提出这些建议，一方面是追随了卡尔·雅斯贝尔斯，另一方面在他身后站立的是第三《批判》的康德。她对雅斯贝尔斯哲学的描述确实带有自传的味道。阿伦特写道，它（雅氏哲学）试图"在一个不再是我们家园的世界中，满足现代人的创造欲望，创造一个能够成为我们家园的人的世界"。[153]阿伦特同意海德格尔的观点，即人可能会迷失在自己的"共在"中。但她以雅斯贝尔斯为依托挑战海德格尔，坚持认为，这种损失可以通过学习对人的复数性做出恰当的回应来弥补。换句话说，她指给我们应该接受这样一个事实："是复数的人们，而不是单个的人，生活在地球上并居住在这个世界。"[154]

政治动物

只有在批判地继承海德格尔洞见这个背景下，才能理解阿伦特对亚里士多德政治动物概念的重述。正如杰里米·沃尔德伦所观察到的，阿伦特所说的"政治动物"，十分不同于这个词在普通语言中的一些主要含义，例如一心寻求权力的人，或者把一切都变成政治争议问题的人，或者喜欢谈论政治以炫耀演讲才能的人。[155] 更确切地说，阿伦特的意思是，一个人出于对世界的关切而进入公共领域，并与他/她的同胞就共同利益（或译"公共善"，common good）——一个政治体应该致力于**什么**以及**如何**实现商定的目标——进行商议并交换意见。在参与这种活动时，男男女女得到的回报是自我展示，以及与他们的政治动物伙伴生活在一起的快乐。而一个选择完全退出政治的人则过着贫瘠的生活。这样的人不能对他/她的出生性和复数性做出恰当的回应，令他/她的全部潜力得不到实现，他/她的身份得不到展示。朱迪斯·巴特勒对阿伦特思想的总结很中肯："没有人能单独成为人。没有人能够在不与他人一致行动并基于平等的条件下成为人。"[156]

下面回到穆勒对自由的讨论，以便更详细地了解阿伦特受亚里士多德启发而来的政治动物概念是如何支撑她的政治自由观点的。正如我前面所讨论的,穆勒要比伯林对非消极的自由观更多一些同情,实际上认可了自由的自我实现方面。但他仍然坚定地支持开明的个人主义,这种个人主义肯定了道路的多样性,以便男男女女发展个性、定义有价值的目标以及根据新的经验重新定义目标,从而过上充实的生活。套用罗尔斯的术语,对于善的竞争性观点,穆勒是一个多元论者。相比之下,阿伦特没有表现出对开明的道德多元论的类似支持。[157]相反,她对政治动物的概念默认了一元论的善的观点,赋予存在的政治模式凌驾于其他模式之上的规范性权威。政治模式被概念化为一种特权模式,在这种模式中,男人和女人,无论是作为个人还是作为一个集体的"我们",都可以实现他们的最高可能性。[158]而彻底的非政治化就是让一个人的出生性和复数性处于休眠状态。这就是被剥夺了过真正有意义的生活的机会,在这种生活中,一个人以充分公开的身份与"作为一个独特存在"的其他人生活在一起。[159]

在这里值得回顾的是,阿伦特提出了一个极具争议的主张,即"没有言论和行动的生活"比"剥削者或奴隶主的生活"**更没有人性**。[160]正如我们今天所知,古代雅典公民参与政治的能力一方面取决于对妇女的剥削,另一方面取决于对奴隶劳动力的占有。阿伦特承认,这使得雅典公民的生活是"不公正的",但她坚持认为,不公正的生活"也确然是人性的"。[161]它们不同于从不主动在公共场合行动和说话的人的生活,因为"没有人能够克制（这种主动）而仍然是人"。[162]根据阿伦特的观点，拥有一个奴隶是犯下严重的不公正，但是完全克制言论和行动等于一种失败的彻底不同的秩序：它是对人性的放弃。她写道："对于这个世界来说，没有言语和行动的生活实际上是死的；它不再是人的生活，因为它不再生活在人类之中。"[163]用她的话说，"成为人和自由是一回事"。[164]

为了避免误解，我要补充一句预警的话。我知道我用"一元论"这个术语来描述阿伦特政治思想的一个重要方面可能会让一些学者感到不安，因为她的大部分著作都致力于对复数性的肯定。复数性和出生性，可以被视为阿伦特思想的主要概念。[165]如果是这样，人们可能会问，她的著作怎么能被描述为一元论的呢？这是一种可以理解的反应，但它是基于一种困惑。这源于一个不幸但不可改变的事实，即"一元论"、"多元论"和"复数性"等术语有许多含义，其中一些相互之间毫无关系。虽然阿伦特在许多意义上肯定是一个多元论者，但她（或任何其他人，就此而言）并不是在每个已知意义上都是一个多元论者。[166]例如，她致力于一种可以被称为本体论的多元论，这种多元论肯定了人类之间不可化约的差异、他们的观点以及他们与世界联系的方式的不可化约的差异。她还致力于政治上（托克维尔式的）多元论，强调充满活力的公民社会和结社生活对民主政治的重要性；此外，她还致力于另一种类型政治上的（施密特式的）多元论，挑战同质化世界政府的想法，并肯定了组成全球政治的政治单位的多样性。

人们可以在这个清单上增加更多的项目来说明阿伦特**是**一个多元论者的多重意义。

但是，阿伦特所致力的那些类型的多元论，与这里争论的开明的道德多元论是不同的：对善的观点的多元性的肯定，意味着对一种特定生活方式比其他生活方式更具人性或更令人满意的想法的断然否定。阿伦特并不致力于**这种**类型的多元化。她认为，一个除了将自身享乐最大化之外什么都不做的消费者的生活，不会比一个至少偶尔参与政治的公民的生活更有价值。同样，阿伦特也不认为，一个具有英雄主义和开拓精神的敢于冒险和主动进取的企业家的生活，可以与一个将其精力投入政治的公民的生活相提并论。正如玛格丽特·卡诺万（Margaret Canovan）所说的，如果阿伦特认为这样一个企业家——一个精力充沛和富有想象力的经济人（*homo economicus*）——可以像享受公共幸福的积极公民一样**自由**，她的理论就会显示出与安·兰德的理论有重要的相似之处。[167]但是阿伦特不是安·兰德。她为政治和经济之间的等级划分辩护。[168]

对于开明的道德多元论者来说，消费者或企业家的生活之所以有价值和尊严，完全是因为这是他们自己**选择**的生活。阿伦特不接受这一点。在她的理论框架中，唯一可能与积极的政治模式相匹配的存在模式是沉思的模式。她对这种模式的评价非常矛盾，因为随着她的职业发展，评价有着相当大的变化。虽然早期的阿伦特对沉思生活（*bios theoretikos*）相当敌视，但后期的阿伦特开始"重新评估"她曾经的严厉拒斥，特别是在《精神生活》中。[169]因此，晚年阿伦特可能正朝着二元论（而不是多元论）的方向前进，承认"沉思生活"和"积极生活"同样有价值，同样令人满意，同样是**符合人性**的。但我怀疑她是否完全放弃了颠覆而不是简单地摧毁传统等级划分的野心，在这种等级划分中，"沉思生活"被赋予了高于"积极生活"的至高无上的地位。换句话说，我怀疑她是否曾经放弃她的计划——恢复"积极生活"的尊严，对抗传统的重压。正如德纳·维拉所写道的，阿伦特"确实想要一个强有力的公民意识的世界，支撑它的'自由的习俗'（'free *moeurs*'，托克维尔语），有着**清晰而明确的道德优先权**"。[170]

※ ※ ※

总结一下我到目前为止的观点，阿伦特赞赏政治自由，因为只有在政治行动和言论中，人才能恰当地回应作为人的条件的出生性和复数性，充分实现他/她的潜力，展示他/她自己，获得他/她独特的身份，并重新确认他/她"与他人共在的在世界中存在"。相比之下，伯林认为消极自由是"更真实、更人性的理想"，因为人是一种做出选择的动物而不可能是其他什么，这缘于价值多元论的真理。根据阿伦特，在她的独特的政治意义上，自由"就是人的条件的本质"；根据伯林，在多种选项中做出非强制性选择的自由是"生而为人所固有的"。[171]两位思想家都认为自由对人至关重要。但是他们在自由的最令人满意的含义上有着不同意见,因为他们对人的条件的看法彼此有很大的不同。因此,隐藏在他们对自由的争论之下的是对人的条件本身的更深层次的观点分歧——也就是说,生而为人意味着什么。一个认为,人是受制于出生性和复数性的政治动物。另一个则认为人是一种有选择能力的动物。这就是汉娜·阿伦特和以赛亚·伯林之间最根本的理论分歧。

消极自由、政治自由与个性

有学者花了很多时间思考和回应我们两位主人公的作品,他就是伯纳德·克里克。克里克比阿伦特小13岁,比伯林小10岁,他是第一批认识到阿伦特著作的独创性和重要性的英国学者之一。伯林喜欢并赞赏克里克,尽管后者明显受到阿伦特思想的影响,特别是在他1962年有影响力的著作《为政治辩护》中。[172] 两人在20世纪60年代初经常通信,当时伯林帮克里克在英国找到了一份学术工作。当克里克于1965年被任命为谢菲尔德大学政治理论教授时,他发表了题为《自由之为政治》的就职演讲,在演讲中,他恭敬但有力地挑战了伯林对消极自由的支持,并为阿伦特"自由之为政治"的观点辩护。[173] 伯林收到了克里克演讲的副本。他在私人信件和1969年《自由四论》导言中对此做出了批判性的回应。[174] 由于伯林几乎没有对阿伦特本人关于自由的著作做出任何直接评论,因此值得看看他对克里克的回应,作为他对阿伦特看法的替代物。我们可以借此让阿伦特和伯林的理念做进一步的对话。

伯林在一封信中向克里克提出了一个有趣的问题,涉及亚里士多德的《政治学》。他问克里克是否"不希望将[他的]观点与亚里士多德的观点区分开来",因为这位希腊哲学家似乎比克里克认为的更加一元论。伯林写道:

> 当[亚里士多德]说自由就是做一个人想做的事情时,他对之谴责,并赞同由国家教育人们追求美德目标:人是不完善的;各个阶级有不同的利益;所以平衡必须是强有力的;但是对于人来说只有一个目的;幸福和人性是一体的,并且是可界定的,所以人和群体之间的差异,即使不是真的令人遗憾,也不会被认为是自然的,或被认为是活力和令人愉快的多样性的来源。多样性是一个非常晚的理想![175]

伯林可能不知道阿伦特在《什么是自由?》中引用了亚里士多德《政治学》的同一部分来阐述政治自由的理念。[176] 乍一看,她的解读和伯林没什么不同。她写道:"'自由意味着做一个人喜欢做的事情'这句话是[亚里士多德]借不知道什么是自由的人嘴里说出来的。"[177] 但是阿伦特和伯林从亚里士多德那里吸取的教训却大相径庭。阿伦特**赞许地**提到政治,以提醒她的读者,人从中体验到自由的"原初领域"是"政治和人类事务的领域",[178] 伯林则**不以为然地**引用亚里士多德

第3章　自由　[133]

来质疑克里克是否或愿意成为他所说的亚里士多德。然后，在同一封信中，伯林将亚里士多德与第欧根尼和伊壁鸠鲁进行对比，后者否认城邦的重要性，拒绝参与公共生活，但在伯林看来，他们仍然是自由的。根据伯林的观点（尽管不是亚里士多德的观点），像第欧根尼和伊壁鸠鲁这样的人没有利用他们的自由参与政治，这一事实绝不意味着他们是不自由的。自由是政治的先决条件，而不是相反。伯林对克里克的评论可以理解为他对阿伦特的评论："为什么创造力、自我实现等等，是**自由**？"[179]

将亚里士多德与第欧根尼和伊壁鸠鲁加以对比，这是伯林在1962年题为《希腊个人主义的诞生》的演讲中详细讨论的一个问题。[180]有人可能会说这是一篇考古式的作品，不同于谱系式的《两种自由概念》。后者追溯了几个世纪以来两种对立的自由概念的演变。前者则侧重于一个更有限的时期，一个重大变化或尼采式的"价值重估"于此时发生。[181]该时期是公元前4世纪。在这个"政治思想史的转折点"上，柏拉图、亚里士多德、索福克勒斯、埃斯库罗斯、修昔底德和希罗多德的古典观点被伊壁鸠鲁、基提翁的芝诺、克吕西普和卡尼兹的希腊化观点所替代。[182]伯林对这一转变的分析丰富而复杂，但在自由问题上，他做出了三个历史观察，让人想起阿伦特在《什么是自由？》中的可比分析。首先，阿伦特和伯林都同意，作为值得珍视而不应去谴责的消极自由概念，在古典时期是完全未知的。两人都同意邦雅曼·贡斯当的观点，即古代人的自由本质上是集体主义的，"在于积极和不断地参与集体权力"。[183]伯林观察到，如果雅典比斯巴达更自由，那么它是仅仅在这种古典意义上更自由：雅典人出于对他们的城邦的爱，更愿意"履行他们的公民义务［而不是被迫这样做］"。[184]阿伦特同样将古典自由概念描述为"一种纯粹的政治概念，甚至是城邦和公民的精髓所在"。[185]第二，阿伦特和伯林都忽略斯多葛派和伊壁鸠鲁派之间的差异，然后拿他们与他们的古典对手对比。而且，他们几乎一字不差地引述爱比克泰德，以说明反古典的主观主义的自由观点："作为自我克制的自由"（伯林）或"内在自由"（阿伦特）；根据这一主观主义观点，自由在于将自己限制在力所能及的范围内。[186]最后，阿伦特和伯林都坚持希腊化自由的独特性。一方面，他们同样将此描述为古典概念的"完全逆转"（伯林）或"完全相反"（阿伦特）；他们都将其与穆勒的《论自由》所代表的现代概念进行对比。[187]换句话说，他们都同意，希腊化的概念既不是古代人的自由，也不是现代人的自由；既不是集体主义，也不是消极的。

但是，在这些历史共识的背后，隐藏着深刻的规范分歧。就伯林而言，他对希腊化的遗产，尤其是对斯多葛派的自由观点表现出深深的矛盾。正如我前面所讨论的，他在《两种概念》中把这解释为积极自由的一种形式，斯多葛派被认为是康德和卢梭的先驱，并延伸到列宁和斯大林。相比之下，《希腊个人主义的诞生》更赞同地讨论了斯多葛派的观点。它突出了斯多葛派的颠覆能力，颠覆了伯林所认为的古典观点的过度道德主义，这种观点"今天被称为对政治的**参与**态度"。[188]在这种观点中，个人的生活总是被认为与城邦的生活有着功能性的关系，而作为追求个人目标的手段的政治则根本不存在。作为消极自由的捍卫者，担心国家干预个人行为的权力过大，伯林发现古典观点很难吸引人，并表示怀疑"'有机'社群在公元前4世纪的衰落是一场纯粹的灾难"。他倒是认为，它可能将个人从"**城邦**的窒息感"中解放出来。[189]相反，阿伦特在希腊化观点中没有发现这种积极性。她将主观主义的自由或内在自由观点斥为"歧出之物"，认为这只不过是希腊城邦衰落后"与世界疏远"的反映。[190]对于**她**来说，自由历史的中心是古典希腊和共和罗马的双重成就，而"自由是一个纯粹的政治概念"。[191]与这两个时期相比，希腊化时期是一个黑暗的时代，自由开始脱离其适当的位置，即城邦。伯林看到了一种新的个人主义甚至"一种新的生活观念"的诞生，而阿伦特看到的只是自由从世界退回到自我——安全而舒适，但却是孤独的、虚幻的、非本真的。[192]

两位思想家的规范性分歧导致了他们的"方法论"差异。一方面，伯林对唯物主义方法提出了挑战，这种方法将公元前4世纪的价值观变化解释为希腊城邦在喀罗尼亚战役后衰落的直接反映。伯林一直坚持认为思想的自主力量不可还原为外部因素，他认为唯物主义观点不足以"解释如此突然、迅速和彻底的政治观点转变"。[193]他因此推测，反古典思想可能比现存的历史证据让我们相信的更广泛，强调事实上"我们的大量信息"来自反古典阵营的敌人,即柏拉图和亚里士多德。[194]伯林幽默地写道,仅仅依靠柏拉图和亚里士多德来了解智者派、犬儒派、怀疑论者和"其他所谓的小派别",就相当于仅仅依靠伯特兰·罗素的《西方哲学史》来了解中世纪思想。[195]因此,伯林在《希腊个人主义的诞生》中以相当的篇幅并带着迷人的笔调讨论了反古典思想家,如第欧根尼、忒拜的克拉底、安提西尼、亚里斯提卜和亚里士多德版的苏格拉底。另一方面,阿伦特对这些边缘化的人物则没有表现出类似的兴趣。她对斯多葛派和伊壁鸠鲁派不屑一顾,认为他们仅仅是"古代晚期流行和普及的宗派主义者"。[196]在她看来,他们是对哲学传统做出了适度贡献的微不足道的人物,"扭曲了而不是澄清了自由的概念"。[197]她认为研究斯多葛派和伊壁鸠鲁派对我们理解什么是自由没有什么帮助。一个更有前途的方法是"回到"古典时代和"前哲学"经验,以恢复自由的原初意义,它随着希腊城邦的衰落而被湮没。[198]

最后,伯林对希腊个人主义的欣赏并不一定意味着他比阿伦特更倾向于个性的规范价值。阿伦特的观点恰恰是,如果一个人过分看重"远离政治"并置身于公共领域之外,个性就无法得到充分实现。如果男男女女希望"展示他们真实的、不可改变的自我",他们**必须**进入公共领域,主动与他人一起行动。[199]只有在作为人的存在的特定的政治模式中,人的条件才能得到真正的理解;只有通过这样的理解,男男女女才能充分表达他们的个性。在她看来,并不是自由的个人主义,而是亚里士多德式的对公共领域的捍卫，提供了一条通往争竞式个性的道路，这种个性在古代比在现代更为普遍。伯林则完全不同意。他认为政治只是人类生活的一个方面，政治生活方式只是过真正人的生活的一种方式。男男女女表达个性的方式必须是多种多样的，因为人类的价值观多得不可化约，而且并非所有的价值观都是政治性的。在伯林看来，无法欣赏如此深刻的多元化是"对政治的**参与态度**"的主要弱点之一，阿伦特（和克里克）的政治理论容易受到这种态度的影响。在一定程度上，希腊化观点挑战了这种态度，并为个人"自由"选择（在这个词的消极意义上）——追求什么样的目标和过什么样的生活——提供了空间，伯林乐见希腊化思想对人的自由的贡献。在他看来，一元论的善的观点，无论是亚里士多德式的还是其他什么样式的，都没有提供一条通向穆勒式个性、"多样性，多艺性［和］生命的充实"的道路。[200]只有以价值多元化为基础的自由个人主义才做到了这一点。总之，阿伦特和伯林存在分歧的不是个性本身的价值，而是人类应该为**什么样**的个性而奋斗。

结　　论

1986年，在回答贝阿塔·波兰诺夫斯基–塞古尔斯卡的一个问题时，伯林表达了他的想法，即"伦理的、政治的和所有其他规范性思想的基础，总是一个人对人性的观点"。[201]只要

"人"（或人类）被理解为非本质主义术语，这个命题对阿伦特和伯林来说就都是真的：两人对立的自由理论实际上是基于他们对人的条件的冲突观点。值得强调的是，在对波兰诺夫斯基-塞古尔斯卡的答复中，伯林还补充了进一步的想法，即一个人"关于人性的见解"通常是"不太那么经验主义的"。[202]这是一个发人深省的评论。正如我前面所讨论的，伯林用明显的经验主义术语提出了他对消极自由的价值多元论辩护，基于他对"我们在日常经验中遇到的世界"的观察。[203]但是他也意识到，没有任何特定的"关于人性的见解"会自动地从纯粹的经验事实的积累中得出。要形成这样一个观点，既需要经验观察，也需要一些思辨思考。如果一个人基于他"关于人性的见解"的政治思想是可靠的，那么他必须在经验和思辨之间取得适当的平衡。

考虑到这一点，值得回顾的是，伯林一再将阿伦特的政治理论贬斥为"形而上学的"：除了她的"先验"观点之外，没有任何东西支撑。[204]换句话说，伯林认为阿伦特在经验与思辨之间的平衡上犯了灾难性的错误。这一严厉批评的有趣之处在于，它没有考虑到阿伦特本人对其理论事业的理解。根据她的说法，她（有点含糊地）所属的现象学传统"从最小的和看起来最卑微的事物开始，从朴素的'小事'开始，从朴素的言词开始"。[205]这一基本立场几乎在阿伦特的所有著作中都可以看出，包括她最具理论性的作品《人的条件》，其目的据称"非常简单：无非是思考我们在做什么。"[206]总之，伯林认为阿伦特正在做的事情与她自己对她正在做的事情的描述完全矛盾。这是伯林方面一种奇怪的曲解。同样奇怪的是，伯林没有看到他和阿伦特立场的相似性，阿伦特怀疑理论建构可以脱离经验基础。不管伯林是否喜欢，阿伦特下面这句经常被引用的话给人一种伯林式的调子："我们思考的主题是什么？经验！别无其他！如果我们失去了经验的基础，那么我们就会陷入各种各样的理论。当政治理论家开始构建他的体系时，他通常也在处理抽象概念。"[207]尽管伯林不同意，但阿伦特仍然不比他少地愿意面对现实，没有被过于抽象、思辨或"形而上学"的理论所阻碍。[208]

阿伦特和伯林在实证经验对思想的重要性方面的差异，不在于是否愿意面对现实，并反思"我们在普通经验中遇到的世界"。[209]毋宁说，差异在于利用**什么经验**来进行理论工作，因为人们可以从经验现实的许多方面以及各种角度来看待它们。在这里，阿伦特和伯林的观点再次展示了重要的相似之处和有趣的不同之处。一方面，他们同意20世纪政治理论家面临的决定性经验是极权主义的出现，更具体地说是纳粹主义和斯大林主义这对孪生恶魔的出现。另一方面，两位思想家对极权主义的经验现实的观点截然不同，这导致了他们相互竞争的政治理论之间的许多差异。下一章讲述了这个故事——阿伦特和伯林对立的自由理论，以他们对人的条件的不同观点为基础，反映了他们对极权主义下的**不自由和非人性**的理解上的冲突。

第 4 章

非人性

1943年4月，时任驻华盛顿英国大使馆工作人员的以赛亚·伯林收到了最新一期的《烛台杂志》(*Menorah Journal*)，这是一份左倾的现代主义犹太期刊，由亨利·赫维茨（Henry Hurwitz）编辑。[1]本期杂志包括汉娜·阿伦特如今声名遐迩的文章《我们难民》。[2]这篇文章兼有报告、回忆录和论战的性质，生动地描述了犹太难民的困难处境，运用了作者在居尔拘留营的第一手资料，她在1940年夏天被关在那里几个星期。伯林是否读过这篇文章很难说。他适时地给杂志编辑写了一封感谢信，信中说："我饶有兴趣地阅读了你寄给我的那期《烛台杂志》，获益良多。"[3]不用说，这很难证明伯林确实读过这篇文章，因为这可能是一句客套话，仅仅是正式表达他对寄信人的感谢。事实上，在伯林留下来的大量文件中，我们找不到任何地方提及过阿伦特的这篇半自传作品。即使他在1943年"饶有兴趣且获益良多"地阅读过，他后来似乎也已经忘记了。不过，我们有理由相信，伯林可能确实发现了这篇文章的信息量，或者如果他有机会阅读的话，他会发现这一点。原因是他一贯将阿伦特的哲学著作和经验著作进行对比，并彻底摒弃前者，而对后者持不那么苛刻的意见。当《泰晤士报文学增刊》在1977年75周年庆之际请他（和其他作家）"提名过去75年中最被低估和高估的书（或作家）"时，伯林在"被高估"一栏中提名的是《人的条件》，而不是《极权主义的起源》，甚至也不是《艾希曼在耶路撒冷》。[4]实际上，跟他的牛津同事斯图尔特·汉普希尔一样，伯林认为《起源》是阿伦特所有书中最不糟糕的。[5]

尽管如此，我们的两位主人公对20世纪危机性质的理解却大相径庭，这些危机最终导致了纳粹主义和斯大林主义以及它们的种族灭绝政策。他们对极权主义的定义、它的相对新颖性、它的目标和愿望、它的压迫和统治的形式以及典型的出现模式都有不同的意见。换句话说，他们在下述问题上都有分歧："极权主义"这个词应该指什么；它所表示的现象在20世纪之前是否不为人所知；它的最终目标是什么；它如何剥夺了男女大众的自由和人性；以及它的"起源"在哪里。两位思想家在方法论上的差异是这些分歧的基础。伯林坚持观念的力量，关注极权主义压迫的内在逻辑，关注极权主义者如何证明**他们自己**的行为是正当的。阿伦特则对知识分子的理论不加考虑，她试图找出一组不同的元素，这些元素在特定的历史关头突然且偶然地"结晶"成极权主义。方法的选择和分析的实质是先有鸡还是先有蛋的关系：每个思想家的未经介导的初步观察引导他/她走向一个特定的方法，这反过来又使初步的观察朝着一个特定的方向发展。

理查德·肖顿（Richard Shorten）在对战后反极权主义文献的全面研究中，提出了一个重要的观点，即不同的作者"从不同的角度看待极权主义，即关注**离家更近**的问题"。[6]我将在本章中依靠这一观察，但有一个条件，即它更直接地适用于阿伦特而不是伯林。在阿伦特一面，很容易看出"离家更近的关切"是什么意思。在被纳粹篡夺之前，她的家乡是旧德国、西欧和中欧；她主要关心的是理解篡夺者如何破坏了"我们［西方］传统的尊严"。[7]而在伯林一面，则更难说"离家更近的关切"是什么意思。他的故乡是里加，先后被纳粹和苏联共产党占领。他的第二故乡，也是最让他最能**感觉**宾至如归的地方，是英国。二战期间，英国与纳粹德国作战，战后又与共产主义东方作战。对伯林来说，哪一种极权主义代表了"离家更近的关切"？这个很难说。虽然肖顿指出伯林写的更多的是苏联极权主义而不是纳粹极权主义，这是正确的，但很难说这种不平衡可以用"**切近**"（proximity）与否来解释。伯林对纳粹大屠杀没说什么，但沉默很可能是因为他离纳粹罪行**太近**，而不是太远了。毕竟，当恐怖眼睁睁就在近前时，一个人常常会无言以对。只有一次，在回答采访时，伯林在公开场合简短地提到了纳粹大屠杀的个人层面。他说："我的两个祖父，一个叔叔，一个婶婶，三个堂兄弟，都于1941年在里加被杀害了。"[8]不管人们如何看待他在公开场合的沉默，但绝不能说伯林不谈纳粹大屠杀是因为距离它太远。不过，话说回来，肖顿的观察在一个重要方面仍然适用于伯林：就他的书面和口头言论而言，"是斯大林的罪行，而不是希特勒的罪行，激起了［伯林］最强烈的想象力反应"。[9]稍微夸张一点说，伯林密切关注苏联以形成他的极权主义理论，而阿伦特密切关注纳粹德国以形成她的理论。本章的其余部分将证实这一基本主张，并使之复杂化。

定义极权主义

首先来看定义问题：什么是极权主义？我将从阿伦特的回答开始，她的回答比伯林的更有原创性，也更有影响力。根据她的说法，极权主义是一种前所未有的现象——也就是说，在纳粹主义和斯大林主义出现之前，是不为人知的。20世纪的极权主义与之前几个世纪任何可比较的东西都极其不同，它们必须被视为一种"新的政府形式"。[10]试图用传统的概念和范畴来解释极权主义，如暴政、独裁和专制，都很可能会产生误解。正如阿伦特在回顾中所说的："我们不得不从头开始学习一切，可以说是在一种原始状态下——也就是说，在没有范畴和一般规则的帮助下来归纳我们的经验。"[11]阿伦特特别强调暴政的概念对于理解极权主义是无用的。暴政通常指的是一种无法无天的政府形式，在这种政府中，权力被任意行使。相反，阿伦特认为，极权主义同时是一个无法的和合法的政府：它无法，因为它摒弃法治原则，蔑视所有实定法；但它也是合法的，因为它严格遵循所谓的"更高"的法，如纳粹主义的自然法则和斯大林主义的历史法则。极权主义绝对不是暴政的极端形式。相反，它是一种完全不同的现象，它"打破了合法政府与非法政府之间、专断权力与合法权力之间的非此即彼"。[12]

那么，我们应该如何理解极权主义"可怕的独创性"？[13]阿伦特提出了一个特异的意识形态概念，作为理解的关键。在普通语言中，意识形态可能指的是一套相对模糊且经常不一致的信念，这些信念影响政治行动并指导公共政策。根据这种理解，自由主义、保守主义、社会主义和其他类似的主义都是意识形态，它们是流动的、可塑的，并且经常是内在不一致的。极权主义意识形态的僵化是这一规则的例外。[14]但是，阿伦特坚持认为意识形态本质上就是僵化的，声称"意识形态"（'ideology'）这个术语兼及"观念"和"某某学"，因此字面意思就是"观念的逻辑"。[15]这是一个有问题的主张。不同于阿伦特所说，其实"意识形态"这个术语的字面意思是对观念的**研究**，就像社会学不是社会的逻辑，而是对社会的（系统）研究。[16]不管怎么说，她将意识形态与逻辑联系起来，以强调意识形态模仿（形式）逻辑一致性的三种重要方式，从而带来灾难性的政治后果。首先，意识形态试图从"一个公理化的公认前提"演绎性地解释人类生活的所有方面，比如宣称的历史"法则"或自然"法则"。其次，从这样一个前提出发，意识形态声称提供"对过去的全部解释，对现在的全部知识，以及对未来的可靠预测"。[17]第三，当意识形态的解释与事实相矛盾时，其支持者不承认缺陷，而是"坚持在所有可感知的事物背后隐藏着一个'更真实'的现实"。[18]例如，如果犹太人被毫无防备地屠杀，反犹的极权主义者不会将其视为犹太人（面对暴行）无能为力的证据，反而是他们阴谋本性的标志。

阿伦特的意识形态概念与卡尔·波普尔的"伪科学"概念有点像。根据波普尔，一个旨在解释经验现象的科学理论在原则上必须能够被可观察到的反例所反驳。相反，如果一个据称的科学理论在原则上不接受以经验为依据的反驳，它必须被认为是"伪科学"。[19]举一个著名的例子，"所有的天鹅都是白色的"是一个科学命题，当且仅当它在原则上可以被一只非白天鹅的观察所反驳，并且前提是白色不是天鹅的定义属性。阿伦特说的意识形态类似于波普尔说的伪科学，因为它也不接受经验主义的反驳。但是，它毕竟与伪科学不同，因为它没有让现实保持原样，而是诉诸恐怖，使现实符合其演绎逻辑。例如，如果极权主义意识形态说"所有的天鹅都是白色的"，极权主义政权将会让所有可能挑战这一主张的生物灭绝。恐怖是极权主义按照自己的意识形态重塑世界的手段。

这里值得注意的是，阿伦特确定了一种特定**类型**的恐怖——"全面恐怖"——作为极权主义的基本要素。[20]她认为，对政治对手实施暴力的政治恐怖概念是众所周知的，自古以来在各种政权中反复实施。但是，如果说这种意义上的恐怖是专门针对**反对者**的，那么极权主义的恐怖则是加于"没有政治意见的无害公民"的。[21]在暴政中，统治者实施恐怖是为了向被统治者灌输恐惧。相反，在极权主义中，统治者"完全按照自然或历史进程的客观必然性"来实施恐怖。[22]暴政下的恐惧，一如彼得·贝尔简明扼要地指出的，"为人们的行为提供了指南［……］；它指出什么该做什么不该做，如果你不想惹麻烦的话"。极权主义下的恐怖截然不同。男人和女人被认为有罪，不是因为他们做了什么或没有做什么，而是因为他们属于一个"错误"的范畴，如犹太"种族"或资产阶级。他们的死刑判决是由自然法庭或历史法庭宣布的，法庭代理人是极权主义政权。[23]阿伦特理解的极权主义不再以恐惧来统治。[24]意识形态独自决定着对谁实施恐怖，而不管受害者的行为或感受如何。

　　阿伦特如上概述的讨论众所周知。然而，很少有学者认真考虑过她对极权主义的概念到底有多窄。[25]根据阿伦特的说法，"新"极权主义不仅应该与"传统"暴政相区别，还应该与其20世纪的法西斯兄弟相区别，包括墨索里尼的意大利。[26]当然，将法西斯意大利排除在极权主义家庭之外，在今天并不是一个令人惊讶的说法。在晚近学者中，将意大利（仅仅是"法西斯主义的"）从（完全极权主义的）德国和俄国分离出来的人不在少数，尽管他们的观点仍然存在争议。[27]然而，在战后初期，这种分离更有争议。首先，人们对纳粹主义和斯大林主义之间的相似性知之甚少。此外，"极权主义"（totalitario）一词在20世纪20年代和30年代被专门用来指代意大利法西斯主义，尤其是因为意大利法西斯主义者自己贴上"极权主义"标签，以描述他们自己在公共和私人领域全面指导公民的承诺。[28]阿伦特坚持放弃这一早期既定用法，将"极权主义"标签严格保留给纳粹主义和斯大林主义。按照她的说法，墨索里尼既不是极权主义者，"甚至也不知道极权主义是什么意思"，因为法西斯意大利与旧暴政的相似性远远大于与现在德国和俄国的相似性。[29]对她来说，看不到这一点不仅是误解了法西斯主义的本质，也小看了20世纪极权主义的明显的新颖性。[30]

第4章　非人性　[149]

更惊人的是阿伦特一再声称,在20世纪30年代中期,德国的纳粹统治还不是"一个真正的极权统治"。[31] 她对德国何时成为完全的极权主义有些拿不定主意。例如,她在《起源》的某一页上提出以1938年为分界点,而在另一页上提出以1942年为分界点。[32] 她从未能确定准确的日期,尽管她建议的日期往往指向约在20世纪30年代末。令人惊讶的推论随之而来。[33] 如果阿伦特是正确的,那么1935年当纽伦堡法被批准、犹太人被剥夺德国公民身份时,或者三年后当希特勒向世界撒谎签署慕尼黑协定时,或者1938年11月9日至10日的水晶之夜当犹太人的家园、商店和教堂被摧毁时,德国都还不是"真正的极权主义"。根据《起源》的一些页面,当1939年秋天第一次测试用一氧化碳毒气作为大规模杀戮的方法时;或者当纳粹入侵并占领丹麦、挪威、荷兰、比利时、卢森堡、法国的时候;甚至当300万德国军队在1941年6月22日突然袭击苏联的时候;纳粹主义也都还没有"完全极权化"。阿伦特无法确定精确的分界点,这源于她非常朴素的观点,即极权主义是从更熟悉的"传统"前身发展而来的。无论是希特勒的运动,还是斯大林的统治,都不是从一开始就是极权主义的;当它们充分摆脱传统成分时,每一种才都演变成了极权主义。但是在涉及决定性蜕变发生的确切日期时,阿伦特则语焉不详,即使她说的那一点儿也是不精确和不一致的。

以赛亚·伯林不同意阿伦特对极权主义概念的范围所设定的严格限制。相反,**他**的概念具有高度的扩张性。当然,他也将纳粹德国和斯大林俄国视为极权主义的典范。不过,与阿伦特不同的是,他并不回避将20世纪30年代中期的德国和20世纪20年代的俄国定性为极权主义。与阿伦特不同,他并不认为俄国是因为斯大林而变成极权主义的;在伯林看来,列宁领导下的俄国已经是极权主义了。更深层次的分歧在于,与阿伦特不同,伯林并不认为极权主义与传统形式的压迫性政府有绝对的区别。他经常交替使用"极权主义""暴政""专制主义""独裁主义"和"威权主义"。接下来是一系列推论。例如,他没有严格区分纳粹主义和斯大林主义,以及它们在20世纪意大利、西班牙、葡萄牙、希腊和其他地方的不那么暴力的表亲。例如,他说,他的自由理论旨在成为反对"斯大林极权主义"和"那个时期其他形式的专制主义"的武器:如"佛朗哥、萨拉查等过去各种关于赋予其臣民'真正自由'的法西斯主张"。[34]同样,尽管伯林肯定认为20世纪30年代末苏联的大恐怖是极其可怕的,但他(不像阿伦特)并不坚持其前所未有的性质。就"暴力和[……]彻底性"而言,伯林认为,可以跟西班牙宗教裁判所和反宗教改革相提并论,即便远了点。[35]与阿伦特的观点不同,在他看来,极权主义的可怕之处不在于质,而在于量。

更奇怪的是,伯林在他身后发表的论文《希腊个人主义的诞生》中提到"极权主义的斯巴达"。[36]他称斯巴达为极权主义,因为它缺乏多样性,并且"组织严密"和"军事化",至少与雅典相比是这样。[37]这并不意味着伯林认为雅典是一个原始的自由民主国家。相反，正如我在第2章中所讨论的，他认为雅典是集体主义的、道德主义的、令人窒息的和**不自由的**（从消极自由的意义上来说）。但他在斯巴达找到了**更大程度上的**类似缺点，并故意用"极权主义"这个时代误置的术语来描述这个古老的城邦。这似乎难以置信，但我们应该承认伯林的一致性。他并不认为极权主义与传统形式的压迫性政府有决定性的不同，因此准备将高度压迫性的斯巴达定性为"极权主义的"。

阿伦特和伯林对极权主义的定义都面临着不确定性的普遍问题，即连锁悖论。这个悖论的经典形式是问麦粒什么时候变成一堆，假设一个麦粒不构成一堆，增加一粒也不会把一个非一堆变成一堆。一个更广为人知的版本是秃子悖论，跟麦堆悖论一样，来自于米利都的欧布里德：[38]

> 你会把一个只有一根头发的人说成是秃子吗？是的。你会把一个有两根头发的人说成是秃子吗？是的。你会把……说是？你必须克制以防把一个有成千上万根头发的人说成是秃子，那么你该在哪里划出一条线呢？[39]

阿伦特无法确定极权主义出现的精确分界点，这是一个类似的问题。如果纳粹主义的每一个过激行为，比如暗杀**一名**自由派政治家、杀害**一名**"没有政治意见的无害公民"或焚烧**一座**犹太教堂本身都没有让纳粹主义成为极权主义，那么它是什么时候发展成为成熟的极权主义的？我们该在哪划出那道线？伯林通过采用极权主义的扩张性概念来规避这个问题。但他也面临着被反戈一击：称斯巴达为极权主义是不是**太过**时代错乱了？如果斯巴达算极权，雅典不也应该算吗？都铎时代的英国，特朗普时代的美国，等等呢？这就好像阿伦特准备称某人为秃子，当且仅当他的头上没有头发，而伯林则在某人头上才掉下几根头发时就准备把他叫作秃子。

集中营社会：阿伦特论极权主义

阿伦特和伯林对极权主义看法的另一组差异会变得清晰可见，如果我们转向他们各自对极权主义的目标和愿望、它的压迫形式和它的出现模式的看法。本节讨论阿伦特的观点；下一节讨论伯林的观点。

极权主义的出现：一个泛欧洲的故事

阿伦特极权主义理论的基本原则见于她的巨著《极权主义的起源》(1951)，并由随后的几篇文章补充，最重要的是1953年出版的《意识形态与恐怖》。这篇文章被收入《起源》的后期版本，可以看作阿伦特关于极权主义——更准确地说是关于她的极权主义理论——的最后的话。的确，阿伦特后来的著作在某些方面使她的理论变得更为复杂，我将在后面讨论这一点。但是她从不觉得有必要修改她在1953年形成的理论的基本原则。先来看看这些基本原则，然后再来进一步讨论她1953年以后的作品。

我已经提到，阿伦特认为极权主义是一种新型的政权和政府形式。不过，这是一种不同寻常的类型，因为它不寻求稳定。它首先是**一种运动**，旨在通过全面的恐怖手段，将极权主义意识形态预设的潜在"法则"转化为现实。不管是纳粹的自然法则还是斯大林的历史法则，意识形态法则都是充满动力的，因为它们的推理链条只求一贯到底。因此，"说A的人必然也说B和C，最后以字母表的最后一个字母结束"。[40]例如，如果莫斯科宣称其技术优于西方，那么它最终会策划对巴黎地铁的物理破坏，因为地铁的存在可能会破坏最初的断言。[41]阿伦特写道，这种"严格的逻辑性"渗透到极权主义运动和极权主义政府的整个结构中。[42]此外，即使当极权主义取得政权，它也不会停止行动，而是继续进行国内动员和领土扩张。它在国内向公民灌输思想，在国外进行宣传，从未停止寻找新的"客观敌人"来予以攻击。正像玛格丽特·卡诺万所评论的："阿伦特所描绘的掌权的极权主义图景，与我们所熟悉的拥有统一连贯机构的全能国家形象相去甚远。相反，这是一个不断革命和无止境扩张的不定形的忙乱漩涡。"[43]

阿伦特是历史决定论观点的激烈批评者，她从概率的角度分析了20世纪上半叶极权主义运动的成功。[44]尽管她一再论证这种成功不是不可避免的，但她也细心地具体说明了一系列条件，正是在这些条件下，极权主义的成功在两次大战之间的欧洲才变得**可能**。她认为,"大众"的崛起,即没有团体成员意识的原子化个人,是这些条件中最重要的。[45]虽然原子化的个人一直存在于现代社会的边缘,但他们只是在20世纪初的欧洲才大量出现,这是传统社会结构崩溃的结果。阿伦特认为,资本主义经济的破坏性活力是这种变化的部分原因:资本主义市场的动荡力量逐渐使社会上男女大众变得不安全、无根和晕头转向。[46]但两次大战期间欧洲的动荡远远超过通常的资本主义混乱。在这一背景下,决定性的事件是第一次世界大战和随后的一系列危机,包括政治上左右两翼的革命动乱和内战;帝国的解体、新的民族国家的建立以及由此而来的种族清洗和大规模人口转移;导致大萧条的大规模失业、恶性通货膨胀和其他经济灾难。这一系列事件导致男女大众遭受了全面的社会经济解体、政治瓦解,在许多情况下还造成地理上的混乱,剥夺了他们的身份。用阿伦特的话说,第一次世界大战后欧洲的大众"失去了他们在世界上的家园"。[47]事实证明,这样造成的失去世界的男女大众是极权主义运动的狂热支持者。

然而,在两次世界大战之间,消失的不仅仅是旧的社会和家庭纽带。在19世纪支撑民族国家体系的一整套政治制度也消失了,尽管该体系内部动荡不安。其中最重要的是议会民主制。众所周知,这种制度的瓦解在二战期间的德国最为惊人。但是魏玛的案例只是泛欧洲故事的一部分,因为在《凡尔赛条约》后存在的26个议会民主国家中,至少有14个(包括德国)在1938年前就已崩溃了。[48]为什么会发生这种情况?

阿伦特的基本诊断简单而敏锐：19世纪的议会民主是一种代表阶级利益的机制；因此，它无法在第一次世界大战后阶级制度的瓦解中幸存下来。在20世纪20年代的新欧洲，议会民主不再有用，因为公民不再有一致的阶级利益可以代表。相反，过时制度的继续存在使得原子化的男男女女"在最好的情况下也对政治漠不关心，或者更糟，对他们的苦难不为人知充满怨恨"。[49]这种情况使得像希特勒这样残忍、卑鄙和邪恶的"流氓"（'mob man'）能够动员晕头转向的群众参与极权主义运动。[50]反过来说，群众非常愿意服从运动，以获得稳定感和恢复自尊。极权主义运动对"个人成员的完全的、无限制的、无条件的和不可改变的忠诚"的要求，与大众想让自己重新融入"永恒的、支配一切的力量"的愿望，一拍即合。[51]极权主义意识形态的一贯到底的一致性证明对大众特别有吸引力，他们现在找到了一个可以逃避的稳定世界：意识形态谎言的虚构世界。

阿伦特对极权主义出现的描述提出了一个显而易见的问题：如果群众的崛起是一个泛欧洲现象，为什么偏偏是在德国，极权主义的运动发展成了一个全面的极权主义政权？与伯林不同（我很快就会讨论到），阿伦特坚决反对将纳粹主义归因于"德国的民族性格和历史"的解释。[52]她坚持认为俾斯麦与现代欧洲的其他现实主义政治家没什么不同。德国的思想家和著作家也不应受到指责。黑格尔、尼采等人的著作显然不应该对"灭绝营中发生的事情"负责。[53]阿伦特的替代解释是纯粹就事论事的，并且主要是基于人口统计学的。它基于这样一种观点，即如果没有可以被驱逐、剥夺人性和杀戮的人口，极权主义运动就无从发展。从这个意义上说，极权主义运动的成功有赖于庞大的人口规模。因此，阿伦特写道，20世纪初西班牙、葡萄牙、意大利、罗马尼亚、匈牙利等地方的"半极权主义和极权主义运动"都演变成了"**非极权主义独裁政权**"，因为它们都没有足够的可牺牲人口来维持极权主义运动。[54]相反，纳粹德国很早就征服了东部领土，获得必要的人口规模。这就是19世纪帝国主义留给20世纪极权主义的遗产：领土扩张是这场运动的生命线。由于纳粹德国继承了帝国主义的这一面，欧洲人对殖民地臣民的非人道行为也随之报复性地回归。在帝国时代，英国人发明了集中营来控制南非的"不良分子"。在这个极端的时代，德国人则建造了集中营和灭绝营，将他们的欧洲同胞剥夺人性和大规模屠杀。[55]

阿伦特关于极权主义崛起的泛欧洲观点，与她对斯大林主义崛起的分析有矛盾之处。一方面，她对可牺牲人口重要性的强调似乎可以相对直接地适用于俄国的情况。她指出，俄国一直有数以百万计的人口可供国内消耗，而德国必须征服邻国才能获得相当的人口。[56]因此，俄国满足极权主义运动发展的一个必要条件：庞大的人口规模。另一方面，阿伦特关于群众的论点，与她对两次大战期间欧洲民族国家体系崩溃的分析联系在一起，当应用于俄国的情况时，是否有很大的解释力是值得怀疑的。事实上，她自己对群众的崛起与斯大林主义的相关性几乎没说什么，而且她说的一点儿显示了不一致的迹象。有时她认为俄国农业社会一直是一种原子化的社会，因为它缺乏"社会分层"。[57] 但有时她又认为"斯大林［……］人为地创造了原子化的社会，而这是历史条件为德国纳粹准备的"。[58] 这两条都是有问题的。第一条与阿伦特著作中其他地方对群众作为第一次世界大战后的现象所做的更细致的分析很不相符。同样，第二条也没有解释斯大林最初是如何在没有群众存在的情况下掌权的，而阿伦特在其他地方将群众视为极权主义运动崛起的先决条件。面对这些矛盾，一些阿伦特研究者想出了巧妙的、有时是杂技般的解释策略，以尽量减少她对极权主义采取的以纳粹为中心的方法的重要性。[59] 虽然我欣赏这些解释者的智慧，但我认为我们为什么不能更加坦诚一点呢。正如阿伦特本人愿意承认的那样，[60] 她对纳粹德国的了解远远超过斯大林主义的俄国，在一些关键地方，她在德国和俄国的案例之间做了过于严格的类比，而牺牲了对后者的准确性。她的"群众"论点就是这样一个地方。

活死人

阿伦特站在一个更加坚实的立足点上，提出了一个"全面支配"的观念，用以描述纳粹主义和斯大林主义**都**想要实现的新型统治。她再次将"传统的"暴政与"新的"极权主义进行对比，以证明她的观点。在暴政下，臣民不是完全而是部分被统治，因为他们有权在私人领域享有一定程度的自由。只要服从政权强加的政治秩序，暴政的臣民大体上能够享受自由思想，享受家庭生活和从事职业活动。相反，在极权主义下，臣民无权享受这种自由："他们生活的每一个方面"都受到支配。[61]为了达到这个目标，极权主义挑出人的两个核心属性作为摧毁的目标：个性和自发性。前者代表了使每个人与众不同的独特性；后者代表了自己主动做某事的能力。个性和自发性合在一起，使人有能力做一些**不可预知**的事情。这种能力是极权主义破坏的主要目标，因为它与极权主义按照意识形态（可预知的）逻辑改造世界的野心根本不相容。极权主义是安全的，当且仅当所有的臣民都被剥夺了个性和自发性，沦为"徒具人类面孔的可怕木偶，它们的行为都像巴甫洛夫实验中的狗一样，即使在走向自己的死亡时也都有完美的反应"。[62]或者，引用阿伦特反复使用的另一个比喻，当人被转化为"活死人"时，全面的支配就成功了。

阿伦特反复提到的**活死人**是一个很有说服力的说法。今天，当我们想到纳粹大屠杀时，我们往往会想到机械化的尸体生产。堆积如山的残缺不全的尸体和气势恢宏的火葬场的悲惨景象，在我们的记忆和想象中时时凸显。当然，阿伦特并没有忽视这一方面；她知道极权主义的恐怖最终导致了"死亡工厂"。[63]然而，她主要的关注点是男人和女人在最终被杀害**之前**被驱赶到的非人境况。她写道，"集中营管理"结合了"有控制的死亡率和严格组织的酷刑，与其说是为了造成死亡，不如说是为了让受害者**永远处于死亡状态**"。[64]正如彼得·贝尔所指出的,在阿伦特的理解中,集中营的**首要**目的不是杀戮本身,而是"在不幸的俘虏身上进行实验"。[65]最让阿伦特震惊的既不是受害者的绝对数量,也不是大规模杀戮的现代的、技术性和工具化的理性。[66]而是受害者被逐渐剥夺人性的过程。换句话说,她的重点与其说是灭绝营,在那里新来的人**立即**被毒气毒死,不如说是集中营,在那里许多囚犯逐渐被迫死于疲惫、疾病和营养不良。[67]阿伦特发现后者更让人感到可怕,因为它代表了一种比大规模屠杀本身更黑暗的罪行:"消灭人的概念"。[68]在她关于全面支配的描述中,她试图抓住的正是纳粹暴行的这个方面,即一步步"坠入地狱"。[69]

今天,对我们来说,阿伦特自己的术语有些混乱。为遵照她那个时代的术语惯例,阿伦特反复说的是"集中营和灭绝营",并用"camps"这个词作为两者的简写。但是,正如最近的学者Michal Aharony和Dan Stone所观察到的,在大多数情况下,阿伦特在谈到"集中营和灭绝营"时指的是前者。[70]更准确地说,阿伦特的主要关注点不是1941年12月至1944年11月期间在纳粹占领的波兰运作的六个死亡工厂:贝尔赛克、切姆诺、索比堡、特雷布林卡,以及马伊达内克和奥斯威辛的灭绝营部分。相反,她的重点是整个欧洲和欧洲以外的集中营网络,一是拘留营,另一是灭绝营。在众多的集中营中,阿伦特最熟悉魏玛西北5英里处的布痕瓦尔德和慕尼黑西北10英里处的达豪。《起源》尤其大量引用了大卫·鲁塞、布鲁诺·贝特尔海姆和欧根·高更的第一手资料,他们都是德国边境**以内**(而不是"东方")纳粹集中营的幸存者。[71]至于奥斯威辛,其对阿伦特极权主义理论的意义不应被夸大。的确,这个最大的纳粹集中营在我们对大屠杀的记忆中占据了中心位置。然而《起源》的作者关于它的信息有限,她"毫不奇怪地[……]不熟悉普里莫·莱维的《在奥斯威辛的生存》,该书于1947年首次出版,印数为2500册。"[72]虽然她对全面支配的分析在很大程度上得到了随后关于奥斯威辛的文献的证实,但阿伦特本人在《起源》中仅两次提到该集中营,并且在《艾希曼在耶路撒冷》之前的作品中几乎没有在其他地方讨论过它。称《起源》为"来自奥斯威辛的视角"是一个时代误置。[73]

共同犯罪

在阿伦特的极权主义理论中,比奥斯威辛更突出的是苏联的劳改营网络,自20世纪70年代以来,由于亚历山大·索尔仁尼琴极具影响力的《古拉格群岛》的出版(最初在巴黎),西方人将其称为"古拉格"。[74]阿伦特写作《起源》时,她对古拉格的了解比达豪或布痕瓦尔德要少。但她读了她所能读到的东西,包括1946年伦敦费伯出版社匿名出版的《月亮的暗面》。[75]该书由非凡的女作家佐伊·扎伊德勒瓦(Zoë Zajdlerowa,又名马丁·黑尔)撰写,并配有T. S.艾略特强有力的序言,它是20世纪40年代初在西方出版的第一本记录波兰被驱逐者在苏联经历的书。[76]这个神秘的书名呼应了亚瑟·库斯勒（Arthur Koestler）对"苏联现实的广阔土地"的描述，即"从西方观察者那里看，就像从观星者的望远镜中看月亮的暗面一样遥远"。[77]阿伦特将她对苏联可用文献的分析（如《月亮的暗面》）与她对德国资料的广泛了解并列，提出她对集中营的分类。她写道：

> 集中营可以非常恰当地分为三种类型，与西方对死后生活的三种基本概念相对应：冥府、炼狱和地狱。与冥府相对应的是那些相对温和的形式，甚至在非极权主义国家也曾流行过，用来赶走各种不受欢迎的人——难民、无国籍者、与社会脱序者和失业者［……］。炼狱的代表是苏联的劳改营，那里无人照管与混乱的强迫劳动相结合在一起。名副其实的地狱是由纳粹完善的那种类型的集中营所体现的，在那里，整个生活被彻底和有系统地组织起来，以达到尽可能地折磨人的目的。[78]

以这种方式叙述集中营制度的发展，阿伦特将纳粹的全面支配描绘得比苏联的全面支配**更糟糕**。这两个政权**同样**建立了集中营作为"特殊实验室"，在那里进行全面支配的实验；不过，正是在纳粹集中营里，非人性的实验室达到了无与伦比的发展和完善。[79]虽然两个极权主义政权和它们犯下的罪行是相似的，但纳粹变种在本质上比斯大林变种更先进。这一评估证明了阿伦特的方法论和她以纳粹为中心的极权主义方法是正确的：如果你希望抓住新的政府形式的本质，那么有理由更仔细地研究德国的典型案例，而不是研究离理想类型更远的俄国。

这里值得强调的是，阿伦特在《艾希曼在耶路撒冷》之前的著作中并没有试图分析所谓的最终解决方案。[80] 为了解释这一特定的纳粹政策，她其实无需像她所做的那样考察苏联古拉格。相反，她需要研究的是纳粹在"东方"的大规模屠杀，也就是说，一方面是灭绝营本身，另一方面是在被占领的苏联领土上用子弹和移动毒气车进行的大规模屠杀。如果说《艾希曼》直接针对了"最终解决方案"，那么《起源》和其他早期著作的重点则是极权主义，正是为了理解这种"新形式的政府"，阿伦特研究了集中营制度。她研究它并不是因为这个地狱般的机构帮助了极权统治——相反，她一再坚持集中营的无用性或"非功利性"：集中营管理的巨大成本远远超过了它产生的一点点好处。[81] 在阿伦特的解读中，集中营之所以关键，是因为它们体现了全面支配的**理想**。在难民营之外，全面支配是"不完美的"，因为秘密警察或准军事组织对目标对象轻易施加的暴力要么过度，要么不足。[82] 在前一种情况下，对象死亡，而在后一种情况下，他们保留了一定程度的人性。不管怎样，按照阿伦特的说法，受害者都没有被全面支配。相比之下，在集中营里，管理者可以对囚犯施加必要的、足够的暴力，将他们变成活死人。极权主义的最终目标是将其不断扩大的管辖范围内的每一个人都变成活死人，就此而言，集中营是一个更大的极权主义社会的净化缩影。反过来说，集中营创造的被全面支配的"新人"是"[未来]极权国家的'模范公民'。"[83]正是在这个意义上，阿伦特将极权主义描述为"集中营社会"。[84]

阿伦特关于集中营无用的观点是正确的吗？集中营的价值是否真的像她所说的那样，在于其象征性的力量，而不是其使用价值？最近的学术研究提供了一个混合的答案。首先，与阿伦特经常给出的印象相反，纳粹主义和斯大林主义在制定和改革各自的集中营政策时都没有完全排除功利性的考虑。的确，他们从强迫劳动中获取经济利益的意图，在现实中常常由于各种原因而受挫，例如营地管理的混乱和低效，以及囚犯在经验、激励和相关技能方面的缺乏。然而，这并不意味着极权政府没有**试图**以功利的方式使用集中营。在苏联案例中，许多学者认为经济因素是解释古拉格的出现和发展的关键，经常将奴隶制和苏联强迫劳动制度相提并论。[85]尽管历史学家们对经济因素相对于意识形态和安全等其他因素的重要性存在分歧，但他们至少同意，以较低的社会资源成本利用"资源丰富的偏远地区"的愿望是古拉格管理的一个"常量"。[86]虽然古拉格往往不能产生使用价值，但它并不**意味着**毫无用处。

当谈到纳粹案例时，情况就完全不同了。在这里，经济考虑通常从属于种族主义意识形态，后者是集中营制度发展的主要决定因素。集中营的主要功能是以某种方式击败"国家的敌人"。在这个程度上，阿伦特对集中营无用性的观点比她对苏联对应物的观点更能代表纳粹的现实。不过，也有重要的反证。首先，根据经济史学家彼得·海斯（Peter Hayes）的说法，纳粹大屠杀的总体资产负债表对犯罪者来说并不是负的。纳粹的竭力掠夺产生了可观的收入，而他们一方面对受害者进行无情的剥削，另一方面进行技术创新，使支出保持在低水平（发现齐克隆作为一种有效的毒气物质，使"每个人的平均谋杀成本"降低到"1942年的不到1美分"）。[87]纳粹经营大屠杀，不仅将其作为"自筹资金"的手段，有时甚至是作为"盈利事业"。[88]此外，从1941年末开始，经济因素发挥了越来越重要的作用，当时纳粹的军事胜利变得无望，劳动力短缺更加严重。[89]虽然纳粹集中营的政策经常不一致，其执行也很混乱，但纳粹领导层确实做出了功利性的努力，以降低集中营囚犯的死亡率，并最大限度地剥削他们的劳动力，从而赢得这场无望打胜的战争。事实上，他们迫切地需要劳动力，在1944年春天，他们甚至开始将匈牙利犹太人运送到帝国本土，以促进战争生产，从而损害了他们的核心意识形态原则，即"一个没有犹太人的德国"。[90]这是一个短期的战术决定，但这并不能改变这样一个事实，即功利计算在纳粹集中营发展的这一阶段发挥了重要作用。根据最近的研究，阿伦特对集中营"非功利性特征"的坚持，在纳粹和苏联的案例中，有时是夸大了。[91]

相比之下，在今天仍然有说服力的是阿伦特的下述主张，即依赖功利主义的解释框架可能会妨碍我们看到极权主义疯狂、怪异和噩梦似的内核。她的主张不仅仅是对一个更平衡的视角的呼吁。相反，这是一种要求，要我们把目光**集中**在那些看似不可理解的方面，这些方面无法被功利主义的解释框架所同化，因为正是在这些方面，极权主义的不道德的核心——追求全面支配——才显现出来。在这里，阿伦特的论点变成了循环论证，尽管只是在解释学上是如此。正如我们所看到的，她建议将"极权主义"这个术语保留给那些不能用传统术语如"暴政""专制"和"独裁"来表示的东西。在此回顾一下，"极权主义"这个词是在20世纪20年代被引入英语的，在20世纪40年代和50年代才流行起来。作为推广这一新术语的先驱，阿伦特认为除非能表达新的含义，否则使用它毫无意义，因此，她鼓励我们将纳粹主义和斯大林主义中（恰当的）极权主义和（单纯的）独裁主义方面区别开来，并专注于前者，以理解极权主义与其传统前身的不同之处。这种方法使她阐明了20世纪极权主义的原创性，而功利主义方法很可能会忽略这一点。然而，她的方法有一个缺点，那就是用特别狭窄的术语来定义极权主义，以使其**不被**传统形式的压迫性政府的残余所**稀释**；因此，她提出了一个有问题的主张，即纳粹主义和斯大林主义在其很多暴力、残酷和不人道的历史中都不是"完全极权主义的"。但她愿意做出这种权衡。即使不可能在极权主义和它的传统前身之间划出一条无可争议的界线，她还是认为划出一个过于严格的区别比模糊它**更好**。如果为了达到清晰的目的，一定程度的任意性是不可避免的，那就只好如此吧。这是汉娜·阿伦特最精彩的部分，她决心不惜一切代价阐明这一史无前例的现象。

斯大林主义，马克思和"传统"

最后，我来谈谈阿伦特1953年后的作品。这些著作对她在1953年形成的极权主义理论有什么补充？众所周知，在完成《起源》后，她立即提议撰写一篇九万字的专著，题为《马克思主义中的极权主义元素》，作为补充卷。[92]根据她提交给古根海姆基金会的研究大纲（这个大纲经常被引用），她已经意识到[……]是极权主义的重要"元素"之一。但她在《起源》中把这一"元素"放在一边，因为它不同于所有其他"元素"，它本身并不源于"西方历史中的暗流"，相反，"它背后有一个值得尊敬的传统"。《起源》的作者担心，如果她过分关注马克思主义，可能会冒着削弱"极权主义令人震惊的原创性"的风险。因此，之后需要写一本单独的书——至少阿伦特是这样告诉古根海姆基金会的。[93]当然，她的研究提案是否真实地代表了她的观点是有争议的；学者们在试图说服一个资助机构时，可能并不总是坦率的。[94]尽管如此，她的请求还是被批准了，她在接下来的四年里起草了各种论文，为拟议的关于马克思主义的书做准备。[95]这本书未能成形。但她起草的手稿成为她成熟著作的基础，在这些手稿中，她对马克思主义的批判性阅读发展成为她对思想史的全盘反思，针对她所谓的"传统"：从柏拉图到马克思的西方哲学和政治思想的经典。[96]这一发展使她在1953年前形成的极权主义理论变得更为复杂。

这种复杂的一个重要部分是方法问题。[97]一如我们所见，阿伦特在《起源》中基本上**避免**讨论哲学、理论和思想。她的方法与伯林、波普尔和塔尔蒙等冷战自由主义者截然不同，这些人将20世纪极权主义的起源追溯到马克思、黑格尔、卢梭和柏拉图的乌托邦哲学。她的方法与阿多诺和霍克海默《启蒙的辩证法》的路数有着同样大的分歧，后者用西方理性的泛滥失控来解释极权主义。[98]尽管存在诸多分歧，但自由主义者和批判理论家都通过各自的**思想史**故事来解释极权主义的出现。[99]阿伦特在《起源》中采取了完全不同的方法。她指出了一系列复杂的社会、制度和人口条件，在这些条件下，新生的极权主义运动在20世纪德国和俄国偶然地发展成为成熟的极权主义政权。然而，她在方法论上的这种例外性在《起源》之后的著作中被削弱了。她对马克思主义的研究将她引向了思想史的方向，这与她认为马克思主义"背后有西方哲学和政治思想的可敬传统"的观点相一致。此外，她后来还指责始于柏拉图的"传统"至少给了试图摧毁人类多元化的极权主义者一些帮助。她1953年后的作品看起来与她在《起源》中坚决拒绝的思想史著作十分相似。

但是，这种相似性主要停留在方法论层面，因为阿伦特在1953年后的著作中几乎没有修改过她的极权主义理论的实质。首先，在《马克思主义中的极权主义元素》手稿中，她仔细研究了马克思的著作是否可以说是促成了后来极权主义的兴起。她的回答总的来说是否定的，尽管很模棱两可。的确，她不愿意接受马克思是完全无辜的。他对斯大林主义的责任肯定比路德对纳粹主义的所谓责任更具实质性。然而，要证明19世纪哲学家的思想和20世纪的政治事件之间的因果联系几乎是不可能的。更重要的是，马克思那些自封的继承人在不同程度上盗用和滥用了他们祖师爷的思想。阿伦特写道："通过马克思主义，马克思本人因许多他完全无辜的事情而受到赞扬或指责。"[100] 阿伦特在这一脉络中挑出的人物当然是斯大林。在她看来，斯大林之前的马克思主义不是一种极权主义意识形态；列宁时代的苏联也不是一个极权社会。根据"极权主义元素"手稿以及《起源》，"决定性的转变"只发生在斯大林领导下的20世纪30年代。[101] 苏联极权主义是一个独特的斯大林时代现象。

在她后来的著作中，阿伦特讲述了一个关于"传统"和极权主义之间关系的类似故事。[102] 一方面，她越来越相信，"传统"已经被反政治的偏见所感染，从柏拉图对判处苏格拉底死刑的"民众"的敌意就开始了。事实上，在阿伦特1953年以后的作品中，柏拉图是作为反面典型出现的。她指责柏拉图放弃了政治的原始含义，即平等者之间的行动和讨论，而代之以理性主义的政治概念，即由少数有能力的人统治许多无能力的人。这样一来，柏拉图将"暴力元素"引入了政治，因为政治现在被视为一种胁迫，尽管柏拉图自己愿意使用的胁迫手段不是身体暴力，而是真理（对精英）和神话（对民众）的"力量"。[103] 这些反政治的"柏拉图式"偏见在整个"传统"中反复出现，在"传统"的尽头矗立着卡尔·马克思的形象。虽然

第4章 非人性 [169]

这种历史叙事可能听起来很像冷战自由主义者关于极权主义的"一元论"根源的观点（下文将讨论），但阿伦特最终拒绝了它，坚持认为"传统"与明显的20世纪极权主义之间存在断裂。在这方面，她的"传统"之于极权主义，就像恐同偏见之于有组织的矫正强奸一样。[104]前者是文化背景的一个重要部分，后者从中产生，但背景本身并不产生后者。

此外，阿伦特一再坚持，自20世纪50年代初以来，新证据的出现并没有对她的极权主义理论构成根本性挑战。其中一个证据是斯摩棱斯克档案：来自全联盟共产党斯摩棱斯克地区（州）的20万页记录，1941年被德军缴获，随后在1945年被美军取得。哈佛大学政治学家默尔·芬索德（Merle Fainsod）是第一个研究该档案的人，他在1958年出版的开创性著作《苏联统治下的斯摩棱斯克》首次向西方读者展示了苏联内部的运作情况。[105]阿伦特承认芬索德工作的重要性，但并不认为它有多大信息量。相反，它约等于"从不太确凿的来源证实了我们以前[已经知道的]"。[106]事实上，根据阿伦特的说法，斯摩棱斯克文件最显著的特点是"它们**未能**给我们提供信息量"，因为芬索德的研究有力地证明了在苏联"可靠的资料和统计材料"的普遍缺乏。[107]

阿伦特继续说，纳粹德国的情况则不同，确实有可靠的信息来源。但在那里，新获得的材料也没有透露什么，因为到1951年《起源》出版时，已经有了相当多的可靠资料。阿伦特认为斯大林和纳粹资料有一个共同模式：近年来"逐渐可用的

[170] 汉娜·阿伦特与以赛亚·伯林：自由、政治与人性

文件材料""倾向于证实和补充根据重要的叛逃者和其他目击者的叙述已经知道的东西"。[108]换句话说，极权主义的基本原理已经为《起源》的作者所知，她已经彻底研究了当时可用的基本资料。[109]阿伦特在1967年得出的结论是：根据最近的学术发展，她对极权主义的解释的"原始陈述"不需要"实质性的改变"。[110]

阿伦特不愿意对她的极权主义理论做实质性的修改，这一点在她后期关于苏联的零星文章中也可以看得出来。虽然她最初怀疑斯大林的死是否会给极权主义政权带来根本性的变化，[111]但她最终意识到，后斯大林时代的俄国不再是她所认为的极权主义了。她在1967年写道，"回过头来看"，自斯大林死后，是"一个真实的，尽管从未明确的，去极权化的过程"。[112]她以赫鲁晓夫领导下的最新发展为证据支持这一说法，包括警察帝国的清算，集中营的拆除，"艺术的丰收复苏"，戏剧表演审判的消失，甚至举行有听证会的审判。[113]总之，斯大林死后，全面支配不再是一个目标。阿伦特对为什么会发生这种"去极权化"语焉不详，提出了各种可能的解释，但没有得出明确的结论。她同样不确定"去极权化"过程是否可以逆转，因为她注意到斯大林生前清洗运动的来去反复。[114]阿伦特对后斯大林主义俄国的推测细节很有趣，但在目前情况下，我们不需要关注这些细节。[115]相关的一点是，在面对新的后斯大林主义现实时，她坚持她的极权主义理论不加修改。在她看来，极权主义（根据定义）必须寻求领土扩张和完全支配。因此，斯大林之后和之前的苏联都不能被视为极权主义。

阿伦特在1972年4月26日《关于斯大林和斯大林主义的最后公开声明》中重申了类似的信心。[116]这一天,她在哥伦比亚大学的一个研讨会上发言,会议的题目是"斯大林主义回顾"。她旨在通过最近西方读者可以接触到的三部"值得注意的"俄语作家作品来重新考察斯大林主义。[117]它们是罗伊·亚历山德罗维奇·麦德维杰夫的《让历史来评判》,娜杰日达·曼德尔斯塔姆的《希望对抗希望》和亚历山大·索尔仁尼琴的《第一圈》的一个版本。[118]研讨会在一个私密的环境中进行,只有不到24人参加。阿伦特比平时更放松,愿意探索即时的想法,考虑她不太能回答的问题,甚至表现出幽默感(人们常说她缺乏幽默感)。[119]不过,尽管她的语气不那么谨慎,她的核心信息仍然是一样的:三本书中没有一本"告诉我们任何'新东西',或任何我们原则上不知道的东西"。[120]唯一的消息是俄国人自己对斯大林罪行的了解比西方以前认为的要多。当然,阿伦特是否过度贬低了新文献的重要性,这是一个值得讨论的问题。但目前我想说的是:她直到最后都坚信,她在20世纪50年代初形成的极权主义理论经受住了时间的考验。

然而,尽管阿伦特很自信,她的理论在生前还是受到了对手理论的质疑和挑战,一如今天也是这样。其中一个理论是由以赛亚·伯林提出的。

极权的心理：伯林论极权主义

不像阿伦特，伯林对灭绝或集中营没有什么发言权。事实上，相对而言，他对极权主义的制度层面几乎没说什么。他的主要关注点是一套构成极权主义心理的观念；他的大部分精力都用于分析极权主义者自己**证明**压迫**正当**的方式。[121]伯林在20世纪40年代中期至50年代早期初步确定的第一套关键思想是乌托邦主义、科学主义、家长主义、政治暴力和一元论。然后，在20世纪50年代中期，他形成了他的积极自由的概念，在其中他整合了所有这些构成极权主义心理的关键思想。

乌托邦思想

先来看乌托邦主义。在伯林看来，乌托邦主义的意思是相信有可能实现一个理想的社会，在这个社会中，所有的人类问题，包括规范性问题，都将得到一劳永逸的解决。乌托邦政治不是在问题出现时提供零敲碎打的解决方案，比如政府实施税收改革以解决不平等问题，或者引入新的签证规则以控制移民。相反，它的目的是提供伯林所称的"最终解决方案"，在此之后，每个人都知道他/她应该如何生活，并且能够作为个人和社会成员过上他/她应该过的生活。这种乌托邦主义的一个问题是，它将政治赌注推得极高，剥夺了人们进行合理的成本收益分析的能力。在乌托邦政治中，实现理想社会的好处**总**

是胜过这样做的成本。另一个问题是，乌托邦政治的目标如此遥不可及，其实现被无限期推迟。用乔治·克劳德的恰当描述来说，乌托邦的目标"不仅仅是改善，而是完美，是人类潜力的完全实现"。[122]只要人类潜力的完全实现仍未达成，那么为实现这一目标而进行的乌托邦式斗争就会继续，就是说，实际上要永远继续下去。因此，乌托邦政治的成本不断累积，而承诺的好处却从不会兑现。正如伯林在1988年的一篇文章中简明扼要地指出的那样："如果一个人真的相信这样一个[最终]解决方案是可能的，那么在他看来为了达到目的肯定无论付出怎样的代价都不为过：为了让人类永远公平、快乐、富有创造力、和谐美满，还有什么代价可以算是太高呢？为了做出这样一个煎蛋，肯定是打破多少鸡蛋都无所谓了——这就是托洛茨基等人的信念，就我所知，更是波尔布特的信念。"[123]

"鸡蛋"代表人的生命，"煎蛋"代表乌托邦社会。伯林的这些话表明了他的关注点：乌托邦政治中暴力的工具化使用——**打破鸡蛋**。当然，一个人不需要成为乌托邦主义者再来为政治暴力辩护。相反，自称的现实主义者经常诉诸"小恶"论来达到目的。他们认为，暴力在本质上是不可取的，但在极端情况下可以使用，只要暴力是为避免更大的恶所必需的。然而，如果说现实主义者将政治赌注压得很低，并对可以作为达到政治目的的手段的暴力程度设定了相当严格的限制，那么乌托邦式的成本-收益分析，以及它所带来的对估计收益的严重夸大，则完全取消了这些限制。谋杀君主和他的家人、饿死

"敌人"的族群、把"反动派"送去劳改营等等，也许是令人遗憾的，但在极权主义者心中，这些措施总是会被证明是正当的，因为它们带来了最终的利益：一个理想的未来社会。伯林引用普列汉诺夫的预言辞令来说明乌托邦主义者的心态："革命的安全是最高法律。"[124]普列汉诺夫在理论上断言这一点；"多数派"则在实践中贯彻了它。[125]

伯林对普列汉诺夫、托洛茨基和波尔布特等人的提及表明，他对乌托邦主义的批判性讨论主要是针对极权主义的左翼变体。但他显然认为他对极权主义的"乌托邦解读"适用于包括纳粹主义在内的右翼变体。[126]虽然伯林对纳粹主义的评论是有限和零散的，但当被要求澄清观点时，他倾向于强调纳粹主义所谓的乌托邦方面。根据他的说法，普通纳粹分子并非疯狂、不理智或病态，而是无知和被误导。[127]例如，即使他们支持甚至参与了对犹太人的迫害，他们这样做也是因为他们被误导，认为消灭犹太人是实现纳粹领导层所设想的乌托邦目标所必需的。从这个角度来看，纳粹罪恶的根源并不是人类固有的变态或残忍，而是误解或缺乏信息。

这里值得问一个显而易见的问题：伯林对纳粹主义的"乌托邦"解读是否符合现实？我对此表示怀疑。来看一下纳粹罪行的小例子。第一件：1938年4月25日，一群冲锋队员进入维也纳的一家咖啡馆，"强迫里面所有的犹太人打扫咖啡馆——拉开所有的窗帘，以便外面的人可以看到"。冲锋队命令犹太人搬动家具，堆放椅子，清洗地板，清洗银器。此外，他们还让

第4章 非人性 [175]

受害者高呼侮辱和羞辱性的话语，要求不爱运动的中年男子做屈膝运动，跳过桌子和椅子。[128]

第二件：1942年5月12日，一名党卫队军官和纳粹电影制作人来到华沙，表面上是为了拍摄Dzielna街上的宗教浴场。纳粹召集了"20名戴着耳锁的东正教犹太人和20名上流社会的妇女"，剥光他们的衣服，让男女一起进入宗教浴池，并强迫他们"模仿动物的性行为，做出猥亵和淫秽的动作"。电影制作人录制了这一场景，向世界展示"犹太人的道德堕落到了什么地步，两性之间的廉耻在他们中间已经停止，他们在公共场合进行不道德的性行为"。[129]

第三件：1943年5月1日，在布痕瓦尔德集中营的采石场，党卫队官员互相打赌，看谁能从上面扔石头砸死一群囚犯中的一个。当他们的投掷技术越来越差劲时，他们失去了耐心，干脆开始射击。这种"消遣"的结果是十七人死亡和受伤。官方报道称，"在试图逃跑时被击毙"。在每一个营地，这样的集体屠杀的数量是非常多的。[130]

这些事例——阿伦特谓之"自发的兽性"——并不意味着纳粹主义仅仅是低级野蛮行为的集合。[131]正如齐格蒙特·鲍曼等思想家所强调的（尽管相当夸张），纳粹主义肯定部分源于工具理性、技术和现代性的各个面相。[132]然而，纯粹的残忍、仇恨、恶意、虐待狂和反常的"乐趣"感，在纳粹统治的各个方面都被广泛观察到，它们与伯林意义上的乌托邦思想毫无关系。布痕瓦尔德集中营的看守所沉迷的杀人游戏，对于实现人类的潜力肯定毫无贡献。伯林将如何回应这一批评？亨利·哈代与伯林的通信给了我们一个线索。哈代对伯林从乌托邦角度解读纳粹主义表示了保留意见，他告诉伯林："我敢打赌，许多［纳粹］只是毫无理由地憎恨犹太人，并对相应的行为没有任何顾虑；而且，即使他们确实有错误的信仰，如果他们的错误被满意地指出来，他们也不会被打动。"[133]伯林给哈代的回信表明了他前后的一致性，但这令人失望。他承认邪恶的存在，并接受一些"邪恶的人［……］作恶正是因为事情是恶的"。不过，他为自己对纳粹主义的乌托邦解读进行了辩护。在他看来，大多数普通纳粹分子是"普通的非邪恶的德国人"，但他们仍然犯了罪，因为他们被误导，认为迫害、种族灭绝等有助于实现"德国人的美好生活"。[134]无论好坏，伯林认为纳粹极权主义的乌托邦色彩不亚于其左翼对手。

科学主义、家长主义与政治暴力

在乌托邦主义可能采取的各种形式中，伯林主要关注那些声称得到科学知识支持的乌托邦。斯大林主义是他批评的主要目标，因为它的缔造者、捍卫者和同情者经常声称，他们的政治是由作为"历史科学"的历史唯物主义支撑的。[135]众所周知，伯林通过与他同代的竞争对手马克思主义历史学家E. H.卡尔的交手，表达了他对"科学的历史"（译按：此处定语"科学的"为形容词scientific）之可行性的怀疑。[136]伯林还对"科学主义"——过度应用科学方法解决人类问题——进行了持续的批判,批评对象为从爱尔维修和孔多塞到奥古斯特·孔德和卡尔·马克思的唯理性主义思想家。[137] 本质上,伯林的立场是在对科学和理性本身的力量的低估和高估之间取得平衡,基于康德的信念,理性应该意识到自己的界限,避免超出适当的边界。虽然他承认"科学能够取得的成就必须受到欢迎",但他对弗洛伊德那句名言的真实性表示怀疑,即"如果说科学不能解释一切,那么任何其他东西也休想解释"。[138] 在这一点上(如果不说在政治经济学问题上),伯林不同意卡尔·波普尔的观点,而是同意弗里德里希·哈耶克的观点。[139] 跟波普尔所认为的不一样,不存在"社会科学和自然科学的统一"。[140]

伯林对科学主义的攻击不仅仅是哲学或方法论上的,也是**道德**性质的。将科学引入政治的乌托邦式尝试在道德上有什么差错?伯林的回答有三个方面。首先,先于阿伦特在"后《起源》"时期的关切,[141] 伯林早就对科学主义在极权主义心理中滋生的确定性感觉提出警告。当乌托邦主义者确信他们的政治纲领在科学上是有根据的,他们就觉得有权利把异议的声音当作"纯粹的意见"而不予理会,这些意见不仅不同于"科学真理",而且绝对劣于"科学真理"。伯林引用了18世纪重农主义者勒·梅塞尔·德拉里维埃尔(Le Mercier de la Rivière)的话来说明他的观点(阿伦特也曾引过这句话):"欧几里得是一个名副其实的暴君,他留给我们的几何学真理是真正的专制法则。"[142] 伯林继续说,如果"我们不想逃避几何学的真理,为什么要逃避哲学家的真理？"[143]

由此引出他对科学主义的第二个反对，它涉及狂热主义。以科学武装起来的乌托邦主义者不仅绝对否定对手的意见，他们还压制自己的"怀疑和顾虑"，以他们认为是科学真理的"狂热信仰"为保证。[144]因此，科学主义**扭曲**了科学理性。它蒙蔽并阻碍了理性，忽视了科学真理没有终点的事实，即科学是并将永远是一种"无止境的探索"。[145]

伯林对科学主义的最后一个道德上的反对意见，在文献中被忽略了，它涉及乌托邦主义者自己的心理。当他们确信自己在认识论上优于敌人时，被科学武装起来的乌托邦主义者就失去责任感，对作为道德行为主体的他们造成自我伤害。之所以如此，是因为他们有效地逃避了道德选择的负担，因为他们自欺欺人地认为，所有人类的问题，包括那些关于一个人**应该**如何生活的问题，都是科学问题。一个人因为相信是正义要求他应该做的而加入社会主义运动是一回事；一个人因为被（科学地）说服这是历史命令他做的而加入社会主义运动则是另外一回事。在第一种情况下，人是作为道德主体在行事；在第二种情况下则不是。[146]在某种程度上，伯林的批判是休谟式的对自然主义谬误的攻击："仅仅检查世界上发生的事情"，伯林援引休谟写道，"不揭示任何目的，不规定任何目标，不建立任何'价值'"。[147]但伯林的批判不止于此，因为考虑到他认为人是一种做出选择的动物，逃避道德选择不仅是一个智力错误，而且相当于逃离人之为人的条件本身。伯林说，"克制选择

第4章 非人性 [179]

会让你变得失去人性"。[148]如果是这样,极权主义就是**失去人性者**对恐惧者的统治。

极权思想的另一个重要成分是家长主义(或译"父权主义")。当然,家长主义本身并不意味着极权政治。相反,一些自由主义者支持一种良性的家长主义,认为自由国家有责任阻止(即使不是禁止)公民做有害或不值得做的事情。例如,他们认为自由国家对烟草产品征收高额关税以阻止吸烟是合理的。[149]这种类型的家长主义并没有让伯林感到困扰。他关注的是另一种类型的家长主义,即不是鼓励或劝阻,而是强迫和胁迫。伯林为说明他的关切而唤起的最初形象是一所严酷的公立学校。他在1946年6月的文章《为什么苏联选择自我封闭》中,把斯大林描绘成老校长,党是他的办公室,苏联公民则是被认为没有独立思考和判断能力的小学生。[150]作为学校校长,为了"把乳臭未干的男孩变成男子汉",斯大林和他的党对苏联公民使用强力,表面上是为了保护他们自己的利益和促进他们自己的福祉。[151]酷刑被认为对被折磨者而不是对折磨者有好处。这就是极权家长主义的荒谬逻辑。举个例子,来看一位科雷马囚犯的回忆。下了船,他和其他新来的人受到营地卫兵的迎接,卫兵说:

> 同志们!你们都犯下了各种罪行,违反了我们公正的工农法律。我们伟大的政府给了你们生存的权利,给你们一个伟大的机会——为我们的社会主义国家和国际无产阶

级的利益而工作。你们都知道，正如我们伟大的领袖和导师约瑟夫·维萨里奥诺维奇·斯大林所说的，在苏联，工作是荣誉、是光荣、是勇气，是英雄主义的事情。我们的工农政府和我们自己的共产党不惩罚人。我们不承认任何惩罚政策。你们被带到这里是为了让你们能够改造自己——认识到自己的罪行，并通过诚实的、自我牺牲的工作，来证明你们忠于社会主义，忠于我们敬爱的斯大林。万岁，同志们！[152]

事后看来，伯林将斯大林主义俄国拿来与公立学校相比拟，似乎如田园牧歌般令人难以置信。毕竟，学校校长不会把他的学生送到强制劳改营。不过，当伯林在1946年写下这篇文章时，第二次世界大战刚刚结束，苏维埃俄国在经历了毁灭性的战争和20世纪30年代末的大恐怖之后，享有相对的稳定和开放。这个国家的未来是不确定的，这给人们提供了一些乐观的空间。在这种环境下，伯林觉得有必要挑战监狱般的苏联的传统形象，他认为这扭曲了现实。[153] 他提出了以下意见来支持他的比喻：就像在学校生活的特殊场合"吸烟甚至粗鲁的语言是被容忍的"，对苏联公民的限制有时也会放松，比如当德军战败后红军被允许在国外放纵。[154]

到了20世纪40年代结束的时候，对苏维埃俄国会自由化的早期观望已经变得渺茫，此时伯林对斯大林主义进行了更深入、更系统的分析。他现在承认苏联政权的稳定性，认为短期内"内部崩溃"的可能性很小,并将俄国历史的新阶段比作"漫长而黑暗的隧道"。[155]在1952年1月的文章《斯大林大元帅和政府的艺术》中,伯林提出不应把战后斯大林主义的稳定性视为安静的平衡,而应看作一个剧烈但有规律摆动的"钟摆",公民必须遵循不断变化的党的"之字形"路线,谨慎观察它在"雅各宾式狂热"和革命后的疲劳冷漠之间的反复摇摆。[156]斯大林故意并巧妙地使社会处于摇摆状态,以保持整个系统处于"永久的战时动员状态"。[157]伯林不再将斯大林描绘成一个家长般的然而真诚的校长。他现在把斯大林描绘成一个残忍、腐败和冷酷的操纵者。因此,他不再以公立学校的良性形象来描绘苏联的家长主义;他现在唤起了另一种更阴暗的精神病院的形象。精神病医生比病人自己更了解病人的状况,在专业上有权忽略病人自己的诊断。同样,斯大林式的领导人认为自己比公民更了解他们的状况,并认为他有权忽视公民对自己的意见。在1952年2月关于《苏联政策中的马克思主义与非马克思主义思想》的演讲中,伯林指出,自列宁以来,俄国马克思主义者看待非马克思主义思想,"就像精神病医生看待病人一样。[⋯⋯]病人会继续诉说,但说出的话不值得作为事实的描述来听,只是为了诊断"。[158]在这种"科学"确定性的支持下,当权者完全摒弃了平等主义思想,即每个人的意见都需要尊重,都值得被倾听。出于同样的原因,伯林不再把极权主义公民描绘成偶尔沉溺于不良行为的守纪律的小学生。他现在把他们描绘成"被动的、受惊吓的群体",屈从于一种"非自然的［……］生命形式"。[159]

如果说科学主义通过赋予自封的精英在认识论上**优于**大众的地位，从上面证明了家长主义是正当的，那么某种类型的非理性主义则通过诬蔑大众在认识论上不如精英，**从下面**证明了家长主义是正当的。应用到政治上，这种非理性主义很可能会引出暴力，因为如果大众被认为是愚蠢的，精英不太可能尝试说服他们，而是倾向于使用暴力来强迫他们做精英认为他们应该做的事情。根据伯林的说法，所有类型的极权主义都包含这种非理性的家长主义。在这里，他的反面典型是约瑟夫·德·迈斯特，伯林早在20世纪40年代就开始写他了。[160] 伯林观察到，作为一个对法国大革命的混乱感到震惊的非常悲观的思想家，迈斯特认为普通的男女大众不可救药地任性、无知和白痴。迈斯特认为以理性为合法权威辩护对大众来说是无用的，也是不相干的；只有对神秘权威的恐惧才能把普通人从愚蠢中拯救出来。伯林并没有声称迈斯特的著作从历史上来说对后来的法西斯主义或极权主义运动有重大影响。相反，他指出的是，迈斯特的图景与伯林时代的血流成河的事件有一种同时代人无可比拟的**亲和力**（*affinity*）。[161] 根据伯林的解读，迈斯特与其说是一位哲学家，不如说是一位预言家，他的"深刻的悲观主义图景是我们这个可怕的世纪左翼和右翼极权主义的核心"。[162]

请注意伯林在刚才引用的段落中同时提到了左翼和右翼。这表明他坚信斯大林极权主义不是一种未受污染的极端理性主义，尽管它声称致力于"科学"社会主义。毋宁说，它是理性主义和非理性主义成分的混合物，后者源于列宁过于轻易的诉诸革命暴力。伯林认为，从马克思到普列汉诺夫仍然属于启蒙理性主义的世界。他们试图说服他们的敌人并教育群众，尽管他们偶尔会言辞激烈，并与暴力策略调情。相比之下，列宁属于一个不同的、更加偏执的20世纪世界。他的方法首先是强迫，认为"大众太愚蠢、太盲目，不能让他们朝着自己选择的方向前进"。[163]他对"智识的功能和价值"的拒斥与其说类似于他的左翼前辈，不如说类似于"传统主义的、反理性主义的右翼思想"，迈斯特对后者的表达最为有力。[164]在这种程度上，政治左翼和右翼之间的分歧随着列宁的出现而被打破。像迈斯特的神秘权威一样，列宁的革命先锋队要求普通男女"不加批判地崇拜"，列宁像迈斯特一样认为他们是"野蛮的、坏的、愚蠢的和不守规矩的"。[165]如果说伯林将以科学为武装的家长主义与左翼极权主义联系在一起，那么他认为非理性主义的家长主义则是左右翼极权主义的共同特征。

一元论

在伯林提出他的积极自由概念之前，一元论是他所确定的极权主义心灵的最后一个主要成分。正如批评家所指出的，伯林对这个术语的使用特别随意，把许多不同的主张集合在总的"一元论标题"下。[166]不过，要明确伯林赋予"一元论"的最基本含义并不困难。一元论在本质上是本体论的，它认为人类追求和赖以生存的价值,如自由、正义、平等和勇气,并不相互冲突,而是形成一个无摩擦的整体。对此,伯林通常会更进一步添加一个认识论的意义;也就是说,人类价值的结构不仅是无摩擦的,而且是可理解的,至少对少数有天赋的人来说是如此,即使并非对许多愚蠢的人来说也是。在如此定义之下,一元论的弱版本承认不同价值之间的障碍,但声称这些障碍即使不能被消除,也是可以被抵消的,因为"价值可以从高到低排序,或者[……]适当的方法或规则将允许我们达到唯一正确的解决方案"。[167]弱一元论的一个经典例子是功利主义,特别是其优雅简单的边沁形式。这是本体论上的一元论,因为它提出"效用原则"是最终的"对错标准"。[168]根据这种观点,追求快乐和避免痛苦是裁决任何价值冲突的基本原则。边沁式功利主义也是认识论上的一元论,因为它声称快乐和痛苦是可以衡量和比较的,至少原则上是这样。每当多种价值之间发生冲突时,人们都应该能够通过诉诸据称支配人类的两个可量化的"最高主人"来解决:即快乐和痛苦。[169]

伯林当然反对功利主义和其他形式的弱版本一元论,因为他持有对立的多元论观点,根据这一观点,不同的价值并不总是能够被排序或裁定以避免冲突。但他的主要批评目标是**强版本的**一元论,他将这种一元论与柏拉图、卢梭、黑格尔和马克思联系起来,这办法有点像波普尔的"开放社会的敌人"。[170]强一元论声称,所有人类价值相互**依存**,因此构成真善美的每一个元素最终都与其他元素协调一致,形成一个连贯的整体。

引用伯林最喜欢的比喻：强一元论者认为，男男女女赖以生存的价值就像一个"拼图"。它们组合在一起形成一个连贯的模式，就像拼图玩具的碎片，如果排列正确，就会形成一幅完整的图画。[171] 当然，只要我们不知道它们的正确位置，拼图玩具"被丢弃的碎片"就会引起混乱。[172] 同样，在我们这个高度不完美的世界中，多种人类价值可能会**出现**相互冲突，例如当一个社会无法在不损害公民权利的情况下为公民提供安全时。然而，强一元论者认为，所有的价值冲突在原则上都是可以解决的，冲突从长远来看将被证明是虚幻的，这就像拼图游戏的所有碎片在原则上能够组合在一起一样。在一个实施"最终解决方案"的理想社会中，每个人都有适当的位置和适当的角色，成为和谐整体的一部分。强一元论以这种方式保证了"人类潜力的完全实现"的可能性。[173]

跟家长主义和科学主义一样，一元论本身并不意味着或必然导致极权政治。这并不奇怪。在伯林看来，西方的政治思想，尤其是在18世纪末浪漫主义兴起之前，一直是一元论占主导地位。如果是这样，而且如果一元论意味着极权政治，西方的政治实践将会比实际所是的更加极权主义。不过，当乔纳森·艾伦（Jonathan Allen）说，"[伯林所说的]一元论和极权政治之间的联系不是"一种密切但仍属偶然的历史联系"，他无疑是言过其词了。[174] 艾伦强调**从**一元论**到**极权主义的联系不是必然的，这是正确的。比如马克思的历史理论和边沁的功利主义都是伯林意义上的一元论；但是一个导致了极权政治，另一个却没有。然而，这就承认了，从极权主义**到**一元论的联系则并不是同等偶然的。相反，伯林认为所有极权政治都采取某种形式的一元论。[175] 他写道：

> 有一种信仰，比任何其他信仰都要对伟大历史理想祭坛上的屠杀更负有责任［……］。它是这样一种信仰，相信在过去或未来的某个地方，在神的启示或个别思想家的头脑中，在历史或科学的宣言中，或者在一个未受腐蚀的好人的单纯的心中，有一个最终的解决方案。这种古老的信仰建立在这样一种信念之上，即人们所信奉的所有积极价值最终都必须是相容的，甚至可能是相互包含的。[176]

无论左翼还是右翼，作为一个逻辑必然，极权主义者必须假设一元论的真理，因为否则他们对"最终解决方案"的乌托邦式渴望将是不可理解的。如果一元论是不真实的，人类的各种价值不能形成一个无摩擦的整体，冲突的空间在原则上就是不可避免的，如何生活的问题也就不可能得到一劳永逸的解决。一元论是极权主义的必要条件，而极权政治是一元论的可能含义。[177]

重审积极自由

我在第2章中已经讨论过，直到20世纪50年代末，伯林才形成了他的积极自由的概念，作为极权主义心理的最后一个成分。两个主要因素导致他在这个问题上的思想相对较晚成熟。首先,伯林需要时间来形成一个令人满意的概念装置,以解释各种自由的概念和观点。其次,并且对我目前所论更重要的是,他在20世纪40年代还没有完全意识到**自由**的观念对于极权主义者为其压迫行为辩护是多么重要。直到50年代初,伯林才开始认识到,正如他后来所说,"斯大林主义等关于'真正的自由'的论调"并不只是说说而已,而是"以无辜的生命为代价"。[178]

在伯林成熟的表述中,积极自由指的是自我主宰。虽然这一概念可以有不同的理解,但所有积极自由的观点都不可避免地需要区分高级的我和低级的我,一个是主宰者,一个是被主宰者。尽管这种区分——"真实自我的神话"——可以是个人主义的,在政治上也是无害的,但它天然容易被挪用和滥用,自我主宰很容易变成被他人主宰。正如我在第2章中所论到的,在这方面,伯林的反面典型是卢梭,卢梭的"公意"概念囊括了"怪诞和令人毛骨悚然的悖论,即一个人被告知,被剥夺自由是为了被给予更高级、更高尚的自由"。[179]对于伯林来说,卢梭是"一个有体系的疯子"和"一个高度一贯的偏执狂"。[180]"从罗伯斯庇尔和巴贝夫到马克思和索雷尔、列宁、墨索里尼、希特勒和他们的继承者",对自由的卢梭式攘夺"在我们时代的伟大革命中发挥了重要作用"。[181]

晚近的卢梭研究者极力批判伯林对卢梭的极权主义解读。他们指责伯林误置时代,将他自己在冷战时代的担忧投射到一个18世纪的人物身上,这个人物以根本不同的方式思考和写作。[182]伯林的这些晚近批评者本身是否犯了误置时代的错误是一个有争议的问题；他们希望用自由平等主义版本的卢梭取代极权主义版本的卢梭，这可能是他们自己对后冷战问题的一种表达。[183]尽管如此，他们正确地注意到，伯林对卢梭的批判与其说更关乎卢梭，不如说更关乎伯林自己。[184]伯林在20世纪50年代中期确定的极权主义思想的所有关键成分都符合他所理解的卢梭的自由理论。首先，伯林的卢梭是乌托邦式的，声称发现了一个无限令人信服的自由理论，因而"不需要麻烦任何人再去寻找解决方案"。[185]他发现了"最终解决方案"。其次，伯林将卢梭视为康德和黑格尔之间的桥梁，把他解释为贬义上的唯理性主义者，也就是说，他要求较低级的、非理性的自我服从于较高级的、更理性的自我。这是胚胎期的唯科学主义，伯林认为成熟期的唯科学主义属于马克思。然而，在伯林看来，卢梭的唯理性主义是胚胎中的唯科学主义，因为它也要求被压迫者应该"以他会命令自己的方式行动"，如果他有更好的认识的话。[186]最后，伯林的卢梭是一个一元论者，他通过概念操纵的方式"解决"了对自由的基本愿望和同样基本的对公共权威的需要之间的冲突。他的公意概念只不过是一种通过"巧妙手法"解决这种价值冲突的手段。[187]总之，伯林的卢梭是乌托邦主义、唯理性主义（或原始唯科学主义）、家长主义和一元论的罪魁祸首；也就是说，是构成极权主义心理的主要观念。卢梭的政治思想起到了决定性的作用，将一直以来无害的积极自由转变为"某种接近纯粹极权主义教条的东西"。[188]

观念的力量1：俄国模式

本章要考虑的最后一个问题是伯林的方法论。与阿伦特在《起源》中的反智识主义的路径形成鲜明对比，伯林集中关注极权主义的思想观念，为什么会这样？不用说，仅仅援引伯林的职业，说"因为他是思想史家"，很难回答这个问题。这个回答既是时代颠倒的，也是循环绕圈的。当伯林在20世纪40年代中期开始就极权主义展开著述的时候，他还不是一个他后来会成为的成熟的思想史家。的确，早在1939年他就出版了他的第一部重要的思想史著作《卡尔·马克思：他的生平和环境》。但他也发表过其他类型的文章，他的著述的未来发展方向在那时绝非预先确定的。伯林之所以关注极权主义的观念，并不是因为他是一个思想史家；相反，是对极权主义的研究逐渐使他成为一名思想史家。此外，值得一提的是，对于那些试图分析极权主义并追踪其根源的人来说，思想史的方法并不是当时唯一的选择。当然，这种方法吸引了一批有影响力的思想家，包括伯林钦佩的塔尔蒙和波普尔。[189]不过，包括卡尔·弗里德里希和兹比格涅夫·布热津斯基在内的一批同样强大的学者也在开创一种社会学方法，引导他们将注意力集中在极权国家的权力配置上。[190]此外，我已经讨论过，阿伦特当时正在发明另一种方法，对各种思想史方法的价值直言不讳地表示怀疑。那么，为什么伯林选择关注极权主义的**心理**呢？

可以说，最重要的原因与伯林对俄国民族性格的看法有关。[191]根据他的说法，俄国人对抽象观念有着非凡的热情。"俄国人的一个基本特征，"他说，"是他们的逻辑极其严谨，比其他民族更强，尽管他们有时确实容易从奇特的前提出发，通过论证得出怪异的结论。"[192]这种倾向在受过教育的少数群体中特别明显，由于国家幅员辽阔，主要是农业经济，农民文化水平低，这个受过教育的少数群体往往与俄国社会的其他部分截然分开。他们的疏离感在19世纪尤为强烈，当时俄国与西欧的互动急剧增加。受过教育的少数人沉浸在西方的科学、文学和文化中，但又不是西方世界的一部分，他们对西方在热情和嫉妒、钦佩和怨恨之间摇摆。同样，作为俄国的一部分，但又与俄国的传统生活方式有了脱节，他们对农村同胞持有矛盾的态度，有时将他们理想化，有时因他们的被动、无知和"落后"而感到挫败。因此，受过教育的少数人觉得西方和俄国既亲近又疏远。这种复杂的动力在他们中间滋生了对**外来**观念的渴望，他们极其认真地研究这些思想。伯林观察到，俄国人，尤其是精英阶层，"吸收他者的观念，以前所未有的热情信仰它们，并总是试图在实践中实现它们"。当事实被证明顽固不化时，他们就会试图歪曲事实。[193]

没有任何其他群体比所谓的"知识分子"（intelligentsia）更能体现这种鲜明的俄国式态度。作为一个规范概念而非社会学概念，intelligentsia远不止是西方意义更不用说英国意义上的"知识分子"。[194]安杰伊·瓦利茨基（Andrzej Walicki）指出，成为这个俄国群体的"成员的必要条件"是"对进步斗争的道德承诺，即把人民从政治和社会经济压迫中解放出来"。[195]知识分子群体由具有乌托邦倾向的激进分子组成，他们常常梦想着革命的变化，有时受到暴力手段的诱惑。但是，尽管伯林是一个反乌托邦主义者，他并没有谴责这个群体是单纯的狂热分子。恰恰相反：他钦佩他们的严肃性、道德操守、对社会改革的热情和人文主义的态度。事实上，他的一些最好的散文生动地描绘了俄国知识分子主要成员丰富多彩的个性，包括亚历山大·赫尔岑、维萨里奥·别林斯基和尼古拉·车尔尼雪夫斯基。伯林对人文气质的迷恋，对人的戏剧的好奇，以及对人的喜剧的笑谑感，在其他任何地方都没有比他关于俄国知识分子的文章更明显地表现出来。

不过，伯林对这一群体的钦佩绝不是无限的。他记录了他们的过激行为，其中包括伯林最不赞成的一些重大罪行。[196]例如，俄国知识分子的许多成员视个人（或消极）自由为"自由主义的口头禅"，忽视农民的实际意见，尽管他们以农民的名义行事。[197]用卢梭的话说，他们往往倾向于强迫农民获得自由。此外，一些知识分子诉诸肉体暴力。一个戏剧性的例子是"著名的恐怖分子"谢尔盖·克拉夫钦斯基，他于1878年在圣彼得堡暗杀了秘密警察的头目，然后移居英国。[198]但是伯林认为俄国知识分子的问题不仅仅是像克拉夫钦斯基这样的个人过激行为。毋宁在于，他们对观念的热情倾向于极端主义，这逐渐破坏了他们原有的人文主义态度，为"多数派主义"铺平了道路。实际上，伯林的俄国知识分子故事是一个悲剧。早期知识分子的道德纯洁变成了［……］狂热；他们思想上的严肃性变成了［……］教条主义；他们对社会改革的热情转化为［……］对实现终极目标所必需的人命代价的漠视。这就是俄国知识分子的矛盾遗产，以及他们所代表的俄国民族性格。伯林写道，俄国人有一种奇特的天赋，能够将别人的想法极大地简化，然后把这些想法付诸行动；俄国将西方社会理论应用于实践的独特方式，已经改变了我们的世界，不管是好是坏。[199]这解释了为什么伯林对极权主义的分析必须采取思想史的形式。他非常重视观念在解释20世纪的政治灾难中的作用，因为伯林典型的极权主义者斯大林主义者**本身**就是观念驱动的狂热分子。[200]

观念的力量2：从俄国到德国

然而，伯林比较依违两可的是，俄国热衷于观念是**自成一体**的呢，抑或仅仅是比较而言的**极端**。有时，他似乎提出了一种俄国**例外论**，表明俄国人在对待观念的态度方面是不同于其他民族的。但有时他又提出一种更温和的俄国**极端论**，强调相比其他民族，这个民族对观念更感兴趣，更愿意在实践中应用这些观念。我认为这种紧张在伯林的作品中并未得到解决。这两方面在他的分析中是并存的。但从职业生涯中期开始，当他逐渐形成"观念的力量"论题时，他的重点转向了较弱的相对性的一极。这一论题挑战了马克思主义对社会经济结构的关注，声称观念在塑造人类历史中的作用——在俄国或其他地方——

通常被低估了，需要更多的关注。伯林有时用他的"俄国性"来解释他的信念，他说，"我认为我对观念持续终生的兴趣来自我的俄国血统"。[201]但是他形成"观念的力量"这一论题的主要灵感来源是海因里希·海涅和他的《论德国的宗教和哲学史》的片段。伯林以他特有的方式，用一种令人难忘的谚语形式总结并戏剧化了海涅的中心思想。伯林写道："一百多年前，德国诗人海涅警告法国人不要低估观念的力量：在一位教授的书房中静静孕育的哲学概念可能会摧毁一个文明。"[202]伯林认为这是真的。这就是为什么他研究**观念**以理解20世纪中文明的灾难性毁灭。

对海涅的援引，在两个方面支持了伯林的极权主义理论。首先，这让他以强大的修辞力量突出了观念的重要性，其次，这让他在俄国和德国之间，在左翼和右翼极权主义之间建立起了联系。诗人的关注点的确是德国。海涅先是说罗伯斯庇尔仅仅是"让-雅克·卢梭之手"，[203]然后就转向德国人，他写道：

> 德国革命，不会因为在它之前有康德的"批判"、费希特的"先验唯心主义"甚至是自然哲学，而被证明是更温柔或更温和的。这些学说有助于发展革命力量，这些力量只会等待时机爆发，让世界充满恐惧和敬佩。届时将出现康德主义者［……］，他们会用剑和斧头无情地翻开我们欧洲生活的土壤，以根除过去的最后残余。还将会出现武装的费希特主义者，他们对意志的狂热既不会受到恐惧

也不受到自身利益的约束［……］。但最可怕的是自然哲学家［……］。在他们身上唤起了古代德国人对战斗的渴望，这种战斗不是为了毁灭，甚至不是为了胜利，而仅仅是为了战斗本身。［……］德国将上演一出大戏，相比之下，法国大革命似乎只是一曲清白的田园诗。［……］这一刻终将到来。如同在圆形剧场的台阶上，各民族将聚集在德国周围来见证这场可怕的战斗。[204]

伯林对德国的讨论与海涅有着重要的相似之处，他反复引用了海涅的讨论。尤其重要的是，伯林认为，早期现代德国像19世纪的俄国一样，由于一系列原因而产生了某种自卑情结，包括文艺复兴时期的相对不活跃，"三十年战争的可怕破坏"，以及德语民族被分割成许多公国和领土单位。[205]腓特烈大帝在法国的启发下进行的改革解决了一些问题，但加剧了其他问题。还有，跟俄国一样，德国精英与大众之间的分裂也在扩大，一边是亲法的国王和他的"进口"法国官员，另一边是被羞辱和被庇护的普通德国人，"特别是传统的、宗教的、经济落后的东普鲁士人"。[206]然后是拿破仑的入侵完成了羞辱，并在德国人中间激起了"民族主义热情的第一波大爆发"。[207]到19世纪末，德国成了伯林所形容的"压弯的树枝"的典型民族：这个国家遭受的外部羞辱如此之多，"一旦释放，它就会不受控制地反弹回击压弯的根源［……］就像一根被非自然外力压弯的树枝。"[208]

然而，德国和俄国的相似之处也就到此为止了，因为德国人不像俄国人，他们所做的远不止是发展进口观念。他们甚至还是高度原创的发明家，其巨大的创造能量在浪漫主义中得到最有力的表达，伯林认为浪漫主义是反启蒙运动的一个分支，是对18世纪法国**哲人**（*philosophes*）倡导的启蒙理性主义的反动。正如人们经常注意到的，伯林对浪漫主义的评价是非常矛盾的。一方面，他批评浪漫主义的极端民族主义、非理性主义和有时反犹太主义的倾向。另一方面，他慷慨地承认浪漫主义对某些肤浅倾向的攻击的优点，这些倾向表现为过度乐观的启蒙理性主义。研究伯林的学者对后一方面给予了更多的关注，因为他们自然会感到好奇，这位20世纪最著名的自由主义思想家竟然从经常被妖魔化的德国浪漫主义者那里获得灵感。[209]不过，我在这里关注的是伯林对浪漫主义的评价的另一个不太引人注目的方面。与阿伦特不同，伯林从不否认浪漫主义者对右翼极权主义的最终兴起负有责任。事实上，他在极权主义的恶魔学中给了黑格尔、费希特和尼采突出的位置。伯林也不否认国家社会主义的独特的德国特征。再一次与阿伦特不同的是，伯林认同主流观点，认为希特勒是一个狂热的德国民族主义者，尽管是一个例外的种族主义变种。此外，他用"压弯的树枝"的民族主义观念来理解二战期间的德国以及后拿破仑时代的德国。第一次世界大战结束时，德国的树枝再次被强行压弯，这是因为在毁灭性的军事失败的伤口上，《凡尔赛条约》无异于又撒了一把盐。而这一次，树枝不再仅仅是弹回来打击压弯的根源。它爆发成国家社会主义，以扩张主义的形式维护自己，并对"十一月罪犯"及其所谓的阴谋盟友进行报复。如果说阿伦特对纳粹主义的兴起给出了一个完全国际化的、泛欧洲的解释，那么伯林给出的则是一个明显的民族化解释。

对伯林所讨论的这些，即关于浪漫主义和反启蒙运动以及它们表面上的德国特征，许多历史学家表示了保留意见。一些人认为伯林在启蒙运动跟反启蒙运动和浪漫主义之间的鲜明对比是夸大了的；[210]还有人认为他把这两个对立的运动分别与法国和德国联系起来是粗暴和简单的。[211]我不打算参与这场辩论。我现在的目的是解释为什么伯林对极权主义的研究采取了**思想史**的形式。答案现在一定很清楚了。首先，他认为"多数派"是观念驱动的狂热分子，他们开创了第一个成熟的极权主义。第二，与他偶尔表达的俄国例外论相反，他认为观念是整个人类历史的原动力。最后，以德国为例，他提供了历史和社会学的解释，说明为什么浪漫主义观念在那里会变得特别有影响力和爆炸性，这是基于他的非阿伦特式的信念，即纳粹主义应该被视为德国民族主义的一种形式。正如我所指出的，伯林对俄国、德国和一般历史的讨论之间存在着内在的紧张，他采取思想史方法的多重理由之间也并非没有矛盾。然而，他对方法的选择绝不是他内在的"俄国性"的偶然产物。这是一个人深思熟虑的选择，他真正相信思想观念在导致政治灾难中的作用。

结　论

在20世纪40年代末，阿伦特和伯林各自认为自己站在不同的历史关头。对阿伦特来说，随着第二次世界大战的结束，极权主义的威胁暂时结束了，她正从失去德国家园的创伤中恢复过来。她现在的任务是回过头**向后看**，问问"发生了什么？为什么会这样？怎么会发生这种事？"[212]而对于伯林来说，在他于1945—1946年对苏联进行了改变他一生的访问之后，极权主义的威胁才刚刚开始增长。他现在的任务是抬眼**向前看**，并为观念和意识形态的斗争做出贡献，这场斗争正在在被铁幕隔开的两个阵营之间进行。不用说，阿伦特和伯林对战后困境的评估都是正确的。纳粹主义的失败和冷战的开始都构成了解释学的视域，两位思想家在这个视域中形成了他们各自的思想。但是他们的视角不同，产生了两种截然不同的极权主义理论。一个认为极权主义与其"传统"前身和当代法西斯表亲有着绝对的不同；另一个人则认为没有这种不连续性。一个侧重于社会、经济和制度因素，以追踪极权主义的起源；另一个则侧重于观念因素，梳理极权压迫的内在逻辑。一个认为集中营是极权主义的核心；另一个认为乌托邦主义、科学主义、家长主义、一元论和积极自由是极权主义心理的组成要素。一种极权理论由一个德国犹太难民提出，她在1941年作为一个无国籍人来到纽约；另一种由一个俄国犹太移民提出，他的摇篮被"多数派"烧毁，自1921年起他一直生活在英国，享受着这种幸运。[213]

这些差异是复杂的，但它们将变得更加复杂。1960年5月，当阿道夫·艾希曼被抓获并被带到以色列接受战时罪行的审判时，一个非常不同的背景突然打开，使阿伦特和伯林在解释学上更加接近。仿佛过去决定闯入现在，这个曾经在纳粹德国被称为"犹太问题专家"的人现在站在犹太国家的法庭上，而在他犯下非人性的罪行时，这个国家还不存在。国际媒体广泛报道了这次审判，不久前的历史开始产生一种强烈的记忆政治。这一系列事件标志着阿伦特和伯林之间新一轮的冲突。这一次的冲突与其说集中在历史或政治学上，毋宁说集中在伦理学上。冲突的地理中心也发生了变化。新的双子中心不再是本章关注的德国和俄国。更确切地说，是在以色列（艾希曼的审判在那里进行）和美国［在那里阿伦特关于审判的"报告"的发表开启了一场文化斗争（*Kulturkampf*）］。下一章将讨论这一事件。

第 5 章

邪恶与审判

1957年3月4日清晨，一名男子在特拉维夫他的家门外被枪击。两天后，他因伤势过重在附近医院死亡。他的名字是鲁道夫·卡斯特纳。1906年，他出生在今天罗马尼亚的克鲁日，后因在匈牙利大屠杀中扮演的有争议的角色而闻名。卡斯特纳和同伴在布达佩斯成立了一个援助和营救委员会，与包括阿道夫·艾希曼在内的一些纳粹重要成员进行赎金谈判。他们是犹太复国主义者，代表着一个从"匈牙利占主导地位的改革派社群及其对手东正教社群"中分离出来的极少数人群体。卡斯特纳本人是一名"外国人"，1941年匈牙利吞并特兰西瓦尼亚北部后，他才搬到布达佩斯。[1]作为当地犹太精英的局外者，他不是犹太委员会（Judenrät）的成员，该组织是1944年3月纳粹强迫布达佩斯犹太人建立的。[2]犹太复国主义者领导的援助和营救委员会也没有资格代表整个匈牙利犹太人。不过他们仍然采取主动以阻止这场正在发生的灾难。虽然他们用一万辆卡车来换取近百万犹太人生命的宏伟计划落空了，但他们的赎金谈判有了结果，即以向纳粹支付现金换取所谓的"卡斯特纳列车"。1944年5月15日至7月8日期间，至少有434,351名犹太人被迅速从匈牙利驱逐到奥斯威辛－比克瑙；[3]这其中，包括卡斯特纳的家人和亲戚在内的1,684人在6月30日登上火车离开布达佩斯。[4]他们最终在中立国瑞士找到了安全之地，从而避免了其余在匈牙利大屠杀中丧生的564,507名犹太人的命运。[5]

尽管"卡斯特纳列车"的绰号众所周知，但卡斯特纳绝不是唯一一个参与赎金谈判的人。布达佩斯也不是第二次世界大战期间唯一进行"以血换货"谈判的地方。[6]然而，由于1953年出版的一本小册子，卡斯特纳成为战后以色列特别有争议的一个人物。这本小册子的作者是马尔基尔·格伦沃尔德（Malkiel Grünwald），一名业余记者、宗教犹太复国主义党成员，小册子指控（作者所认为的）卡斯特纳在战争期间共谋毁灭匈牙利犹太人的行为。这也是对正在以色列执政的马佩党的攻击，卡斯特纳是该党的重要成员。卡斯特纳以诽谤罪起诉格伦沃尔德，但由于格伦沃尔德的天才律师施穆尔·塔米尔（Shmuel Tamir），他发现自己处于守势。耶路撒冷地方法院的法官便雅悯·哈勒维（Benjamin Halevi）接受了格伦沃尔德的大部分指控，并对卡斯特纳发出了著名的指责，说他"把灵魂卖给了魔鬼"。卡斯特纳声称这是一个严重的错判，他将自己比作阿尔弗雷德·德雷福斯。[7]他在等待第一次听证会时被枪杀。最高法院最终推翻了先前的判决，但那已经是在1958年1月——卡斯特纳去世9个月后了。他在战时的行为至今仍有争议。

汉娜·阿伦特在《艾希曼在耶路撒冷》中讨论了卡斯特纳的战时活动和他在战后以色列的最终命运。她在这本书有争议的第七章"万湖会议，或本丢彼拉多"中对此作了极尽广泛的讨论，其中她提到了一些犹太领导人和纳粹"合作"的各种情况。但卡斯特纳也出现在该书第二、三、八和十二章，法官哈勒维的指控——卡斯特纳"把灵魂卖给了魔鬼"——在《艾希曼在耶路撒冷》中被引用了两次。[8]这是一个值得注意的事实，因为1961年的耶路撒冷法院基本上绕过了卡斯特纳事件。这是独立的以色列国发生的第一次政治暗杀，这一创伤性事件就发生在几年前，在法庭上与艾希曼对质的人对此记忆犹新。[9]司法总长兼首席检察官吉迪翁·豪斯纳特别担心艾希曼的审判可能会重演整个卡斯特纳事件。事实上，他事先要求证人把这件事放在一边，"因为这是对灭绝者的审判，而不是对其受害者的审判。"[10]对此，阿伦特表示同意。她写道，"审判的是［艾希曼的］行为"，而不是审判可能象征的其他东西。[11]然而，她直接挑战豪斯纳，认为如果要正确看待艾希曼的罪行，就必须解决犹太人合作的问题，特别是卡斯特纳的案件。她的干预证明比她预期的更成功。《艾希曼在耶路撒冷》的第七章是该书所引起的激烈争议的核心，用黛博拉·利普施塔特的话说，阿伦特成为"艾希曼故事中比艾希曼本人更重要的人物"。[12]阿伦特这本300页的书当然比22页的这一章说的多得多。[13]但是，第七章已经盖过了全书的其余部分，并从此决定性地塑造了阿伦特的声誉和遗产。

本章的目的是通过"艾希曼争议"来考察阿伦特-伯林冲突的具体道德方面。我在第2章中提到，伯林在这场争论中的直接作用是协助出版《文汇》杂志上的《阿伦特-肖勒姆对谈》的英译版。但是，除此之外，他还在信件、谈话和采访中对《艾希曼在耶路撒冷》表达了批评。乍一看，他的评论似乎

126

完全是老一套，毫无新意。像许多其他人一样，他专注于这本书的第七章，同时简要表达了他对阿伦特"平庸的恶"（'the banality of evil'）这一观点的怀疑。他重复了许多批评家对《艾希曼在耶路撒冷》的评论：阿伦特傲慢地对纳粹浩劫的受害者进行审判；她批评战时犹太人领袖的语气是恶意的、无情的、完全不恰当的；她被某种受虐狂甚至自我仇恨所感染，要求犹太受害者"承担责任"，而开脱了非犹太人承担罪行的责任。对于那些关注没完没了的艾希曼争议的人来说，这些话可能听起来太熟悉了。[14]但是当与伯林自己的著作一起阅读时，它们比乍看起来的更有趣。之所以如此，是因为他对道德冲突和道德困境的思考，比包括阿伦特在内的同时代大多数哲学家都要深刻。他被认为是"价值多元论"的先驱，这是20世纪道德哲学中最有影响力的思想之一。[15]正如我将要说明的，伯林完全依靠这一观念对阿伦特的伦理观发起了攻击。[16]

艾希曼神话

在距最初出版已达半个多世纪的今天，《艾希曼在耶路撒冷》仍然继续引发激烈的争论。在充满激情的辩论中，参与者以各种方式投射自己的身份，这是常有的事，争论产生了神话，在处理更实质性的问题之前，我想在一开始就破除这些神话。我所说的"神话"指的是关于这本书的错误信息，这些信息超出了解释的灵活性界限。尽管《艾希曼在耶路撒冷》和其他文本一样，可以有多种解释，但关于这本书的一些说法缺乏文本支持，因此可以被安全地当作错误信息而忽略。与目前语境相关的神话有五个。

"神话一"是认为阿伦特对艾希曼"心软"。部分原因是她坚决拒绝将艾希曼描述为虐待狂、变态、自大狂或其他有异常心理特征的人。她很清楚一些纳粹罪犯有这样的特征。例如，她称阿尔弗雷德·罗森堡（Alfred Rosenberg）为"疯子"，称朱利叶斯·斯特雷切（Julius Streicher）为"性罪犯"，称冲锋队员为"人形野兽"。[17]但她不认为艾希曼属于同一类。相反，他是"相当相当正常的人"，[18]这一观察提出了一个问题，这个问题使《艾希曼在耶路撒冷》整个被激活了：我们应该如何解释"最终解决"的残暴性和在其中扮演关键角色的人的正常性之间的距离？[19]当然，艾希曼是否像阿伦特认为的那样正常，这是一个可争论的问题。近来许多研究确实对她的书的这一方面提出了质疑。[20]但是毫无疑问的是，将艾希曼描述为正常人本身并**不**意味着低估他的犯罪行为。毋宁说，是拒绝将艾希曼简化为一个更熟悉的犯罪类型，比如虐待狂或色情狂。与"神话一"相反，阿伦特明确写道，艾希曼"一直尽最大努力使最终解决进行到底"，甚至在战争的最后几个月，当他的许多同事，包括他的上级海因里希·希姆莱，愿意放弃或至少暂停灭绝政策时，他仍然在这样做。[21]此外，根据她的反结果论的观点，阿伦特不仅支持耶路撒冷法院判处艾希曼死刑的决定,而且认为法院应该更加强调"罪有应得的因素"。[22]事实上,《艾希曼在耶路撒冷》以一个特别的场景结束,在这个场景中,作者想象自己站在首席法官的位置上,直接向艾希曼宣布她的判决。她怎么说?她明确地说:"你必须被绞死。"[23]她对艾希曼一点儿也没有"心软"。

"神话二"是相信阿伦特认为艾希曼是最终解决方案机器中的"一个小齿轮"。许多评论家对这种"小齿轮"理论感到不满,因为这似乎再次低估了艾希曼的罪行。小齿轮的形象确实表明,一、艾希曼在最终解决方案的管理中扮演了次要角色;二、他可以被跟他一样像小齿轮般发挥作用的其他人所取代。这些含义可能确实有问题。但是指责阿伦特赞同这一理论是完全错误的。她确实在《艾希曼在耶路撒冷》一书中介绍了"小齿轮"理论,但那是因为艾希曼的辩护律师罗伯特·塞尔瓦提乌斯(Robert Servatius)将它作为一种辩护策略。她立刻认为这是假的。虽然在阿伦特看来,艾希曼的角色是齿轮式的,因为它主要涉及最终解决方案的执行,而不涉及其基本原则的概念,但她坚决反对"小齿轮"理论,认为艾希曼不"像辩护律师希望的那般小"。[24]事实上,辩护律师的主张被当成是阿伦特的,这证明了她的悲叹,即一些批评者在批评这本书之前从未费心阅读它。[25]

不过,让阿伦特的批评者为**所有**这些神话的制造来负责是不公平的。不幸的是,"神话三"的制造,阿伦特自己也有份,根据这个神话,《艾希曼在耶路撒冷》只不过是一份审判报告。

当然，这本书在一定程度上**是**一份审判报告，阿伦特在试图驳斥另一个神话（称之为"神话四"——她的书是关于恶的哲学论文）时，强调的就是这一点。[26]巧的是，相互对立的神话三和神话四，每一个都包含一定程度的真实性。《艾希曼》是一本多面性的书，的确**既是**一份审判报告，**又是**某种关于恶的本质的哲学思考。此外，该书还包括阿伦特对首席检察官豪斯纳一个想法的攻击，豪斯纳试图给出一幅"总图"，以便在这个视野上看清艾希曼的罪行。阿伦特一再否认这样的尝试与刑事司法无关，她坚持认为刑事司法是艾希曼审判的唯一目标。不过，她并不认为背景说明（contextualisation）是完全不相关的。事实上，她提出了自己的另一幅"总图"，她写道："如果不对某些事实给予一定的关注，任何关于艾希曼案件（且不说艾希曼审判）的报告都是不完整的。"[27]阿伦特因此在《艾希曼在耶路撒冷》中介绍了各种事实，**以她自己的方式**将"艾希曼案件"置于背景中。正如莱奥拉·比尔斯基（Leora Bilsky）所说的，阿伦特对豪斯纳的挑战，与其说是关于是否应该绘一幅"总图"，不如说是关于绘出**哪一幅**"总图"，作为最合适的"审判故事的历史框架"。[28]不管怎么说，《艾希曼在耶路撒冷》并非仅仅是一份审判报告。

最后，"神话五"认为阿伦特"指责受害者"而不指责施害者。这句话如果以稍微不同的方式来表述，就不是一个神话了，比如：阿伦特指责纳粹浩劫的**某些**受害者。[29]这种区别可能看起来有点学究式的迂腐，但艾希曼争议很大程度上取决于这种看似无关紧要的区别。阿伦特强调了一个令人不安的事实，即一些受害者的行为表现不如其他受害者，[30]她对检方的"总图"提出质疑，因为这幅图画不仅假定犹太受害者是统一的，而且还将他们与德国施害者整齐地切分开来。[31]换句话说，与神话五相反，阿伦特区分不同的犹太受害者群体，并对他们进行不同的评判，而不是将犹太受害者视为一个连贯的整体。她在领袖和普通民众之间做了特别鲜明的对比，赞许地引用了一位特莱西恩施塔特幸存者的话："犹太人作为一个整体表现得非常好。只有领袖是失败的。"[32]同样，这种对比是否过于简单化了，犹太人领袖是否如阿伦特所声称的那样"失败"，以及"失败"一词是否首先有助于理解犹太人领袖在纳粹浩劫中的作用，这些都是可以讨论的。说阿伦特指责**受害者**，并且是以其无差别的形式指责受害者，神话五的这种不准确性是无需争论的。

关于神话五，还有一点值得强调。我在第2章已经讨论过，《艾希曼在耶路撒冷》中最有争议的话是，"犹太人领袖在毁灭他们自己的民族中所扮演的角色"是"整个黑暗故事中最黑暗的一章"。[33]阿伦特的批评者经常引用第七章中的这些话和其他选出来的话来为神话五提供证据。然而，评论家通常不告诉我们的是阿伦特自己的说法，为什么她决定比人们预想的更广泛地去写"犹太人领袖的角色"。她写道：

我不吝笔墨地来写故事的这一章［……］因为它给了

我们一个最醒目的洞察，看看纳粹在体面的欧洲社会中**造成**了怎样全面的道德崩溃，不仅在德国，而且在几乎所有国家，不仅在迫害者中，而且在受害者中。[34]

在阿伦特看来，战时犹太人领袖之所以失败，是因为他们在纳粹造成的一个不道德的世界中运作。如果他们表现恶劣，那是因为他们别无选择，只能在敌人划定的可能性范围内行动。诚然，阿伦特指责一些犹太人领袖幼稚和判断失误，但她最终指责的是纳粹创造了条件，让这些领袖以事后看来幼稚和自我毁灭的方式行事。不用说，这引发了关于不对称权力的复杂问题。犹太人领袖能行使多大的权力来反对他们的纳粹压迫者？被压迫者完全无能为力吗？还是他们有一些行使主体权（agency）的空间？如果是后者，他们到底**能**做什么？阿伦特对这些问题的想法将在下文很快得到讨论。我现在要说的是：尽管她指责纳粹浩劫中的**一些**犹太受害者，但她把**最终**的责任归咎于纳粹。

伯林评《艾希曼在耶路撒冷》：初看

消除了关于《艾希曼在耶路撒冷》的一些最常见误解后，我现在想来谈谈以赛亚·伯林对阿伦特1963年这本书具体的道德反对意见。他在这个问题上最实质性的评论出现在1992年与史蒂文·卢克斯的访谈中。相关部分值得全文引用：

> 在阿伦特小姐描述的境地下，一个犹太人能怎么做？你是立陶宛某些犹太人的领袖。一个纳粹官员从盖世太保那里找到你，他说："你负责这儿的犹太人，他们信任你，你管理他们的生活，你是犹太人社区的头儿，由我们任命。把他们的名字和地址给我们，我们想知道。当然，没有你，我们也能发现这些，但这将花费我们更多的时间，这对我们来说是个麻烦。如果你为我们做这件事，我们就放你走，你可以带走另外72个人。如果你不这样做，你知道会发生什么，对你和所有其他人都一样。"你也许会对自己说："我是谁，凭什么敢从这些人中挑选72个人来拯救？"阿伦特小姐实际上是说，你没有权利与魔鬼一同吃饭：你应该让自己被枪毙，仅此而已。我不同意。在我看来，有四种可能的选择。一种是你说"我不玩你的游戏"——这样一来，你可能很快就会被处决。第二个选择是自杀，而不是和盖世太保对话——至少你可以杀了自己——完全值得，至少你的良心是清白的——但也许不完全清白，因为你本可救出72个人。第三种选择是说，好吧，我给你名字——然后你告诉所有的犹太人，他们必须尽一切可能逃跑；你知道一旦你的行为被发现，几乎肯定会被杀死，逃脱的可能性很小。第四个选择是接受：你逃脱了，和其他72个人一起。有一个人就是这样做的。他最终在以

色列被他留下的一个人的亲戚暗杀了。对此，道德上的正确答案是什么？在这些可能性之间不可能有任何折中。在如此极端的情况下，受害者的任何行为（跟阿伦特所见不同）都不该受到谴责。无论做什么都必须被认为是完全正当的。对那些经历过的人的决定和行动进行评判是一种无法形容的傲慢。表扬和责备都是不合适的——正常的道德范畴并不适用。所有这四种选择——英勇殉难，牺牲他人生命来拯救无辜生命——都值得称赞。[35]

这些话不是来自书面作品，而是来自一次采访。因此，需要一些额外的解释。首先，"立陶宛某些犹太人的领袖"并不意指任何具体的个人。这是一个解释性的形象，伯林用它来提醒人们注意纳粹浩劫受害者所面临的**那种**道德困境，尤其是犹太人领袖。这就解释了为什么他并不特别关心这位备受折磨的犹太领袖的故事的历史准确性。其实他每次讲这个故事，都会是一个略有不同的版本。例如，在一次讲述中，犹太领袖位于匈牙利，而在另一次讲述中，则位于立陶宛。[36]同样，在上述伯林与卢克斯的访谈中，他被允许带走的人数是72个，但在另一次讲述中是65个，也有时是57个，最后一回的说法是"47个［……］，或120个，随你喜欢多少"。[37]伯林的不精确并不是一个弱点，因为他的叙述并不是为了报告任何特定的事件，而是用来强调大屠杀的一个重要**方面**。可以说，缺乏精确性是他的观点的一部分，因为伯林讨论的这种道德困境在匈牙利、立陶宛和纳粹占领区的其他地方的许多个人和社区都面临着。事实上，大屠杀的一个悲剧性特征是，我们永远无法知道，有多少受害者在死亡之前，被迫面对伯林的例子所代表的痛苦的道德困境，最终被剥夺了见证他们所经历的一切的能力。伯林的犹太领袖形象正是为了象征这个不确定的受害者群体。

接下来，在与卢克斯的访谈中简短说到的那个"最终在以色列被暗杀"的人，是鲁道夫·卡斯特纳。我们知道这一点，因为伯林在另一次采访中提到了卡斯特纳的名字，他在采访中讲述了同样的故事。[38]然而，伯林一直对刺杀卡斯特纳的刺客的身份感到困惑。[39]他认为刺客是马尔基尔·格伦沃尔德，也就是那个引发战后以色列卡斯特纳事件的指控小册子的作者。格伦沃尔德确实是"[卡斯特纳在匈牙利]留下来的一个人的亲戚"，他的怨恨是促使他出版这本小册子的一个重要因素。相反，卡斯特纳的真正刺杀者泽伊夫·埃克斯坦与匈牙利大屠杀没有任何个人关系，他刺杀的动机不是个人的，而是政治的。就本研究的目的而言，我们不需要考虑埃克斯坦复杂的生平经历，也不需要考虑有关暗杀的情况和背景的各种未解之谜。[40]在目前所论下，伯林混淆格伦沃尔德和埃克斯坦也无关紧要，因为伯林对卡斯特纳的讨论的重点是后者在战争**期间**的选择，而不是他的生与死。目前重要的是，伯林认为卡斯特纳在20世纪40年代初的境地是"骇人听闻的"，是"正常的道德范畴并不适用"的。阿伦特是否同意这一点是我在这一章所关心的。

程序上的反对

大体来说，在伯林对《艾希曼在耶路撒冷》的批评中，可以看出两种反对意见。第一个问题涉及由**谁**来评判，以及在**何时何地**评判；第二个问题是作出**什么样**的评判。第一个关乎评判的程序；第二个关乎评判的实质。这两种反对意见在这里都需要做一些解释性的重构。这一节先来看第一个（程序意义上的）反对意见，下一节考虑第二个（实质意义上的）反对意见。

可比的相似经历

从程序上的反对意见开始。按照伯林的说法，作为一个"在纽约全身安坐的人"，阿伦特绝对没有资格批评战时犹太人领袖的行为。她不应该"对［纳粹浩劫的受害者］说教，告诉他们在受到驱逐、死亡等威胁时应该怎么做"。[41] 伯林并没有要求像阿伦特这样的观察家完全保持沉默。如果他们倾向于赞扬或同情战时的犹太领袖，他们有权这样做。但是，如果一个人倾向于**指责**他们，首先应该重新考虑。即使事后持有相同的观点，也不应该公开表达，以避免责备受害者。

克雷格·泰勒最近关于道德主义的著作有助于我们理解这种反对意见。[42] 一般来说，道德主义是某种类型的道德扭曲，它通常涉及**过度**的道德评判。例如，当孩子在一个安静的博物馆里过于兴奋时，父亲平和地告诉孩子要安静，这是有道德的。

如果他以一种贬损和羞辱性的方式责备他的孩子这种轻微的不端行为，他就是在说教，或者说是犯了道德主义的错误。泰勒在这一基本区别的基础上又增加了一个维度：即使不是过度或过度惩罚性的，但如果在不恰当的语境中表达，道德评判也可能变成一种道德主义。用泰勒的话说："从道德上评判另一个人可能是不合理的，即使这个评判是真实的：即使一个人在说一个真实的命题。"[43]当然，伯林并不认为阿伦特对战时犹太人领袖的批评包含真实的命题。正如我稍后要阐述的，他认为，如果说传统意义上施加过度的道德评判就是不当判决和"道德说教"，那么阿伦特就是如此。但他也认为阿伦特是在用泰勒提请注意的不那么传统的方式进行说教。在伯林看来，**不管阿伦特评判的实质真实与否，她做出道德判决的表达都是不合理的。**

为了进一步理解这种反对意见，请比较一下阿伦特在20世纪60年代早期的立场与便雅悯·哈勒维在20世纪50年代中期的立场。作为耶路撒冷地方法院的法官，哈勒维获得正式授权，对卡斯特纳的战时行为做出判决。简单地说，审判是哈勒维的工作。人们可能不同意他判决的实质，正如随后最高法院的裁决一样。或者，人们也可以同意他的判决，就像哈勒维本人在最高法院的裁决之后所做的那样。[44]不管怎样，哈勒维凭借职权肯定有资格作出判决。相比之下，阿伦特没有类似的职权。她必须以某种方式授权自己。[45]她的资历，比如她对纳粹主义的专业知识、她作为作家的声誉以及她作为《纽约客》庭审记者的角色，足以授权她来审判吗？伯林认为不是。在他看来，阿伦特没有看到，鉴于她的特权——"安坐纽约"——她没有资格对她所写的那些人进行评判。这一失败是道德上的失败，用伯林的话说，相当于"无法形容的傲慢"。

然而，伯林对为什么在60年代初阿伦特特别不适合表达自己的评判语焉不详。在与卢克斯的访谈中，他认为缺乏可比较的经历是原因所在。她"从未被置于"与饱受折磨的战时犹太人领袖相类似的境地，这使她没有资格对他们表达自己的评判。[46]从字面上看，这是一个难以服人的说法。我们经常对别人的决定和行动形成和表达意见，而我们却从未身处其中。来看一下让–保罗·萨特《存在主义和人道主义》中的一个著名例子。[47]萨特告诉我们，在德国占领法国期间，一名从前的学生来找他，就这个年轻人面临的道德冲突寻求建议：是加入流亡的自由法国部队，还是留在家里照顾被丈夫（一个纳粹合作者）抛弃的脆弱母亲。让事情变得复杂的是，萨特这个从前的学生有加入戴高乐运动的直接**动机**：他的兄弟在最近的一次战斗中被德军杀死了。因此，这个年轻人的爱国主义不是抽象的，而是像照顾母亲一样，是他的个人义务。那么，他应该怎么做？萨特本人没有提供答案，因为他是一个存在主义者，也就是说，因为他想鼓励他的学生行使**自己的**自由，为自己做出选择。萨特告诉他："你是自由的，因此要选择——也就是说，要去开创。没有任何一般道德准则能告诉你应该怎么做：在这个世界上没有任何标志是被赐予的。"[48]毫不奇怪，萨特的存在主义伦理观并没有说服所有人，他的经典著作的许多读者都对这位年轻的法国人在那种情况下应该怎么做发表了自己的意见。[49]大多数这样的读者都从未置身其中，但他们肯定不会因此失去表达意见的资格。伯林也不可能反对在牛津或其他地方大学教室的安全环境里使用萨特的文本。[50]那么，为什么伯林对阿伦特在《艾希曼在耶路撒冷》中的论述表达了如此强烈的反对呢？

道德困境：普通与极端

从伯林的角度来看，阿伦特的战时犹太人领袖和萨特那个从前学生的选择有一些重要的共同点。那就是，他们都面临着严格意义上的道德困境。正如丽莎·泰斯曼（Lisa Tessman）所言，这是这样一种情况，在其中：

1. 有做 A 的道德要求和做 B 的道德要求；
2. 一个人不能同时做 A 和 B；
3. 两种道德要求都不会因为冲突而停止。[51]

萨特从前的学生承担着两项相互冲突的道德义务：（A_1）履行他的爱国义务，像他已故的兄弟那样，（B_1）履行他的家庭义务，照顾年迈的母亲。同样，阿伦特的战时犹太人领袖也承担着两项相互冲突的道德义务：（A_2）拒绝向纳粹提供任何援助；（B_2）尽一切可能帮助犹太受害者。在这两种情况下，A 和 B 都是不兼容的。此外，在这两种情况下，如果一个人做了 B，做

A的道德要求仍然具有约束力，如果一个人做了A，做B的道德要求也仍然具有约束力。因此，如果法国人决定留在家里照顾他的母亲，他做了他在道德上被要求做的事情，但他与他的爱国同胞联手的（另一个）义务并没有因此而取消。另一方面，如果他决定流亡履行他的爱国义务，他做了他应该做的，但他的（另一个）义务，即照顾母亲，也不会因此被取消。同样，如果一个犹太领袖决定与纳粹军官合作以拯救至少一些无辜的灵魂，他就做了道德上要求他做的事情，但他的（另一个）义务，即明确拒绝与纳粹合作，并没有因此而被取消。相反，如果他决定履行后一项义务，他的（另一个）义务，即尽一切可能帮助无辜的犹太人生存，也不会因此而被取消。以伯林自己的用语来说，法国人和犹太领袖的处境都是"悲剧性的"：两个可行的选项代表着不能兼顾的道德收益，选择其中一个收益必然会失去另一个。

那么，为什么伯林特别反对阿伦特的评判呢？是什么让《艾希曼在耶路撒冷》中讨论的犹太领袖的选择，跟《存在主义和人道主义》中讨论的萨特的学生的选择，表现出不同？对回答这个问题有一些帮助的是伯林在与卢克斯的访谈中所说的一点：犹太人领袖发现他们自己的处境已到了"如此极端"的地步，不应该用"正常的道德范畴"来考虑。这些话需要一些解释。根据伯林的说法，道德困境是普通人生活的一部分，我们大多数人至少偶尔会面临在相互竞争的选项之间的选择，每一个选项都代表一些好处，但没有一个在规范意义上超过另一个。一个典型的例子是这样的：一名警官计划在下午6点下班后参加她女儿的第一场钢琴独奏会，但下午4点30分发生了一件不寻常的事情，她被要求再执勤几个小时。这种情况不一定会引起道德困境，因为正确的行动方案可能是不言而喻的。例如，如果该事件对警官的社区构成了生死威胁，而她的服务又是不可或缺的，那么她的职业义务就凌驾于家庭义务之上（假设演奏会仍在进行）。在这种情况下，警官不再面临道德困境，因为做A的要求（履行其职业义务并为公共安全服务）**抵消了**做B（参加女儿的独奏会）的道德要求。[52]反之，如果事件无关紧要，并且其他人能够代替她服务，那么她的职业义务就被她的家庭义务所超过，在这种情况下，道德困境也不再有。但是，如果事件严重程度适中，且该警官的服务足够重要，她可能会发现这两项义务具有同等的约束力。这将是一个比萨特的法国学生或阿伦特的战时犹太人领袖所面临的更为平凡的困境。但是，这仍然是一个真正的道德困境，没有简单的出路。

按照伯林的说法，发现自己面临这样的困境，是普通人生活的一部分。用他的话说："经验观察的普通材料和普通的人类知识［……］当然没有理由让我们假设［……］所有的好事或所有的坏事都可以相互调和。"[53]换句话说，我们大多数人偶尔都有过这样的经历：在A和B之间权衡相互冲突的规范性理由，同时知道两个选项都不令人满意，做其中任何一个，或者两个都不做，都会给我们带来这样或那样的遗憾。我们可以利用这样的经验来思考他人的道德困境，比如萨特从前的那个学生。鉴于我们都过着"普通"的人的生活，即使一个人从未被置于与他相同的处境，也可能有**足够相似**的经历来思考他的道德困境。然而，伯林似乎认为，战时犹太人领袖的情况是完全不同的，因为它是如此"**极端**"，我们大多数人甚至无法想象**他们**的处境。因此，伯林认为，我们应该认识到并承认"正常的道德范畴不适用于"他们的情况。他重复了肖勒姆对阿伦特的反驳："他们［犹太委员会］中有许多人和我们没有任何不同，他们被迫在我们甚至无法复制或重建的情形下做出可怕的决定。我不知道他们是对还是错。**我也不想妄加评判。我不在那里。**"［54］

如果这是对伯林反对阿伦特的合理解释，它立即提出了一个问题："极端"和"正常"之间的界限在哪里？诚然，萨特那个从前的学生发现自己的处境并不寻常。他的兄弟被德国敌人杀害，他的母亲被她的丈夫——一个纳粹合作者抛弃。如果我们有权利利用我们的普通经验，并使用"正常的道德范畴"来考虑**这种**情况，那么为什么我们没有权利以同样的方式来考虑《艾希曼在耶路撒冷》讨论的战时犹太人领袖的情况呢？为什么一种情况算"极端"，而另一种不算？

一个答案可能与强制有关。萨特的法国人即使回避了他所面临的困境，也不会受到外部胁迫者的惩罚。他将无法履行他的任何一项道德义务，某种程度上他可能会对自己的逃避感到不安，但这种不安来自内心，而不是外部。相反，阿伦特的战时犹太人领袖被迫面对压迫者直接强加的道德困境；如果他们拒绝选择，他们会受到惩罚，也许会被压迫者立即处决。这是

第5章 邪恶与审判 ［221］

决定性的区别吗？伯林的一些言论似乎支持这一假设，即正是一个或多个可识别的压迫者的存在，将"极端"的情况与"正常"的情况区分开来。例如，他将他的犹太人领袖比作"受折磨的人"。[55]然而，这是一个不充分的回应，因为它再次提出了一系列棘手的问题。首先，外部压迫可以有多种形式，有些形式比其他形式更严重。如果是这样的话，那什么样的压迫形式才算"极端"？此外，如果一个经历过暴力压迫的人——比如一个酷刑幸存者——同意阿伦特的评判呢？那么，我们是否应该得出结论，受害者没有经历过相对极端的情况，也许是因为对他/她施加的特定酷刑不够严重？但是这种推理，除了明显的循环之外，又把边界问题带了回来，因为我们又一次面临这样的问题：应该用什么标准来确定什么是"极端的"。在伯林的作品中，是什么将"极端"和"正常"区分开来，仍然是含混不清的。

"安坐纽约"

有人可能还会问，阿伦特非凡的一生难道没有真的为她提供了相关的经历，使她对伯林所谓的"极端"道德困境有所了解？想想1933年她在德国被逮捕和审讯了八天。被捕的原因是她为德国犹太复国主义者同盟非法工作。但是她的母亲也被逮捕了，因为当她女儿被警察发现时，她正好和女儿在一起。在不同的房间里接受审讯时，汉娜·阿伦特不得不权衡两个潜在的相互冲突的义务：既要保证母亲和她自己的安全，又要保持她的犹太复国主义同谋者的信息不被披露。最终，这种冲突并没有导致真正的困境，因为阿伦特的审讯者被证明是幼稚和缺乏经验的，她所要做的就是说出"一连串的谎言"来让自己被释放。[56]但是当审讯开始时，被俘者并不知道这一点，人们不禁要问，阿伦特在回忆中轻松自如地谈到的这次逮捕，是否让她对不那么幸运的受害者所面临的更严重的道德困境**有所**理解。[57]

接下来，来看关于自杀的问题。战时犹太人领袖处境之极端的一个标志是，自杀对他们来说可能是最不坏的选择。正如伯林所指出的，他们面临的选择——比如被纳粹处决或被迫合作——如此可怕，因此自杀可能被合理地认为是最好的选择。在这方面，阿伦特的战时犹太人领袖的处境比萨特从前那位学生要糟糕得多。后者的处境可能很痛苦，但对他来说，自杀甚至还不在考虑范围。阿伦特就没那么幸运了。特别有意思的是她在1941年10月17日写给肖勒姆的信，信中她告诉肖勒姆一个令人震惊的消息，他们共同的朋友瓦尔特·本雅明已经自杀了。阿伦特和本雅明在流亡法国期间经常见面。当他们想方设法逃离纳粹化的欧洲时，他们开始听说"在逃离德国拘留所的人中第一次出现了自杀"。这个传言让本雅明感到恐惧。于是，他反复和阿伦特谈起自杀："出路一直在'那'。"对此，阿伦特回以"强烈而有力的反对，认为在情况变得如此绝望之前，还有足够的时间"。然而，阿伦特的抗议对她的朋友来说安慰作用不大。本雅明在1940年9月27日自杀了。[58]与此同时，

第5章 邪恶与审判 [223]

阿伦特在1940年夏天被关押在居尔的一个营地时也有自杀的想法。[59] 注意她在1943年的文章《我们难民》中使用的复数第一人称："**我们**是第一批受到迫害的非信教犹太人——**我们**是第一批不光身处极境甚至还会自杀的人。"[60] 她毕竟幸存了下来，但她也曾处于极端处境之下，自杀可能是那种情况下最不坏的选择。这段经历难道不能让阿伦特至少对伯林认为她从未被置身于其中的"骇人听闻的处境"有所了解吗？

谁也无法猜测阿伦特在1933年离开德国到1941年抵达美国这段动荡不安的生活中还经历了哪些相关的事情。多亏了伊丽莎白·扬–布鲁尔的权威传记，她的生平故事有了相对完整的记录。但是我们并不知道所有的细节，学者们在查阅各种档案时，不断挖掘出有关阿伦特生平的新信息，包括扬–布鲁尔在1982年出版她的书时还不为人知的新信息。我们所知道的是，伯林对《艾希曼在耶路撒冷》的作者"安坐纽约写作"的描述是片面的。在这里，值得一看的是《艾希曼》开篇的一段话，在这段话中，作者巧妙地以一种有分寸的语气宣布了她作为幸存者的身份。阿伦特写道：

> 审判本应向[年轻人和不知情的人]表明，生活在非犹太人中间意味着什么，让他们相信，只有在以色列，犹太人才能安全，才能过上体面的生活。[……]但观众中几乎没有年轻人，也没有除犹太人之外的以色列人。那里充斥着"幸存者"，来自欧洲的中年和老年移民，**像我自己一样**，对

于应该知道的事情都了如指掌，绝没心情来听取什么教训，当然也不需要让这场审判来帮他们得出自己的结论。[61]

根据阿伦特后来的回忆，她在《艾希曼在耶路撒冷》的这一部分中想要表明的是，在耶路撒冷的法庭上，在观众中间，她"不是记者和新闻工作者"，而是"幸存者"。[62]比尔斯基指出，这种对作者自身身份的强调是阿伦特的战略举措之一，旨在破坏由总理本-古里安监督的官方审判框架，在这一框架中，受害者的形象被表现为被动的和无力的，需要英雄般的以色列人的力量来保护。比尔斯基继续说，阿伦特"以强烈而直接的声音"批评了起诉的这一说教性方面，挑战了这种受害者/英雄的二分法，并"通过提供她自己的对抗性文本，挫败了读者对被动的幸存者形象的期望"。[63]换句话说，阿伦特在《艾希曼在耶路撒冷》中让观众对辩护人进行反驳，而根据官方说法，观众本应该在公诉方**为他们**上演的法庭剧中受到审判潜移默化的道德教育。因此，阿伦特对自己身份的主张，是试图宣称自己有权站在社会规范和官方认可的期望对面来说话。深化一下比尔斯基的分析，这也可以看作是对阿伦特后来受到的批评的先发制人的打击，其中就包括伯林，他不仅钦佩肖勒姆负责任的沉默，还以他为榜样："我不［……］妄加评判。我不在那里。"[64]阿伦特对此先发制人的反应，通过她在《艾希曼在耶路撒冷》开篇中披露自己作为幸存者的身份而巧妙地表现出来，说白了就是这样："我**在**那里，我有话要说。"

第5章 邪恶与审判 ［225］

"一定程度的惭愧"

伯林不是（也不认为自己是）一个幸存者。当然，他绝不是没有受到纳粹浩劫的影响，1941年他的许多亲戚在里加被纳粹杀害。但是他自己的安全是相当有保障的，当然比阿伦特安全得多。他极力强调阿伦特的"安全"是有些自相矛盾的，因为就战争年代而言，"安坐纽约"（以及华盛顿特区）的是伯林而不是阿伦特。早在1931年夏天，这位年轻的牛津哲学家就在萨尔茨堡亲眼目睹了一名纳粹军官，当时他正和朋友一起去萨尔茨堡参加著名的音乐节。虽然令人不快，但目睹"穿着棕色官方制服，袖子上有红黑卐字标志的巨大肥胖生物"并没有阻止伯林再次参加奥地利城市的年度音乐节。[65]他在战前最后一次度假访问萨尔茨堡是1937年夏天，那时阿伦特已经流亡了四年。战争开始后，伯林从未踏足欧洲大陆，除了在中立国葡萄牙的埃斯托里尔宫酒店短暂停留过两次，而且是在纽约和牛津之间的往返途中在那里停留的。[66]由于他在1941年1月从里斯本到纽约的回程是通过海路，他在船上看到了前往美国的难民。但他是从他的客舱里看到的，这是一个特权位置，是他的朋友约翰·福斯特（当时在英国驻华盛顿大使馆工作）给他安排的。[67]这与阿伦特四个月后的跨大西洋旅行形成对比，也是从里斯本到纽约，她以难民身份领到了希伯来移民援助协会提供的船票。[68]确实，正如我在第2章中指出的，伯林没有无所事事地等待战争结束。相反，他渴望为英国的战争做出贡献，

1940年夏天，当情况使他无法投身战争工作时，他充满了忧虑。[69]然而，他的战争是一场"学究式的战争"，在英国大使馆调查科的"愉快气氛"中进行。[70]他的主要任务包括一方面收集和分析信息，另一方面与有影响力的人会面和社交。正像安妮·戴顿（Anne Deighton）说的，"聚会、闲扯和聊天"是"他在［战时］美国的强项"。[71]尽管听起来很奇怪，但他在战时的工作不仅令人满意，而且常常是令人愉快的。阿伦特的情况就不一样了。

如果伯林像阿伦特一样了解降临在欧洲犹太人身上的大灾难，他可能不会那么享受他的战时经历。根据他自己的说法，直到1944年，甚至可能是1945年，他都对纳粹浩劫一无所知。正如许多评论家所指出的，[72]这是令人惊讶的，因为自1942年春天以来，关于在欧洲发生了对犹太人的大规模屠杀的信息，在英国和美国都是可公开接触到的。彼得·海斯写道，到1942年6月和7月，英国广播公司和美国报纸相当频繁地报道了大屠杀的情况。[73]此外，盟军于1942年12月17日发表了一份被广泛报道的联合声明，谴责"德国当局正在实施的残忍的冷血灭绝政策"。[74]但档案证据支持伯林的坦白，在战争期间他对我们今天所称的大屠杀缺乏了解。[75]如果人们检查他在牛津大学博德利图书馆存档的遗留文件，就会注意到他在战时关注的地理中心不是纳粹化的欧洲，而是美国、英国和中东。他密切关注悲惨的欧洲犹太人"到了哪里"，而不是这种悲惨"从哪里来"。不用说，这绝不意味着伯林对犹太人的悲惨处境漠不关心。相反,他尽其所能地去缓解它,主要是挑战英国政府的移民政策,英国对试图进入巴勒斯坦的犹太难民实施的严格移民配额。尽管他有"一个大骑墙派"的名声,[76]他还是在1943年成了某种程度上的泄密者,泄露了关于英美两国政府计划发表联合声明的机密信息,该声明一旦发表,就会将越来越高的反对移民配额的呼声,贬低为纯粹的"犹太复国主义煽动"。不过,在战争期间,伯林确实很少关注欧洲大陆内部正在上演的灾难——这让他后来感到遗憾,也让他的一些读者感到失望。

这里有必要更仔细地审视伯林对自己战时行为的**看法**。他在1988年的一次采访中说:

> 有件事[……]我必须带着一定程度的惭愧承认。我从一开始就认定,希特勒是要给犹太人带来可怕的痛苦,他是一个恶魔,是不可饶恕的,这很明显。我们都知道,从1933年起,犹太人被关在集中营里,有些人被杀害。[……]入侵波兰后,我认定可怕的事情正在犹太人身上发生,他们会被逮捕、迫害、折磨,甚至被杀害,但我们谁也不知道发生了什么。在华沙犹太人区事件之前,没有任何消息传来。我们只是假设了骇人听闻的恐怖。1944年以前,我对系统性的灭绝——毒气室——一无所知。在英国或美国,没有人告诉我;我读到的任何东西都没有提到这件事——也许这是我自己的错。这让我感到惭愧。[77]

伯林感到惭愧是否正确是一个有争议的问题，我不想在这里加入讨论。相反，根据他的上述"坦白"，我想问的是，当伯林对阿伦特"安坐纽约"大胆发表对战时犹太人领袖行为的批评意见表示愤怒时，他的内心是怎么想的。当然，伯林认为他自己无权批评他们。他不在那里，也不敢妄加评判。但是阿伦特同样没有资格吗？她不在那里，她也不应该评判吗？我已经讨论过阿伦特对这个问题的部分回答：她把自己认定为一个幸存者。在《艾希曼在耶路撒冷》的开头几页，她平静地声称，她那时也和其他幸存者在一起，如今则一起在耶路撒冷法庭与艾希曼对质。

但是，阿伦特自问她有权利谈论甚至批评她的一些纳粹浩劫受害者同胞，这里面还有另外一个方面。这一点在1964年10月西德ZDF电视网播出的她与君特·高斯的访谈中可以看出来。阿伦特解释了她在1933年离开德国时的感受："我被捕了，不得不非法离开这个国家［……］那对我来说是即时的满足。我想，至少我做了些什么！至少我不是'无辜'的。没有人可以这样说我！"[78] 在这里使用的贬义中，"无辜"的意思是做一个旁观者。就是低着头，尽量安静地等待，直到麻烦过去。阿伦特对这种类型的"无辜"特别不屑，因为她坚信纳粹政权的上台依赖资产阶级的被动和自由派的共谋。"受人尊敬的"魏玛中心基本不认同纳粹意识形态，但他们在让纳粹获胜方面发挥了关键作用，因为他们容忍了纳粹运动，直到为时已晚。[79] 阿伦特知道她做得更好。她为犹太复国主义者所做的合法和非法的工作——犹太复国主义者是唯一一个愿意"在作为犹太人受到攻击时捍卫自己作为犹太人的权利"的群体——让她失去了旁观者不负责任和最终自杀性的"无辜"。[80]如果她有说话的权利,那么,这不仅是因为她是一个幸存者,而且因为她在失去"无辜"的情况下体面地活了下来。不仅在高斯访谈中,而且在她出版的许多著作中,都表现出了一种自我肯定的感觉,即使是含蓄的。包括《艾希曼在耶路撒冷》,其中有着对作为"无辜"旁观者的犹太人和非犹太人的严厉批评。阿伦特的说话权利是她**挣来**的——至少她是这么认为的。

当然,一个人有话说并不意味着他说的话是合理的或可信的。一个人**既**可以欣赏阿伦特战时的身体力行,**也**可以批评她在《艾希曼在耶路撒冷》中所发表的言论。[81]不过,阿伦特对其战时过去问心无愧式的自我肯定,似乎成为让伯林感到不安的一个根源,伯林一直受着自己良心上过不去的困扰。他的"惭愧感"在1972年加剧了,当时他在以色列报纸《国土报》上发表了一篇《战时华盛顿的犹太复国主义政治》的文章,引发了一场争议,争议的一方面是说他战时对纳粹大屠杀视而不见,另一方面涉及更普遍的战时华盛顿对大屠杀的知晓(或不知晓)。[82]不用说,对一个人的内心世界进行猜测是一件冒险的事情。但人们不必成为专业的心理分析师就能看出,正是伯林良心上的不安使他对一位直言不讳的幸存者的态度变得僵硬,这位幸存者写了一本书《艾希曼在耶路撒冷》。一种惭愧感让伯林无话可说;而他的"眼中钉"却无需因这种惭愧感而

[230] 汉娜·阿伦特与以赛亚·伯林:自由、政治与人性

要闭嘴。[83]

这对我们来说引出了重要的性别问题。[84]正像许多学者所指出的，如果《艾希曼在耶路撒冷》这本书的作者不是女性，引起的反应可能就不会那么激烈；[85]而且，这名女性挑战了负责艾希曼审判的以色列当局（主要由男性组成），并批评了一些战时犹太人领袖的行为（这些领袖大多数是男性）。此外，阿伦特作为一个女性作家，却经常表现出"男性"气质，无论是她好斗的语气还是她对主体性（agency）的强调。[86]这种令人不安的效应不应忽视。当然，隐性偏见的影响之难以衡量是出了名的，考虑性别因素在艾希曼争议中的影响，不可避免地面临高估和低估这一因素的双重风险。尽管如此，性别因素无疑发挥了**一些**作用，詹妮弗·林（Jennifer Ring）做出的如下评论无疑是正确的："声称性别因素对［阿伦特］艾希曼审判报告引起的反应不可能有任何关系，是对第一层次（译按：即前文说的高估性别因素的作用）的否认。"[87]毕竟，女性传统上或"通常"**没有资格**站在判断的位置上，包括伯林在内的那些认为阿伦特没有资格做出评判的人，有意或无意地重申了传统的性别角色。[88]伯林拉肖勒姆的权威来助阵在这里并没有什么用，因为后者对阿伦特"批评权"的怀疑也被认为是"一种性别等级的拉拽"。[89]伯林一再称阿伦特为"女才子"也于事无补——这是一个有点贬义的词，指受过教育的聪颖女性，本身就带有性别歧视的意味。[90]

不过，伯林的性别歧视和性别偏见不应该被夸大。的确，

第5章 邪恶与审判 [231]

按照我们21世纪的标准,他的一些言论是性别歧视的。但他那一代的大多数思想家和作家也都是如此,不幸的是,包括阿伦特。她不仅对女权主义理论不感兴趣,而且偶尔发表一些在今天看来是性别歧视的言论。[91]例如,据报道她曾给《党派评论》的编辑威廉·菲利普斯提了一个如何跟西蒙娜·德·波伏娃打交道的建议:"威廉,你的问题在于你没有意识到她并不聪明。与其和她争论,[……]你不如和她调情。"[92]人们可以争论伯林是否比阿伦特更加性别歧视,或者反之亦然。不管怎样,他的性别偏见在很大程度上是一代人的共同特征。事实上,当谈到女性知识分子和学者时,伯林的态度是相对进步的,至少与他同时代的牛津人相比是这样。他公开表达对杰出女性学者和作家的钦佩,如艾丽丝·默多克,对女性(以及男性)天才着迷,包括弗吉尼亚·伍尔夫和安娜·阿赫马托娃。此外,他称赞作家兼阿伦特文字遗产第一执行人的玛丽·麦卡锡"非常善于观察[……],有韧劲、条理清晰、完全正直"。[93]

然而,即便不是性别歧视的反动分子,伯林也不是女权主义者。正如南希·赫希曼(Nancy Hirschmann)所言,伯林"在理论著作中没有将性别作为一个重要的考虑范畴"。[94]同样,他也不太可能花时间问问自己,"阿伦特小姐的书的可怕丑闻"是否部分源于作者的性别。[95]不幸的是,当涉及阿伦特时,伯林并没有完全摆脱厌女的倾向,即认为女性的问题是源于她自己的缺陷,而不是敌人和诋毁者的偏见。虽然性别只是伯林对阿伦特《艾希曼》一书激烈反对的一个因素，但几乎可以肯定的是，这个因素助长了他的怒火，直至形成对阿伦特的敌意。

实质上的反对

伯林对《艾希曼在耶路撒冷》的批评意见不仅涉及我所说的阿伦特判决的"程序"：阿伦特是否被授权或有资格对战时犹太人领袖的行为做出规范性评判；他还批评了阿伦特评判的实质。在他看来，**即使**阿伦特对战时犹太人领袖**进行批评并无不妥**，她的批评也是令人反感的。伯林这种反对意见的规范基础是什么？对此，阿伦特一面会有什么样的回应？为了更好的研究，可以把三个问题分开来依次考虑：第一，阿伦特批评了**谁**；第二，她批评了他们**什么**；第三，她为什么**以这种方式**批评他们？

批评的是谁？

首先，来看一下阿伦特批评了**谁**。我已经表明，她区分了犹太人和犹太人领袖，她的批评只针对后者。犹太人作为一个整体表现出色。只有领袖失败了。[96] 我还提到，这里所说的"领袖"包括各种不同的群体，包括不属于犹太委员会（Judenrät）的人，如卡斯特纳，以及其各种各样的成员，从罗兹（łódź）的 Chaim Rumkowski 到华沙的 Adam Czerniaków。阿伦特决定将这些不同的人物归入"犹太人领袖"的一般范畴，这被指责是过度概括。也就是说，批评者批评她忽视了这些个人之间的重要差异，这些人具有不同的个人品质和他们不得不采取行动的不同环境。毫无疑问，阿伦特是在概括。不过，更困难的问题是，她是否做了**过度**概括，因为阿伦特传递的信息是，许多战时犹太人领袖都"失败"了，不管他们个人或环境有多少不同。争论中的"失败"主要是一个政治问题。阿伦特并不否认一些（如果不是全部的话）战时犹太人领袖拥有令人钦佩的道德品质。[97] 但是她认为，即使是这样的人也"未能"尽可能好地反抗纳粹。[98] 她的批评是政治上的而不是道德上的，但这并不意味着她的批评没有争议。相反，她的批评包含了一个极具争议性的主张，即战时犹太人领袖在面对纳粹威胁时**本应该做得更好**。比如伯林就不准备接受这种说法。

阿伦特不光批评战时纳粹占领区的犹太人领袖，而且还跟当代犹太人领袖进行了终生的论战，这两者之间有着重要的连续性。她的独特版本的犹太复国主义〔据说是受伯纳德·拉扎尔（Bernard Lazare）的启发〕，在这里得到伸张。众所周知，阿伦特对18世纪末和19世纪犹太人精英中的"新贵"（'parvenu'）倾向表示了强烈的怀疑。她准备在一定程度上承认他们的道德操守；一些精英希望被"可尊敬的"外邦人社会所接受，是出于改善一般犹太人状况的真正愿望。但是阿伦特认为，他们通过社会经济途径上升是有缺点的，那就是他们倾向于完全脱离政治。她对犹太复国主义有条件的支持应该在这样的语境下理解：犹太复国主义至少使一些犹太人接近于她所说的"政治"了。然而，犹太复国主义随后的发展令阿伦特失望，因为它的领导人将运动引向了外交和**现实政治**的方向。犹太复国主义运动的民主潜力因此受挫，许多犹太复国主义领袖也同样被浸染，无力从"政治"意义上出发进行思考和行动，就像他们的"新贵"前辈所表现的那样。在阿伦特看来，正是这种心态在战时犹太人领袖的行为中再次出现。他们试图冒着危险被当权者（这次是纳粹）接受和保护。什穆埃尔·莱德曼（Shmuel Lederman）简明扼要地总结了阿伦特对战前**和**战时犹太人领袖的失望："犹太委员会［在阿伦特看来］只不过是犹太人领袖在政治理解和判断上失败的又一个例子，导致了许多错误的计算和决定，尽管是在一个更极端的情况下，并造成了灾难性的后果。"[99]

这种批评是基于阿伦特有争议的观点：即使在犹太人隔离区（ghettos，一译"隔都"），犹太人领袖"仍然有某种有限的决定和行动自由"。[100]当然，他们远不如他们19世纪的"新贵"前辈自由。但是，根据阿伦特的说法，他们仍然有自由，因为他们生活在"恐怖的气氛中，但没有受到恐怖的直接压力和影响"。[101]她将这与纳粹集中营内的条件进行了对比，在那里，囚犯被**全面**支配，被彻底剥夺了自由，他们的主体性被降低到零。因此，她发表了以下言论，这似乎与她作为一个傲慢的道德家的名声相悖：

众所周知,灭绝中心的实际屠杀工作通常是由犹太突击队亲手进行的,这一事实得到了控方证人公正而明白的证实——他们如何在毒气室和火葬场工作,他们如何拔掉金牙并剪去尸体的毛发,他们如何挖掘坟墓,后来又如何把尸骨挖走以消除大屠杀的痕迹;犹太技术人员如何在特莱西恩施塔特建造毒气室,在那里犹太人的"自治"被发挥到了极致,甚至连刽子手都是犹太人了。**但是这仅仅是骇人而已,这还谈不上道德问题。**[102]

描述阿伦特观点的一种方式是,她将所谓的"特权"犹太人分为两类:一类是犹太委员会成员和其他的犹太区领袖,另一类是集中营内的Kapos(劳动队队长)和其他囚犯管理人员。[103]在她看来,前一类人要受到规范评判,因为他们"仍然有某种有限的自由",应该对他们的行为负责。不管有多困难,我们都不应该避免评判他们的决定和行为,因为(阿伦特承认)"我确实相信,只有我们开始评判并坦诚面对过去,我们才能与这段历史达成和解"。[104]相反,集中营内的"特权"犹太人不应该受到评判,因为他们一直生活在"恐怖的直接压力和影响之下",根本不享受任何自由。[105]阿伦特因此表达了明显的**克制**评判的意愿。在支配是全面无死角的地方,道德谈论是多余的。

这是否足以回应伯林(和其他人)对"阿伦特实质性意义上(有别于程序上)的道德主义"的指责?阿伦特放过了集中营犹太突击队员不予道德评判,如果伯林更多关注一下这一点，他是否会撤回对阿伦特的反对？我表示怀疑。从本章前面引用的伯林构建例子的方式（"立陶宛一些犹太人的领袖"）可以清楚地看出，他不接受阿伦特在犹太区和集中营之间所作的鲜明对比——在犹太区，受害者有"某种有限的自由"，而在集中营则完全没有自由可言。相反，伯林认为，用阿伦特的话来说，犹太区的"压迫"和集中营的"全面支配"之间没有质的区别。在伯林看来，犹太区的犹太人领袖显然没有"某种有限的自由"，因为可供他们选择的东西没有意义。在所有敞开的门都通向严重压迫的地方选择走哪扇门，就等于根本没有自由选择。回想一下，伯林在说到卡斯特纳时，提到了两个具体的**无意义**选项，犹太区的一些犹太人领袖被迫在这两个选项之间进行"选择"："英勇殉难；以牺牲他人生命来拯救无辜的生命"。[106] 前者是一个大体上的义务论选项；后者是一个后果论选项。在伯林看来，做其中任何一件事，或者两样都不做，都**同样**糟糕。这并不一定意味着伯林不能或不愿意在现代规范伦理学的义务论/后果论分歧的一般层面上采取立场。[107] 毋宁说，这意味着，在纳粹控制的犹太区的特定语境下，这种分歧的具体表达找不到明确的规范回应。因此，伯林认同肖勒姆的沉默："我不想妄加评判。"

我在本章前面指出，伯林认为纳粹浩劫下的悲剧性困境是"极端的"。虽然他对"极端"的确切含义以及其意味着什么留下了相当大的模糊，但从以下幸存者的证词中，人们可以体会到伯林心目中的情况：

> 要写犹太人聚居区的生活……写犹太区的死亡会更可取、更真实。……人类生活、欢乐或创造力的每一种表现都完全消失了。……冷漠，缺乏感情，甚至连复仇的欲望都不存在了。……他们不再有任何意志力。……犹太区里听不到歌声，听不到孩子的笑声。被判死刑的人不会笑。[108]

除此之外，还可以加上一句伯林式的说法，即在犹太区不存在选择或行动的自由——被判死刑的人不能自由选择、决定或行动。与阿伦特不同，伯林拒绝区分尚属人间的犹太区和地狱般的集中营；两者都是人间地狱。在他看来，"正常的道德范畴不适用于"犹太区和集中营的极端情况。[109]像阿伦特倾向于做的那样，说一个是地狱，另一个不是，这是武断的。[110]

作为对她的辩护，阿伦特作品的一些页面可以被解释为能够回应这种伯林式的批评。在《极权主义的起源》中，她分析了"对道德人的摧毁"是全面支配的一个重要组成部分，并描述了她在《艾希曼》那本书里称之为"骇人"的情况，在这种情况下，受害者的行为应该免于规范评判。她在《起源》中写道：

> 当一个男人面临两种选择，要么背叛并谋杀他的朋友，要么将他在各种意义上负有责任的妻子和孩子送上死亡之路；即使自杀也意味着立即谋杀自己的家人——他该如何决定？选项不再是善与恶，而是谋杀与谋杀。谁能解决这位希腊母亲的道德困境呢？纳粹允许她选择杀死三个孩子中的哪一个？[111]

阿伦特没有明确地说，在犹太区和集中营都可能或确实出现了这样的"骇人"情况。然而，这肯定是一种合理的解释，这提出了众所周知的问题，即《起源》和《艾希曼》之间的一致性问题（以及《起源》的内部一致性）问题。[112] 早期阿伦特在《起源》中是否暗示，至少犹太区的一些受害者被置于如此"骇人"的境地，以至于他们的行为，无论他们"选择"做什么，都不应该受到规范性评判，而后期阿伦特则在《艾希曼》中明确表示，犹太区的受害者（有别于集中营的受害者）仍然享有"有限的自由"，鉴于此，他们的决定和行动应该受到规范性评判？简短来说，《起源》中富有人情味和同情心的阿伦特与《艾希曼》中缺乏爱心和判官般的阿伦特之间难道不存在根本的不一致吗？

这个问题不需要在这里解决。需要强调的是，阿伦特在《艾希曼在耶路撒冷》中以及之后的作品中，继续坚持犹太区的有限自由和集中营的绝对不自由之间的区别。在她深思熟虑的意见中，确实有"犹太人也有罪"这样的事情，这指的是犹太人领袖在被送往集中营*之前*的行为。[113] 他们不仅仅是"无助的"，而是"事实上成为'毁灭'的官僚机构的一个重要因素"。[114] 阿伦特和伯林同意，如果一个人的选择自由被**彻底**否定，他不能受到指责。但是对于这种"选择自由的彻底否定"是只发生在集中营内部，还是也发生在集中营外部，他们则是分歧的。

批评的是什么？

为了便于讨论，让我们暂时假设阿伦特关于战时犹太人领袖在犹太区相对自由的观点是正确的。那么，他们能做些什么来应对纳粹的威胁呢？在他们据称拥有的"有限自由"中，他们本可以做但"未能"做到的具体是什么呢？阿伦特的回答分为两个部分。首先，犹太人领袖并不是不想**反抗**（did not fail to resist）。这里要注意的是，阿伦特意义上的抵抗，要求一定程度的积极对抗。当然，这绝不是抵抗的唯一合理的概念，阿伦特在这里受到批评，是因为她过于狭隘地定义了抵抗。[115]例如，在纳粹浩劫的语境下，将抵抗理解为包括挫败纳粹种族灭绝政策的**任何**尝试（主动或被动，暴力或非暴力）可能更有成效。不过，我现在的目的不是要对阿伦特的术语进行批判性审查。毋宁说，我是想提请大家注意它的细微差别，以澄清她所认为的犹太人领袖的失败。在阿伦特看来，他们并非不想反抗（她所赋予意义的那种反抗），因为他们的自由受到限制，根本无法反抗、抗议或以其他方式积极反击压迫者。正是由于这个原因，阿伦特在耶路撒冷法庭上反复批评检方向证人（即幸存者）问错误的问题，比如"你为什么不反抗？"和"你为什么不抗议？"[116]她认为，这些问题是"残酷和愚蠢的"，因为它们是基于对犹太区"致命的无知"才发出的。[117]弥漫在犹太区的"恐怖气氛"达到的压抑程度，已经使反抗不再可能，这与控方的暗示正好相反。

那么，犹太人领袖**能**用他们据称拥有的"有限自由"做些什么呢？阿伦特回答的第二部分是"不参与"。她写道：

> [在犹太区]没有抵抗的可能，但存在**不作为**的可能性。为了不作为，一个人不需要成为圣人，他只需要说：我只是一个普通的犹太人，我不想扮演任何其他的角色。[118]

阿伦特将个人的不参与跟集体的抵抗作了对比。后者代表公开的协同行动，比如公民不服从（译按：即非暴力反抗），据她说，这在全面支配的最初阶段是可能的。在这里，应该记住，阿伦特意义上的"全面支配"**始于**去本性化（denaturalisation）。[119]虽然它在集中营中以全面的去人性化（dehumanisation）达到顶点，但当一个群体被挑出来归入"错误的"类别、被剥夺公民权并被置于"正常的刑罚体系之外"时，全面支配的过程就开始了。[120]当这种事情在前极权社会开始发生时，如果受害者（比方说犹太人）和旁观者（比方说德国人）联起手来采取强有力的行动，向着极权主义本身的劣化可能就会被中止。阿伦特拿丹麦为例，在那里就发生了这样的抵抗，即团结的行动。当该国在1940年4月被纳粹德国入侵时，丹麦人公开抗议德国关于"犹太问题"的政策，在两年半的时间里阻止了反犹措施的实施。此外，当纳粹在1943年秋最终决定丹麦的犹太人应该立即被驱逐到特莱西恩施塔特时，该计划被泄露给了犹太社群的负责人。[121]然后，丹麦的犹太人领袖，"与其他国家的犹太人领袖形成鲜明对比"(阿伦特语),立即将该消息传给了当地的犹太人,大多数丹麦犹太人逃脱并幸存了下来,因为他们发现自己身边全是准备施以援手的本地丹麦人。阿伦特显然被丹麦的故事所感动,认为它证明了"在拥有绝对优势的暴力对手面前,非暴力行动和抵抗当中凝聚了多么巨大的潜力"。[122]这正是她希望在欧洲的地狱时代能更多地看到的那种抵抗。

阿伦特没有告诉我们,在什么条件下会发生丹麦式的抵抗以阻止"最终解决"。[123]更重要的是,在这里,她也没有明确说明,公开的一致抵抗何时不再可能,即使在丹麦这样的有利条件下。不过,她的一般论点是足够清楚的:当受害者群体被孤立时,当受害者群体与社会其他部分隔离开来时,集体抵抗的可能性就消失了,犹太区的大门关闭,一种"恐怖的气氛"统治了内部。过了这一步,就没有任何作为政治行动的抵抗的空间了。同时,正是在这一点上,"不参与"本身成为一种道德选择。阿伦特写道:

> [在犹太区]从来没有一个时刻,"社区领袖"会说,"停止合作,去战斗!"[……]反抗是存在的,但作用很小,它只意味着:我们不想要那种死法,我们想要光荣的死。[124]

不管你是否喜欢,阿伦特在这里表达了一种深刻的非伯林式观点,即犹太区的犹太人领袖的可选项**并不同样都是坏的**。最糟糕的选择是合作,这种合作可能会带来不名誉的死亡;不那么糟糕的选择是"不参与",这有可能光荣地死去。伯纳德·克里克的评价非常有洞察力:阿伦特的"不参与"的目的是"展示人类的自由和尊严,甚至藐视必然性,有点像苦行僧面对死亡"。[125]在这里值得强调的是,阿伦特与她之后的以赛亚·特朗克(Isaiah Trunk)不同,没有明确区分部分自愿的"合作"和完全强迫的"合作"。[126]阿伦特意识到一些合作的情况比其他情况更有强迫性,但她没有确定一组区分性的术语来描述这些差异。虽然她通常谈的是犹太领袖的"合作"('cooperation')而不是"配合"('collaboration'),但她有时也谈到他们的"配合",交替使用这两个词。[127]这就使她的概念滤镜有了颜色,透过它她看到了问题所在。阿伦特将合作与配合紧密联系在一起,将"不参与"视为与两者完全不同的选择。事实上,她其实认为这是唯一的选择,能够挽救或已经挽救了受害者的尊严和自由(即便不是生命)免遭毁灭。阿伦特的"不参与"类似于娜杰日达·曼德尔斯塔姆的尖叫:

> 当你被打、被踩在脚下时,尖叫[……]是人类尊严最后残存的集中体现。这是一个人留下痕迹的方式,告诉人们他是如何生和死的。通过他的尖叫,他伸张自己生存的权利,向外界发出信息,要求帮助,呼吁抵抗。如果什么办法都没有了,人们必须尖叫。[128]

阿伦特的伦理观,以及它所包含的高度的英雄主义,招致了激烈的批评。在她的批评者眼中,这显示了阿伦特最糟糕的一面，因为它似乎植根于她狂热的希腊癖（Grecomania），完全不适合思考20世纪现实世界的道德问题。[129] 这种反对意见，在生于里加的犹太移民政治理论家朱迪斯·施克莱（Judith Shklar）那里得到了最好的阐述：

> [阿伦特]问道，为什么东欧的犹太人没有表现出荷马史诗般的英雄？为什么他们没有更勇敢地抵抗德国人？为什么他们会促成自己的毁灭？为什么他们没有给我们留下英勇的神话？尽管所有这一切都是事实，但她完全清楚，即使东欧犹太人能给德国人带来一些小麻烦，但他们永远不可能避免自己的厄运。[130]

面对上述强烈的批评，一些阿伦特研究者指责她的批评者歪曲和误导。[131] 这是一种可以理解的反应，因为一些指责阿伦特有希腊癖的批评者确实在非常大的程度上漫画化了她的作品。但否认阿伦特伦理观中的高要求性是不诚实的。再一次，克里克的坦率值得称赞：作为一个事实问题，阿伦特对"不参与"的说法包含着一个"令人难以下咽的教条"。[132] 也就是说，她的批评者，如施克莱，在歪曲阿伦特方面并不是完全无辜的。尤其是，他们经常夸大《人的条件》和《艾希曼在耶路撒冷》之间的联系，以论证阿伦特将浪漫的存在主义伦理观（据称在《人的条件》中找到）应用于战时犹太人领袖的行为，从而得出灾难性的结论（在《艾希曼》中）。[133] 批评者通常忽略的是《艾希曼》与阿伦特在《人的条件》之前的战时著作之间的重要联系。《艾希曼》绝不是阿伦特第一篇为光荣赴死的理念辩护的文章。相反，她在20世纪40年代为《建设》杂志撰稿时就一再为这一点辩护，当时她狂热地主张组建一支犹太军队。不用说，她从来没有荒谬地声称，如果组建了一支犹太军队，就有可能会打败德国人。她的观点毋宁说是，犹太军队可以让犹太人保持或重新获得尊严和荣誉，即使他们被打败了。[134]

在她对华沙犹太区起义的评价中，也可以看出同样的想法。在她1944年7月的文章《改变之日》中，她赞许地引用了一份波兰地下报纸的以下文字，讲述了最近被粉碎的起义的故事："犹太人的被动死亡没有创造新的价值；它毫无意义；但是［……］手拿武器赴死可以给犹太民族的生活带来新的价值。"[135]在她40年代为《建设》杂志所写的文章中，一如在她60年代对犹太委员会的评论中，阿伦特之支持反抗行为，与其说是战胜敌人的有效策略，不如说是尊严和自由的表演性声明。像犹太复国主义青年运动的许多成员一样，阿伦特希望"手拿武器赴死"，成为向"自由世界的犹太人和全人类"发出的"一个信号"。[136]

不过，阿伦特伦理观中的犹太复国主义根源不可能打动以赛亚·伯林。的确，他和施克莱一样瞧不上阿伦特的"希腊癖"，[137]并且如果有人告诉他，阿伦特并不像他认为的那样言必称希腊，那么他对阿伦特伦理观的恼怒可能会有所缓和。但是他对阿伦特的不满并不仅仅是或者甚至主要是源于她的所谓希腊癖。正如我在第2章中所讨论的,伯林版本的犹太复国主义与阿伦特的版本相冲突,伯林有**他自己的**犹太复国主义理由来反对组建犹太军队。如果说阿伦特认为伯林所支持的外交派的"赫茨尔"主义是无效的、没有骨气的和非政治性的,那么伯林则认为阿伦特在战争期间所支持的"狂热的"犹太复国主义是幼稚的、不负责任的和适得其反的。[138] 对于伯林来说,烈士是英雄的希腊人还是英雄的犹太人没有什么区别。光荣赴死的想法对伯林的吸引力远不如对阿伦特大。(这种差异会在他们对1956年匈牙利革命的不同评价中再次出现,我将在下一章中讨论。)

同样值得一问的是,阿伦特在光荣死亡问题上的前后一致是否是一种恶习而不是美德。从20世纪40年代初到60年代初,她在这个问题上的意见变化不大,而在同一时段,她表达意见的环境却发生了巨大的变化。这提出了一个阿伦特很少注意的问题:在战争期间说"犹太人领袖**应该做**×",跟在20世纪60年代说"犹太人领袖**本该做**×",是否有区别?说得更重一些,在A活着的时候说"A应该做×",跟在A已经被谋杀的时候说"A应该做×",难道没有区别吗?在后一种情况下,发表一句哀悼和祈祷的话,难道不比发表一个道德宣言更恰当吗?尽管她拒绝用"哲学家"作为她的职业头衔,[139] 但在这方面,阿伦特似乎犯了她所认为的哲学家的"**职业病**":高看了前后一致的重要性,而牺牲了其他同样重要的考虑。

这引出了伯林与阿伦特伦理观的最后一个分歧,它涉及人类心理学。伯林与他的朋友伯纳德·威廉斯有着共同的基本信念，即"哲学，尤其是道德哲学，要想有价值、或可信、或准确，只有当它所包含的心理学也是这样时才行"。[140]换句话说，道德理论是不可信的，因为它们默认的心理学假设对男女大众来说是不真实的，不像我们希望它们所是的那样。在这一点上，阿伦特可能在原则上同意，因为她批评康德的道德哲学，以及它强加给男男女女的过度要求是"不人道的"。[141]但在伯林看来，这种"不人道"恰恰是阿伦特自己对战时犹太人领袖的批评意见的污点。尽管阿伦特努力将康德式的绝对排除在人类事务之外，但从心理学角度来说，她对男女大众的要求还是太多了。伯林认为，一个人不一定要遭受实际的恐怖才会失去自由；发现自己在"恐怖的氛围中"就足以让一个人完全失去自由。[142]此外，一个人不需要被关在犹太区，更不用说集中营，就可以失去自由。伯林写道：

> 如果在一个极权国家，我在酷刑的威胁下背叛了我的朋友，或者也许我只是因为害怕失去工作而去这样做了，我可以合理地说，我没有自由行动。然而，我当然做出了选择，而且至少在理论上，我可以选择被杀、被拷打或被囚禁。因此，在这个词的正常意义上，仅仅存在选择并不足以使我的行动自由（尽管它可能是自愿的）。[143]

阿伦特断然不同意这一观点。即使伯林关于"自由"一词的"正常"用法是正确的，她也更愿意对这一惯例提出异议。

在她看来，如果一个人因为害怕失去工作而背叛了自己的朋友，他应该被看作是做出了自由行动，即便不是完全自由的。因此，一个人应该对他在有限自由之下所做的决定和采取的行动负责。这意味着我们完全有权利指责一个人没有做正确的事情，比如牺牲自己的工作去救一个朋友。毕竟，根据阿伦特的说法，从纳粹德国的经历中吸取的一个关键教训是，许多"正常"的男人和女人被卷入纳粹制度中，因为他们除了自己的安全之外几乎不考虑其他事情。阿伦特认为，这种"正常"应该受到挑战，应该连带受到挑战的还有，为这种道德失败开脱的"自由"一词的"正常"用法。这可能是"一个令人难以下咽的信条"，但阿伦特愿意捍卫它。[144]

傲慢？

本章剩下要问的问题是阿伦特的批评语气。为什么她对战时犹太人领袖的批评，使用了一种让她的许多读者感到傲慢、无情甚至是"自我憎恨"的语气？我们看到，伯林参与了所有这三项指控。他不仅多次指责阿伦特傲慢和无情，而且还对他的朋友萨姆·贝尔曼说，"在我看来，指责［阿伦特］自我憎恨，是最切题的"。[145]对于这种批评，有什么值得一说的吗？

不幸的是，阿伦特自己提供的一个解释对她帮助不大，这种解释在她与约阿希姆·费斯特的访谈中最清楚可见。[146]据她说，她的写作风格映射出的是她是谁，而不是她想了什么。

虽然她不希望自己的著作冒犯到个人，但她知道《艾希曼在耶路撒冷》这部作品，尤其是其经常带有讽刺意味的风格，伤害了许多人的感情。她以无奈的口气说：

> 很明显，在很多人眼里，我很不讨人喜欢。我对此无能为力。我能怎么办？他们就是不喜欢我。人们表达自己的风格——嗯，是他们自己意识不到的。[147]

当然，在艾希曼争论中，一些恶毒的评论是针对作者而不是这本书的。阿伦特对自己的写作风格关注有限也是事实。一般来说，她在写书或写文章时，几乎不考虑读者的看法。按照她自己的说法，"我没有思考我所写的东西会给人们造成什么'印象'的习惯〔……〕。只要找到在我看来客观上是充分和恰当的词汇或句子，我就满足了。"[148]不过，不同于阿伦特所说，一个人的写作风格仅仅反映了他/她是谁，因此如果不改变他/她的个性情况就无法改变风格，这是不对的。相反，当涉及道德论证时，不能选择合适的风格或语气本身就是一种道德失败。同理，选择错误的语气批评某人或某事可能就是错误的，即使批评包含有效的论点。[149]人们不禁要问，阿伦特是否意识到了这一点。当《艾希曼在耶路撒冷》的第二版于1965年出版时（第一版出版仅仅两年后），她借此机会修改了一个特别耸人听闻的句子，以**调低**她对战时犹太人领袖的批评，这可能是为了回应她的朋友（包括肖勒姆）提出的强烈反对。[150]具体来说，她删除了她早先对犹太拉比利奥·拜克（Leo Baeck）

的描述,拜克拉比是德国犹太人的著名领袖,于1943年被送往特莱西恩施塔特。[151]不用说,这并不意味着她的个性在1963年至1965年间发生了变化。毋宁说是,这意味着她开始意识到,在她的书的最初版本中,她没有选择正确的语气来处理这个问题。因此,她在1965年修改了文本,但没有改变自己的身份。她对风格和论点的区分就是这样。

比这一区分更能说明问题的是阿伦特在《艾希曼在耶路撒冷》和其他地方对**谦虚之恶**(vice of modesty)的零散评论。[152]这些评论中最重要的内容见于该书第七章。在这关键的一章中,她介绍了一个由艾希曼本人讲述的故事,是说他是如何最终消除了对最终解决方案的疑虑。决定性的一天是1942年1月20日,包括莱因哈德·海德里希和海因里希·米勒在内的著名纳粹官员,在距离伯林市中心13英里的万湖开会。在那里,艾希曼,"一个殷实的中产阶级家庭的落魄儿子",进入了德国高级公务员和纳粹政要的行列。[153]令艾希曼惊讶的是,他们都在"竞相争夺"以便在灭绝政策上"拔得头筹"。"'那一刻',"——阿伦特引用了艾希曼的回忆——"'我[艾希曼]有了一种本丢彼拉多的感觉,因为我觉得自己再无有罪感。'**他是谁凭什么有资格来评判?**他是谁凭什么有资格'在这件事上有自己的想法?'"[154]根据阿伦特的解读,这是艾希曼最终将自己转变为一个"无思想"的罪犯的时刻。此后,艾希曼不再"思考他在做什么",并且完全放弃判断他的行为是好是坏,是正当的还是不正当的。他成了一种新型罪犯,体现了"平庸的恶"('the banality of evil'）。阿伦特评论道，"每次他想独立思考的时候，他都会说：如果我周围的人［……］都认为谋杀无辜的人是对的，我又有什么资格去评判呢？"[155]用阿伦特的术语来说，艾希曼在万湖会议上学会了"谦虚"。

然而，艾希曼绝不是纳粹德国唯一学会谦虚的人。相反，大多数德国人都毫无疑问地顺应了随着希特勒上台而产生的新的社会规范，让自己"以这种或那种方式卷入整个政权的行为中"。[156]当然，有些谦虚的人比其他人更谦虚，他们中的少数人在最终解决方案中发挥了关键作用，多数人则没有。不管怎么说，他们都是同谋。阿伦特将这般"谦虚"的多数人与"傲慢"的少数人进行了对比，后者相信自己的判断，形成自己对善与恶的看法，并拒绝不假思索地卷入纳粹体系。[157]在纳粹德国的道德崩溃中，"［少数傲慢的人］辨别是非的能力仍然完好无损"。[158]他们"从不怀疑，即使政府将犯罪合法化，犯罪仍然是犯罪"。[159]这些傲慢的个人包括卡尔·雅斯贝尔斯等专业人士。他们宁愿选择职业生涯的妥协，也不履行"加入纳粹党的小手续"或以希特勒的名字宣誓。[160]他们还包括"两个农家男孩"，他们拒绝为他们被征召加入的党卫队服务，因此被处决。阿伦特坚持认为，傲慢者，包括被处决的农家男孩，"既不是英雄也不是圣人"。[161]这听起来可能违反直觉。但阿伦特的观点是，傲慢行为在人性上说是可能的，一个人不一定非得是超人，才会傲慢地独立思考和判断。事实上，傲慢的人"随处可见，在社会的各个阶层，在普通人和受过教育的人中，在所有政党中，甚至可能在N.S.D.A.P.［纳粹党］的队伍中"。[162]总之，阿伦特书中所说的傲慢，是一种需要培养的美德，而谦虚则是一种败坏了许多人的恶习，包括阿道夫·艾希曼。[163]

因此，颇为讽刺的是，阿伦特的许多批评者，包括伯林，竟然因为她写了一本强调傲慢重要性的书而**指责**她傲慢。在这个问题上，阿伦特和她的批评者真的是各执一词：他们对傲慢的理解非常不同。就阿伦特和伯林而言，关于傲慢的分歧在某种程度上源于他们对艾希曼的不同看法。阿伦特认为艾希曼既不是虐待狂，也不是种族灭绝的反犹分子。相反，他是一个相对正常的布尔乔亚个人，除了自己的事业，"没有任何动机"。[164]而伯林则怀疑艾希曼有着另一面，并最终得出结论，"艾希曼深深相信他的所作所为"。[165]但相比关于艾希曼性格的不同判断，更重要的是阿伦特和伯林之间另一个更大的分歧，即纳粹德国和欧洲其他地方的大规模共犯是否可以用谦虚的概念来解释，以及同样的道理，傲慢的美德是否可以作为适当的解毒剂。伯林从未从这个角度理解过这件事。对他来说，傲慢永远是一种恶习，而阿伦特就有很大的这种恶习。反之，阿伦特希望实现她所宣扬的东西，并决心承起"傲慢"的负担，或者换句话说，保持形成和表达不受欢迎的意见的勇气。

在《纽约客》上发表《艾希曼在耶路撒冷》的第一篇文章约前一年，阿伦特告诉她的学生："如果你在这样的［道德］问题上对自己说：我是谁有什么资格评判？——你已经迷路了。"[166]的确,她没有预见到1963年的争论会如此激烈。但是,即使在群情激愤中,她仍然坚持己见,只在她的丈夫和密友面前表现出她的忧心和脆弱。诺曼·波德霍雷茨(Norman Podhoretz)讲述了一则轶事,很好地体现了阿伦特为保持"傲慢"和不被吓倒所做的努力。在波德霍雷茨发表了一篇题为《汉娜·阿伦特论艾希曼:一项才华反常的研究》的高度批评文章后,两人很快就认识了。阿伦特保持着战斗精神,机智地回应了她的批评者:"我可能很有才华,[……]但我绝对不反常。"[167]她保持公众形象的努力非常成功——也许是以错误的方式。她当然以她的"傲慢"给许多读者留下了深刻的印象;不过,不是在她自己赋予的积极意义上,而是在这个词的传统意义上,也就是说她固执己见、不为他人着想、听不进别人明智的意见。这正是伯林指责阿伦特"最可厌的傲慢"时的意思。[168]

在艾希曼争论期间,阿伦特与犹太人领袖的终生争论进入了一个新的回合。这一次,她称她的反对者为"犹太当权者",并指责他们发起了一场有组织的运动来反对她的书。他们据称的方法是谎言和舆论操纵;他们的目标是创造一个《艾希曼在耶路撒冷》的"形象",以转移读者对这本书本身的注意力。用阿伦特的话来说:"他们说我说了那些我从未说过的话,以防止人们发现我真正说了什么。"[169]"犹太当权者"为什么要做这种事?据阿伦特说,这不仅是因为她触及了高度敏感的问题,或质疑以色列政府试图利用艾希曼审判达到政治目的;她

第5章 邪恶与审判 [253]

怀疑，这也是因为"犹太人领袖［……］要掩饰的脏脏比任何人猜测的都要多"。[170]她没有具体说明这里的"脏脏"（'dirty laundry'）实际上是什么。但她之所以提出这一指控，是因为她认为，如果没有"不可告人的秘密"，针对她的运动的规模就是令人费解的。她的怀疑是否有充分的根据，我们在此无须关心。重要的是阿伦特对她的犹太知识分子同胞的失望，在她看来，他们中的大多数人都太容易屈服于"犹太当权者"的形象塑造。阿伦特认为战后犹太知识分子的行为模式与战前德国知识分子有相似之处。正如后者在20世纪30年代的德国迅速放弃他们的独立思考和判断以适应新的社会规范一样，60年代美国和以色列的犹太知识分子迅速放弃他们的独立思考和判断以"赶潮流"，指责阿伦特说了她从未说过的话。[171]值得称赞的是，阿伦特不是用具指性的而是用结构性的用语表达她的批评。她没有说她的犹太批评者作为个人是特别幼稚、不道德或愚蠢的。相反，她的观点是，在现代，舆论的力量如此强大，即使是最优秀的头脑，如肖勒姆，也不能避免受到它的影响。[172]

正是在这一背景下，阿伦特发表了她为数不多的关于以赛亚·伯林的评论。她称，作为一个"与以色列政府关系最密切的人"，伯林可能参与了对舆论的操纵，特别是在英国。[173]不清楚她在这里想到的是什么。也许，她想到的是伯林在"引起《文汇》杂志对阿伦特–肖勒姆对话的兴趣"中的作用。也可能她想到的是其他一些事情，或者说她并没有想到什么具体的事情。不管真相是什么，阿伦特在1963年末表示怀疑，伯林不止是"谦虚的"多数党的一名普通成员，毋宁说，他是"犹太当权者"的一员，据说他们竭尽全力用谎言和操纵的形象来掩盖不方便透露的真相。阿伦特和伯林之间的冲突在艾希曼争论期间跌至新的低谷。

爱国主义、自我批评和自我憎恨

最后，阿伦特在《艾希曼在耶路撒冷》中严厉的批评语气一定程度上是因为她的犹太人身份。再一次，她自己在争论中发表的一些言论对说明这个问题没有什么作用。可以说在这方面最有问题的是她对肖勒姆的反驳，肖勒姆指责她缺乏"*Ahabath Israel*"，或曰"对犹太民族的爱"。（对于这一指控，伯林说："我认为［肖勒姆］完全正确。"[174]）阿伦特对肖勒姆的回应有两条。首先，她说她确实不知道这样的爱，因为她从来没有爱过一个集体实体，而且"我所知道和相信的唯一一种爱是对具体的人的爱"。[175]其次，她发现爱一个民族的想法是可疑的，因为它可能被滥用并被引入坏的政治中。在这两个回答中，第一个更容易被人记住。虽然这确实是一个聪明而令人难忘的回答，但是，这是一个有深刻缺陷的回答，原因很简单，阿伦特政治思想中的一个关键概念是"*amor mundi*"，即爱世界，世界之为集体实体，不亚于一个国家或一个民族。[176]换句话说，阿伦特对肖勒姆的第一个回答可能是说得过去的，如果他们的交流是完全独立自足的（self-contained）。但是这种交流并不是在历史真空中发生的，阿伦特自己的作品否定了她关于集体实体不能成为爱的对象的说法。与她对肖勒姆所说的相反，她完全有能力去爱诸如世界这样的集体实体。如果是这样，看起来肖勒姆终究是对的：她不能爱的不是一般的集体实体，而是特定的犹太民族。

然而，这将是一个草率的结论，因为在阿伦特对肖勒姆的第二个相当混乱的回应中，可以看出一个非常不同的论证路线。它始于对"对一个民族的爱"的一种非常明智但并无新意的拒绝，这种"爱"被理解为对一个民族的盲目和自恋的依恋。然后，她提到爱国主义，坦承"我可以向你承认［……］我自己民族犯下的错误自然比其他民族犯下的错误更让我难过"。[177]然而，阿伦特没有详细展开这个问题，而是迅速改变话题，表达了她对"政治中'心'的作用"的普遍怀疑，并结束了她这部分的回应。[178]这一步是不幸的，因为她绕过了一个重要问题，即她是否认为爱国主义，更具体地说，一种包含"反对和批评"的批判性爱国主义，是一种爱。[179]她是否接受爱国主义作为"对自己国家的爱"的普遍观点？这是一个重要的问题，因为她认为自己是一个（高度）批判性的爱国者。[180]她自称的灵感来源是伯纳德·拉扎尔，她对这位"伟大的犹太爱国者"（阿伦特语）的一些描述带有自传的味道。[181]例如，她写道：

拉扎尔对他的民族的批评至少和赫茨尔一样尖刻，但他从不鄙视他们，也不赞同赫茨尔的"政治必须自上而下"的观点。面对下述选择——要么保持政治上的无所作为，要么把自己归入救世主的精英集团，退缩到绝对的孤立中，在那里，即使他什么也做不了，他至少可以成为民族的一员。[182]

阿伦特不太情愿用"爱"这个字眼来描述拉扎尔的批判性爱国主义。虽然她顺便提到了拉扎尔"对犹太人的爱"，但她总体上更倾向于将爱排除在政治之外，这与她对肖勒姆的回应是一致的。[183]但是，在她关于爱国主义的讨论中出现了各种与爱相关的字眼。其中包括"奉献"。根据她的说法，"强烈的不满［……］一直是真正爱国主义和真正奉献于民族的标志"。[184]再一次，这些话有着自传的味道，尽管它们意在描述一种情感，这种情感在更早一代欧洲犹太人中广泛存在，由德雷福斯事件所唤醒。[185]不管人们是否称之为爱，正是拉扎尔激发的"对自己民族的奉献"促使阿伦特对犹太人领袖进行了严厉的批评。他们的"失败"也是"我的"失败，因为"我们"被我们共同的民族性联在一起。只有根据这一观念，我们才可以去读一读《艾希曼在耶路撒冷》中经常被引用的一段话："**对一个犹太人**来说，犹太人领袖在毁灭自己民族中扮演的角色无疑是整个黑暗故事中最黑暗的一章。"[186]这些话意味着自我批评的尝试，根植于阿伦特对她的民族及其主体能力的奉献。她在

20世纪60年代并没有改变自1942年以来的信念，当时她写道，"自我批评不是自我憎恨"。[187]

阿伦特的"奉献"无疑是一种艰难的奉献。这让人想起弗洛伊德的父爱概念，埃里希·弗洛姆在《爱的艺术》中对此做了很好的阐释：

> 父爱是有条件的爱。它的原则是"我爱你，因为你满足了我的期望，因为你履行了你的责任，因为你像我"。[……]消极的一面是，父亲的爱必须是配得的，如果一个人没有做预期的事情，就会失去它。[……]积极的一面同样重要。既然他的爱是有条件的，我可以做一些事情来获得它，我可以为它工作；他的爱并不像母爱［即无条件的］那样在我的控制之外。[188]

弗洛姆继续给他的读者一个明智的警告："要有耐心和宽容，而不是威胁和专制"，否则父爱可能不会奏效。[189]人们可以想象，如果阿伦特遵循弗洛姆的建议，艾希曼争论可能会是什么样子。如果她更有耐心和宽容，以更有分寸的语气表达她对战时犹太人领袖的批评，并以更少惩罚、更多同情——如果你愿意，以更"母爱般"的方式——表达她对她的民族的"爱"，事情会怎么样？如果《艾希曼在耶路撒冷》出版时，西方世界对大屠杀的省觉才刚刚开始成长，会有什么不同呢？这些问题值得深思，尽管这本书的影响无法消除，错过的机会也无法挽回。

关于自我憎恨的指控呢？如果阿伦特严厉的批评语气一方面是因为她对"谦虚"的拒绝，另一方面是因为她自称的对自己民族的奉献，那么这是完全没有根据的吗？她认为"自我批评不是自我憎恨"是对的吗？显然，答案取决于如何理解"犹太人的自我仇恨"这个话中话的含义。全面讨论这个词的复杂历史既不可能，也没有必要。[190]然而，值得注意的是，这个词表示各种不同的、经常相互冲突的观念，至少它的一些主要含义不适用于阿伦特。例如，如果它所指的是逃离自己犹太人身份的愿望，那阿伦特显然不是"自我憎恨"的。相反，她反复强调的一个关键信息是，犹太人应该接受他们的犹太身份，尤其是当这被其他人视为"问题"的时候。她写道："一个人只有作为被攻击者才能挺身捍卫自己。一个犹太人只有作为一个犹太人才能保住他作为人的尊严。"[191]这很难说是一个逃避意义上的"自我憎恨的犹太人"说的话。

然而，这并不一定意味着"犹太人的自我憎恨"的任何公认含义**都不**适用于阿伦特。特别切中的是它的批评性意义，也就是说，"犹太人的自我憎恨"是犹太人自我批判的限度的标志。从这个意义上说，如果一个人的自我批判走得太远，即使批评的动机是令人钦佩的，他/她也是"自我憎恨"的。众所周知，这个词的这种用法的风险是，"自我憎恨"可能会被不加区别地使用，从而**彻底**压制自我批评。但是这个词的这个意思仍然是合法的，至少在谨慎地应用时是这样的。那么，阿伦特是这个意义上的"自我憎恨者"吗？她的批评者，包括伯林，认为她是。在他们看来,她在《纽约客》上向全世界展示的无情的自我批判走得太远,以至于滑向了自我仇恨。伯林的印象是,她过于自我批判的态度最终源于她对犹太复国主义的幻灭:犹太复国主义是她的失败的上帝,阿伦特不能原谅他和他的追随者。[192] 不用说,阿伦特对此有不同的看法。她认为自己的自我批判是建设性和前瞻性的,尽管她可能已半意识到自己可能走得太远了,比如当她称利奥·拜克为"犹太元首"时。

到底谁是对的?是阿伦特及其支持者,还是她的批评者?她对犹太人领袖的批评是否过火?还是她并没有越界?最初的争论已经过去了半个多世纪,但仍未达成共识。每一方都不止一次地说了所有该说的话,每一方都给对方造成了深深的伤害。结果,双方都没有被说服,而且鸿沟可能会永远存在。在这个问题(如果说不是在其他问题)上,伯林是正确的:"我想不出任何问题可以让我和汉娜·阿伦特小姐站在同一个讲台上。"[193]

结　论

艾希曼之争是汉娜·阿伦特和以赛亚·伯林之间冲突的一个重要部分,尤其是后者对前者的敌意。正是在这场争论之后,伯林才开始使用"阿伦特"作为一般名词来指代诸如反常和变态之类的东西。[194] 如果阿伦特不是写了《艾希曼在耶路撒冷》,伯林可能不会将她视为他的"眼中钉"。不过,艾希曼争论是一个更大故事的一部分也是事实；它不是一个孤立的问题。这在三个不同的意义上是真的。首先，**从时间上看**，先是伯林与阿伦特的政治和哲学分歧，然后是他对《艾希曼在耶路撒冷》的愤怒，接下来才是他持续的敌意。1963年标志着伯林对阿伦特的敌意达到了顶峰，而不是它的开始或结束。其次，**从思想层面来看**，在艾希曼争论中出现的两位思想家之间具体的道德分歧，是与其他分歧联系在一起的。其中包括对极权主义压迫和支配性质的历史分歧，以及对高度压迫条件下的自由及其限度的理论分歧。最后，**从存在主义的角度来看**（existentially），两位思想家截然不同的观点与他们不同的人生经历密不可分。尤其相关的是，阿伦特对她的战时行为感到自豪，而伯林则对自己在战争期间对纳粹浩劫的盲视感到惭愧，两者形成了鲜明的对比。鉴于这些多层面的差异，难怪两人在艾希曼审判提出的许多棘手问题上无法达成一致。

然而，这并不是说我们的两位主人公总是被无法弥合的分歧所分裂。我们在前面几章中看到，他们并不总是彼此不一致，即使他们有分歧，他们的差异也可能是微妙的或适度的，而不是绝对的和不可通约的。事实上，阿伦特和伯林有时被视为属于同一群体，这是有充分理由的。20世纪80年代共产主义东方的持不同政见者看到了这两者的相似之处。为想象一个更好的未来，他们中的一些人**既**从阿伦特**又**从伯林的反极权主义著作中寻获灵感。他们在两人的政治思想中发现了相似之处，这是对的吗？两位思想家对极权主义的共同反对是否使他们的思想相互接近了呢？我马上要谈的正是这个问题。

第 6 章

自由之岛

1987年，即柏林墙倒塌前两年，一群与团结工会有关联的波兰持不同政见者，在华沙非法出版了一本名为《三种自由之声》的薄薄的小册子。这本107页的书收了三篇论文，包括伯林《两种自由概念》和阿伦特《什么是自由？》的波兰语译本，以及雷蒙·阿隆《自由论》的部分翻译。[1]这本地下出版物的标题有些微妙。它没有提出或暗示"自由之声"全都是和谐一致的。事实上，就在这本书马上要出现在铁幕后面的时候，几乎肯定不知道它出版的以赛亚·伯林，在给他的波兰朋友、思想史家安杰伊·瓦利茨基的一封信中，简要地表达了他对阿伦特政治思想的否定。[2]他写道："阿伦特小姐梦想着，把古代雅典与托克维尔、新英格兰城镇会议、贵格会集会，以及卢梭公意的神秘解释，混合在一起，这梦想不适合我，我相信也不适合你。"[3]

为了更好的理解上述这两个片段，值得参考一下大卫·考特（David Caute）2013年出版的一本书，《艾萨克与以赛亚：对一个冷战异端的秘密惩罚》。[4]和我目下的研究有点类似，《艾萨克与以赛亚》讲述了伯林与他的对手马克思主义历史学家艾萨克·多伊彻的故事。正如伯林-阿伦特冲突的情形一样，伯林和多伊彻的相互厌恶是不对称的，在伯林一方厌恶更为强烈。我们的哲学家对这位历史学家是这样说的："我必须坦率地告诉你,多伊彻是唯一一个要是和我同在一个学术团体里会让我觉得道德上无法容忍的人。我不会和多伊彻在同一张桌子上吃饭。"[5]引文中的"唯一一个"是夸张的说法,因为,正如我们所已知的,伯林对阿伦特说过几乎同样的话(当然,阿伦特是女人,但这与当前的上下文无关;伯林所说的"only man"指的就是唯一的一个人)。例如,伯林说:"我对阿伦特小姐绝对过敏,她一出现在房间里就让我浑身起鸡皮疙瘩。"[6]因此,考特正确地指出:"伯林对汉娜·阿伦特的反感〔……〕与他对多伊彻的厌恶非常相似——尽管远不是完全相似。"[7]即便如此,这两组冲突之间的一个关键区别还是值得强调的:如果说西方和东方之间的冷战分裂在很大程度上造成了伯林和多伊彻的分歧,那么它与伯林和阿伦特的分歧则几乎没有关系。事实上,正如波兰地下出版物的插曲所表明的那样,后一对论敌在冷战政治中是站在同一战线的,尽管他们所捍卫的"西方"版本是相互冲突的。换句话说,极权主义这个共同敌人的存在并没有让阿伦特和伯林成为盟友。相反,他们对反极权政治有不同的概念化理解,尤其是因为他们一方面在自由问题上存在分歧,另一方面在极权主义及其邪恶问题上也存在分歧。既然这些分歧点已经在前几章中讨论过了,现在是时候把贯穿本书的一些中心线索拉在一起考虑下面的问题了。阿伦特和伯林分别捍卫的是什么样的社会或政体,在他们看来这样的社会或政体最能适应真正自由和人性的生活?

在处理这个问题时,我们必须记住,无论阿伦特还是伯林，都不认为政治理论的作用在于其双重任务，即一方面确定一套治理社会的一般规范性原则，另一方面厘清它们对公共政策问题的影响。这种政治理论化模式，以及它假定的"理想"和"非理想"理论之间的区分，是直到20世纪末才成为惯例的，当时政治理论开始从邻近的学术领域中分离出来，发展成为一门多少具有独立性的学术学科。虽然这一发展的故事超出了本书的范围，但值得一提的是，阿伦特和伯林都属于更早的一代，我们目前对政治理论的理解对他们来说可能是陌生的。更为复杂的是，我们的两位主人公与他们那一代人一样，都对绘制政治蓝图持怀疑态度，由于它与左翼极权主义的密切联系，这种蓝图绘制在20世纪中期是被广泛拒斥的，在最好的情况下也是被当做不切题的，在最坏的情况下则被视为灾难性的适得其反。[8]与后来受到约翰·罗尔斯的《正义论》（1971年）决定性影响的政治理论家不同，阿伦特和伯林都不断地融合规范性论证和实证性分析，其结果是规定性观念往往不是作为直接的规范理论，而是以间接的形式提出和指征。

鉴于这一点，本章比较了阿伦特和伯林对英国、美国和匈牙利革命（1956）的半是实证、半是规范的观点，以找出两位思想家对于理想政体的难以捉摸的看法之间的重要异同点。更具体地说，本章首先讨论伯林对20世纪英国作为一个自由主义社会典型的理想化描绘，然后分析他对这个国家的帝国主义历史的有些回护性的评论（相比之下阿伦特对之的评论则是高度批判性的）。然后，我转向阿伦特对美国作为一个现代自由共和国的理想化描述,接着分析她对美国20世纪60年代末动荡时期的乐观评论(相比之下伯林对之的评论则是高度悲观的)。一方面,我将证明这两位思想家从事的是平行的理论事业,因为他们各自提出了一个特定国家的理想化版本——伯林的英国,阿伦特的美国——作为**人类**社会理想状态的代表。另一方面,我表明他们的理想在几个关键方面相互冲突,而且他们在规范层面和历史层面都是有分歧的。如果说正像伯林告诉安杰伊·瓦利茨基的那样,阿伦特的"梦想"不适合于他,那么伯林对老式自由主义的重述也不适合阿伦特。最后,为了完成我的比较研究,末一节转向一个具有历史意义的事件,它可能会在极权主义世界中创造一个"自由之岛"(阿伦特语):1956年反对苏联统治的匈牙利起义。[9]关于这一事件的意义,阿伦特和伯林的观点再次冲突,这进一步阐明了我在本章和本书中的一些主要论点和发现。

伯林的英国

首先,需要对术语做一下说明。伯林经常用"England/English"作为"Britain/British"的同义词,仿佛在说后者只是前者的延伸而已。在他的一生中,这是一种常见的语言用法,即使不是对之毫无疑问。不用说,如今这个问题变得更加棘手,因为英国的每个组成民族都在越来越多地主张自己独特的身份（认同），这在一定程度上削弱了英国人的认同。也就是说，我目前的目标与其说是仔细研究伯林陈旧的用词或他的盎格鲁中心主义偏见，毋宁说这是为了考察他认为英格兰和英国都（*alike*）代表的理想。因此，当我在下文讨论"伯林的英国"时，我接受了他不精确的用词，为了便于讨论先把英国国内的民族差异问题放在一边。

伯林认为英国（在这个意义上）是一个典型的自由主义社会。[10] 他的许多言论都证明了这一点，但他自传体文章中的以下内容特别清晰，值得大段引用：

> 我承认自己有亲英国偏见。我在英国受教育，从1921年起一直生活在那里。我所有的成就、行为和想法都不可磨灭地是英国式的。我无法公正地评价英国的价值观，因为它们就是我的一部分。我把这视为在智识和政治方面的最大运气。这些价值观是我的信仰基础：对别人给予得体的尊重和对不同意见的宽容，胜过自豪感和国家使命感；自由可能与高效率不相兼容，但也优于过度的效率；对那些珍视自由的人来说，多元和不整齐比严格强加的包罗一切的制度要好（不管这些制度多么合理和公正），也比没有人可以反对的多数派统治要好。所有这一切都具有深刻而独特的英国性，我坦率地承认我沉浸其中并信仰它们，除非是在一个很大程度上把这些价值观视为理所当然的社会里，我无法自由地呼吸。[11]

伯林是俄国犹太移民和入籍的英国公民。正如迈克尔·伊格纳季耶夫（Michael Ignatieff，中文名叶礼庭）所言，他对英国价值观和道德情操的深深欣赏可能源于"一个流亡者自有的一种特权，可以不带一丝嘲讽地来爱他的第二祖国，而这对于一个本国人来说则是不可能的"。[12]不管是不是这种情况，伯林肯定与他的第二祖国紧密联系在一起，声称无法在一个不像英国的社会中"自由呼吸"。同样值得注意的是，表面上"英国式"的价值观和道德情操与他在理论著作中捍卫的价值观和情操非常接近。如果自由和多元论是伯林著作的核心，[13]那么根据他自己明显"有偏见"的理解，他认为这些思想带有"深刻而独特的英国性"。

更确切地来说，伯林反复将之跟"英国"联系在一起的是些什么样的善（就道德和政治而言）？其中最主要的是：消极意义上的**个人自由**，即被理解为不干涉的自由；对他人和他们各自的个人目标的**宽容**；**和平**与**稳定**，这是英国"八百年来未［被］入侵或严重击败"而带来的；[14]**体面**，主要指的是人道地对待他人的意愿；尊重**私权**，即允许男男女女（在一定限度内）做他们想做的事或想成为的人。这些善物与英国人的自由主义气质联在一起，据称，英国人不受狂热主义或极端主义的影响；适度；不整齐，但绝不是混乱或无政府；仁慈和善意，尽管有时是袒护；冷静、经验主义和常识主义；在处理社会和政治问题时现实、务实、喜欢零敲碎打。伯林认为，英国有着得天独厚的历史运气，将自由主义之善和自由主义气质有机联系起来，从而发展成为一个典型的自由主义社会。用他的话说，自由主义"本质上是长期生活在同一片土地上、彼此相对和平的人们的信仰"。(自由主义是)一项英国发明。[15]注意"土地"一词的使用，它也出现在伯林的自我描述中。例如，他说他永远不会从英国移民出去，"因为我们就是我们，并且只能生活在我们所生活的土地上"。[16]同样，他强调"从本质上说，我**是**有根的，而不是无根的和世界性的"——也就是说，他的根在牛津、在英国、在大不列颠。[17]人们可以扩展这个有机比喻，把伯林的自由主义英国想象成一个功能性的生态系统：自由主义之善扎根于自由主义英国的肥沃土壤中，而英国是像伯林本人这样的自由主义者的天然栖息地。

必须立即指出的是，在伯林的自由主义体系中，一些自由主义的价值观念是缺失的或被边缘化的。比如进步和社会福利。从进化论和有机论的角度来解释，这些价值观是20世纪早期英国新自由主义的核心，在霍布豪斯的《自由主义》中得到最简洁的表达。[18]这种自由主义不仅在新的历史背景下发展了其先驱穆勒的思想，而且对后来英国福利国家的兴起做出了重大贡献。[19]尽管伯林对"新政主义"和"艾德礼领导下的福利国家"表示同情，但是，他对新自由主义的成就没有给予多少赞扬；在他的一生中，他相对不关心对福利思想至关重要的社会经济问题，包括健康、住房、就业和工业形式。事实上，他几乎没有提到新自由主义的关键思想家的名字；在一个罕见的场合当他提到一位时，伯林说他"对霍布豪斯［……］印象不深"。[20]同样,虽然个人自主是自由主义另一个重要分支个人完善派的组成部分,但它在伯林的规范性著作中并不突出。虽然他承认起源于康德道德哲学的以自主为基础的自由主义传统,但他认为自己属于另一种以消极自由为基础的自由主义传统,其代表人物是写作《论自由》的穆勒。不同于约瑟夫·拉兹和史蒂文·沃尔等自由主义完善派,[21]伯林不认为鼓励公民自主生活或以其他方式完善自我是自由主义国家工作的合法部分;他认为,对于公民的个人决定和他们对善的概念,自由国家应该是无所偏袒的,即使不是严格中立。因此,伯林的自由英格兰代表了一种特殊的自由主义,既不是完善主义的,也不是改良主义的,而是明显的**极简主义**的。正如扬-维尔纳·米勒(Jan-Werner Müller)所说(对施克莱表示赞同),它的主要关注是"避免出现**恶**的结果(summum malum),而不是实现任何**善**的结果(summum bonum)"。[22]借用阿伦特反复提到的一个形象,伯林的英国是一个"自由之岛"(在消极自由的意义上),被各种非自由政体所包围,从温和的独裁主义到纳粹主义和斯大林主义。伯林,像阿伦特在这方面一样,认为20世纪是一个黑暗的时代,甚至是"有史以来最糟糕的世纪",其特点是极权主义的兴起,全面战争和规模空前的大屠杀,[23]伯林的英国漂浮在这险恶的水面上,其自由主义传统在历史上是独一无二的,但具有普遍的规范吸引力。

我在第4章中指出,两种政治威胁在伯林关于"最糟糕的世纪"的讨论中占有突出地位。一种是多数派主义,一小撮受意识形态驱使的狂热分子利用法外手段,特别是恐怖手段,夺取权力,建立一个高度不自由的政权。这是伯林心中的主要威胁之一,他反复提到海因里希·海涅的"观念的力量"格言:"在教授的书房中静静孕育的哲学概念可以摧毁一个文明。"[24] 如果说卢梭、黑格尔等人提出了具有潜在爆炸性的概念,那么"多数派"就是实际上摧毁了一个文明。在托洛茨基自己的话中可以找到伯林恐惧的镜像:"没有狂热主义就没有历史上伟大的成就。"[25] 伯林的英国几乎没有这种威胁,并且对之相当怀疑。如果说英国人**天生地**厌恶狂热主义、极端主义和残忍,那么英国就必定会免于"多数派"式革命或叛乱的危险。

第二种威胁是明显的右翼威胁,植根于一种浪漫的民族主义。众所周知,伯林并不认为民族主义一定具有侵略性或本质上是不自由的。[26] 然而,首先,当它意指集体自决的政治要求时;第二,民族共同体对结社自由和公民社会其他共同体的活动设置了限制;第三,民族价值与忠诚被认为在道德上高于其他对群体的忠诚;最后,民族获得了一种使命感,这种使命感被认为如此重要,有正当理由消除所有障碍,必要时可以采取暴力手段;当这些条件具备的时候,它就会朝侵略性和不自由的方向发展。[27] 伯林认为,从历史上看那些遭受外部屈辱的国家很容易产生这种民族主义。正如我在第4章中所论,伯林著名的"压弯的树枝"的比喻旨在说明这一点:一个被压迫的民族反击压迫者,就像一根被非自然外力压弯的树枝在被放开那一刻对"弯曲根源"的回击。[28] 在伯林看来,这种"压弯的树枝"似的民族主义典型事例是拿破仑入侵后的德国,它强烈憎恨法国人的普世主义狂热,尽管它敏锐地意识到自己的文化落后和政治落后。[29]作为一个历史决定论概念的激烈批评者,伯林承认德国的浪漫民族主义不是必需发展成为威廉二世的军国民族主义;它也不需要演变成国家社会主义。然而,伯林(在这方面与阿伦特不同)并不认为20世纪的右翼极权主义完全前所未有,是与其19世纪的浪漫民族主义前身有根本性断裂的。在某些历史条件下,右翼极权思想在与乌托邦主义和非理性主义等其他因素相结合后,可以从浪漫民族主义中脱颖而出。再一次,伯林的英国在理想情况下不易受到这种威胁。虽然大英帝国的兴衰产生了英国民族主义和"英国沙文主义",但这与它的恶意和侵略性的德国对手是不可同日而语的。[30]如果伯林是正确的,在英国出现这种威胁就是不可能的,因为根据他的"压弯的树枝"假说,外部导致的屈辱是浪漫民族主义兴起的先决条件。如果是这样的话,法西斯主义就不会在英国出现,除非将来这个国家被侵略或者被严重打败。

然而,伯林并不认为良性的英国民族主义的价值仅仅在于它不会超越一定的界限。它还在于满足他所认为的最基本的人类需求之一的能力,这种需求深深植根于我们的本性:归属的需求。这里指的是一种特定的**文化**归属。在伯林看来,只有在一个与自己有特殊文化联系的群体中,一个人才能真正有在家的感觉,并过上充实的生活。他承认这样一个群体不需要是一个国家;理论上,它可以是一个自愿的协会,一个社会经济阶层，等等。不过，在实践中，以共同语言和共同记忆为基础的**民族**归属感，已被证明比其他团体的忠诚度更强。伯林由此得出结论，作为一个文化群体的民族的一员，**可能会继续最有效地满足人类对归属感的需求，至少在可预见的未来是这样**。[31]注意，伯林对民族籍属的认可超出了穆勒的功能主义观点，穆勒认为"共同籍属的感觉"有助于产生政治稳定和维持"自由制度"。[32]虽然伯林大体赞同穆勒的观点，但他最终还是从内在而非工具的角度为民族籍属辩护。他遵循赫尔德的概念，认为民族是"纯粹和严格的文化属性"，并认为民族的主要价值在于它能够为一个民族的集体生活提供家园。[33]这就解释了为什么伯林希望在社会中看到的多样性涉及个人和他们的意见、偏好和性情，而**不**延伸到亚民族文化社群（sub-national cultural communities）；多元文化的过度会破坏联结一个民族的特殊纽带。伯林说，英国是最佳的多元化国家，并为正确类型和程度的民族主义所鼓舞。虽然它是"所有国家中民族主义最少的国家之一"，但英国的男男女女被丰富的文化和历史纽带联系在一起，他们不会觉得包围在身边的全是陌生人。[34]

毫无疑问，伯林复现的是英国和英国民族的一些"最自我认可的神话"。[35]但他所做的不止这些：他在**重塑神话**方面有着自己的贡献。与此特别相关的是他对英国哲学传统的叙述方式。他观察到，就总体观点而言，英国哲学（就像英国社会一样）基本上是经验主义的：清醒、冷静、重常识、反形而上学。它始于培根和霍布斯，由洛克、贝克莱和休谟发展，在边沁和穆勒那里达到巅峰,并以各种方式被伯林(近于)同时代的人如罗素、摩尔、艾耶尔和奥斯丁继承。[36] 这种叙述排除了英国唯心主义者,如T. H.格林、F.布拉德利和伯纳德·鲍桑葵。伯林当然知道这些唯心主义者的著作,尤其是因为在他开始学术生涯的20世纪20年代末的牛津大学,一直受到它们挥之不去的影响。[37] 然而,他和他同时代的许多经验主义者一样,经常称唯心主义者为"英国的黑格尔派",强调他们的"日耳曼式"著作对于所谓英国本土传统的外来性。例如,在他最著名的论自由的书中,伯林称赞格林是"非常开明的"和"真正的自由主义者";但伯林最终将他描绘成他的德国大师的追随者,优先考虑积极自由而不是消极自由,后者一直由"**英国经典政治哲学家**"(当然还有伯林自己)所捍卫着。[38] 伯林以这种方式加入了20世纪初经验主义者做法的行列,他们试图否定英国哲学在穆勒和罗素之间所做的一切。甚至伯林的自传式回忆也为这一目的服务。他回忆说,学生时代阅读布拉德利和鲍桑葵就像"在一片黑暗的树林中漫步,偶尔有微弱的光线在枝杈之间闪过"。相反,阅读摩尔的《伦理学原理》让年轻的伯林有一种被"送"到"一个开阔的阳光普照的平原"的感觉。[39] 英国经验主义温和地照耀着伯林的自由主义英国,唯心主义者,以及狂热分子、极端分子、恐怖分子、斯大林主义分子和法西斯分子都不属于这里。

总之,伯林的英国不是对这个国家在某一时刻存在的公正描述。毋宁说,它是一种理论建构,表明英国**在其最好状态下**

可以成为什么样子，体现基本的自由主义价值观、理想的自由主义气质和悠久的智识传统，同时捍卫消极自由，从政治上否定可疑的形而上学思维，包括一边经由格林、布拉德利和鲍桑葵另一边经由尼采和海德格尔而引入的康德、黑格尔和马克思。它据说免疫于伯林所恐惧的两种最糟糕的表现：经多数派反叛实现的极权主义，和经浪漫民族主义的恶性膨胀实现的极权主义。因此，毫不奇怪，伯林从未认真考虑过离开英国去以色列（他一生都支持以色列）或美国（他认为在那里他的作品会比在英国更受赞赏）。事实上，当伯林得到纽约城市大学提供的全职教授职位时，他明确表示，他没有"出于任何目的离开英国的丝毫打算"。他希望留在他的第二故乡，在那里他很高兴地"被无数条纽带〔……〕羁系着"。[40]

争辩英国帝国主义

伯林对英国的叙述有一个三重的时间结构：（T_1）遥远的过去——存在着相对同质的人口；（T_2）战后的当下——或多或少符合主流英国文化的不同群体相互宽容和总体上愉快地共存；以及（T_3）随着英国从T_1到T_2的有机发展，连接"那时"和"现在"的连续时间流。这里自然出现了一个问题，这个国家的那些混乱事件与巨变（尽管没有大规模的外部入侵）如何适应这种叙事。虽然人们可以想到许多这样的场合，从宗教改革和内战到20世纪末的移民和人口变化，但有一个问题与我的这项研究特别相关：英国的全球扩张和帝国的错误冒险，特别是英国在加长版19世纪后半叶的那段时期，当时帝国达到了顶峰。英国历史上的这一段如何能与伯林眼中视作典型的自由主义社会自圆其说？对这个问题的考察，不仅使我们能够进一步理解他的规范性观念；也能让我们对本书的两位主人公进行有趣的比较。

以赛亚·伯林与英帝国主义的非英国性

伯林对英国帝国主义历史的看法是难以捉摸和矛盾的。与阿伦特不同，他没有关于帝国主义的理论。同样与她不同的是，他对大英帝国没有太多具体的评论。不过，有一点是清楚的，那就是他没有表现出所谓的"帝国怀旧"情绪。这可能令人惊讶，因为他对温斯顿·丘吉尔的崇拜是众所周知的。他的文章《温斯顿·丘吉尔在1940》可以说迹近吹捧，[41]他确实以谀扬之辞赞美过这位政治家，说他是"国家的救星，一个属于传奇和现实的神话英雄，我们这个时代最伟大的人"。[42]但伯林的丘吉尔是一个令人敬畏的战时领袖，而不是帝国英雄。我们的哲学家几乎不会跟这位政治家一样，希望以这种或那种方式拯救摇摇欲坠的帝国。事实上，尽管伯林和丘吉尔主张战后英美联盟表面上相似，但背后却有着不同的理由。如果说丘吉尔是想建立一个更紧密的联盟，以继续据称是英国人发起的文明工程，[43]那么伯林强调联盟的重要性，则是因为他认为战后英国"保持适当的生活水平，甚至保护生命和自由本身"的能力关键取决于美国这个超级大国。[44]1949年9月，他在BBC第三套节目中表达了这一现实的观点。伯林指出，不管人们喜欢与否，帝国已经失去了，而且永远失去了，战后的英国将无力回天，除非它与朋友和盟友一起行动，最重要的是与美国一起行动。这一评论激怒了他的听众，他们认为伯林的现实主义不过是失败主义。例如，英国《标准晚报》一位专栏作家指责这位牛津教授对帝国复兴的前景选择性无视。专栏作家写道："英国应该独自渡过难关，将信心寄托在大英帝国的实力和资源上。为什么伯林先生对这个简单信条的吸引力如此目盲？答案很简单。他不是一个帝国人。"[45]这些话在描述层面上是正确的。伯林的确不是"帝国人"。在他看来，"幸存和复兴的老路"已经消失。在20世纪40年代末持有与此相反的想法是妄想，等于未能"认识到事物是什么样的，它们的后果会是什么样的"。[46]

但是，妄想并不是战后英国垂死帝国的潜在复活者所独有的恶习。在伯林看来，它之前就影响了英国的外交和帝国主义政策，尤其是在19世纪末的发达帝国主义时期。再一次，他在这个问题上没有太多的话说，但他说的一点表明了他的信念，即一些帝国的建立者是在愚弄自己，过于热切地拥抱诸如"白人的负担"和文明使命这样的概念。这种清醒的观点部分源于他的赫尔德式的想法，即每种文化都有自己的重心，没有一种文化可以声称自己在整体上比其他文化**优越**。当然，这并不意味着一种文化中的特定行为不应该受到外部的批评。但是，这表明发达帝国主义的文明优越感是一种自我陶醉，是无知、沙文主义和自我膨胀的混合体。此外，伯林对英国发达帝国主义妄想的否定，也是基于他对民族主义持久力量的经验观察。正如他在1961年孟加拉语诗人泰戈尔诞辰100周年之际告诉新德里听众的那样，从20世纪的去殖民化运动中吸取的一个教训是，一个民族对自我统治的渴望是真实的，"前殖民地的公民可能宁愿选择自己亲属的苛刻对待，也不愿接受外来者最开明的统治"。[47]英国的帝国建立者居高临下地希望——通常是善意的——通过传播文明的（即英国的）生活方式来提升"低等"文化，这加强了，有时甚至唤醒了，被征服者的民族意识。从这个意义上说，帝国的建立者是他们自己的掘墓人：帝国的傲慢为"压弯的树枝"般的民族主义的猛烈爆发铺平了道路。

鉴于它来自伯林，这一针对"大英帝国建立者的妄想"的指控不容忽视。正如我们在第4章中看到的，伯林倾向于把最严重的政治灾难归咎于妄想的观念，尤其是乌托邦式的妄想。然而，妄想并不是一种内在的道德错误，而是一种审慎上的错误，虽说失于审慎的错误经常导致道德上的错误。尽管伯林同情小国的民族主义，并且这种同情得到他的犹太复国主义热情的支持，但与阿伦特相反，他并没有对现代欧洲帝国主义或其英国变种表达强烈的**道德**愤慨。首先，伯林在这方面很像他那个时代的人，对帝国和帝国主义的辩论很少感到兴趣。[48]他对赫尔德、费希特、迈斯特、马志尼等人为民族主义所做的理论辩护非常感兴趣，与此形成鲜明对比的是，他对维多利亚、洛克、伯克、穆勒、霍布森、列宁和卢森堡关于帝国主义正反面的争论则不感兴趣，更不用说对弗朗茨·法农和艾梅·塞泽尔了。这部分是由于伯林对"帝国主义错误"的默会设定：错误主要在于一个国家对另一个国家的不受欢迎的统治。换句话说，他是透过民族的透镜来看待帝国主义的。从这个角度来看，帝国主义本质上是错误的，因为它违反了民族自决的原则。这当然可能是真的，但人们想知道伯林对与帝国主义相伴而生的其他罪恶和错误有什么看法，例如种族主义和白人至上主义、战争和军事征服、谋杀、屠杀和种族灭绝、掠夺和经济剥削、盗窃土地和强迫本地人口流离失所。在这些问题上，伯林几乎没有说过什么，尽管他非常关注反犹主义和具体犹太人的困境。他的沉默给伯林的后殖民主义批评家们提供了口实，他们声称这位盎格鲁–犹太哲学家的自由主义政治理论由于他对种族和殖民问题的盲视而打了折扣。[49]

具体到大英帝国，伯林思想的两个方面值得强调。首先，他持有一种观点——今天在英国人中仍然很普遍——认为英国的帝国统治是相对良性的，"开明的"，总的来说甚至对被殖民者有利。[50]因此，伯林呼应了卡尔·马克思关于资本的文明效应的典型19世纪观点，他写道：

> 说帝国主义的统治或不受被统治者欢迎的外来统治必然给这些臣民带来损害，这并不完全正确。我想到的是卡

尔·马克思的一句非常精辟的话：在印度的英国人通过他们的统治，把印度人从一个完全的农业社会推向了一个相对现代化的社会，进行了三四个世纪的正常发展。他补充说，当然，英国人这样做不是为了印度人的利益，而是为了他们自己的利益；尽管如此，他说，从前有一个和平的、由满足的农民组成的农村社会，没有工业主义和现代化的恐怖，这是一个神话——英国统治前的印度统治者非常残暴，普通印度人的命运在某种意义上因英国人的统治而大大改善，不管英国人的动机是什么。[51]

伯林对英国在印度统治的文明效应有点过时的同情，是否与他捍卫赫尔德文化多元主义和平等主义的开创性努力相冲突，这是一个值得讨论的问题。如果他要坚持赫德式的观点，难道他不应该说，帝国主义**必然**会对被征服者造成损害（尽管这种损害可能会被相反的有利影响所减轻，甚至有时会被压倒）吗？或者，他不应该本着多元主义的精神承认这种平衡和计算是不可能的吗，因为文化损失和社会经济收益不能放在一个单一的尺度上？不管人们对他的是否前后一致有什么看法，可以有把握地说，伯林对英国帝国历史的理解，就像他对自由主义英国的理解一样，是有选择性的、仁慈的，并非完全公正的。他当然不认为（不像阿伦特，我们很快就会看到）大英帝国在某些关键方面是纳粹德国的前驱。

第二，更令人感兴趣的是伯林关于"英帝国主义的非英国性"的看法。如果像伯林声称的那样，英国传统由经验主义、实用主义、零敲碎打的政治方法等组成，那么帝国的一些大英雄和大恶棍——梦想家和幻想家、殉道者和狂热者、浪漫的冒险家和鲁莽的战争贩子——必须被排除在这一传统之外。在这里，伯林对迪斯累利的描述特别有说服力，见于他20世纪60年代末的文章《本杰明·迪斯累利、卡尔·马克思与身份的寻求》。[52]伯林笔下的迪斯累利是犹太人的迪斯累利，"不是任何普通意义上的英国人"。[53]他发现自己身处一个充满敌意的社会，在那里，他渴望被接受和发挥影响力的愿望遭遇了根深蒂固的怀疑和偏见。然而，这并没有阻止这位雄心勃勃、充满机会主义、极度浪漫的作家和未来首相。相反，为了满足他"支配［他的］社会的强烈愿望"，迪斯累利编造了自己的出身，为自己打造了一个犹太贵族的身份，并"半催眠地"相信自己的虚构，结果他获得了在维多利亚时代英国的政治阶层中与他的朋友和敌人平起平坐的信心和能力。[54]这位来自伦敦赛法迪犹太社区的年轻作家没有贵族关系，没有上过公立学校，也没有接受过古老大学的教育，却把自己变成了贝肯斯菲尔德伯爵。不过，伯林继续说，迪斯累利的想法和幻想仍然是外国的和"东方的"，其中包括他梦想般的帝国图景。事实上，这位盎格鲁-犹太政治家的帝国迷梦是"辉煌的，但极不英国［……］，浪漫到充满异国情调，充斥着形而上学的情愫，从表面上看与英国传统中最冷静的经验主义、功利主义和反体系化的每一样东西都完全相反"。[55]然而，这并不意味着帝国迷梦停留在迪斯累利的头脑中。相反,这位政治家成功地"在两代人的头脑中施了魔法"。[56] 他确实重塑了民族意识,单枪匹马地将"东方式的辉煌"投入到迄今为止现实的、严肃的帝国统治之中。[57] 因此,伯林的迪斯累利不仅仅是一个外来者和社会攀登者,还是一个魔术师和施咒者。在他之前,帝国是英国式的统治体系;在他之后,它变成了一个非英国式的邪教,持续了"两代人"。

这是伟人观历史理论的极致。伯林认为迪斯累利差不多要负全部责任,为晚期维多利亚时代托利党保守主义和流行的好战主义的结盟,以及这中间带有的一丝幻想的、相当荒谬的东方主义。对于历史学家来说,批评伯林过于强调一个人塑造国家命运的能力确实很容易。然而,从规范的理论角度来看,这种伟人理论的优势在于,伯林可以保持他的英国概念不受帝国历史中最糟糕事件的影响。即使英国人在19世纪末被帝国主义的狂热所征服,那也不是因为英国的长期发展,而是应该归咎于那个外国魔术师、"维多利亚时代最不维多利亚的人":本杰明·迪斯累利。[58] 同样,即使一些英国人表现出狂热、不得体和/或不人道的行为,例如当他们在南非结合焦土战术和集中营跟布尔人作战时,那也可以归咎于迪斯累利强大而短暂的魔法。在这方面,正如在其他方面一样,伯林不是一个"帝国人"。他将"英国性"从帝国的迷梦及其灾难性后果中拯救出来。他的史学将他的自由之岛从演变成自由帝国的内在动力中拯救出来。

汉娜·阿伦特和极权主义的（英国）帝国主义根源

与以赛亚·伯林不同，汉娜·阿伦特有一套关于现代欧洲帝国主义的理论。不过，不是一个独立的理论，而是她对极权主义分析的一部分。换句话说，她从后极权时代的角度来看待帝国主义的过去。考虑到这一点，她的理论有两个方面值得强调。首先，她将1884年到1914年之间——从柏林会议上欧洲对非洲的殖民化的合法化到第一次世界大战开始——确定为"帝国主义时代"。[59]这种新帝国主义必须与至少可以追溯到古罗马的旧的"帝国构建"区分开来。是前者，而不是后者，带来了西方历史的根本突破，并为"即将到来的灾难"奠定了基础。[60]当然，阿伦特是不亚于伯林的反历史决定论者，并强调20世纪的极权主义不是先前帝国主义的必然结果。然而，正如Karuna Mantena所指出的，阿伦特认为，帝国主义的经验，如种族统治、全球扩张、行政性屠杀和"平定"（即暴力和恐怖的统治），使得20世纪的种族灭绝、全面支配和极权主义恐怖"在经验上和概念上是可能的，即使不是不可避免的"。[61]对于这一点，整个**欧洲**的帝国主义，而不是某一个国家的局部帝国主义，都负有责任。最重要的是，在这里阿伦特没有让英帝国主义声称自己无辜。她写道："极权政府的出现是我们［即欧洲］文明内部的现象，而不是外部的现象。"[62]大英帝国是这一耻辱文明的重要组成部分，《起源》尝试记录它对极权主义，特别是纳粹变种的崛起起到的丰富而多样的贡献。

其次，阿伦特将新帝国主义描述为"资产阶级政治统治的第一阶段，而不是资本主义的最后阶段"。[63]不用说，这是对马克思主义帝国主义理论的挑战，列宁在1916/17年的著作《帝国主义是资本主义的最高阶段》中对此作了最清晰的阐述。[64]但是她与马克思主义者的分歧，甚至更具体地说，与列宁的分歧，绝不是完全的。[65]事实上，她不仅像列宁一样认为，资本主义本身包含一种导致激烈的帝国主义竞争的动力，而且她还追随列宁（以及霍布森）的思路，强调金融资本在帝国主义崛起中的作用。[66]资本主义经济产生过度储蓄，或者用阿伦特的术语来说，"表面资本"，这些资本可用作投资以创造更多的过剩资本。从历史上看，这种投资的机会最初是在国内市场寻找的，也就是在投资者民族国家的边界内部。但是，国内机会很快耗尽，多余资本的所有者开始在国外寻求进一步的机会。对于这种冒险的事业，他们寻求国家保护。按照阿伦特的说法，这标志着帝国主义的诞生。随着迄今为止的政治资产阶级夺取国家机器以保护其海外商业利益，政治目标被重新定义为遵循金融投资的逻辑：为扩张而扩张。

到目前为止，阿伦特的分析基本上遵循了经典的马克思主义帝国主义理论。但她讲述的故事的其余部分却与之截然不同，涉及她所说的"多余的人"或"流氓"（'the mob'）。作为资本主义经济无情活力的副产品，多余的人是被资产阶级社会抛弃的无技能的、失业的、经济上无用的"人类残片"。[67]他们在自己的国家受压迫，他们怨恨、不计一切、残忍，"内心空虚",并准备去任何地方满足他们的贪婪。[68]不过**不同于马克思主义者的期望**,他们避免与国际无产阶级的其他成员团结。相反,他们追随表面资本投资的地方,在遥远的土地上掠夺和牟取暴利,同时将自己确立为"主宰者民族"的成员。南非成了他们的模范目的地。在那里,与投机新发现的黄金和钻石的表面资本所有者结盟,多余的人"建立了寄生虫的第一个天堂"。[69]随着帝国主义时代的推进,类似的"天堂"在全球复制。与列宁的理论相反,新帝国主义的代理人不是试图"分享世界"的垄断资本主义者。[70]毋宁说,他们是"太富者和太贫者之间的新联盟",或者说是资本和流氓之间的新联盟。[71]

阿伦特正是在这个大框架内讨论英帝国主义的。为了与以赛亚·伯林进行比较,来看一下她重点描述的英帝国主义的关键人物。很能说明问题的是,像迪斯累利和格莱斯顿这样的议会人物在她的描述中出现得很少。更突出的是海外冒险家和官员,如塞西尔·罗斯,克罗默勋爵和T. E.劳伦斯,再加上作为欧洲人在非洲经历的最敏锐记录者约瑟夫·康拉德,以及作为英帝国主义传奇的专门作家鲁德亚德·吉卜林。[72]这种角色的选择反映了阿伦特的信念,即新帝国主义的道德核心不是在母国,而是在海外领土。如果要理解英国帝国主义,就应该考察南非、埃及和印度,而不是泰晤士河左岸。事实上,按照阿伦特的说法,威斯敏斯特的那些人,不过是为那些以帝国名义在现场采取行动的人的行为(不管多么放肆)提供事后理由罢了。

那么,阿伦特对本杰明·迪斯累利的讨论出现在《起源》

第6章 自由之岛 [287]

的第一部分"反犹主义"而不是第二部分"帝国主义"就不是巧合了。阿伦特先于伯林在这个问题上的前述文章,指出犹太人迪斯累利"从来就不是一个彻底的英国人[……]而且对此感到自豪"。[73]和15年后的伯林一样,阿伦特把迪斯累利描绘成一个极度投机的社会攀登者,一个虚构犹太出身的捏造者,一个相信自己幻想的人,一个对英国社会施魔的局外人"魔法师"。[74]事实上,这两位思想家对迪斯累利的描述是如此相似,以至于很难不怀疑伯林是在阿伦特的影响下写的文章,尽管伯林可能太骄傲了,不承认这种影响,甚至不承认阿伦特作品的存在。[75]尽管如此,在这里重要的是两个迪斯累利形象的一个关键**区别**。正如我们已经看到的,对于伯林来说,迪斯累利是一个彻头彻尾的帝国主义者,是晚期维多利亚时代英国民族意识的最大塑造者。而对阿伦特来说,迪斯累利不过是个暴发户和天才的骗子,他对英国的影响不过是"用高度危险的童话来娱乐无聊的社会"。[76]当然,迪斯累利是"一个英国帝国主义者"以及"一个犹太沙文主义者"。[77]但是帝国的命运并不掌握在迪斯累利手中;它掌握在那些拥有和投资多余资本的人手中。正是由于这个原因,迪斯累利的故事属于《起源》的第一部分"反犹主义"。尽管他在《起源》的第二部分"帝国主义"中短暂而零星地出现过,但他不是以帝国政治家的身份出现的,而只是作为一个种族问题的原始理论家,一个与阿瑟·德·戈比瑙相当的英国人,尽管他没那么严肃。[78]

与迪斯累利的边缘性形成鲜明对比的是罗斯、克罗默和劳伦斯在阿伦特对英帝国主义描述中的中心地位。罗斯的重要性显而易见。在阿伦特看来，他是"有帝国主义思想的商人"的典型，对这种人来说，扩张是政治的唯一和最终目的。[79]阿伦特对罗斯陷入绝望的故事印象特别深刻，因为他意识到，他所凝视的夜空中的星星是他无法企及的，超出了他征服和剥削的能力。他哀叹道："如果可以，我愿意吞并所有的星球。"[80]阿伦特用这些自大狂的话作为《起源》中"帝国主义"部分的引题，因为它们完美地抓住了帝国主义的心态：为扩张而扩张。正如我在第4章中指出的，她认为这种心态重新成为极权主义的支柱之一，在纳粹和斯大林主义的意识形态中以追求全球征服的形式出现。正如帕特里夏·欧文斯在转述阿伦特时简明扼要地写道："在地理上无限地寻求帝国财富，预示着极权主义对全球支配的追求。"[81]

克罗默和劳伦斯的意义在于另一面。他们是帝国公务员的典范，是极权主义官僚主义的不经意的前兆。[82]他们受过良好的教育，真诚，来自阿伦特认为根深蒂固的英国"屠龙传统"，来自英国人那种"超越他们童年理想"的无能为力。[83]他们都不是用工具理性武装起来的超级高效的官僚，纯粹而简单。相反，他们代表了大英帝国容易产生的吉卜林式的道德婴儿，渴望前往地球的四个角落会见"异国情调"的当地人，为他们屠龙，并教给他们"西方世界的伟大"。[84]更通俗地说，他们是极其天真和真诚的白人孩子，充满了弥赛亚情结。或者，用一个不同的形象来说，他们是自我牺牲的传教士，他们的福音被英国人想象成"人类的最高保证"。[85]阿伦特首先不是一个亲英派,她对这样的英国人表达了深深的蔑视,在她看来,他们"保存了西方的道德标准并使其幼稚化了"。[86]

但是屠龙的方式不止一种,阿伦特试图梳理出两位屠龙者克罗默和劳伦斯留下的不同遗产。一方面,前者的爱国主义和献身精神,产生了"作为外国统治原则的官僚主义"的新概念。[87]此后,帝国官僚在某些方面预示了纳粹德国的谋杀者,他们作为外国领土的实际统治者,越来越多地表现出专横、冷漠、缺乏公共责任感和对种族等级制度的默许依赖。[88]虽说称克罗默为"英国的艾希曼"是不准确的和时代倒置的,但他的治理和管理风格使纳粹官员的"平庸的"恶"在概念上和经验上成为可能,即便不是不可避免的"。[89]另一方面,劳伦斯为"公职人员完全认同他们所服务的政府"树立了榜样,而这个政府被认为体现了历史的神秘力量。这里需要注意的是,阿伦特的劳伦斯与流行的穿越沙漠的浪漫英雄形象截然不同,后者在大卫·里恩的电影《阿拉伯的劳伦斯》中表现最为突出。相反,阿伦特的劳伦斯是一个迫切需要扮演角色的无名小卒,一个极权主义"大众人"的原型,准备将自己完全认同于一场比自己更伟大的运动。随着劳伦斯自我毁灭式的服务而一道消亡的是"西方人真正的骄傲":康德关于人本身就是目的的观念。[90]

总之,按照阿伦特的说法,英帝国主义的道德核心是自大成狂的扩张主义;它的发动机是资本和流氓的联盟;它的管理者是道德婴儿;其最持久的遗产是官僚统治和公职人员彻底的奴性心态。她在这个骨架上添加了进一步的分析，确定了英国历史上一系列可以辨认出来的原始极权主义元素，从该国众多达尔文主义者、优生论者和多基因论者对种族思维的丰富发展，到托马斯·霍布斯哲学被理解为罗斯式财富积累动物的真正哲学。[91]她对此讨论的细节对于我们当前的目的来说并不重要，因为阿伦特和伯林关于英国帝国主义的对比到此已经很清楚了。对于我们的牛津哲学家来说，英国陷入帝国主义狂热只是一个短暂的现象。这个例子是一个例外，一个宽容、体面和自由的社会由于一个外国魔术师施的魔咒而脱离了自己的性格。相反，对阿伦特来说，英国的帝国主义阶段是该国长期社会发展和根系深远的文化趋势的结果，它对极权主义最终崛起的责任不亚于包括德国在内的其他欧洲国家。虽然她并不认为英帝国主义比其他帝国主义更糟糕，但她强烈否认英国例外论——即伯林所珍视的观点，英国对极权主义和帝国主义的非人性在某种程度上是免疫的。[92]和在其他地方一样，阿伦特在这里讲述了一个泛欧洲的故事，忽视了国家差异的重要性。伯林则不同意。他强调每个民族性格的独特性，将英国人从英国发达帝国主义的负面遗产中撇清出来。

阿伦特的美国

以赛亚·伯林绝不是他同时代人中唯一一个将英国理想化

为自由主义社会典范的人。所谓的"冷战自由主义"的其他关键人物,如卡尔·波普尔和雷蒙·阿隆,与伯林同样有着明显的自由派的亲英情结,尽管他们在为什么英国应该被视为一个模范自由社会上所持的理由并不彼此完全一致。[93]汉娜·阿伦特显然不在这一批政治思想家之列。她对自由主义有偏见,对英国文化不屑一顾,除了托马斯·霍布斯之外,她很少花时间研究英国哲学。[94]不过,这并不意味着她没有将任何实际存在的社会、政体或国家理想化。相反,她将一个国家,即美利坚合众国,那个给他提供第二故乡的国家,大大理想化了。说得夸张一点,美国之于阿伦特的意义就相当于英国之于伯林的意义。正如伯林反复以英国为例来阐述他的规范思想(如个人自由和宽容),阿伦特则多次以美国为参考来阐述她的规范思想。

跟伯林的英国一样,阿伦特的美国也被认为拥有"非凡的好运",能够实现具有普遍人类吸引力的理想。[95]一系列历史条件,例如据称没有大规模贫困,拥有地方自治的草根传统,有助于美国努力建立一个崭新的自由共和国。然而,正如我稍后要阐明的,在理想的美国(美国在最佳状态下的样子)与现实的美国(美国在阿伦特一生中给定时刻的样子)之间,阿伦特所看到的差距,要比伯林在英国看到的类似差距还大。她的美国似乎有点精神分裂,是一个**反复出现危机**的自由共和国。它不断被现代性释放的各种有害的"社会"力量(在阿伦特的术语意义上)所牵引,如个人主义、物质主义和消费主义,同时不断通过重新制定她所谓的"革命精神"来纠正自己。对她来说，美国是一个典型的现代共和国，具有现代性本身的所有矛盾特征。然而，用她的话说，这是"**唯一一个**对共和政体来说至少还有机会的国家"。[96]

在阿伦特的术语使用中，革命"精神"对比着革命"行动"。当美国人把自己从英国统治下解放出来并建立一个新的政治秩序时，后者就结束了，但最初激发革命行动的精神并不需要随着行动的结束而消失。相反，如果这个新建立的国家要作为一个自由共和国存在下去，革命精神就必须活下来。这种"精神"具体由什么构成？它的主要组成部分是：**政治自由**，它被理解为某种独特人类能力的行使，即在公共领域展开行动和开创新事物；形成**自愿协会**的习惯，以务实和非党派的方式解决公众关心的问题；从对公共事务的"讨论、[……]审议和决策"的愉快经历中产生的对**公共幸福**（有别于私人福祉）的意识和倾向；[97]**追求卓越的野心**，并渴望看到一道致力于共同政治目标的他人所展现出来的优异；对**多元化意见**的价值的信任，以及由此产生的对单一公众意见统治的反对。如此构想的革命精神并不是一种独特的美国精神。它不仅出现在美国革命中，也出现在各种政治动荡的时刻，如1848年和1870—1871年的法国，1905年和1917年的俄国，1918—1919年的德国和1956年的匈牙利，当时自治委员会自发形成了她所谓的"人民的乌托邦"。[98]但美国革命具有特殊的重要性，因为与其他革命不同，它既没有受到外部镇压，也没有陷入混乱、内战或恐怖统治。相反，它将自己化成一部成文宪法，从此成为新共和国的基础。

正如安德鲁·阿拉托（Andrew Arato）和让·科恩（Jean Cohen）所指出的，阿伦特对美国法律和政治结构的分析，并没有公正地反映出在制宪和随后的美国历史中所表现的竞争性宪法原则的复杂性；她对美国革命的叙述也没有公正地反映出值得认真考虑的"相互竞争的解释性观点"。[99]但是，她的讨论具有**理论上的**意义，就像伯林对英国的评论具有理论上的意义一样：它夸张性地描绘了美国经验的某些特别方面，以想象力重构了最佳状态下的自由共和国的样子。事实上，她用她所叙述的美国——那个曾经的美国——从内部批评了她那个时代实际存在的美国。阿伦特对当代美国弊病的解药，大部分在于**重申**她所认为的共和国的旧传统。[100]

在这样的理解角度之下，阿伦特对美国历史和制度的评论有三个特点值得强调。首先，她将成文宪法视为革命精神的法典化。最高法院是"一种连续的制宪会议"，因为法官通过解释或解读宪法，使最初催生宪法秩序的革命精神复活。[101]第二，阿伦特有些反时序地将对托克维尔的解读放进美国革命史，贬低了民粹主义潮流，同时强调了成文宪法和制宪者意图中的反多数主义潮流。她反复强调制宪者对"选举性专制"的担忧，并指出参议院和第一修正案是保护持异议的少数人免受多数人暴政的两种制度手段。[102]阿伦特的美国是一个各种意见相互竞争的共和国。最后，本着托克维尔的精神，阿伦特强调了支持民主制度的更广泛的政治文化的重要性。值得关注的是她对"公民忠于宪法"的评价;如果一部成文宪法在它所要治理的国家没有得到"理解、认可和爱戴",那么这部宪法就存在严重缺陷。[103]总之,美国的法律和政治结构将革命的精神落实到制度中了,并提供了一个基本框架,使公民有机会成为"政府事务的参与者"。[104]

来看一下阿伦特和伯林在支持维护他们各自理想政体的基本条件上的差异。一方面,伯林强调了习俗和惯例等**非正式**制度对于自由主义政治体福祉的重要性。更具体地说,自由主义国家依赖于一系列有利的社会学条件,包括民众的宽容开放的气质和通过共同语言和共同记忆将人们联系在一起的相对的文化同质性。[105]另一方面,根据阿伦特,一个自由的共和国与其说依赖于"习俗、礼仪和传统",不如说依赖于更正式的,特别是"规范我们世俗生活和我们彼此之间日常事务的法律制度"。[106]当然,阿伦特并没有高估法律的力量,这从她强调人民对宪法的超法律文化(extra-legal culture)就可以看出。不过,这里的"文化"指的是托克维尔式的**政治**文化,不同于伯林的自由英国所固有的赫尔德式**民族**文化。与伯林相反,阿伦特认为一个自由的共和国不需要以民族性或相对的文化同质性为基础。毋宁说,它最终依赖于公民的相互承诺,包括以宣言、契约等形式作出的**书面**承诺,即他们将积极和持续地参与公共事务。[107]

像伯林的自由主义英国一样,阿伦特的美利坚共和国被认为拥有一个内在的免疫系统,可以抵御极权主义的崛起。在此值得回顾一下,两位思想家对极权主义是**如何**典型地出现的不

第6章 自由之岛 [295]

同看法。伯林的担心主要涉及两种情况：一小撮多数派狂热分子暴力夺取政权，外部屈辱导致的浪漫民族主义的爆发式反弹。这两种情况都没有让阿伦特那么担心。她最关心的是魏玛式的自由民主陷入瘫痪，然后陷入权力真空，由像纳粹主义这样广受民众支持的极权主义运动来填补。根据她的理解，自由主义民主本质上是不稳定的，并且易于以两种重要的方式滋养它的极权主义敌人。首先，自由民主的**社会**越来越多地将男女大众从传统的家庭和社会关系中解放出来，从而创造出孤独、原子化和孤立的个体。第二，极权主义运动可以利用自由民主**制度**，从由此产生的孤独大众中招募成员和支持者。[108]因此，阿伦特主要担心的与其说是狂热的极权主义，不如说是被现代大众社会强化的民粹主义。它的镜像可以在希特勒和戈培尔1932年5月对选举的**赞美**中找到："投票，投票！为人民而战。我们太幸福了。"[109]

不过，阿伦特并不认为自由民主国家必定会重复魏玛的失败。只要大众社会的有害力量被克服，自由民主的灭亡就不会发生。她的"革命精神"，至少在美国语境中，恰恰扮演了这一角色。将男男女女变成积极的公民而不是孤独的个体，这将美国被极权主义接管的"潜在和永久危险"始终保持在一种**未实现的潜在性状态**。[110]阿伦特思想的这一方面可以被称为"恐惧的共和主义"，它颠覆了让消极自由优先于积极自由的伯林式做法。[111]在阿伦特看来，自由主义民主及其提供的对消极自由的保护可能会像魏玛一样崩溃，**除非公民表现出愿意行使**

政治自由，行动起来，关心他们所居住的人类世界。从这个意义上说，消极自由有赖于政治自由，一如后者有赖于前者。二战期间的德国人享有相当程度的消极自由，但却很少——甚至太少——行使政治自由。阿伦特坚持认为战后的美国人应该有所不同。[112]

但是，阿伦特并不确定战后的美国人实际上是否与二战期间的德国人有所不同。在20世纪60年代末和70年代初发表的一系列文章中，[113] 她对她的第二祖国的各种政治弊病进行了诊断，这些弊病可以归入"个人""公民社会"和"国家"这些熟悉的标题下。第一，在"个人"这一层，美国公民越来越倾向于将政治自由委托给民选代表，接受**摆脱**政治的（消极）自由，退回到舒适的私人和家庭生活中，在消费和生产的经济领域中寻求幸福，并利用政治机构来追求私人利益而不是共同的政治目标（"来自下面的［……］腐败和反常"）。[114] 第二，在"公民社会"这一层，自愿协会已经演变成自我维持的压力团体，而广泛官僚化的政党则为自己的特殊利益服务。最后，在"国家"这一层，由职业政治家及其助手组成的政治阶层正在抽走联邦政治资本（withdrawing into the federal political capital）；公关方法正在渗透到治理领域，以"出售"政策和"购买"选票；政府正在大量招募所谓的具有社会科学技能的专家来解决政治问题，就好像这些是管理问题一样。总而言之，阿伦特认为"社会"在美国政治生活的所有领域中都日益黯然失色。不过，她并没有说这个国家的革命精神已经无可挽回地丧失了；它只是失踪了，尽管已经失踪了很长时间。她承认共和国已经病入膏肓，但她坚持认为它需要也应该得到公民的爱护。

此外，美国对阿伦特的吸引力还在于共和国能够激励男人和女人过上充实的生活，正如她所理解的那样。尽管有含糊不清和犹豫不决的地方，但正如我在第2章中指出的，她倾向于为政治生活方式辩护，认为它比其他生活方式更有价值。在她看来，**除非**一个人在公共领域行使人类特有的说话和行动的能力，否则他既不能实现自己的全部潜能，也不能体验到与他人一起生活的快乐。用阿伦特的话说，一个没有政治参与的人的生命"简直就是死的；它不再是人的生命，因为它不再生活在人类之中"。[115] 当然，她从不支持**强迫**男男女女接受一种共同的生活方式，不管这种方式可能有多好。她也没有天真到期望每个人都能拿出勇气出现在公众面前。但她希望自由的共和国能够"保证［那些政治上积极活跃的人］在公共领域的合法地位"，允许并鼓励他们茁壮生长，她认为这种保证在美国大体上还是有的。[116] 这就是美国对阿伦特特别有吸引力的地方。诚然，在20世纪的美国，公众参与公共事务的快乐已经在很大程度上让位于消费和生产的私人享受，但前者从未被完全遗忘。事实上，在阿伦特看来，在她有生之年她看到了一次这样的复兴，当新一代美国年轻人开始对共和国面临的一系列危机做出回应时。这一代人通常以象征他们经历的特定年份命名："六八一代"。

争辩革命精神：美国1968

阿伦特对1968年的美国的评论揭示了她激进的民主思想，也表明了她对这个国家历史的独特看法。此外，1968年是阿伦特和伯林之间一个有趣的比较点，因为关于这一年的动荡，他们的反应差异大到了极点。巧的是，1968年他们在纽约差点碰上。众所周知，阿伦特住在上西区，密切关注着这个城市的动荡。而不太为人所知的是，伯林当时在纽约城市大学担任客座教授，在1966年至1971年间在那里待了将近一年。但两位思想家的平行之处还不止于此。伯林被哥伦比亚大学授予荣誉博士学位，并计划参加1968年6月4日的毕业典礼。与此同时，哥伦比亚大学学生的抗议活动在春季学期升级，大学当局决定在4月30日让警察进入校园，结果导致712人被捕，148人受伤。[117]阿伦特对反叛的年轻人非常好奇，她亲自到校园去看了这场动乱。伯林在远处也给予了同样的关注，想知道毕业典礼是否会按计划举行。

两位思想家的反应各是什么？首先看一下伯林。在20世纪60年代末，他自然而然地对比起了美国和英国：纽约既令人振奋但又令人恐惧，牛津则和平但又有些沉闷。[118]他在1968年5月提到了一种担忧："纽约——学生骚乱——黑人愤怒的缓慢增长——是可怕的"。[119]不过他还没有害怕到取消参加哥伦比亚大学毕业典礼的计划。他以他特有的幽默口吻描述当时的情况，以此保持冷静。在毕业典礼前几天，他给他的朋友麦乔治·邦迪（邦迪是肯尼迪总统和约翰逊总统的前安全顾问）写信说：

> 我打算带着水枪来［哥伦比亚］，如果有任何激进的学生接近我，我会站起来反对他，跟他说老师们已经掉头，来个虫子反击，并喷他一家伙。据说1791年（或随便什么时候吧）的"大恐慌"（La Grande Peur）攫住了每一个人，但与所有教授在学生轻微的不满面前的恐慌相比，它似乎算不了什么。为什么教授们不能建立自己的街垒呢？[120]

伯林的语气是玩笑式的，但很明显他认为自己属于哪一方：大学当局。他带着好奇、困惑、惊恐和轻蔑的复杂心情看着挤满纽约街道的数百名"六八一代"——他称他们为"基督"。他认为他们在政治上和思想上毫无价值：他们"都太粗野，胡子拉碴，极其疯狂"。[121]在一封不那么戏谑的信中，伯林谴责他们是野蛮、粗鲁、虚无和糊涂的，带着"洋洋得意的无知"。[122]这一评定不仅仅是因为他自己对高雅文化的品位。"六八一代"，甚至按照他们自己的说法，对伯林珍视的传统自由主义价值观和情操持高度批评态度。以美国为例，他们希望他们的同胞，尤其是老一辈人，少一点对政府的点头，多关注一下政府在国内国外犯下的不公正行为。在他们看来，对政治漠不关心就是认可现状，就等于在压迫黑人和错误的越南行动上共谋。伯林不同意。他认为"六八一代"的主张过于天真，认为即使是越南也无法拿如此毫不含糊的用词来理解。[123]他也不为他们要求更大的民主参与所动，在他看来，这在道德上限制了男人和女人有权享受的私权范围。他知道他的批评者视他为"眼瞎的自由主义反动派敢死队头头"，但仍然坚持他的原则。[124]"我渴望一定程度的资产阶级稳定，"他写道，"一定程度的保护，防止所有私密的、内心的、无关利害关系的活动变成尖叫和呼喊，变成公共问题。"[125]在伯林看来，"六八一代"的主要缺点是他们倾向于把一切事情都政治化——使所有人成为政治动物。一个充满着此类动物的纽约市，与伯林那个稳定、有序、宽容的自由英国恰成反照。这让他想起了"末年的罗马"。[126]

阿伦特对这场剧变的反应几乎是另一个极端。早在1967年11月，她就注意到了"国家和大学"的跃跃欲动，但从一开始，她就对反叛的年轻人表达了明确的同情。[127]同他们一样，她也认为美国处于道德、社会和政治的危机中；在伯林等自由主义者渴望的"资产阶级稳定"中看到了冷漠和虚伪。哥伦比亚事件发生前五个月，她乐观地指出，只要警察不进入校园，"事情就不会失去控制，学生意见的方向几乎不会走向极端"。[128]在目睹哥伦比亚大学事件后，她仍然坚定地站在学生一边，批评大学当局"特别可怕"。[129]在她眼中，叛逆的青年不是"粗野的、胡子拉碴的和疯狂的基督"或四处游荡的无知野蛮人。他们是勇敢的公民，是革命精神的载体，被正义感所驱使，并且没有被警察的暴行所吓倒。当然，她并不是不加批判地欣赏"六八一代"。根据他们各自的优点，她对他们不同的做法作出了不同的评判。对她所谓的"六八一代在理论问题上奇怪的胆怯",她也不以为然。[130]事实上,她批评他们倾向于依赖陈词滥调的口号,经常不能"认识到现实本身"。[131]不过,阿伦特对"六八一代"的总体看法是非常乐观的。她说,这一代人的独特之处"在于其行动的决心,在于其乐于行动,在于其自信,相信通过自己的努力能够改变事情"。[132]她当时所见的纽约、芝加哥、伯克利等地方的动荡令她想起其他"人民的乌托邦"时刻。[133]她写信给卡尔·雅斯贝尔斯说:

> 在我看来,下个世纪的孩子们将会像我们了解1848年一样了解1968年。[……]这里[美国]的情况也非常危险;但我有时认为这是唯一一个共和政体至少还有机会的国家。除此之外,你会有置身于朋友之中的感觉。[134]

最后一句话值得特别留意,因为它表明了一种归属感,考虑到阿伦特一生的经历,这有些令人惊讶。她在德国度过了她的整个成长时期,在1941年作为一名难民和36岁的妇女来到美国,她没有也不可能像伯林那样在社会和文化上成为美国人;伯林11岁移民英国,成为社会和文化意义上的英国人。在到达纽约五年后,阿伦特用她的母语创作了可以说是她写过的最悲伤的诗:"Wohl dem, der keine Heimat hat; er sieht sie noch im Traum"(没有家的人有福了;他在梦中仍能看到它)。[135]诚然,她在法律上的无家可归状态于1951年12月10日结束,当时她获得美国公民身份,这给了她"拥有权利的权利",即

[302] 汉娜·阿伦特与以赛亚·伯林:自由、政治与人性

"每个人都有的成为政治共同体成员的权利"。[136]但她从未摆脱失落感，认为自己是"被纳粹从［她的］祖国赶走的德国犹太人"。[137]不过，最终，她在美国找到了家的感觉。这不仅是因为她在自己的第二祖国培养了一批亲密的朋友，还因为她发现自己置身于和她一样愿意采取行动、努力维护和改善他们共同继承的自由共和国的同胞之中。她真正的家乡可能仍然是德国，但她政治上的家如今是美国。[138]这里很难避免精神分析的意象：20世纪30年代魏玛共和国给阿伦特造成了创伤，而她在20世纪60年代的美利坚共和国找到了治疗创伤的方法。[139]很能说明问题的是，阿伦特经常使用"公共幸福"一词来描述一个人在体验政治自由时的感觉。那么，她确实变得幸福了，因为她在美利坚找到了家；她看到家近在眼前。

自由和/或民族主义：匈牙利1956

当汉娜·阿伦特在1968年6月告诉卡尔·雅斯贝尔斯，美国可能是"共和政体至少还有机会的唯一国家"时，她很可能想到了另一个国家，在那里建立自由共和国的机会十多年前被残酷地摧毁了：那就是匈牙利。[140]对阿伦特来说，1956年的匈牙利革命本质上是人类自由的见证，也是一次错失的机会：一个新生的自由之岛被极权主义暴力的洪水摧毁。在以赛亚·伯林看来，这件事的意义不在这里。对他来说，匈牙利革命首先是一场民族主义运动，尽管它也是一场争取自由的斗争。两位思想家对1956年的匈牙利的截然不同的观点值得仔细研究。

流产的革命

首先，需要对匈牙利革命做一个简要的概述。1956年10月23日上午，在瓦迪斯瓦夫·哥穆尔卡（Władysław Gomułka）当选波兰统一工人党第一书记两天后，一群学生游行到布达佩斯的贝姆·约瑟夫（Józef Bem）雕像前。集会的地点选得很好。贝姆是一名波兰将军，曾在1848—1849年领导过匈牙利独立战争，贝姆象征着匈牙利学生从波兰最近争取维护自主权和脱离莫斯科的（有限）自由的努力中，感觉到的团结意识。不明身份的学生演说家宣读了曾担任贝姆助手的匈牙利爱国诗人裴多菲的话：

> 我们的军营结合了两个民族，
> 什么民族？波兰人和马扎尔人！
> 还有什么比这两个民族联合起来
> 更强大的天命吗？[141]

这次和平集会之后，该市其他地方爆发了自发的示威游行。当局试图平息局势，但事与愿违。匈牙利工人党（译按：应为匈牙利劳动人民党，1956年11月才改组为匈牙利社会主义工人党）第一书记格罗·艾尔诺（Ernő Gerő）在晚上8点发表的恐吓性讲话激怒了抗议者；当令人深恶痛绝的AVH［秘密警察，译按：即国家保安局（államvédelmi Hatóság）］成员开枪驱散聚集在当地一家电台前的人群时，暴力事件爆发了。战斗很快蔓延到整个城市，除了正规警察和军队，学生、工人和普通市民也加入了战斗。与此同时，抗议者设法推倒了英雄广场上雄伟的斯大林雕像。以一系列和平示威开始的活动，很快发展成全国性的起义。

这让包括美国情报界在内的所有西方人大吃一惊。[142]美国及其盟友完全没有准备好为匈牙利人民提供任何支持，除了继续在中央情报局赞助的自由欧洲电台上发表强硬言论（但没有行动）。相比之下，莫斯科消息更灵通，准备更充分，行动更迅速。10月23日，驻扎在匈牙利的苏联军队收到了动员命令，由罗马尼亚和乌克兰喀尔巴阡山脉军区增派的军队也加入进来。[143]尽管苏军的规模惊人，但他们并不适合手头的任务：维持治安而非常规战争。令全世界震惊的是，他们被装备简陋的匈牙利公民游击战士打得大败，游击队里有从军队叛逃的匈牙利士兵。与此同时，全国各地自发出现了地方委员会和地方议事会，并使自己成为事实上的决策和行政机关，缓解了因国家权威丧失而造成的混乱。

到10月29日，革命似乎胜利了。改革派纳吉·伊姆雷（Imre Nagy）取代斯大林主义者格罗·艾尔诺担任总理，匈牙利和苏联军队达成停火协议，苏军宣布撤军。纳吉政府开始兑现民众的一些要求,尽管缓慢且相当不情愿,这些要求被简洁地表述为"十六点",实际上已成为"革命宣言"。[144]兴奋、怀疑和希望的混合情绪席卷了整个国家。然而,胜利被证明是短暂的。尼基塔·赫鲁晓夫10月30日上午还在决定让匈牙利效仿波兰寻求有限的民族自治,但在一夜之间,他来了个180度的大转弯。在接下来的三天里,[145]大批苏联军队包围了匈牙利,而苏联外交官向纳吉和他的部长们做出虚假的保证,让匈牙利对即将到来的入侵毫无准备。这一次,苏联的行动不再是治安警察的任务。11月4日清晨,苏军入侵布达佩斯,并在三天内取得了有效的胜利——正好赶上11月7日的俄国革命纪念日。纳吉逃跑了,随后被逮捕,并于1958年6月被处决。与此同时,在莫斯科支持的新总理卡达尔·亚诺什(János Kádár)指挥下,超过10万人被捕,3万5千人因"反革命行为"受到审判;其中近2万6千人被判入狱,600人被处决。[146]约20万人,即该国总人口的2%,越过边境,以逃避逮捕和/或到西方其他地方寻求活路。[147]

美国领导的干预,本可挽救这场流产的革命,或者至少挽救它的一些成就。许多匈牙利反叛者认为这很快就会到来,特别是因为自由欧洲电台给人的印象是,如果发生反对苏联统治的民众起义,美国人愿意并准备提供帮助。但是,宣传是一回事;实际情况又是另一回事。首先,艾森豪威尔总统不愿意冒着引起第三次世界大战的风险去拯救一个人口不足一千万的国家。而且,面对11月6日的总统选举,他对升级中欧危机的兴趣不大，尽管他需要听起来足够强硬，以反驳自己党内反共鹰派的批评。此外，虽说纳吉在匈牙利很受欢迎，但美国政府无法理解某些共产党人比其他共产党人更好，因此无法支持他。最后，美国及其盟友正陷入一场深刻的危机，因为英国和法国做出了灾难性的决定，与以色列勾结入侵埃及，抢占苏伊士运河，以保护其经济和地缘政治利益。假如美国、英国和法国采取不同的行动，匈牙利革命的结果是否会有所不同，这是20世纪最大的"反历史假设"之一。

自由与委员会制度：阿伦特论匈牙利革命

汉娜·阿伦特怀着浓厚的兴趣关注着来自匈牙利的消息。她对这一问题最初的评论是早在1956年10月24日发出的，这则幸存下来的评论表明，她和其他人一样，并没有完全预见到正在发生的危机会演变成一个世界性的历史事件。她当时关注的是反抗的揭露效果。她在给丈夫海因里希·布吕歇的信中写道："我刚刚得知俄国军队已经干涉了匈牙利。'太棒了！他们终于露出马脚了。'"[148] 换句话说，阿伦特很高兴看到匈牙利事件暴露了一个事实，即所谓的苏联对中欧和东欧的"影响"只不过是斯大林主义的支配。几个月后，当革命流产，按照莫斯科的条件恢复"秩序"时，阿伦特仍然兴奋地谈论匈牙利，将其描述为"很长一段时间以来发生的最好的事情"。[149] 这种持续的兴奋感部分是因为她认为起义"仍然没有结束"——这意味着，恢复的"秩序"可能不是坚如磐石，可能会受到该国后续发展的挑战。虽然阿伦特在这一点上过于乐观，但她的兴奋从未减弱，因为她开始从自己独特的政治意义上把匈牙利革命解释为自由的不朽表现。她告诉卡尔·雅斯贝尔斯："不管结局如何，这都是自由的明显胜利。"更具体地说，她在匈牙利看到了"一种胚胎中的（*in nuce*）新的政府形式的自发出现，即委员会制度"。[150]

阿伦特在1958年2月发表了一篇题为《极权帝国主义：对匈牙利革命的反思》的长达40页的文章，文中阐述了她对匈牙利革命的"自由和委员会"解读。[151]这篇文章与其说是一篇政治分析，不如说是一篇颂扬匈牙利人民"最辉煌时刻"的颂词。[152]它以一个声明开始，明确表达了阿伦特关于政治的反结果论观点：匈牙利革命"是一个真实的事件，其地位不取决于胜利与否，它的伟大正在于它所上演的悲剧"。[153]今天读来，这篇文章的有趣之处不仅在于它讨论了什么，还在于它**没有**讨论什么。该文约有一半的篇幅用于分析整个共产主义世界和苏维埃俄国的最新发展，因为作者思考了斯大林之死以及随之而来的去斯大林化的长远影响，正是后者引起了匈牙利革命。当谈到起义本身时，阿伦特只关注街头层面，将该事件作为"罗莎·卢森堡式的'自发革命'"的一个实例："一个被压迫民族**为了自由**而突然起义，**几乎没有别的东西**。"[154]这样，阿伦特完全略过了外交和高层政治，这符合她的观点，即匈牙利革命是人民**自下而上**协同行动的罕见实例。因此，她的文章既没有提到纳吉有缺陷但广受支持的领导，也没有提到美国在为反叛者提供实质性支持上的无能为力，以及苏伊士运河危机（如果没有这场危机，匈牙利事件可能会有不同的发展）。

更能说明问题的是，阿伦特忽略了一些不符合她对革命的"自由和委员会"解读的重要因素，或将其边缘化。然而，这些因素肯定是在街头起作用的，阿伦特知道它们。其中一个因素是暴力。诚然，革命是以和平抗议开始的，反叛者最初诉诸武力是作为自卫手段，但其中一些人对被俘的AVH军官使用了极端的暴力。考虑到许多匈牙利人对秘密警察的愤怒，这从人性上也许是可以理解的。毕竟，他们是在执行死刑。然而，对一些被俘人员施加的暴力行为之残酷，也是不容置疑的。加蒂·查尔斯（Charles Gati）当时是匈牙利一名年轻记者，后来成为一名杰出的政治科学家，他仍能"回忆起愤怒和狂热的人群如何"不仅对一些AVH成员处以私刑，而且还"以肢解尸体为乐"。[155] 现场的另一名记者彼得·弗莱尔（Peter Fryer）在他1956年的著作中提供了有关这种可怕的"快乐"的更多细节：

> 一批又一批秘密警察被倒挂在布达佩斯的树上和灯柱上，人群向他们吐唾沫，有些人因为多年的痛苦和仇恨而变得疯狂和残暴，把烟头掐灭在死尸上。[156]

我们不知道有多少AVH官员被处以私刑。镇压起义的卡达尔·亚诺什政府在1957年声称已经确认了289起这样的死亡事件；最近的一份历史研究报告认为这仅仅是"宣传"，并提出

第6章 自由之岛 [309]

大约在90到100人之间的"最佳估计"。[157]不管确切的数字是多少，各种形状和形式的AVH军官尸体照片在国际媒体上广泛展示，为匈牙利事件制造了糟糕的公关形象。[158]更重要的是，关于AVH军官被私刑处死的消息，特别是10月30日在共和国广场杀害了23名军官，"刺激赫鲁晓夫想起对一场'白色恐怖'〔……〕的恐惧"，即1917年至1923年内战期间帝俄的白军当时对叛军采取的暴力行动。[159]这样，私刑无意中促成了莫斯科10月31日使用军事力量镇压革命的致命决定。虽然阿伦特不可能了解赫鲁晓夫的心理，但她肯定能接触到一些让这位苏联领导人感到战栗的可怕照片。因此，我们可以有把握地假设，当阿伦特在1958年的文章中写下以下文字时，她是故意选择了淡化街头暴力的重要性："没有针对生命的犯罪〔……〕，因为为数不多的公开绞死AVH军官的事件是在非常克制和有区别的情况下进行的。"[160]

在阿伦特对革命的讲述中，同样被边缘化的是普通匈牙利人对国家糟糕的经济状况的深切关注。这种担忧的中心地位并不令人惊讶。20世纪40年代末，匈牙利处于破产的边缘，当时该国站在轴心国一方进行了一场毁灭性的战争，被迫支付3亿美元赔款（六年内），作为战后解决方案的一部分。[161]然后是1951年启动的第一个五年计划。随着劳动力在短时间内大规模地从农业转移到工业，"几十万村民"的生活被灾难性地打乱了，而计划经济的宏观经济结果被证明是极其不稳定的。[162]这种"狂妄自大的重工业项目"随后在纳吉的第一个总理任期内得到了缓和，经济得到了改善。然而，他在1955年3月因政治原因被赶下台，使国家面临更多的经济不确定性。[163]因此，不奇怪，叛乱者的"十六点"包括的一些要求，用阿伦特的术语来说，属于"社会"领域和"政治"领域。一方面，正如阿伦特所强调的，"十六点"包括明确的政治要求，如自由公平的选举，公正审判、言论自由、表达自由和新闻自由的权利，以及"立即从匈牙利撤出所有苏联军队"。[164]另一方面，尽管阿伦特没有提到这一点，但该清单还包括一系列经济要求，如改革功能失调的计划经济、工人最低生活工资、合理利用农产品以及平等对待个体农民和合作社。[165]换句话说，不同于阿伦特所说的，革命的目标不是一个而是多个，其中包括减轻贫困和经济困难，并非只是为了"自由，几乎没有别的东西"。援引阿伦特自己的理论框架来说，匈牙利革命比她让我们相信的更像"法国"而不是"美国"。[166]1956年的匈牙利人**除了自由之外**，还想要一个不受灾难性中央计划干扰的至少有效运行的经济。

阿伦特对匈牙利革命中的委员会的讨论招致了类似的反对，尽管没有那么凿实。阿伦特据说是以联合国特别委员会的"匈牙利问题报告"为基础，[167]确定了两类自下而上自发产生的委员会：履行"主要政治职能"的革命委员会，和处理"经济生活"的工人委员会。尽管她承认"两者之间的分界线［不是］很清晰"，但她相当整齐地将两者分开，并将注意力完全集中在"革命委员会和政治方面"。[168]然后，她以一种初步的方式阐述了她标志性的委员会制度谱系,将1956年的匈牙利跟其跨越时间和空间的各种前身联系起来。[169]因此,1956年革命期间出现的委员会没有任何匈牙利特色。相反,匈牙利反叛者创建的是"一百多年来,每当人民被允许[……]跟随他们自己的政治发明,而没有从上面强加的政府(或政党纲领)时,就会出现的**同一种**组织"。[170]总之,阿伦特对匈牙利革命感到兴奋,因为这场革命,尤其是革命委员会,据说激发了革命精神,并在极权主义和半极权主义的暴力、统治和控制的汪洋大海中建立了一个"自由之岛",即使只是一时的。

这是真的吗?历史证据是否支持阿伦特的说法?答案似乎很复杂。首先,阿伦特对工人委员会和革命委员会的区分有点太整齐了。正因为许多委员会是在没有中央协调的情况下自发出现的,它们彼此差异很大,给自己起了各种不同的名字。其中一些愿意与纳吉政府紧密合作;其他一些,如由杜达什·约瑟夫(József Dudás)领导的伪称的国民革命委员会,则企图以自己替代它。[171]将这些不同的团体分为**不是工人委员会就是革命委员会**,是将很多事情简单化了,并且更多反映的是阿伦特的纯粹理论,而不是匈牙利革命的混乱现实。事实上,匈牙利许多实际存在的委员会扮演着多重角色,它们为自己设定了革命起义、防御和维持治安、生产分配商品和资源,以及政治代表、政治决策等任务。这些方面中哪一个是最重要的一直是有争议的问题。这里值得指出的是,匈牙利哲学家海勒·阿格妮丝（Agnes Heller）对阿伦特强调政治的观点提出了挑战。根据海勒，匈牙利委员会有自己独特的传统，不同于法国和俄国的委员会。它们"基本上是一个自我管理的组织"，只是在政治权威崩溃的情况下才偶尔承担起政治角色。[172]因此，海勒强调了一个本土传统，将1956年的匈牙利委员会与它们在该国历史上的前身联系起来，而不是与欧洲各地的各种委员会进行国际比较。[173]虽然学术界没有就哪个理论家的观点更接近经验现实达成共识，但可以看到，阿伦特对匈牙利委员会的独特政治解读仍然存在争议。[174]

同样，阿伦特忽略了匈牙利革命的民族主义方面。再来看看"十六点"清单，其中包括要求恢复民族象征以取代"外国"（即俄国）象征；要求承认传统的民族节日；要求用"1848—1849年独立战争英雄和烈士纪念碑"来代替斯大林雕像。[175]用上述联合国报告的话说，反叛者的一些要求是关于"民族自豪感"的。[176]阿伦特完全忽略了这一方面，尽管她认为联合国的报告"的确极为出色"。[177]对此一忽略的一个可能解释是，她对匈牙利的分析受到了她对犹太复国主义观点的影响。正如我在第2章中所描述的，在她看来，犹太复国主义的悲惨命运是，一场为自由和尊严而进行的光荣斗争，已经退化为在民族国家体系框架内争取主权和自决的民族主义斗争。如果是这样的话，阿伦特最不希望在匈牙利看到的，可能就是这种"犹太民族主义糟糕辩证法"的重演。[178]不管她是否有过类似的想法，阿伦特肯定是淡化了民族主义在匈牙利革命中的

192

第6章 自由之岛 [313]

作用。阅读她的文章，人们不会了解到裴多菲的爱国话语被宣读，匈牙利红白绿三色旗和丝带在革命期间在全国各地展示。人们也不会了解到，起义期间经常听到的口号带有民族主义色彩："俄国人滚回去！"[179]最后，人们也不会了解到，当布达佩斯11月4日被外国侵略者占领时，反叛者控制的广播电台作为一种绝望的反抗行为，继续播放匈牙利国歌。一个非阿伦特式问题出现了：在1956年秋天的匈牙利首都，**国歌**变成了**革命**精神的化身，这难道不可能吗？民族主义和政治自由**必定**相互冲突吗？

自由与民族主义：伯林对匈牙利革命的看法

匈牙利革命没有像对汉娜·阿伦特那样激发以赛亚·伯林的想象力。当然，他没有发表明确支持匈牙利事件的文章也不足为奇，因为那会危及他在铁幕后面的亲属。他知道，他在1945年至1946年对苏联的访问让他在该国的亲戚付出了沉重的代价，他不打算重蹈覆辙。[180]反之，阿伦特能够发表她关于匈牙利的有影响力的文章，一个原因就是，与伯林不同，她已经与斯大林主义集团安全地**脱离**关系。话虽如此，令人惊讶的是，伯林甚至在他的私人文件中对匈牙利革命也几乎没有说什么，不仅是在20世纪50年代末，而且在事件发生后很久也没说过，那时他可以说任何他喜欢的话，而不用担心他的话会产生意想不到的后果。尽管伯林有冷战斗士的名声，但他对冷战历史上的这一重大事件却明显没有说过什么。

为什么会出现这种沉默？部分解释是，与匈牙利相比，伯林更关心苏伊士问题。毕竟，与前者不同，后者涉及对伯林的自我认知至关重要的两个国家：英国和以色列。他敏锐地意识到，在苏伊士运河危机期间，两国都受到了来自四面八方的攻击，他还为两国（连同法国）对埃及的侵略行为找了很多借口开脱。11月1日，他特地给克拉丽莎·艾登（越来越不受欢迎的英国首相安东尼·艾登的妻子）写信说："我想向首相表达我所有的钦佩和同情。在我看来，他的行动非常勇敢，非常爱国，而且——我差点忘了——绝对公正。"[181]当然，伯林说这话部分是出于礼貌，但也是因为他不知道艾登在为对埃及的战争辩护时表里不一的程度。不过，即使他慢慢了解到更多关于英国、法国和以色列之间的勾结，他也不愿意谴责它们，而是继续保持骑墙态度，尽管越来越不舒服。这让他在牛津的许多朋友和同事感到恼火，他们认为苏伊士的惨败是"他们一生中最糟糕的一天"，甚至"比慕尼黑还要糟糕"。[182]其中一位朋友，著名的法律学者H. L. A.哈特，在1957年听到宣布授予伯林骑士爵位时大发其怒。"凭什么？凭在苏伊士战争期间没有攻击政府吗？"哈特写信给他的妻子说。[183]当伯林的社交圈关于苏伊士运河问题争得不可开交时，匈牙利也就从伯林的生活中淡出了。

但是，伯林没有像阿伦特那样热衷关注匈牙利还有一个原因。也就是说，他很早就意识到匈牙利人陷入了一场无法取胜的战争，外界几乎无法改变这场战争的结果，英国人也几乎无法影响这一中欧事件。不用说，这并不意味着伯林在道义上不支持匈牙利的运动。他当然支持。不过，他是一个过于政治现实主义的人，对匈牙利的未来并不乐观。此外，他也没有阿伦特那种程度的反结果论，不足以呼应阿伦特的观点，即匈牙利革命的伟大将"不取决于胜利与否"。[184] 与阿伦特的看法相反，伯林希望匈牙利人**获胜**，但他知道他们不能。他在1956年11月给阿瑟·小施莱辛格写信说：

> 即使我们［英国人］在道德上是纯洁的［……］我们对匈牙利的强烈抗议也不会有任何影响。整个19世纪充满了高尚的抗议，关于波兰的殉难，匈牙利的殉难，意大利的殉难，这些事情给殉道者带来的安慰还不如没有。有谣言说，要不是苏伊士运河危机，美国会向匈牙利输送武器或人员。除非他们为真正的反苏战争做好了准备，否则这肯定不会有帮助。很明显，无论怎么抵制，俄国人都会派出足够的兵力来击溃匈牙利人。[185]

伯林看到匈牙利处于真正的悲剧境地。匈牙利人的要求是正当的，但他们没有能力让这些要求得到满足。苏联不会被说服接受公正的要求，一旦从莫斯科的角度看，异议变得过分，他们就会使用武力镇压。唯一能改变这种基本力量不平衡的是国际干预，不管是联合国还是美国的干预。然而，在这一点上，联合国和美国谁都帮不了匈牙利人。由于苏联的否决权、安理会内部的分歧（因苏伊士运河危机而加剧），以及该机构在缓解国际冲突方面的普遍无能，联合国是无力的。美国也同样无能为力，因为它的领导人知道他们的干预会冒第三次世界大战的风险。当然，他们原则上可以承担这种风险，遵循格言 *Fiat justitia, ruat caelum*（"天塌下来，也要正义得张"）。但这无异于一场不计后果的豪赌，艾森豪威尔总统非常明智，不会冒这个险。伯林似乎已经明白了这一切，并接受了现实。加蒂·查尔斯有一个说法，在匈牙利事件发生时，伯林没有那种普遍蔓延的幻觉。"太多的匈牙利人和美国人相信，"加蒂写道，"他们会胜利，因为他们是正义的。"[186]伯林，这个持价值多元论的哲学家，不相信这一点。他知道力量和正义是两码事，匈牙利人这次不可能获胜，无论他们多么正义。因此他对匈牙利革命缺乏热情。

然而，这并不是说伯林对减轻匈牙利悲剧无所作为。虽说他知道自己能做的不多，但他还是做了力所能及的事情，在这场流产的革命期间和之后都签署了请愿书和公开信。最值得注意的是，他与其他英国学者签署了两份声明，分别于1961年3月和1962年2月送到布达佩斯，要求释放1958年8月被判无期徒刑的匈牙利历史学家比波·伊什特万（István Bibó）。[187]这些请求可能产生了一些影响，因为比波确实在1963年3月27日被大赦释放。[188]伯林愿意以这种方式支持旨在实现现实目标的小规模干预。但当谈到更具抱负的计划时，他仍然高度怀疑。例如，当他听说牛津大学的两个本科生大卫·普莱斯-琼斯和雅各布·罗斯柴尔德想去匈牙利做志愿者时，他努力劝阻他们。他说：

> 我告诫他们不要把自己太当回事，大学生就是大学生，不要动不动就问自己是在这里实现自己的目标，还是应该去别的地方，必须继续做自己正在做的事情，而不要觉得世界的安全和幸福取决于自己的职责，也不要觉得自己有什么特殊的天职或使命。[189]

这对于劝阻两个牛津大学生来说，是一种奇怪的方式；他们像英国其他地方的本科生一样，正因为他们是本科生，他们才觉得与匈牙利有特殊的联系。[190]他们知道革命是由布达佩斯的大学生发起的，还有中学的少年志愿者参加。[191]"在布达佩斯的许多地方，"如维克多·塞巴斯蒂安（Victor Sebestyen）所写道的，"革命是一场学生娃的战争。"[192]既然如此，为什么英国学生要因为他们是本科生就被取消资格呢？不管伯林的答案是什么，他认为英国大学生觉得自己可以做些什么是愚蠢的，因为连艾森豪威尔都几乎无能为力。伯林对1968年的志愿大学生的深深蔑视，在他对他们1956年的前辈的轻微蔑视中已经有了先兆。

伯林对匈牙利革命看法还有一个方面值得考虑。虽然这场革命在他的学术著作中并不突出，但它确实零星地出现过，而且每当它出现时，都被作为具有历史意义的**民族主义**事件来呈现。[193]在这里，值得重申的是，伯林认为民族主义可以采取良性的和人性化的形式,也可能采取沙文主义和侵略性的形式;它可以是而且经常是一种为善的力量,表达了人类对归属感的基本需求。他不厌其烦地强调过去的主要政治哲学家是如何将民族主义斥为非理性和偶发现象的,结果却被其持久性的现实所驳倒。在这方面伯林最喜欢的靶子是卡尔·马克思,他认为马克思在这上面是一个典型的傻瓜,严重低估了民族主义的力量。当然,伯林对马克思的解读是有争议的,他受到了学者的质疑,这些学者认为马克思对民族主义的观点更加细致入微。[194]但伯林从未被他的批评者所说服,坚持认为马克思和他的正统追随者对"历史事实"是盲视的。[195]鉴于这种解释,伯林会从1956年的匈牙利吸取最重要的教训,认为〔……〕斯大林和赫鲁晓夫都把民族意识视为毫无理性可言,因而未能认识到人类对归属感需求的真实性。伯林早在1957年就表达过:"最近在匈牙利、波兰和其他地方发生的事件"提供了"证据,证明正统的〔……〕对民族感情(以及这种感情缺乏对一个显然不再是资本主义的国家的工人阶级的影响)的解释,包含着许多谬误,这些谬误对许多卷入其中的人来说已经被证实是足够悲惨的"。[196]与阿伦特相反,伯林并不认为在革命的匈牙利,对民族自决的渴望次于对自由的欲求。事实上,正是前者被伯林作为匈牙利革命最重要的遗产而反复强调。对他来说,这场革命首先意味着一场民族主义运动。

在此值得强调的是,伯林多次顺便在匈牙利民族主义和犹太复国主义之间做出类比。[197]这种类比的要点不是像阿伦特那样用犹太复国主义来说明民族国家体系的内在矛盾。相反，这是为了强调这两个民族的要求的合法性：匈牙利人和犹太人在道德上都有权要求自决，只要他们不让民族主义滑向沙文主义、仇外心理等等。简单地说，民族主义和自由对阿伦特来说是不相容的；对伯林来说，它们则可以是互补的。在阿伦特看来，20世纪初的危机和灾难最终表明，民族自决的原则将永远与欧洲、以色列/巴勒斯坦和其他地方的人口复杂性不相容，1945年后民族国家体系的残余将活在借来的时间里。而在伯林看来，民族主义应该被赋予"富有成效的自我表达渠道"，因为归属感是一种非常基本的人性需要，而民族归属在历史上被证明是唯一一种这样的群体忠诚，这种忠诚足以让其成员拥有"共同的语言、历史记忆、习惯、传统和情感等不可分割和不可动摇的纽带"以满足这种需要。[198]脱离了这些"纽带"，一个人在名义上所属的社群中就不会有家的感觉。遗憾的是，伯林对1956年匈牙利反复喊的口号"俄国人滚回去"没有留下任何评论。不过不难想象，这让他想起了在英国统治下的巴勒斯坦反复听到的一个更古老的口号："英国人，滚回去！"[199]民族主义在阿伦特的自由之岛没有任何位置。而如果它以一种良性和人道的形式来表达，民族主义则在伯林的"自由之岛"中有着非常重要的作用。

结　　论

"汉娜·阿伦特·布吕歇，1906年10月14日生于德国汉诺威，1975年12月4日卒于纽约。"这是我们的主人公之一墓碑的碑文上写的，她葬在哈德逊河畔安嫩代尔的巴德学院公墓。看到她从生命的开始到结束所走过的漫长路程，人们可能会怀疑社会学家理查德·桑内特（Richard Sennett）的说法是否正确，他说在美国的阿伦特"是一个仍然生活在魏玛德国的人"。根据桑内特的说法，无论阿伦特在美国待了多少年，她都处于永久的流亡状态；无论她变得多么有名，她从来没有成为"美国体制"的一部分。[200]这种观点无疑是有些道理的。然而，如果你花一点时间去看看阿伦特最后的安息之地，四处走走，听听关于她的各种故事，你可能会开始认为，她终究适合葬在那里。紧挨着她墓碑的是她丈夫海因里希·布吕歇（Heinrich Blücher）的碑，布吕歇陪伴了她三十年。曾经，汉娜·阿伦特每年都会在她丈夫的忌日去到那里，静静地坐着，让"已逝者出现"在她的脑海中。[201]小墓地本身就让人想起充满活力的纽约知识分子生活，因为已故教授、作家和知识分子的坟墓以相当无序的方式挤在这个有限的空间里。巴德学院的学生经常拜访著名的阿伦特教授的坟墓，有时"祈祷他们关于《艾希曼在耶路撒冷》的论文取得好成绩"。[202]她的崇拜者也从远方来朝圣，从墓碑周围留下的一些鹅卵石、硬币和手写纸条可以看出。我在2014年10月参观时，有人留下的一块鹅卵石上刻着阿伦特的一个关键概念"爱世界"(amor mundi)。正如她曾经告诉卡尔·雅斯贝尔斯的,正是在美国,她才把这个概念理解为一种活生生的体验;她开始"真正爱这个世界"。[203]虽然这个国家通常达不到她的标准,但美国有时会实现它的潜力,深深打动她的是"共和的理念",这个理念体现了人类所有的不完美。[204]

以赛亚·伯林被安葬在大西洋的另一边,牛津北部的沃尔弗科特公墓。他也是不远万里,从里加市中心,经彼得格勒和伦敦,来到这座古老的大学城。但是他的情况不像阿伦特,很难想象他还能被埋葬在其他什么地方。许多对他生活至关重要的地方离沃尔弗科特公墓只有很短的车程。其中包括:基督圣体学院(Corpus Christi College),他于1928年在这里开始了他的牛津生活;全灵学院(All Souls College),在那里他成了思想家;他在"赫丁顿的乔治王朝样式的宫殿住宅",在那里他度过了他人生中的41年,直到1997年去世;沃尔夫森学院(Wolfson College),他的遗产在这里得到了有力的保护并成立了正式的机构。[205]牛津的几个学院都悬挂着伯林的肖像,城市里也经常举行纪念他生平和作品的活动,参加的有他以前的学生、朋友、崇拜者和大多数同情他的批评家。与巴德学院公墓相比,沃尔弗科特公墓被整齐地分成不同的部分,每个部分代表一种宗教、一个民族和/或一种仪式风格。以赛亚·伯林被安葬在犹太区,旁边是他的妻子艾琳,她于2014年去世,享年99岁。虽然墓地的不同部分界限分明,但它们没有被墙或障碍物隔开。人们可以很容易地从一个区走到另一个区,如果你这样走过，你会看到那些与伯林一起吃饭、闲聊和争论的人的名字，证明他所说的，他"扎根于"他所心爱的英国牛津。[206] 如果说人对归属感的需求是最基本的，就像伯林所声称的那样，那么这种需求在他自己于这个风景如画的大学城的生活中得到了满足。

虽然我们的主人公的最终安息地就这样被大西洋隔开了，但他们的书——他们的遗产和死后声名的主要载体——在世界各地的图书馆和书店里经常可以看到彼此相邻。由于书籍通常是按字母顺序陈列的，阿伦特的书经常被放在伯林的书的正上方。不难想象这对这位牛津教授来说是多么令人恼火；人们也可以想象，上面的那个女人对下面恼怒的作者会表现出奥林波斯式的冷漠。然而，不管他们不幸的个人关系如何，我们应该感到幸运的是，今天我们很容易获得他们的著作，我们可以自由地借鉴他们来发展我们自己的思想。阿伦特和伯林经常意见相左，这意味着他们**一起**给我们留下了丰富的、异质的资源，以便我们思考他们共同关心的问题：一方面是自由、人性和政治，另一方面是不自由、非人性和政治的扭曲。我在本章开始时提到，曾几何时，共产主义波兰的持不同政见者利用这些资源来想象一个他们想要生活的自由国家。我们在21世纪的困境当然是不同的。但是，阿伦特和伯林的生平和作品今天仍然激励着全球的政治思想家，这表明，他们帮助我们想象一个更美好未来的能力绝没有被耗尽。

第6章 自由之岛 [323]

第 7 章

结论

这项研究证实了威廉·詹姆斯的话："哲学史在很大程度上就是人类性情的某种冲突的历史。"[1]汉娜·阿伦特和以赛亚·伯林确实有着非常不同的气质。一个勇敢、有魅力、正直、自信、冲动、不善言辞而爱争论；一个怀疑、讽刺、幽默、迷人、彬彬有礼且脸皮薄。一个在自己的第二故乡仍然是一个局外人；一个成为英国精英中无可争议的一员。一个喜欢把自己当作自觉的异类（pariah，原意：贱民、弃儿）和挑战职业思想家成规的独立声音；一个喜欢把自己想象成多元论的狐狸，强调在一个充满狂热分子和乌托邦主义者的世界里，中庸和妥协的重要性。一个留下了一本《思想日记》，例示了她所描述的"我和我自己之间的对话"的思考过程；一个是社会名流，据说是自丹尼斯·狄德罗以来最健谈的人，[2]留给我们大堆信件，充满了八卦、好奇心、和蔼可亲、风趣幽默、恶作剧和对人类喜剧的敏锐感觉。一个尽管是局外人，或许正因为如此，她几乎从不缺乏自信；一个尽管获得了无数荣誉，却经常缺乏安全感，优柔寡断，经常需要别人来安抚他的焦虑。一个经常被指责傲慢；一个则经常被指责怯懦。一个声称要"在一场漂亮的仗中获得巨大的乐趣"；[3]一个则坦承"非常循规蹈矩"，一生中"从未反叛过"。[4]

在阿伦特和伯林的例子中，很难将气质与经历和思想分开。阿伦特目睹了二战期间德国议会政体的衰落；伯林目睹了俄国革命的暴力。1933年让阿伦特认识到的，与其说是极右运动本身的威胁，不如说是中央集权主义者的自负加上群众的顺从所带来的危险；1917年让伯林领教了多数派狂热主义和恐怖的威胁。后来，阿伦特生活在战后富裕的美国，在那里，她觉得每个人都沉浸在生产和消费的无尽循环中。伯林则访问了战后的苏联，在那里他看到了公民被一个操纵者领导下的全能国家所欺凌。尽管方式有些繁复，但这些经验上的差异解释了我们两位主人公思想的一些主要差异。阿伦特非常担心制度麻木和政治衰败；伯林则害怕暴力叛乱。阿伦特厌恶布尔乔亚的志得意满；伯林则憎恶极端主义。阿伦特认为革命可以使人恢复活力；伯林认为这可能是破坏性的。阿伦特视勇气为首要的政治美德；伯林则珍惜宽容。阿伦特希望普通的男男女女"不要太关心我们自己或我们的灵魂，而要开始更多地关心我们的世界"；[5]伯林则希望各种各样的保护人停止干涉别人的事情。阿伦特为积极的公民权辩护；伯林则为自由主义的个人主义辩护。

如果说一些经历让阿伦特和伯林分道扬镳，那么另一些经历则拉近了他们的距离。反犹主义在塑造他们的身份上起了重要作用。纳粹主义的兴起使他们确信同化主义的失败。犹太复国主义不是作为一种抽象的理论出现，而是作为对上世纪上半叶欧洲犹太人所面临的危机的一种可行的政治回应。他们两人，就像他们的同代人雷蒙·阿隆一样，都开始感受到"一种不稳定和焦虑的感觉，几乎没有空间进行悠闲的追求"，如本体论和认识论。[6] 两人移民的经历非常不同，伯林的移民经过比阿伦特更和平和有序。不过，有些经历对他们来说是共同的：掌握一种新的语言，适应陌生的环境和新的生活方式，欣赏第二故乡的某些方面，同时又对旧世界遗留下来的文化、语言和文学有某种依恋。两位思想家都是英语世界中会说多种语言的欧洲人，在乏于游历的本地人眼中是有文化的世界主义者。阿伦特认为自己是"被纳粹赶出家园的德国犹太人"。[7] 伯林则视自己为幸运地被移植到英国土地上的俄国犹太人。虽然这种（被感知的）"外来性"给他们带来了麻烦和不适，但也提升了他们作为具有广阔视野的知识分子的声誉。据说阿伦特说话时带有"中欧口音，让讲座的听众听得入迷"。[8] 据说伯林说话带有上流社会的英国口音，兼有"深沉而轻快的语调，听起来很有东欧人的味道"。[9]

一些将阿伦特和伯林联系在一起的事情也深深地分开了他们。如果说犹太复国主义在20世纪30年代拉近了他们的距离，那么到了40年代末却让他们分道扬镳。哲学在这两位思想家的青年时代就令他们着迷，但是他们所迷的哲学版本不同。海德格尔和雅斯贝尔斯启发了阿伦特；他们却让伯林感到厌烦。牛津哲学未能打动阿伦特；伯林则是其中的一份子。两人都参加了在耶路撒冷举行的艾希曼审判；他们对审判中提出的许多难题却意见分歧很大。当涉及政治思想史时，两人之间的差距缩小了。然而，在这上面，也仍然有一定的距离。阿伦特认为自由主义在20世纪中叶已经消亡；伯林则赋予它新的生命。阿伦特非常敬重美国的制宪者；伯林则从未费心去读《联邦党人文集》。[10]阿伦特哀叹自由在古代晚期从城邦向自我的退却；伯林则欢迎伴随着城邦衰落的希腊个人主义的兴起。这些以及其他理论上和史学上的差异，体现在两位思想家对当代事务的不同观点上。阿伦特认为资产阶级自由主义对纳粹主义的兴起负有部分责任；伯林则强调德国"压弯的树枝"民族主义的中心地位。以色列国的建立强化了阿伦特的观点，即民族国家体系本身就是矛盾的；而对伯林来说，这是"人类理想主义和意志力胜利的活生生的见证"。[11]匈牙利革命给阿伦特带来了很多希望和乐观；而根据伯林的计算，革命所主张的牺牲超过了它所获得的一点点收益。在阿伦特看来，美国的"六八一代"就像是这个国家休眠的革命精神的载体；而他们则让伯林想起了末年的罗马。

※ ※ ※

这些单独的一致和分歧、相似和不同之处，已经在前面几章中详细讨论过了。这里，作为结论，我想强调的是连接阿伦特和伯林的一个总主题：他们的生活和作品几乎不局限于学术界，更不用说一个学术学科。毋庸置疑，两人都做出了重要的学术贡献，他们的一些书籍和文章仍然是多个学科的"必读书目"，包括政治理论、哲学和思想史。但是，**除此之外**，阿伦特还当过活动家、记者、社会工作者和被掠夺的犹太文物的修复者；伯林则做过公务员、负责分析美国舆论的外交通讯员以及俄国社会、文化和政治的分析家；两人都是知识分子，姑且如此称呼吧，因为找不到更好的词。两人都试图影响舆论和公共政策，尽管通常是通过不同的渠道：阿伦特是为人民写作，伯林则是向决策者和公务员讲话。尽管他们只是在很短的时间内完全脱离了学术界，但他们都保持着与"现实世界"中的朋友和前同事的联系，在需要的时候，可以依赖他们。的确，建立这种联系的机会既来自环境，也来自自愿的选择和决定。如果阿伦特的生活和世界没有因为纳粹主义的崛起而遭到灾难性的破坏，她完全有可能，起码很有可能会继续她的学术生涯，成为一个相当传统但却异常聪明的德国哲学家。如果伯林的世纪没有那么暴力，没有那么极权，没有那么种族灭绝的话，他很可能会不受干扰地留在牛津，成为"一个非严格意义上的政治思想家"。[12] 然而，一旦他们这个世纪的事件把他们从纯真的学术生活中驱赶出来，他们都没有回到它最初的、平淡无奇的形式中去。

阿伦特和伯林之间一个密切相关的联系是，他们都是当代事件的直接见证人（目击者）。见证人，在这里使用的意义上，与学者形成对照。[13] 一方面，见证人没有学者所拥有的距离、公正性和相对丰富的数据。另一方面，当一个事件在他们眼前展开的时候，他们有记录这个事件的特权。我们的两位主人公都见证了他们那个时代的一些决定性事件，有时写下了历史的第一份粗略草稿，尽管他们后来也写出了更完善的稿本。比如阿伦特以见证人的身份写了《我们难民》；又作为一名学者写了《极权主义的起源》。同样，伯林作为一个见证人写了一些关于苏联的文章；又以学者的身份写了其他的文章。当然，两种视角的差别是程度问题。事实上，阿伦特和伯林最具学术性的著作都招致了这样的指责，即他们"不够学术"，缺乏"适当的"学术研究应有的公正性、精确性、严谨性、脚注和参考文献。这项指控部分有效，但也可能被解读为一种赞美。我们两位主人公的作品都具有直接性、紧迫性、诚实性和权威性，而这正是更超然的学术所缺乏的。阿伦特和伯林的政治理论都不符合歌德所说的规则："生命之树是绿色的，而所有理论都是灰色的。"[14]

回过头来看，我们两位主人公的生活和作品最打动我们的是，它们都体现了苏格拉底的格言：真正的哲学必须是活的。[15]或者更确切地说，"真正的哲学是根植于激情的知行合一"。虽然阿伦特和伯林都声称已经放弃了哲学，而且确实花了很多时间为哲学学术界之外的广大读者写作，但他们直到生命的最后一刻，仍然是苏格拉底意义上的哲学家。两人都完全摆脱了当时和现在世界上一些哲学教员所特有的虚伪和不真实：说着一回事，却过着与之相矛盾的生活。[16]阿伦特富于她在理论著作中所称赞的一些美德，如勇气、对世界的关怀、反对舆论的不公正和对真理的热情。甚至她那些一直受到猛烈攻击的缺点，如不知变通、道德主义和苛求，也可以说是来自她的思想的积极品质。同样，伯林的个人品质，无论好还是坏，都与他的理论观点相一致。它们一方面包括正直、慷慨、成熟和谨慎,另一方面包括自满、优柔寡断、胆小和安于现状的偏见。人们可能对阿伦特的同情大于对伯林的同情,或者反过来也一样,这取决于一个人的气质和思想取向。但我们可能都同意,他们每一个人都在自己的意义上过着思想家的生活。由于这种"言行一致",我们的两位主人公都赢得了我们最高的赞誉和钦佩。他们不仅给我们留下了杰出的思想,也是我们的榜样,即使他们所代表的观点彼此不同。

这是否意味着我们两位主人公的作品,或者更确切地说,他们的思维模式(就他们之间可以画出平行线来说),要优于他们今天更加制度化和专业化的后代,包括但不限于受约翰·罗尔斯作品启发的新康德主义者组成的霸权集团?不同于阿伦特和伯林,大多数当代哲学和政治理论家都在学术界的和平宁静中思考和写作,远离权力的走廊,远离1917年彼得格勒或1933年柏林的混乱,远离艾希曼争论的愤怒,这有什么要紧吗?本书给出的答案是非常矛盾的。一方面,正如我已经指出的,阿伦特和伯林有许多共同的智识美德,但在今天的许多学术著作中却找不到。更重要的是,我们的主人公都决心直面他们时代最紧迫的挑战,并彻底思考这些挑战,不受知识分子的怯懦及其孪生兄弟"学科约束"的阻碍。[17]

另一方面,这种优势也有其不利的地方,即规范和经验之间过度的相互依赖;而最近的学者,特别是新康德主义者,相对来说比较容易免受这种影响。正因为阿伦特和伯林的作品中都融合了规范性论证和经验性分析,每个思想家的规范性信守都系统地扭曲了他们各自对正在发生的事件的看法,而他们对经验性现实的片面理解则不当地影响了他们各自的规范性观念。

本研究举了这一弱点的许多例子。例如,我已经讨论过了,阿伦特对政治自由和委员会传统的理论信守,如何扭曲了她对匈牙利革命的看法;以及她对政治自由的概念首先源于她对极权主义的片面的、以纳粹为中心的理解。同样,我也已经讨论了,伯林对消极自由的辩护,是如何被他对极权主义压迫的斯大林模式的专注过度影响的(他自己后来也承认了这一点);以及他对英国作为典型的自由主义社会的接受,如何影响了他对英国现状和帝国历史的看法。总之,在两位思想家的案例中,贴近"真实世界"是一把双刃剑:赋予他们作品直接性、紧迫性、诚实性和权威性的同时,也使他们容易受到歪曲、偏见和轻率判断的伤害。这是一个具体而微的普遍问题,在非理想化的政治理论形成模式中普遍存在:如果一个人"从下而上"建立自己的理论,从对手边的一些具体问题的仔细考察开始,而不是从一个抽象的模型开始,那么所产生的理论很可能会受到那个特殊问题的太多影响,这个特殊问题在当前可能是紧急的,但从长远来看可能不会比其他问题更重要。即使阿伦特和伯林的理论都不是灰色的,照亮它们的光线也给它们带来了损害。

不用说,这并不意味着阿伦特和伯林的思维方式一定不如今天更学术、更超然的替代选项。不同的方法和视角——从无论哪里看、从这里看、从无知之幕后面看、从现实世界内部看,等等——都有各自的缺点和优点。即使阿伦特和伯林的作品都被歪曲、偏见和轻率的判断所玷染了,它们同时却也摆脱了许多当代新康德主义者的一些主要弱点,比如对历史的盲视,无法为具体行动提供指导,不愿意解决他们"学科范围"之外的问题,并倾向于不自觉地将未经检验的假设和文化偏见带入所谓的理想化理论。[18] 在这方面,政治理论和哲学的方法就像技术:设法解决了眼前的问题,又会引出一系列不同的问题。即便如此,那些声称以政治思考为职业的人还是会不断发现、提炼、抛弃和重新发现各种各样的方法,因为没有一种方法是万能的。尽管阿伦特和伯林的著作并不完美,但它们很可能会像过去几十年里那样,在未来的岁月里继续启发政治理论家、哲学家和其他人。这当然是理所应当的。两位思想家的作品都非常丰富和相当复杂,充满了可以用多种方式阐述的观念。可是,它们也有明显的缺点,那些从其中一者或两者中获取灵感的人,应该小心行事。他们应该避免轻易倒向柏拉图在《理想国》中借苏格拉底之口说的那句诱人的话:"当一个人怀着欣赏与赞美的心情和一个事物相往还时,而不想去模拟和仿效它,你觉得这可能吗?"[19]

致　谢

我不知道过去十年里，当我在英国、法国、丹麦和美国写作这本书时，有多少人成为我对汉娜·阿伦特和以赛亚·伯林痴迷谈论的牺牲品。不过我知道，我要特别感谢以下个人和机构，没有他们的帮助和支持，我不可能完成这项工作。

我要感谢 Mark Lilla 和 Samuel Moyn，承蒙他们在 2010—2011 年对于我的非常粗略的阿伦特和伯林比较研究大纲给予反馈。我都不知道要花十年的时间才能把这个大纲变成一本书！但是我很幸运地在一开始就收到了 Lilla 和 Moyn 的意见，让我写作这本书时充分受益于他们。

我在 2012 年至 2018 年期间在牛津大学写了这本书的大部分内容。我无限感激我在沃尔夫森的伙伴 Henry Hardy，他不仅在无数方面帮助了我写这本书，而且在过去 15 年左右的时间里，通过我们的多次交谈，教会了我很多我难以言表的东西。他对伯林著作的热情感染了我，对我产生了深远的影响，我希望这本书能偿还一些欠他的知识债务，如果说本书对伯林研究来说还算有所贡献的话。

我要感谢我在牛津大学的其他朋友和（前）同事，包括Roger Crisp，Jonathan Floyd，Roger Hausheer，Takuya Okada，Derek Penslar和Mark Pottle，他们友好地阅读了手稿的不同部分并给了我反馈。我还要感谢沃尔夫森学院的院长和研究员们，他们给我在牛津提供了一个家，最初是作为研究生，后来是作为初级研究员和研究员；感谢Anne Deighton，Christos Hadjiyiannis，Nicholas Hall，Gareth Hughes和Ana Martins，感谢他们启发性的谈话；感谢Julian Savulescu对我的一贯支持和鼓励；感谢Abigail Green让我在2016—2017年与牛津希伯来和犹太研究中心的一群杰出学者一起参与"犹太人、自由主义和反犹主义"的研究项目。我特别感谢Arie Dubnov和Malachi Hacohen，我在牛津以及（不可避免地）在网上与他们讨论了思想史上的各种问题。另外，我要感谢我的博士生导师Elizabeth Frazer。虽然这本书不是基于我在她指导下写的博士论文，但如果没有之前完成博士论文的经验，以及一路上弄清楚我想成为什么样的政治理论家，我就不可能写出目下这本书。虽然我记不得在牛津大学与我分享关于以赛亚·伯林的记忆和掌故的所有人的名字，但我想对已故的Bryan Magee表示衷心的感谢，我在沃尔夫森学院与他进行了许多令人振奋的交谈。

在牛津之外，我也有许多朋友和同事要感谢，在我写这本书的这些年里，我从他们那里学到了很多。特别感谢我的研究伙伴James Barry，Karin Fry，Jennifer Gaffney和Michael Portal，他们让我了解了阿伦特研究的最新进展；感谢那些与汉娜·阿伦特圈（Hannah Arendt Circle）有关的人，我曾有幸在那里担任过各种职务；感谢Roger Berkowitz和他在巴德学院汉娜·阿伦特政治与人文中心的同事们在2017年春季对我的接待；感谢Susumu Shimazono于2012年在东京大学的接待；感谢Mark Lilla以及哥伦比亚大学人权研究所和历史系的教职员工在2010—2011年对我的接待。还要感谢Leroy Cooper，Wout Cornelissen，Tal Correm，Christian Emden，Allyn Fives，Olga Kirschbaum，Shmuel Lederman，Yasemin Sari和Ian Storey向我提供了他们的专业知识；感谢普林斯顿大学出版社的编辑们的投入、耐心和专业精神；感谢出版社的三位匿名评审员的精辟评论和建议；感谢我的文字编辑Francis Eaves的出色工作。

我在法国巴黎高等研究院实习期间，起草了这本书的最后一部分。我非常感谢研究院的主任和工作人员为我提供时间、空间和清净的环境来完成手稿。我在巴黎研究院内部展示了这本书的部分内容不下三次，并从一些同事那里收到了有益的反馈，他们包括Adam Frank，Andrew Kahn，Gretty Mirdal，Penny Roberts，Joachim Savelsberg，Iain Stewart和Denis Walsh。Michelle-Irène Brudny非常友好，定期在巴黎（有一次在鲁昂）与我见面，阅读了几个章节的草稿，并与我分享了她对阿伦特生平和著作的百科全书式的知识。要不是她豪爽的慷慨，这本书可能会更糟。还要感谢Mitchell Cohen富有洞察力的评论和让我颇有收获的对话；我还要感谢Alexis Butin，Gil Delannoi，Annabelle Lever，Johan Said和Judith Wechsler，他们给了我很多思考的素材。

此外,我最衷心地感谢李晓帆(音,Xiaofan Amy Li),是她在我写这本书的这些年里让我保持头脑清醒;感谢Joel Rosenthal和我在卡内基国际事务伦理委员会的前同事们在纽约为我提供了第二个家;感谢我当下在奥胡斯大学的同事,包括Bogdan Cristian Iacob和Mikkel Thorup,感谢他们对倒数第二稿的有益评论。我还对远在地球另一端的东京的坂本达哉先生感激不尽,还是我在庆应义塾大学读本科期间,他就把我引入了思想的世界,现在仍然是我的导师和对话者,也是我灵感的一个独特来源。还要感谢Tetsuji Uehiro的支持和鼓励;感谢Noboru Maruyama对我的信任;感谢Shin Osawa,他是我最可靠的盟友和前辈;还有Yohei Kawakami、Seiko Mimaki和王前,每当我回到我的家乡时,他们都会和我交流学术(和不那么学术的)八卦。最后,但同样重要的是,我要感谢我在东京的父母和姐姐,他们鼓励我追求我的激情。

我在牛津大学、巴黎第二大学、巴黎高等研究院、巴黎政治学院、奥胡斯大学、哥本哈根大学、巴德学院、哥伦比亚大学、德克萨斯农工大学、庆应义塾大学、早稻田大学、布莱顿政治研究协会年会和西切斯特大学汉娜·阿伦特圈年会上介绍过这本书的各个部分。感谢Keith Breen和Annabelle Lever分别作为布莱顿和巴黎的指定回应人;感谢Kazutaka Inamura和Naoyuki Umemori在早稻田大学对我的招待。我也很感谢Maria Dimova-Cookson,我和她在英吉利海峡两岸讨论了我们最喜欢的话题——自由。

没有几个资助机构和慈善组织的支持，这本书是不可能完成的。我非常感谢东京的上廣倫理财团耐心地支持我的工作，他们令人欣慰地对过度功利主义的学术资助方式不感兴趣，而这种功利的资助方式在日本和其他地方似乎越来越普遍。他们鼓励我写一本以后不会后悔的书，我只希望这本书没有辜负他们的期望。我还要感谢牛津大学出版社John Fell研究基金，让我得以在巴德学院逗留；感谢沃尔夫森学院的学术基金，让我能够进行各种研究旅行。本书还得益于欧盟的"地平线2020"研究和创新计划（该计划由Marie Skłodowska-Curie第754513号赠款协议和奥胡斯大学研究基金会资助），巴黎高等研究院（法国）的EURIAS奖学金（由Marie Skłodowska-Curie Actions联合资助，设置在欧盟第7号研究框架计划下），以及由法国国家研究机构管理的法国国家计划"投资未来"（ANR-11-LABX-0027-01 Labex RFIEA+）提供的资助。

感谢以下机构及其工作人员提供具体档案资料的帮助：史蒂文森图书馆、巴德学院（汉娜·阿伦特收藏）；新学院大学的汉娜·阿伦特中心，汉娜·阿伦特·布吕歇文字信托基金及其代理人George Borchardt公司（国会图书馆汉娜·阿伦特文件）；牛津大学博德利图书馆（以赛亚·伯林爵士文件）；加州大学圣克鲁斯分校大学图书馆（Norman O. Brown文件）；伦敦大学伯克贝克图书馆（伯纳德·克里克爵士文件）；哈佛大学阿瑟·施莱辛格夫妇美国妇女史藏书（Elżbieta Ettinger文件）；

瓦萨学院图书馆（Mary McCarthy文件）；波士顿大学图书馆霍华德·哥特利布档案研究中心（《党派评论》收藏）；麻省大学约翰·肯尼迪总统图书馆和博物馆（Arthur M. Schlesinger私人文件）；以色列国家图书馆（Gershom Scholem文件）。我要特别感谢以赛亚·伯林文字信托基金的受托人，他们允许我引用伯林未发表的论文，并把伯林为汉娜·阿伦特《人的条件》撰写的报告作为附录转载。

本书的第3章和第5章分别采用了蛭田圭（作者本人）两篇论文的材料，它们是：Kei Hiruta, 'The Meaning and Value of Freedom: Berlin contra Arendt', *The European Legacy* 19:7 (2014), pp. 854–68, and Kei Hiruta, 'An "Anti-Utopian Age?": Isaiah Berlin's England, Hannah Arendt's America, and Utopian Thinking in Dark Times', *Journal of Political Ideologies* 21:1 (2017), pp. 12–29.

最后，我觉得有必要感谢一些我不怎么上心的事情。在我写这本书的时候（以及在那之前），我被不止一次地告知，那些和我一样肤色、种族或国籍的人没有资格做政治理论或哲学。就我所知，上面感谢的那些人完全没有这种种族主义偏见。我认为我应该感谢他们不是种族主义者，这是相当可笑的，因为人们通常不会因为某人没有堕落和可鄙而感到感激。但是，在我的学术生涯中，我遇到了比我所希望遇到的更多的种族偏见者，因此我不能不对那些在学术界，至少在我的学科中表现得体的人感到感激。谢谢你们，你们的正派对我来说意义重大。

附　录

当费伯出版公司考虑购买汉娜·阿伦特的《人的条件》（1958年由芝加哥大学出版社在美国出版）的英国出版权时，这家英国出版商请以赛亚·伯林对该书进行评论。伯林同意并撰写了以下报告（©以赛亚·伯林文字信托基金受托人2020）。

以赛亚·伯林致费伯出版公司
日期不详［1958］

［关于］汉娜·阿伦特《人的条件》［的报告］

我无法推荐任何出版商购买这本书的英国版权。有两个反对理由：它不会好卖，书本身也不好。作者的阅读面显然很广，但她的理解往往是有缺陷的。事实上，越是阅读这部书稿，就越是会怀疑，她对英语的掌握不足（这种语言她似乎是在成年后才学会的，作为从德国到美国的难民），导致她陷入了许多她试图在书稿中解决的问题。

这本书的第一部分论点建立在一个奇怪的信念上，即"劳动"（'labour'）[或在美国文本中出现的"劳动"（'labor'）]一词的含义在某种程度上与"工作"（'work'）一词的含义明显不同。洛克关于"我们身体的劳动和我们双手的工作"的一句话似乎促使作者产生了这种想法。阿伦特博士没有把这看作是那个平庸的文体家用一点优雅的变化来修饰他的散文的一种尝试（罕有的尝试之一），而是把它看作是现实中一种区别的暗示：一种她自己要在这里阐明的区别。

她认为，"劳动"是指那些维持人类生存所必需的努力；"工作"则是指那些超出生存最低要求的努力，这些努力生产出世界上的耐用品和家具。衡以词汇学的定义，[她的]这些定义当然是完全不准确的。因此，人们大概必须将它们视为规定性的或约定性的定义。但是，即使这样接受它们，也会发现它们不是导致更清晰，而是导致更模糊。在本书后面的章节中，"劳动"和"工作"这两个范畴被第三个范畴"行动"所补充；行动并不像人们想象的那样意味着做事情，而是与其他人处于某种准人格主义的融合之中。这导致了如下结论（第230页）："行动的工具化和政治退化为其他东西的手段，当然从来没有真正成功地消除行动，没能阻止它成为一种决定性的人类经验，也没能彻底摧毁人类事务的领域。""当然"这个词听起来很搞笑，不是吗？

附带的评论，以及中心的论点，都说明了作者特有的弱点。例如（第43页），她写道："关于行为主义（behaviorism）及其'法则'有效性的不幸事实是，人数越多，人们就越容易表现其行为（behave），而比较不能容忍非行为（non-behavior）。"这句话把我完全弄糊涂了，直到我意识到作者在"文明行事"（'act civilly'）的意义上使用了动词"行为"（'behave'），因此肯定认为"行为主义"这个词与文明有关！

第二个例子（第31页）："所有希腊哲学家，无论多么反对城邦生活，都理所当然地认为自由只存在于政治领域，必然性主要是一种前政治现象[……]。"完全正确，在思考政治自由时，所有希腊哲人都"理所当然地认为自由只存在于政治领域"（他们还能怎么想？）；但是政治自由与必然性毫无关系；它与约束相对。必然性是与自由意志相对的，它不是政治问题，而是形而上的哲学问题。作者又一次陷入了一个错误的对子。

谈到道德美德，阿伦特博士说（第75页）："基督教对善（good）的要求"是"荒谬的"。那么，要求一本书应该是好的（good）也同样"荒谬"吗？让我们希望她是这样认为的。那么她就不会介意别人说她的书不好。

缩略词表

加在缩写下方的阿拉伯数字表示同题书的版本。例如，BPF_3是指《过去与未来之间》(*Between Past and Future*)的第3版。除非有特殊原因要参考早期版本，为了方便读者，我使用的都是最新和最容易获得的版本。

阿伦特著作

BF. (with Mary McCarthy) *Between Friends: The Correspondence of Hannah Arendt and Mary McCarthy 1949–1975*, ed. Carol Brightman (New York: Harcourt Brace & Co., 1995)

BPF. *Between Past and Future: Eight Exercises in Political Thought.*(《过去与未来之间》) 1st ed. under the title *Between Past and Future: Six Exercises in Political Thought* (New York: The Viking Press, 1961); 2nd ed. (New York: Penguin Books, 1968); 3rd ed. (New York: Penguin Books, 2006)

C. (with Karl Jaspers) *Correspondence 1926–1969*, ed. Lotte Kohler and Hans Saner, trans. Robert and Rita Kimber (New York: Harcourt Brace & Co., 1992)

CAS. (with Gershom Scholem) *The Correspondence of Hannah Arendt and Gershom Scholem*, ed. Marie Luise Knott, trans. Anthony David (Chicago: University of Chicago Press, 2017)

CR. *Crises of the Republic*（《共和的危机》）(New York: Harcourt Brace Jovanovich, 1972)

DE. *Denktagebuch 1950 bis 1973, Erster Band,*（《思想日记：第一卷》）ed. Ursula Ludz and Ingeborg Nordmann (Munich and Zurich: Piper Verlag, 2002)

DZ. *Denktagebuch 1950 bis 1973, Zweiter Band,*（《思想日记：第二卷》）ed. Ursula Ludz and Ingeborg Nordmann (Munich and Zurich: Piper Verlag, 2002)

EIJ. *Eichmann in Jerusalem: A Report on the Banality of Evil*（《艾希曼在耶路撒冷：一份关于平庸的恶的报告》）(London: Faber & Faber, 1963); revised and enlarged (2nd) ed. (New York: The Viking Press, 1965)

EU. *Essays in Understanding 1930–1954: Formation, Exile, and Totalitarianism*, ed. Jerome Kohn (New York: Harcourt, Brace & Co., 1994)

'**Exchange**'. (with Gershom Scholem) '"Eichmann in Jerusalem": An Exchange of Letters Between Gershom Scholem and Hannah Arendt', *Encounter* 22 (January 1964), pp. 51–56

HAP. Hannah Arendt Papers, Manuscript Division, Library of Congress, Washington, DC

HC. *The Human Condition*（《人的条件》，一译《人的境况》）(Chicago: University of Chicago Press, 1958); 2nd ed. (Chicago: University of Chicago Press, 1998)

JW. *The Jewish Writings*, ed. Jerome Kohn and Ron H. Feldman (New York: Schocken Books, 2007)

LMT. *The Life of the Mind, Vol. 1: Thinking.* In *The Life of the Mind,*（《精神生活：第1卷》）one-volume edition (New York: Harcourt Brace Jovanovich, 1978)

LMW. *The Life of the Mind, Vol. 2: Willing.* In *The Life of the Mind,*（《精神生活：第2卷》）one-volume edition (New York: Harcourt Brace

Jovanovich, 1978)

MID. *Men in Dark Times*（《黑暗时代的人》）(New York: Harcourt, Brace & World, 1968)

OR. *On Revolution*（《论革命》）(New York: The Viking Press, 1963); 2nd ed. (New York: The Viking Press, 1965); 3rd ed. (New York: Penguin Books, 2006)

OT. *The Origins of Totalitarianism.*（《极权主义的起源》）1st UK edition under the title *The Burden of Our Time* (London: Secker & Warburg, 1951); 2nd ed. (New York: Meridian Books, 1958); 3rd ed. (New York: Harcourt Brace & World, 1979) ***PP.*** *The Promise of Politics*, ed. Jerome Kohn (New York: Schocken Books, 2005)

RJ. *Responsibility and Judgement*, ed. Jerome Kohn (New York: Schocken Books, 2003)

TWB. *Thinking without a Banister: Essays in Understanding 1933–1975*, ed. Jerome Kohn (New York: Schocken Books, 2018)

伯林著作

A. *Affirming: Letters 1975–1997*, ed. Henry Hardy and Mark Pottle (London: Chatto & Windus, 2015)

AC. *Against the Current: Essays in the History of Ideas*,（《反潮流》）ed. Henry Hardy (London: The Hogarth Press, 1979); 2nd ed. (Princeton: Princeton University Press, 2013)

B. *Building: Letters 1960–1975*, ed. Henry Hardy and Mark Pottle (London: Chatto & Windus, 2013)

CC. *Concepts and Categories: Philosophical Essays*,（《概念与范畴》）ed. Henry Hardy (London: The Hogarth Press, 1978); 2nd ed. (Princeton: Princeton University Press, 2013)

'**Conversation**'. (with Steven Lukes) 'Isaiah Berlin in Conversation with Steven Lukes', *Salmagundi* 120 (Fall 1998), pp. 52–134

CTH. *The Crooked Timber of Humanity: Chapters in the History of Ideas*, (《扭曲的人性之材》) ed. Henry Hardy (London: John Murray, 1990); 2nd ed. (Princeton: Princeton University Press, 2013)

E. *Enlightening: Letters 1946–1960*, ed. Henry Hardy and Jennifer Holmes (London: Chatto & Windus, 2009)

F. *Flourishing: Letters 1928–1946*, ed. Henry Hardy (London: Chatto & Windus, 2004)

FIB. *Freedom and Its Betrayal: Six Enemies of Human Liberty*, (《自由及其背叛》) ed. Henry Hardy (London: Chatto & Windus, 2002); 2nd ed. (Princeton: Princeton University Press, 2014)

KM. *Karl Marx: His Life and Environment* (《卡尔·马克思：他的生平和环境》) (London: Thornton Butterworth, 1939); 2nd ed. (London and New York: Oxford University Press, 1948); 3rd ed. (Oxford: Oxford University Press, 1963); 4th ed. (Oxford: Oxford University Press, 1978); 5th ed. as *Karl Marx* (without subtitle) (Princeton: Princeton University Press, 2013)

L. *Liberty*, (《自由论》) ed. Henry Hardy (Oxford: Oxford University Press, 2002)

MSB. (see below)

PI. *Personal Impressions*, (《个人印象》) ed. Henry Hardy (London: The Hogarth Press, 1980); 2nd ed. (London: Pimlico, 1998); 3rd ed. (Princeton: Princeton University Press, 2014)

PIRA. *Political Ideas in the Romantic Age: Their Rise and Influence on Modern Thought*, (《浪漫主义时代的政治思想》) ed. Henry Hardy (London: Chatto & Windus, 2006); 2nd ed. (Princeton: Princeton University Press, 2014)

POI. *The Power of Ideas*, (《观念的力量》) ed. Henry Hardy (London: Pimlico, 2000); 2nd ed. (Princeton: Princeton University Press, 2013)

RR. *The Roots of Romanticism*, (《浪漫主义的根源》) ed. Henry Hardy

(London: Chatto & Windus, 1999); 2nd ed. (Princeton: Princeton University Press, 2013)

RT. *Russian Thinkers,*（《俄国思想家》）ed. Henry Hardy and Aileen Kelly (London: The Hogarth Press, 1978); 2nd ed. (London: Penguin Books, 2008)

SM. *The Soviet Mind: Russian Culture under Communism,*（《苏联的心灵》）ed. Henry Hardy (Washington, DC: Brookings Institution Press, 2004); 2nd ed. (Washington, DC: Brookings Institution Press, 2016)

SR. *The Sense of Reality: Studies in Ideas and their History,*（《现实感》）ed. Henry Hardy (London: Chatto & Windus, 1996); 2nd ed. (Princeton: Princeton University Press, 2019)

T. (see below)

TCE. *Three Critics of the Enlightenment: Vico, Hamann, Herder,*（《启蒙的危机：维科、哈曼、赫尔德》）ed. Henry Hardy (London: Pimlico, 2000); 2nd ed. (Princeton: Princeton University Press, 2013)

UD. (with Beata Polanowska-Sygulska) *Unfinished Dialogue*（《未完的对话》）(New York: Prometheus Books, 2006)

MSB and T. 本书中引用的以赛亚·伯林未发表的一些论文存档于牛津大学博德利图书馆伯林手稿总架，编目为"Papers of Sir Isaiah Berlin, 1897-98, with some family papers, 1903-72"（有关更多详细信息，请参见https://archives.bodleian.ox.ac.uk/repositories/2/resources/3284）；其他一些（或副本）由牛津大学沃尔夫森学院的以赛亚·伯林文字信托基金的受托人保管。前者的引文用"MSB shelfmark/folio"标识；来自后者的用"T"标识。例如，"Isaiah Berlin to Robert Silvers, 1 June 1966, MSB 279/14-15"指的是这封信被收藏在牛津大学图书馆，编目为MS. Berlin 279, fols 14-15；"Isaiah Berlin to Norman Oliver Brown, 6 May 1991, T"指的是这封信（或副本）由以赛亚·伯林文字信托基金的受托人持有。

其他人著作

CIB. Ramin Jahanbegloo, *Conversation with Isaiah Berlin*（《伯林谈话录》）(London: Peter Halban, 1991)

IBVL. Henry Hardy (ed.), The Isaiah Berlin Virtual Library, http://berlin.wolf.ox.ac.uk/index.html

MI Tapes. Michael Ignatieff, 'Michael Ignatieff's Biographical Interviews' (IBVL, 2017；最后修订日期：2021年3月6日)，按磁带编号和页码。原始录音的数字化版本也可以在IBVL找到。除了Henry Hardy为了引用的目的而检查过的地方（用粗体表示），转录稿本目前是不完善的。因此，建议那些希望检查我的引文的人参考原始录音。转录稿本和录音都可以通过IBVL获得，http://berlin.wolf.ox.ac.uk/lists/interviews/ignatieff/biographical–interviews/index.html,accessed7March2021

PEE. The Papers of Elżbieta Ettinger, Folder 17.9, Correspondence: 'Berlin, Isaiah, 1992–1993', Arthur and Elizabeth Schlesinger Library on the History of Women in America, Radcliffe Institute for Advanced Study, Harvard University

注　释

第1章　引论

1. Arthur M. Schlesinger Jr., *Journals: 1952–2000* (London: The Penguin Press, 2007), 7 April 1977, p. 430.

2. Norman Oliver Brown to Isaiah Berlin, 6 April 1991. Norman O. Brown Papers. MS 35. Special Collections and Archives, University Library, University of California, Santa Cruz.

3. Samir al-Khalil [pseudonym for Kanan Makiya], *Republic of Fear: Saddam's Iraq* (London: Hutchinson Radius, 1989).

4. Ibid., p. 112, p. 115, p. 254.

5. Isaiah Berlin to Norman Oliver Brown, 6 May 1991, T.

6. Schlesinger, *Journals*, p. 430.

7. 伯林反复用这个短语来批评阿伦特的著作。进一步的讨论见第2章。

8. See Isaiah Berlin to Robert Silvers, 1 June 1966, MSB 279/14–15.

9. Jahanbegloo, *CIB*（《伯林谈话录》）, p. 82.

10. Berlin to Brown, 6 May 1991.

11. Isaiah Berlin to Geza Vermes, 13 May 1982, T.

12. See McCarthy's letters to Arendt on 2 December 1952 (*BF*, p. 12), on 10 April 1953 (*BF*, p. 14) and on 14 June 1969 (*BF*, p. 239); and

Arendt's letters to McCarthy on 4 February 1970 (*BF*, p. 254). See also Hannah Arendt to Karl and Gertrud Jaspers, 24 November 1963, *C*, p. 535.

13. 例如，阿伦特引用了伯林的《卡尔·马克思：他的生平和环境》，一是1955年在加州大学伯克利分校关于"政治理论史"的春季讲座中；二是1965年秋季在新社会研究学院举办的《政治哲学家文选》研讨会中。她还引用了伯林的文章《政治理论还存在吗？》，一是1963年在芝加哥大学讲授"政治学导论"时；二是1969年在新学院为社会研究做的春季讲座《哲学与政治：什么是政治哲学？》中。See items 023969 (Berkeley 1955), 024345 (New School 1965), 023863 (Chicago 1963) and 023573 (New School 1969), in 'Subject File, 1949–1975, n.d.', HAP.

14. Those books are Isaiah Berlin, *KM* (《卡尔·马克思：他的生平和环境》); 'Montesquieu', *Proceedings of the British Academy* 41 (1955), pp. 267–96, reprinted in *AC₂*, pp. 164–203; 'Introduction' to Franco Venturi, *Roots of Revolution: A History of the Populist and Socialist Movements in Nineteenth Century Russia*, trans. Francis Haskell (New York: Grosset & Dunlap, 1966), reprinted as 'Russian Populism' in *RT₂* (《俄国思想家》), pp. 240–72; 高度删节版的 'Two Concepts of Liberty', in Anthony Quinton (ed.), *Political Philosophy* (London: Oxford University Press, 1967), pp. 141–52; and 'Introduction' to Alexander Herzen, *My Past and Thoughts: The Memoirs of Alexander Herzen*, trans. Constance Garnett, ed. and abridged by Dwight Macdonald (New York: Knopf, 1973), reprinted as 'Herzen and his Memoirs' in *AC₂* (《俄国思想家》), pp 236–66.

15. Hannah Arendt, 'On Violence', *CR* (《共和的危机》), pp. 105–98, at p. 129, note 41. 这重申了 *Denktagebuch* 1966年2月的一条 (Arendt, *DZ*, XXV: 4, p. 654).

16. Seyla Benhabib, *Exile, Statelessness, and Migration: Playing*

Chess with History from Hannah Arendt to Isaiah Berlin (Princeton: Princeton University Press, 2019).

17. Michael Ignatieff, *Isaiah Berlin: A Life* (London: Chatto & Windus, 1998), p. 135.

18. See Max Weber, *The Vocation Lectures*, ed. David Owen and Tracy B. Strong, trans. Rodney Livingstone (Indianapolis: Hackett Publishing, 2004).

19. Adam Kirsch, 'The Monist and the Pluralist', *The Wall Street Journal*, 19 July 2013, https://www.wsj.com/articles/SB10001424127887324348504578609523230589356, accessed 15 January 2020.

20. 随着20世纪末生物伦理学的发展，今天有些人认为人格（persons）和人类（human beings）是不同的实体。在他们看来，一些非人类的动物如黑猩猩和海豚是人格；人类物种中的一些成员，如新生婴儿，不是人格。由于这场定义之争发生得不够早，不足以影响阿伦特或伯林的思想，而且他们两人都没有区分人格和人类，所以在本书中，我沿用他们的术语，假设所有的人类都是人格，所有的人格都是人类。

21. David Miller and Richard Dagger, 'Utilitarianism and Beyond: Contemporary Analytical Political Theory', in Terence Ball and Richard Bellamy (eds), *The Cambridge History of Twentieth-Century Political Thought* (Cambridge: Cambridge University Press, 2006), pp. 446–69, at pp. 446–47.

22. 特别重要的是克里克的各种论文，包括Bernard Crick, 'On Rereading *The Origins of Totalitarianism*', *Social Research* 44:1 (1977), pp. 229–45; Bernard Crick, 'Hannah Arendt's Political Philosophy', in Robert Boyers (ed.), *Proceedings of History, Ethics, Politics: A Conference Based on the Work of Hannah Arendt* (New York: Empire State College, 1982), pp. 23–31; and Bernard Crick, 'Hannah Arendt and the Burden of Our Times', *The Political Quarterly* 68:1 (1997),

pp. 77-84. See also Celso Lafer, 'Isaiah Berlin and Hannah Arendt', *Hannah Arendt Newsletter*, No. 1 (April 1999), pp. 19-24.

23. Chief among them are Steven E. Aschheim, *Beyond the Border: The German-Jewish Legacy Abroad* (Princeton: Princeton University Press, 2007), pp. 113-18; Ronald Beiner, *Political Philosophy: What It Is and Why It Matters* (Cambridge: Cambridge University Press, 2014), pp. xv-xxii; Benhabib, *Exile, Statelessness, and Migration*; David Caute, *Isaac and Isaiah: The Covert Punishment of a Cold War Heretic* (New Haven: Yale University Press, 2013), pp. 262-72; Joan Cocks, *Passion and Paradox: Intellectuals Confront the National Question* (Princeton: Princeton University Press, 2002), esp. pp. 71-91; Arie M. Dubnov, 'Can Parallels Meet?: Hannah Arendt and Isaiah Berlin on the Jewish Post-Emancipatory Quest for Political Freedom', *Leo Baeck Institute Year Book* 62 (2017), pp. 27-51; Kei Hiruta, 'The Meaning and Value of Freedom: Berlin contra Arendt', *The European Legacy* 19:7 (2014), pp. 854-68; Kei Hiruta, 'An "Anti-Utopian Age?": Isaiah Berlin's England, Hannah Arendt's America, and Utopian Thinking in Dark Times', *Journal of Political Ideologies* 22:1 (2017), pp. 12-29; Kei Hiruta, 'A Democratic Consensus?: Isaiah Berlin, Hannah Arendt, and the Anti-totalitarian Family Quarrel', *Think* 17:48 (2018), pp. 25-37; Jeremy Waldron, *Political Political Theory: Essays on Institutions* (Cambridge, MA: Harvard University Press, 2016); and Ilya Winham, 'After Totalitarianism: Hannah Arendt, Isaiah Berlin, and the Realization and Defeat of the Western Tradition' (Ph.D. dissertation, University of Minnesota, 2015).

24. Berlin to Brown, 6 May 1991.

25. Isaiah Berlin to Martin Peretz, 22 November 1974, MSB 208/202. 26. Ramin Jahanbegloo, *Isaiah Berlin en toutes libertes: entretiens avec Isaiah Berlin*, trans. Gérard Lorimy (Paris: éditions du

Félin, 1991), published in English a year later as *CIB*.

27. 伯林反复称阿伦特是他的"眼中钉"('bête noire');进一步的讨论见本书第2章。

28. Ignatieff, *Isaiah Berlin*. Also important was the publication of Berlin and Lukes, 'Conversation'.

29. 尤其重要的是 Seyla Benhabib, *The Reluctant Modernism of Hannah Arendt*, new ed. (Lanham, MD: Rowman & Littlefield, 2003), p. li note 6.

30. Berlin, *F*, *E*, *B*, *A*.

31. W. J. Mander, *British Idealism: A History* (Oxford: Oxford University Press, 2011), p. 11.

第2章 "眼中钉"

1. Isaiah Berlin to Elżbieta Ettinger, 19 December 1992, PEE.

2. 爱丁格在致谢中提到了伯林,Elżbieta Ettinger, *Hannah Arendt/ Martin Heidegger* (New Haven: Yale University Press, 1995), p. ix.

3. Berlin to Ettinger, 19 December 1992; 29 September 1993; 5 November 1993, PEE.

4. Berlin to Ettinger, 14 January 1993, PEE. 据我所知,伯林称阿伦特为"眼中钉"的第一个现存记录是在他给 Georges Nivat 的信中,Isaiah Berlin to Georges Nivat, 4 April 1985, MSB 220/50–52。他在其他信件中重复了这一说法,e.g., Isaiah Berlin to Norman Oliver Brown, 6 May 1991, T; and Isaiah Berlin to Leslie Lipson, 16 March 1993, T。

5. Sophie Loidolt, *Phenomenology of Plurality: Hannah Arendt on Political Intersubjectivity* (New York: Routledge, 2018), p. 25, p. 48 note 8.

6. Hannah Arendt, *Der Liebesbegriff bei Augustin: Versuch einer philosophischen Interpretation* (Berlin: Julius Springer, 1929), published in English with additional materials as *Love and Saint Augustine*, ed.

and trans. Joanna Vecchiarelli Scott and Judith Chelius Stark (Chicago: University of Chicago Press, 1996).

7. Hannah Arendt, 'Original Assimilation', *JW*, pp. 22–28, at p. 22.

8. Hannah Arendt, '"What Remains? The Language Remains": A Conversation with Günter Gaus', *EU*, pp. 1–23, at p. 5.

9. Elisabeth Young-Bruehl, *Hannah Arendt: For the Love of the World*, 2nd ed. (New Haven: Yale University Press, 2004), p. 106.

10. 参见阿伦特这一时期的文章, 'The Professional Reclassification of Youth', 'A Guide for Youth: Martin Buber' and 'Some Young People Are Going Home', reprinted in *JW*, pp. 29–37。

11. 从那里, 布吕歇被送往位于维马拉尔的另一个拘留营。See Arendt and Blücher, *Within Four Falls: The Correspondence between Hannah Arendt and Heinrich Blucher, 1936–1968*, ed. Lotte Kohler, trans. Peter Constantine (New York: Harcourt, Inc., 2000), pp. 46–57.

12. For a study of *Aufbau*, see Peter Schrag, *The World of Aufbau: Hitler's Refugees in America* (Madison: The University of Wisconsin Press, 2019).

13. Irving Howe, *A Margin of Hope: An Intellectual Autobiography* (San Diego: Harcourt Brace Jovanovich, 1982), p. 270.

14. 1905年的俄国革命也煽动了对里加的犹太人和社会民主主义者的攻击, 但是这股暴力浪潮在以赛亚·伯林出生时已经结束了。他的父亲孟德尔回忆说, 从他儿子出生到战争爆发之间的那几年是"他一生中最快乐的时光"。Mendel Berlin, 'For the Benefit of My Son', in Henry Hardy (ed.), *The Book of Isaiah: Personal Impressions of Isaiah Berlin* (Woodbridge: The Boydell Press, 2009), pp. 263–314, at p. 296.

15. Ibid., p. 304.

16. Michael Ignatieff, *Isaiah Berlin: A Life* (London: Chatto & Windus, 1998), p. 59.

17. 随后，1938年秋，他又获得了另一项荣誉，被选为新学院的研究员，是"自塞缪尔·亚历山大以来的第一位犹太辅导研究员"（换句话说，是第二位在牛津大学获得大学辅导奖学金的犹太人）。David M. Lewis, *The Jews of Oxford* (Oxford: Oxford Jewish Congregation, 1992), p. 62.

18. Ignatieff, *Isaiah Berlin*, p. 71.

19. Isaiah Berlin to Mendel Berlin, 10 September 1938, *F*, p. 282.

20. Isaiah Berlin to Marie Gaster, 3 January 1941, *F*, p. 357.

21. Collected and published as H. G. Nicholas (ed.), *Washington Dispatches 1941–1945: Weekly Political Reports from the British Embassy* (London: Weidenfeld & Nicolson, 1981).

22. Stefan Collini, *English Pasts: Essays in History and Culture* (Oxford: Oxford University Press, 1999), p. 195.

23. 他们会面的确切次数仍不能确定。在一封信中，伯林说他"在四个场合[……]遇见过阿伦特"（Isaiah Berlin to Derwent May, 1 October 1986, A, p. 298）；在另一封信中，他说他与阿伦特见面"不超过三次"（Berlin to Ettinger, 5 November 1993）。更典型的是，伯林说他见过阿伦特"几次"。这种模糊性很大程度上是由于难以确定什么才算是一次适当的"会面"。仅仅出现在同一个房间算吗？正如我将在这一章中指出的，阿伦特和伯林有三次"会面"，从某种意义上来说，这种"会面"不仅仅是指在同一间屋子里：1941年在纽约，大约1949年在哈佛，以及1967年在哈佛。伯林在给Derwent May的信中提到的第四个不太重要的场合（在给爱丁格的信中省略了）似乎是在一个不知名的咖啡馆与Robert Silvers的非正式会面（MI Tape 19, p. 29）。据我所知，没有档案资料可以提供更多关于这次会面的信息。

24. 迈克尔·伊格纳季耶夫写道，根据1963年11月4日以赛亚·伯林写给伯纳德·克里克的一封信，伯林和阿伦特于1942年相遇。但我认为1941年末的可能性更大，因为：1）伯林在大多数场合都将1941年定为会面之年（换句话说，他给克里克的信是一个例外）；和2）间接证据有力支持我建议的日期，我将在下面说明。

25. See 'Chronology 1909-1946', in Berlin, *F*, pp. 695-701; and Berlin to Gaster, 3 January 1941, *F*, p. 356.

26. Young-Bruehl, *Hannah Arendt*, p. 164, pp. 171-72.

27. Ibid., p. 164.

28. See Ignatieff, *Isaiah Berlin*, pp. 117-18; and Arie M. Dubnov, *Isaiah Berlin: The Journey of a Jewish Liberal* (New York: Palgrave Macmillan, 2012), pp. 173-77.

29. Anne Deighton, 'Don and Diplomat: Isaiah Berlin and Britain's Early Cold War', *Cold War History* 13:4 (2013), pp. 525-40, at p. 539.

30. Olga Kirschbaum, 'Among Jews and Other European Peoples: Hannah Arendt (1924-1951)' (Ph.D. dissertation, Department of History, New York University, 2013), p. 280.

31. Isaiah Berlin to Chaim Weizmann, 25 February 1942, *F*, p. 396. Hannah Arendt to Waldemar Gurian, 27 March 1942, cited in Kirschbaum, 'Among Jews and Other European Peoples', p. 235.

32. Jochanan Ginat, 'Kurt Blumenfeld und der deutsche Zionismus', in Kurt Blumenfeld, *Im Kampf um den Zionismus: Briefe aus 5 Jahrzehnten* (Stuttgart: Deutsche Verlags-Anstalt, 1976), pp. 7-37.

33. Young-Bruehl, *Hannah Arendt*, p. 71; Hans Jonas, *Memoirs: Hans Jonas*, ed. Christian Wiese, trans. Krishna Winston (Lebanon, NH: Brandeis University Press, 2008), p. 179.

34. Young-Bruehl, *Hannah Arendt*, p. 71; and Hans Jonas, 'Hannah Arendt: An Intimate Portrait', trans. Brian Fox and Richard Wolin, *New England Review* 27:2 (2006), pp. 133-42, at p. 138.

35. 作为Keren Hayesod的创始人之一，Blumenfeld自1933年以来一直是董事会成员。Keren Hayesod-United Israel Appeal, Jerusalem (ed.), *Yehuda Kurt Blumenfeld. In Memoriam* (Jerusalem: The Jerusalem

Post Press, 1964), p. 5.

36. See Henry Hardy's comments in Berlin, *F*, p. 93. Keren Hayesod 1920年成立于伦敦，1926年搬到耶路撒冷。

37. 自20世纪30年代，肖勒姆和阿伦特通过布卢门菲尔德相识。See Anthony David, *The Patron: A Life of Salman Schocken, 1877–1959* (New York: Metropolitan Books, 2003), p. 191, pp. 342–60.

38. 这篇文章"发表在Hashomer Hatzair的期刊*Youth and Nation*上"。Kurt Blumenfeld to Isaiah Berlin, 22 January 1945. MSB 112/14.

39. Berlin to Ettinger, 5 November 1993.

40. Jahanbegloo, *CIB*, p. 84.

41. Berlin to Crick 4 November 1963.

42. Hannah Arendt, 'Ceterum Censeo...' [26 December 1941], *JW*, pp. 142–44, at p. 143.

43. Ibid., pp. 143–44.

44. Ibid., p. 144; and Hannah Arendt, 'Who Is the "Committee for a Jewish Army"?' [6 March 1942], *JW*, pp. 146–49.

45. Derek J. Penslar, *Jews and the Military: A History* (Princeton: Princeton University Press, 2015), p. 193.

46. Young-Bruehl, *Hannah Arendt*, pp. 175–77; Kirschbaum, 'Among Jews and Other European Peoples', pp. 215–16.

47. Isaiah Berlin to Gershon Agronsky, 29 July 1942. MSB 110/20–27.

48. 这个猜测是基于三个可获得的信息：1）阿伦特和伯林的第二次会面发生在大约1950年；2）伯林当时住在哈佛大学的Lowell House；3）他正从流感中康复。有关资料，MI Tape 19, p. 29; Isaiah Berlin to Hamish Hamilton, mid-to late December 1948, *E*, pp. 67–68; Isaiah Berlin to Sheila Newsome, 28 December 1948, *E*, p. 68; and Isaiah Berlin to Elena Wilson, 3 June 1949, *E*, p. 93.

49. Arthur M. Schlesinger Jr., *A Life in the Twentieth Century: Innocent Beginnings, 1917–1950* (Boston: Houghton Mifflin, 2000), pp.

281–82、295–96; MI Tape 23, p. 24.

50. See 'Chronology' in Berlin, *E*, p. 771.

51. Joshua L. Cherniss, *A Mind and Its Time: The Development of Isaiah Berlin's Political Thought* (Oxford: Oxford University Press, 2013), p. 72. Cherniss引用了施莱辛格1949年10月2日写给伯林的一封信："我真希望我是在去年（1948/49）冬天之后而不是之前写的，因为那样我就可以更多地抄你的了。"

52. MI Tape 23, p. 24.

53. Schlesinger, *A Life in the Twentieth Century*, p. 282. 施莱辛格比伯林多活了近十年，在他生命的最后几年里，他用有限的时间帮助Henry Hardy编辑出版伯林书信，从而为他亡友的永垂不朽做出了贡献。See Henry Hardy, 'Preface: Drinks before Dinner', in Berlin, *F*, pp. xv–xxxv, at p. xxxi.

54. Oscar Handlin, 'The Study of Man: New Paths in American Jewish History: Afterthoughts on a Conference', *Commentary* 7 (January 1949), pp. 388–94, at p. 388.

55. Arthur M. Schlesinger Jr., *Journals: 1952–2000* (London: The Penguin Press, 2007), 7 April 1977, p. 430.

56. Arthur M. Schlesinger Jr., *The Vital Center: The Politics of Freedom* (Boston: Houghton Mifflin Co., 1949), p. 87; Hannah Arendt, 'The Concentration Camps', *Partisan Review* 15:7 (1948), pp. 743–63.

57. Young-Bruehl, *Hannah Arendt*, pp. 287–88; Richard H. King, *Arendt and America* (Chicago: University of Chicago Press, 2015), p. 99.

58. Schlesinger, *Journals*, p. 430.

59. Jahanbegloo, *CIB*, p. 84.

60. Anita Shapira, *Israel: A History* (London: Weidenfeld & Nicolson, 2014), p. 89.

61. See, e.g., ibid., p. 89; Walter Laqueur, *A History of Zionism* (London: Weidenfeld & Nicolson, 1972), pp. 545–49; and Aaron

Berman, *Nazism, the Jews, and American Zionism* (Detroit: Wayne State University Press, 1990), pp 85-92.

62. E.g., Judith Butler, *Parting Ways: Jewishness and the Critique of Zionism* (New York: Columbia University Press, 2012), p. 36, pp. 145-46; Raluca Munteanu Eddon, 'Gershom Scholem, Hannah Arendt and the Paradox of "Non-Nationalist" Nationalism', *The Journal of Jewish Thought and Philosophy* 12:1 (2003), pp. 55-68; Amnon Raz-Krakotzkin, 'Binationalism and Jewish Identity: Hannah Arendt and the Question of Palestine', in Steven E. Aschheim (ed.), *Hannah Arendt in Jerusalem* (Berkeley and Los Angeles: University of California Press, 2001), pp. 165-80; Amnon Raz-Krakotzkin, 'Jewish Peoplehood, "Jewish Politics", and Political Responsibility: Arendt on Zionism and Partitions', *College Literature* 38:1 (2011), pp. 57-74.

63. E.g., Gil Rubin, 'From Federalism to Binationalism: Hannah Arendt's Shifting Zionism', *Contemporary European History* 24:3 (2015), pp. 393-414; William Selinger, 'The Politics of Arendtian Historiography: European Federation and *The Origins of Totalitarianism*', *Modern Intellectual History* 13:2 (2016), pp. 417-46, at pp. 426-27.

64. Norman Podhoretz, *Ex-Friends: Falling Out with Allen Ginsberg, Lionel & Diana Trilling, Lillian Hellman, Hannah Arendt, and Norman Mailer* (New York: The Free Press, 1999), p. 161.

65. Arendt, 'Zionism Reconsidered', *JW*, pp. 343-74.

66. E.g., Butler, *Parting Ways*; Elhanan Yakira, *Post-Zionism, Post-Holocaust: Three Essays on Denial, Forgetting, and the Delegitimation of Israel*, trans. Michael Swirsky (Cambridge: Cambridge University Press, 2010), pp. 220-302; Moshe Zimmerman, 'Hannah Arendt, the Early "Post-Zionist"', in Aschheim (ed.), *Hannah Arendt in Jerusalem*, pp. 181-93.

67. Arendt, 'Zionism Reconsidered', p. 343.

68. Richard J. Bernstein, *Hannah Arendt and the Jewish Question* (Cambridge, MA: The MIT Press, 1996), p. 104.

69. Arendt, *OT$_l$*, p. 295. See also Shmuel Lederman, 'Parting Ways Too Soon: Arendt contra Butler on Zionism', *The European Legacy* 25:3 (2020), pp. 248–65, esp. pp. 253–54.

70. Berlin to Brown, 6 May 1991, emphasis added.

71. See Hardy's note in Isaiah Berlin, *L*, p. 92 note 2, updated online at IBVL, http://berlin.wolf.ox.ac.uk/publishedworks/l/corrections.html,accessed30September2020

72. Forster的名言值得在这里回顾："我讨厌原因这个概念，如果我必须在背叛我的国家和背叛我的朋友之间做出选择，我希望我有勇气背叛我的国家。" E. M. Forster, *Two Cheers for Democracy* (London: Edward Arnold & Co., 1951), p. 78.

73. 爱德华·萨义德认为，伯林不再是一个自由主义者，事实上，当涉及以色列和犹太复国主义时，伯林是"狂热的"。他写道："在涉及以色列的问题上，伯林表现出一眼不眨的热情，是那种右翼或左翼的狂热分子可能会有的热情，而这种热情在伯林所有关于其他主题的著作中他都是会谴责的。从这个意义上说，他是以色列的有机知识分子。" Edward Said, *The End of the Peace Process: Oslo and After* (London: Granta, 2000), p. 221. See also Tariq Ali, *Conversations with Edward Said* (London: Seagull Books, 2006), p. 72. 我希望在这项研究中表明，萨义德的批评意见未能公正对待问题的复杂性。

74. Ignatieff, *Isaiah Berlin*, p. 30.

75. MI Tape 2, pp. 6–7. See also Ignatieff, *Isaiah Berlin*, p. 27.

76. Jahanbegloo, *CIB*, p. 85.

77. Young-Bruehl, *Hannah Arendt*, pp. 121–22.

78. Winham认为阿伦特和伯林很可能在1955年9月文化自由大会（CCF）组织的"自由的未来"国际会议上相遇：Ilya Winham,

'After Totalitarianism: Hannah Arendt, Isaiah Berlin, and the Realization and Defeat of the Western Tradition'(Ph.D. dissertation, University of Minnesota, 2015), pp. 5-6. 这是一个合理的猜测，但不真实。在CCF会议召开的9月12日至17日期间，伯林确实在意大利；但他在9月12日至16日期间住在Santa Caterina Amalfi，然后前往米兰庆祝9月17日至18日的犹太新年。伯林在一封信中明确表示，他不会参加"令人兴奋的米兰会议（即CCF会议）"（Isaiah Berlin to Morton White, 2 May 1955, MSB 289/60- 61. 糟糕的是，出版版本中省略了这部分内容，E, pp. 485-88）。另见Berlin's postcards to Marie Berlin dated 12, 14 and 15 September 1955 (MSB 298/82, 85, 86), and his telegrams to her, dated 12, 14 and 18 September 1955 (MSB 298/81, 84, 87)。

79. Berlin, *E*, p. 676 note 4.

80. Isaiah Berlin to Faber & Faber, '[Report on] *The Human Condition* by Hannah Arendt', no date [1958]，转载于本书附录。

81. Bhikhu Parekh, 'Hannah Arendt's Critique of Marx', in Melvyn Hill (ed.), *Hannah Arendt: The Recovery of the Public World* (New York: St. Martin's Press, 1979), pp. 67-100; and Hanna Fenichel Pitkin, *The Attack of the Blob: Hannah Arendt's Concept of 'the Social'* (Chicago: University of Chicago Press, 1998). Parekh的批评涉及阿伦特对工作、行动和劳动的区分。Pitkin关注阿伦特对社会和政治的区分。

82. Berlin to Faber & Faber, '[Report on] *The Human Condition* by Hannah Arendt'.

83. Ignatieff, *Isaiah Berlin*, p. 33. See Mendel Berlin, 'For the Benefit of My Son', p. 307.

84. Bernard Crick, 'Hannah Arendt and the Burden of Our Times', *The Political Quarterly* 68:1 (1997), pp. 77-84, at p. 78.

85. Seyla Benhabib, *The Reluctant Modernism of Hannah Arendt*, new ed. (Lanham, MD: Rowman & Littlefield, 2003), p. li, note 6.

86. Berlin, *E*, p. 676 note 4.

87. Jahanbegloo, *CIB*, pp. 81–85.

88. Benhabib, *Reluctant Modernism*, p. li note 6.

89. Berlin to Brown, 6 May 1991.

90. Benhabib, *Reluctant Modernism*, p. li note 6.

91. Isaiah Berlin to Meyer Schapiro, 28 January 1959, T.

92. E.g., Isaiah Berlin to Edmund Wilson, 26 January 1959, T; Berlin to Schapiro, 28 January 1959; Isaiah Berlin to Morton White, 6 February 1959, *E*, p. 676.

93. Berlin to Faber & Faber, '[Report on] *The Human Condition* by Hannah Arendt'; Berlin to White, 6 February 1959, *E*, p. 676; Berlin to Brown, 6 May 1991; Berlin to Ettinger, 19 December 1992. See also Jahanbegloo, *CIB*, pp. 82–83.

94. Berlin to Crick, 4 November 1963.

95. E.g., Dana R. Villa, 'Hannah Arendt: From Philosophy to Politics', in Catherine H. Zuckert (ed.), *Political Philosophy in the Twentieth Century: Authors and Arguments* (Cambridge: Cambridge University Press, 2011), pp. 108–25, at p. 119 note 21.

96. Isaiah Berlin to Anna Kallin, 27 July 1951, *E*, p. 234.

97. Jahanbegloo, *CIB*, p. 49; Isaiah Berlin to Bhikhu Parekh, 14 January 1983, MSB 218/10–11.

98. Berlin to White, 6 February 1959, *E*, p. 674.

99. Isaiah Berlin to Galen Strawson, 9 April 1982, *A*, p. 186; Berlin to Chiara Merlo, 9 April 1991, *A*, p. 411.

100. Isaiah Berlin to Morton White, 11 January 1955, T.

101. Isaiah Berlin to Hamilton Fish Armstrong, 1 February 1950, *E*, p. 168.

102. Edmund Husserl, *Logical Investigations*, 2 vols, ed. Dermot Moran, trans. J. N. Findlay (London: Routledge, 2001).

103. Loidolt, *Phenomenology of Plurality*, p. 7.

104. Ibid., p. 78.

105. Dermot Moran, *Introduction to Phenomenology* (London: Routledge, 2000), p. 83.

106. Hannah Arendt, 'What Is Existential Philosophy?', *EU*, pp. 163–93, at p. 166.

107. 这些讲座现在有英文版，Martin Heidegger, *Plato's* Sophist, trans. Richard Rojcewicz and André Schuwer (Bloomington: Indiana University Press, 1997); *History of the Concept of Time: Prolegomena*, trans. Theodore Kisiel (Bloomington: Indiana University Press, 1985); and *Logic: The Question of Truth*, trans. Thomas Sheehan (Bloomington: Indiana University Press, 2010)。

108. Theodore Kisiel, 'Rhetoric, Politics, Romance: Arendt and Heidegger 1924–26', in James E. Swearingen and Joanne Cutting-Gray (eds) *Extreme Beauty: Aesthetics, Politics, Death* (London: Continuum, 2000), pp. 94–109, at p. 98; Loidolt, *Phenomenology of Plurality*, pp. 171–72, p. 191 note 18. 汉斯-格奥尔格·伽达默尔、汉斯·约纳斯、列奥·斯特劳斯和卡尔·洛维特等人参加过的最著名的讲座现在被出版为 Martin Heidegger, *Basic Concepts of Aristotelian Philosophy*, trans. Robert D. Metcalf and Mark B. Tanzer (Bloomington: Indiana University Press, 2009)。

109. Arendt, '"What Remains? The Language Remains"', p. 2.

110. Hannah Arendt to Martin Heidegger, 28 October 1960, in Hannah Arendt and Martin Heidegger, *Letters 1925–1975*, ed. Ursula Ludz, trans. Andrew Shields (Orlando: Harcourt, Inc., 2004), p. 124.

111. Reprinted as 'Heidegger at Eighty' in Arendt, *TWB*, pp. 419–31.

112. Ibid., pp. 420–21.

113. Ibid., p. 420.

114. Ibid., p. 421.

115. See, e.g., the exchange between Wolin and Villa: Richard Wolin, 'Hannah and the Magician', *The New Republic* (15 October 1995), pp. 27–37; and Dana R. Villa, 'Apologist or Critic? On Arendt's Relation to Heidegger', in Aschheim, *Hannah Arendt in Jerusalem*, pp. 325–37.

116. 阿伦特文章的第一部分，她对海德格尔作为一名教师的回忆，经常在海德格尔研究中被引用，以展示这位年轻哲学家激动人心的存在和他对学生的巨大影响。See, e.g., John van Buren, *The Young Heidegger: Rumor of the Hidden King* (Bloomington and Indianapolis: Indiana University Press, 1994), p. 3; Theodore Kisiel, *The Genesis of Heidegger's Being and Time* (Berkeley and Los Angeles: University of California Press, 1993), pp. 15–16; and Richard Polt, *Heidegger: An Introduction* (Ithaca, NY: Cornell University Press, 1999), p. 20.

117. Arendt, 'Heidegger at Eighty', p. 423.

118. Ibid., p. 423, first emphasis is mine. See also Arendt, 'What Is Existential Philosophy?', p. 182.

119. 据艾耶尔自己说，大约在1933年，伯林告诉他，"考虑一下，弗莱迪，你为什么不在失去热情之前写本书呢？"对此，艾耶尔回答说："我不会失去热情，但写本书是个不错的主意。"因此，他开始写《语言、真理和逻辑》: Ted Honderich, 'An Interview with A. J. Ayer', in A. Phillips Griffith (ed.), *A. J. Ayer: Memorial Essays: Royal Institute of Philosophy Supplement 30* (Cambridge: Cambridge University Press, 1991), pp. 209–26, at p. 209.

120. A. J. Ayer, *Part of My Life* (London: Collins, 1977), pp. 130–34.

121. A. J. Ayer, *Language, Truth and Logic* (London: Victor Gollancz Ltd, 1938), p. 17.

122. 布拉德利的句子如下："绝对进入进化和进步，但它本身没有能力进化和进步。"由于这些话不太可能"旨在表达一个同义反复或一个至少在原则上能够被证实的命题",艾耶尔总结道:"由此得出结论,[布拉德利]发表了一个甚至对他自己都没有任何字面意义的句子。" Ayer, *Language, Truth and Logic*, p. 21 note 2.

123. See, most importantly, Isaiah Berlin, 'Verification', *Proceedings of the Aristotelian Society* 39 (1938–39), pp. 225–48, reprinted in *CC*$_2$, pp. 15–40.

124. See Dubnov, *Isaiah Berlin*, pp. 53–76; and Cherniss, *A Mind and Its Time*, pp. 1–14.

125. Isaiah Berlin, 'Austin and the Early Beginnings of Oxford Philosophy', *PI*$_3$, pp. 156–76, at p. 175.

126. Iris Murdoch, *The Sovereignty of the Good* (London: Routledge & Kegan Paul, 1970), p. 1.

127. A. J. Ayer to Isaiah Berlin, 2 February 1933, cited in Ben Rogers, *A. J. Ayer: A Life* (New York: Grove Press, 1999), p. 94.

128. Berlin to Merlo, 9 April 1991, *A*, p. 411.

129. Berlin to Ettinger, 5 November 1993.

130. Martin Jay, 'Walter Benjamin and Isaiah Berlin: Modes of Jewish Intellectual Life in the Twentieth Century', *Critical Inquiry* 43:3 (2017), pp. 719–37, at p. 731.

131. Arendt, *LMT*, p. 45.

132. Ibid.

133. Hannah Arendt, items 023805 and 023806 (materials related to her lectures on 'Introduction into Politics' at the University of Chicago in 1963), in 'Subject File, 1949–1975, n.d.', HAP.

134. See esp. Arendt, 'What Is Existential Philosophy?', 'Heidegger at Eighty', and Hannah Arendt, 'French Existentialism', *EU*, pp. 188–93.

135. Isaiah Berlin, 'The Trends of Culture', contribution to 'The Year 1949 in Historical Perspective', in *1950 Britannica Book of the*

Year (Chicago/Toronto/London, 1950: Encyclopaedia Britannica, Inc.), pp. xxii–xxvii, reprinted as 'Three Years: Culture and Politics in the Mid Twentieth Century', IBVL, http://berlin.wolf.ox.ac.uk/published_works/singles/bib292.pdf, pp. 1–16, at p. 9, accessed 30 September 2020.

136. Frances Kiernan, *Seeing Mary Plain: A Life of Mary McCarthy* (New York: W. W. Norton & Co., 2000), p. 354.

137. Friedrich Nietzsche, *Twilight of the Idols, or, How to Philosophize with a Hammer*, trans. Duncan Large (Oxford: Oxford University Press, 1998), p. 43, p. 6.

138. Arendt cited in Podhoretz, *Ex-Friends*, p. 172.

139. 她说出了两个美国人的名字：William James 和 Charles Sanders Peirce（后者带一个"也许"）：Larry May, 'Hannah Arendt: A Remembrance', *Arendt Studies* 1 (2017), pp. 13–22, at p. 15. See also an April 1970 entry of Arendt's *Denktagebuch*, 她讨论了"我与我的英语读者之间的困难"，并写下关于"英语'哲学'"（注意这里的引号）: Arendt, *DZ*, XXVII: 45, pp. 770–74.

140. Arendt, *OT*$_3$, p. 139.

141. 关于这一分歧的文献巨多。See, e.g., Michael Friedman, *A Parting of the Ways: Carnap, Cassirer, and Heidegger* (Chicago and La Salle: Open Court, 2000); Peter E. Gordon, *Continental Divide: Heidegger, Cassirer, Davos* (Cambridge, MA: Harvard University Press, 2010); and Dermot Moran, 'Analytic Philosophy and Continental Philosophy: Four Confrontations', in Leonard Lawlor (ed.), *Phenomenology: Responses and Developments* (London: Routledge, 2014), pp. 235–66. 对于政治理论的分析－大陆分歧的含义，具体请参见: e.g., Clayton Chin and Lasse Thomassen (eds), 'Analytic and Continental Political Theory: An Unbridgeable Divide?', special issue of *European Journal of Political Theory* 15:2 (2016); and Jeremy Arnold, *Across the Great Divide: Between Analytical and Continental Political Theory* (Stanford: Stanford University

Press, 2020)。

142. 原话是这样的:"我不是'来自德国左翼的知识分子'。[……]如果可以说我'来自任何地方',那么得说是来自德国哲学的传统。"Scholem and Arendt, 'Exchange', p. 53.

143. Bernard Williams, *Ethics and the Limits of Philosophy* (London: Fontana Press, 1985).

144. David Cesarani, *Eichmann: His Life and Crimes* (London: Vintage Books, 2005), pp. 25–34.

145. Doron Rabinovici, *Eichmann's Jews: The Jewish Administration of Holocaust Vienna, 1938–1945*, trans. Nick Somers (Cambridge: Polity, 2011), p. 63; Cesarani, *Eichmann*, pp. 67–71.

146. 关于艾希曼试图在以色列的审讯和审判中淡化他的责任,参见 Bettina Stangneth, *Eichmann before Jerusalem: The Unexamined Life of a Mass Murderer* (London: The Bodley Head, 2014)。

147. Testimony of Dieter Wisliceny, 3 January 1946, The International Military Tribunal for Germany, Nuremberg Trial Proceedings (Blue Set), Volume 4: Twenty-First Day to the Twenty-Ninth Day, http://avalon.law.yale.edu/imt/01-03-46.asp, accessed 5 June 2020.

148. See Uki Goñi, *The Real Odessa: How Peron Brought the Nazi War Criminals to Argentina* (London: Granta, 2003).

149. 关于艾希曼的阿根廷岁月,参见 Stangneth, *Eichmann before Jerusalem*, pp. 103–360。

150. 早在1952年10月,德国总理本人就在德国联邦议院说了同样的话:"在我看来,我们应该叫停搜寻纳粹分子的努力。"Konrad Adenauer, cited in Stangneth, *Eichmann before Jerusalem*, p. 146.

151. Deborah E. Lipstadt, *The Eichmann Trial* (New York: Schocken, 2011), p. 7; Stangneth, *Eichmann before Jerusalem*, pp. 116–20, p. 139, p. 143, pp. 155–56, pp. 326–29, p. 351.

152. Cesarani, *Eichmann*, p. 14; Lipstadt, *The Eichmann Trial*, pp. 13–14.

153. 可以理解的是，这种戏剧化的操作成了许多各种不同质量的书籍、文章和电影的主题。

154. CBS, cited in Lipstadt, *The Eichmann Trial*, p. 24.

155. See the correspondence between Hannah Arendt and Karl Jaspers, *C*, pp. 410–34.

156. Isaiah Berlin to Teddy Kollek, 27 July 1960, *B*, p. 3.

157. Isaiah Berlin to Sam Behrman 28 May 1962, *B*, p. 93.

158. Isaiah Berlin to Aline Berlin, 27 March 1962, *T*. See also Berlin to Behrman, 28 May 1962.

159. Isaiah Berlin to Isaac [Stern?], 1 May 1962, MSB 383/18.

160. Isaiah Berlin to Rowland Burdon-Muller, 16 September 1960, MSB 269/155–62.

161. Berlin to [Stern?], 1 May 1962.

162. Lipstadt, *The Eichmann Trial*, pp. 24–31.

163. Raanan Rein, *Argentina, Israel, and the Jews: Peron, the Eichmann Capture and After*, trans. M. Grenzeback (Bethesda: University Press of Maryland, 2003), p. 217.

164. Hanna Yablonka, *The State of Israel vs. Adolf Eichmann* (New York: Schocken Books, 2004), p. 44.

165. Young-Bruehl, *Hannah Arendt*, p. 155, pp. 162–63.

166. See Jahanbegloo, *CIB*, pp. 19–23; and the exchange between Isaiah Berlin and Gershom Schocken, 5 and 6 November 1972, MSB 513/242, 252.

167. Hannah Arendt, 'Die wahren gründe für Theresienstadt', *Aufbau* 9:36 (3 September 1943), reprinted in English translation as 'The Real Reasons for Theresienstadt', in *JW*, pp. 191–92.

168. Arendt, OT_1, p. 385 (OT_3, p. 402).

169. 关于阿伦特与《纽约客》编辑的关系概述，参见Duncan Kelly, 'The *New Yorker* State of Hannah Arendt's Mind', in Fiona Green (ed.), *Writing for* The New Yorker: *Critical Essays on an American Periodical* (Edinburgh: Edinburgh University Press, 2015), pp. 209–27。

170. Hannah Arendt to Karl Jaspers, 2 December 1960, *C*, p. 409.

171. Hannah Arendt to Vassar College, 2 January 1961, cited in Young-Bruehl, *Hannah Arendt*, p. 329.

172. Hannah Arendt to Karl Jaspers, 23 December 1960, *C*, p. 417; Young-Bruehl, *Hannah Arendt*, 336.

173. Cesarani, *Eichmann*, p. 4.

174. Arendt, *EIJ*$_2$, p. 117.

175. Anita Shapira, *Ben-Gurion: Father of Modern Israel* (New Haven: Yale University Press, 2014), p. 132.

176. Léon Poliakov, *Breviaire de la haine. Le IIIe Reich et les Juifs* (Paris: Calmann-Lévy, 1951), published in English as *Harvest of Hate: The Nazi Program for the Destruction of the Jews of Europe* (Syracuse, NY: Syracuse University Press, 1954); Raul Hilberg, *The Destruction of the European Jews* (Chicago: Quadrangle Books, 1961).

177. Arendt, 'The History of the Great Crime', *JW*, pp. 45–61.

178. Arendt, *EIJ*$_2$, p. 125.

179. Yehuda Bauer, *Jews for Sale: Nazi-Jewish Negotiations, 1933–1945* (New Haven: Yale University Press, 1994); Bernard Wasserstein, *The Ambiguity of Virtue: Gertrude van Tijn and the Fate of the Dutch Jews* (Cambridge, MA: Harvard University Press, 2014).

180. Jacob Robinson, *And the Crooked Shall Be Made Straight: The Eichmann Trial, the Jewish Catastrophe and Hannah Arendt's Narrative* (New York: Macmillan, 1965).

181. Aron Zeitlin, cited in Richard I. Cohen, 'A Generation's Response to *Eichmann in Jerusalem*', in Aschheim (ed.), *Hannah Arendt*

in Jerusalem, pp. 253-77, at p. 258; Leo Mindlin, 'During the week... as I see it', *The Jewish Floridian* (15 March 1963), p. A-10.

182. Luke Russell, *Evil: A Philosophical Investigation* (Oxford: Oxford University Press, 2014), p. 72.

183. E.g., Mark Lilla, 'Arendt and Eichmann: The New Truth', 'The Defense of a Jewish Collaborator' and 'Arendt and Eichmann' [Reply to Roger Berkowitz], in *The New York Review of Books*, 21 November, 5 December and 19 December 2013; John Gray, 'Blood on Their Hands', *Literary Review* 409 (May 2013).

184. Arendt, *EIJ*$_2$, p. 252.

185. 可以说，阿伦特对"平庸的恶"的最清晰、最简洁的表述见于她的'Thinking and Moral Considerations', *RJ*, pp. 159-89, at pp. 159-60。

186. Hannah Arendt, 'The Eichmann Case and the Germans: A Conversation with Thilo Koch', *JW*, pp. 485-89, at p. 487, emphasis added.

187. For further discussion, see Young-Bruehl, *Hannah Arendt*, pp. 347-62; Richard I. Cohen, 'Breaking the Code: Hannah Arendt's *Eichmann in Jerusalem* and the Public Polemic: Myth, Memory and Historical Imagination', *Michael: On the History of the Jews in the Diaspora* 13 (1993), pp. 29-85; and Daniel Maier-Katkin, 'The Reception of Hannah Arendt's *Eichmann in Jerusalem* in the United States 1963-2011', *Zeitschrift fur politisches Denken* 6:1/2 (2011), http://www.hannaharendt.net/index.php/han/article/view/64/84, accessed 5 June 2020.

188. Irving Spiegel, 'Hausner Criticizes Book on Eichmann', *The New York Times*, 20 May 1963, p. 12.

189. Hannah Arendt to Mary McCarthy, 20 September 1963, *BF*, p. 147.

190. Daniel Bell, 'The Alphabet of Justice: Reflections on *Eichmann in Jerusalem*', *Partisan Review* 30:3 (1963), pp. 412–29; Hans J. Morgenthau, 'Review of *Eichmann in Jerusalem*', *Chicago Tribune*, 26 May 1963; Mary McCarthy, 'The Hue and the Cry', *Partisan Review* 31 (1964), pp. 82–94; and Dwight Macdonald, 'Arguments: More on Eichmann', *Partisan Review* 31 (1964), pp. 275–78.

191. Young-Bruehl, *Hannah Arendt*, p. 360.

192. Hannah Arendt, '"The Formidable Dr. Robinson": A Reply', *The New York Review of Books*, 20 January 1966, reprinted in *JW*, pp. 496–511.

193. King, *Arendt and America*, p. 217.

194. Isaiah Berlin to William Phillips, 7 May 1963, from the *Partisan Review* collection, Howard Gotlieb Archival Research Center at Boston University Libraries.《党派评论》最终发表了Lionel Abel的尖锐评论。像伯林一样，Abel对阿伦特的作品评价不高，事实上，在《艾希曼》出版之前，他发表了一篇对《过去与未来之间》的高度批判性的评论。但是与伯林不同，他没有拒绝为《党派评论》评论《艾希曼》的邀请，根据Abel的追溯性解释，"肯定期待一篇对阿伦特批评的文章"。Lionel Abel, *The Intellectual Follies: A Memoir of the Literary Venture in New York and Paris* (New York: W. W. Norton & Co., 1984), pp. 274–75. See Lionel Abel, 'Pseudo-Profundity', *New Politics* (Fall 1961), pp. 124–31; and Lionel Abel, 'The Aesthetics of Evil', *Partisan Review* 30:2 (1963), pp. 210–30.

195. Isaiah Berlin to Mary McCarthy, 7 August 1964. McCarthy 182.17, Archives and Special Collections, Vassar College Library. 这里引用的那部分信件内容在出版的版本中被省略了，B, pp. 195–97。

196. David Caute认为这种可能性很大，见David Caute, *Isaac and Isaiah: The Covert Punishment of a Cold War Heretic* (New Haven:

Yale University Press, 2013), pp. 268–69. Dubnov 用档案证据证实了 Caute 的假设，见 Arie M. Dubnov, 'Can Parallels Meet? Hannah Arendt and Isaiah Berlin on the Jewish Post-Emancipatory Quest for Political Freedom', *The Leo Baeck Institute Year Book* 62 (2017), pp. 27–51, at p. 28. See the entry dated 3 August 1963, 'Diaries of Gershom Scholem from different dates', The National Library of Israel, ARC. 4* 02 265.27。

197. Lotte Houwink ten Cate, '"Die Amerikanerin Scolds!": How the Private Friendship between Hannah Arendt and Gershom Scholem Went Public', *New German Critique* 46:1 (2019), pp. 1–14, at p. 12.

198. See the series of exchanges in Scholem and Arendt, *CSA*, pp. 205–19. See also Hannah Arendt to Karl Jaspers, 20 October 1963, *C*, p. 523.

199. John Mander to Hannah Arendt, 5 September 1963, cited in Cate, '"Die Amerikanerin Scolds!"', pp. 8–9.

200. Hannah Arendt to John Mander, undated [early September 1956], reprinted in Scholem and Arendt, *CSA*, pp. 217–18.

201. Arendt to Jaspers, 20 October 1963, *C*, p. 523.

202. Hannah Arendt to Karl and Gertrud Jaspers, 24 November 1963, *C*, p. 535.

203. Isaiah Berlin to Stephen Spender, 2 July 1963, T.

204. Maier-Katkin, 'The Reception of Hannah Arendt's *Eichmann in Jerusalem*', p. 2.

205. Isaiah Berlin to Sam Behrman, 27 August 1963, T.

206. Anonymous author [John Sparrow], 'Judges in Israel: The Case of Adolf Eichmann', *The Times Literary Supplement*, 30 April 1964, pp. 365–68; Caute, *Isaac and Isaiah*, p. 270. 顺便提一句，McCarthy 称 Sparrow 的评论是"一项特别肮脏的工作，一个真正愚蠢的人做的"。Mary McCarthy to Hannah Arendt, 9 June 1964, *BF*, p. 166.

207. Scholem and Arendt, 'Exchange', p. 51.

208. Isaiah Berlin to I. F. Stone, 13 February 1975, *B*, p. 592. See also Jahanbegloo, *CIB*, pp. 84–85; Isaiah Berlin to Geza Vermes, 13 May 1982, T; Berlin to May, 1 October 1986, *A*, pp. 299–300; and Berlin to Ettinger, 5 November 1993.

209. Gershom Scholem to Hannah Arendt, 28 January 1946, *CSA*, p. 42. See also Arendt to Scholem, 21 April 1946, *CSA*, pp. 47–50; and Scholem to Arendt, 6 November 1946, *CSA*, pp. 60–61.

210. See Steven E. Aschheim's excellent essay, 'Between New York and Jerusalem', *Jewish Review of Books* 4 (Winter 2011), pp. 5–8; and Amir Engel, *Gershom Scholem: An Intellectual Biography* (Chicago: University of Chicago Press, 2017), pp. 168–98.

211. 阿伦特写信给肖勒姆说，"在你对我的攻击中，以及在你写了所有这些之后，你没有指责我自我仇恨"（Arendt to Scholem, 18 August 1963, *CSA*, p. 215）。

212. E.g., Isaiah Berlin to Meyer Schapiro, 20 July 1967, *B*, p. 337; Berlin to Behrman, 19 July 1963, T.

213. Berlin to Behrman, 19 July 1963.

214. E.g., Berlin to Schapiro, 20 July 1967, *B*, p. 338; Isaiah Berlin to Robert Silvers, 19 March 1970, MSB 279/104–7.

215. Jonathan Haslam, *The Vices of Integrity: E. H. Carr, 1892–1982* (London: Verso, 1999), p. 247.

216. Young-Bruehl, *Hannah Arendt*, p. 410; Hannah Arendt to Karl Jaspers, 13 April 1967, *C*, p. 671.

217. Richard Pipes, *Struve: Liberal on the Left, 1870–1905* (Cambridge, MA: Harvard University Press, 1970).

218. 1966年6月14日，伯林和Pipes还在万灵学院餐厅共进晚餐。See Isaiah Berlin to Richard Pipes, 29 April 1966, T; and Berlin to Hugh Trevor Roper, 1 June 1966, T.

219. Isaiah Berlin to Richard Pipes, 20 April 1966, T.

220. Social Science Research Council, *Annual Report, 1967–1968* (New York: SSRC, 1968), p. 86.

221. Richard Pipes (ed.), *Revolutionary Russia* (Cambridge, MA: Harvard University Press, 1968).

222. Ibid., pp. 24–25. 223. Arendt, *OR3*, pp. 55–56, pp. 241–42, pp. 248–50, p. 257.

224. Pipes, *Revolutionary Russia*, p. 62.

225. 就我所知，Winham是唯一一位分析过阿伦特和伯林在1967年哈佛会议上互动的学者。See Winham, 'After Totalitarianism', p. 6.

226. Berlin to Ettinger, 19 December 1992.

227. Winham, 'After Totalitarianism', p. 6.

228. Isaiah Berlin to Martin Peretz, 22 November 1974, MSB 208/202.

229. Arendt to Jaspers, 13 April 1967, *C*, p. 671.

230. Arendt, 'Comment by Hannah Arendt on—"The Uses of Revolution" by Adam Ulam', in Pipes, *Revolutionary Russia*, pp. 344–51, at p. 344.

231. Schlesinger, *Journals*, p. 430.

232. Isaiah Berlin to Ursula Niebuhr, 27 April 1972, T.

233. Berlin to Peretz, 22 November 1974.

234. Zbigniew Pełczyński and John Gray, *Conceptions of Liberty in Political Philosophy* (London: The Athlone Press, 1984).

235. Isaiah Berlin to Zbyszek Pełczyński, 20 September 1983, T.

236. Jahanbegloo, *CIB*, p. 84.

237. Berlin to Brown, 6 May 1991.

238. Samir al-Khalil [pseudonym for Kanan Makiya], *Republic of Fear: Saddam's Iraq* (London: Hutchinson Radius, 1989). 阿伦特在第4章和结论中被提到，伯林在第7章被提到。

239. Berlin to Brown, 6 May 1991, emphasis added.

240. Isaiah Berlin to Pierre Vidal-Naquet, 17 February 1975, MSB 209/278.

241. See Celso Lafer's pioneering piece, 'Isaiah Berlin and Hannah Arendt', *Hannah Arendt Newsletter*, No 1 (April 1999), pp. 19–24.

第3章　自由

1. Hannah Arendt, 'Freiheit und Politik. Ein Vortrag', *Die Neue Rundschau* 69:4 (1958), pp. 670–94. An English version of this piece appeared as 'Freedom and Politics: A Lecture', *Chicago Review* 14:1 (1960), pp. 28–46, now reprinted with small changes as 'Freedom and Politics, a Lecture', in *TWB*, pp. 220–44.

2. Hannah Arendt, 'What Is Freedom?', BPF_3, pp. 142–69.

3. Ibid., p. 145.

4. Ibid., p. 149.

5. 初稿于1958年8月29日至30日口述。See Berlin, *E*, p. 783.

6. Martin Hollis, 'Preface', in Ian Forbes and Steve Smith (eds), *Politics and Human Nature* (London: Bloomsbury Academic, 2006 [1983]), pp. ix–x, at p. ix.

7. David Hackett Fischer, *Liberty and Freedom: A Visual History of America's Founding Ideas* (New York: Oxford University Press, 2005), p. 12.

8. David G. Ritchie, *Natural Rights: A Criticism of Some Political and Ethical Conceptions* (London: George Allen & Unwin Ltd, 1894), p. 135.

9. Hanna Fenichel Pitkin, 'Are Freedom and Liberty Twins?', *Political Theory* 16:4 (1988), pp. 523–52.

10. Arendt, OR_3, pp. 19–20.

11. Kei Hiruta, 'Hannah Arendt, Liberalism, and Freedom from Politics', in Kei Hiruta (ed.), *Arendt on Freedom, Liberation, and Revolution* (Cham: Palgrave Macmillan, 2019), pp. 17–45, at p. 19. See

also Pitkin, 'Are Freedom and Liberty Twins?', pp. 526–28.

12. Arendt, OR_3, p. 267, emphasis added.

13. Hannah Arendt, '"The Freedom to Be Free": The Conditions and Meaning of Revolution', *TWB*, pp. 368–86, at p. 373, emphasis added. 同样, "to liberate"和"to free"在同一篇文章中交替使用, pp. 378–79。

14. John Rawls, *A Theory of Justice* (Cambridge, MA: Harvard University Press, 1971), p. 5; H.L.A. Hart, *The Concept of the Law* (Oxford: Clarendon Press, 1961), pp. 155–59.

15. Eric Margolis and Stephen Laurence, 'Concepts', *The Stanford Encyclopedia of Philosophy* (Summer 2019 edition), ed. Edward N. Zalta, https://plato.stanford.edu/archives/sum2019/entries/concepts/, accessed 15 January 2020.

16. 我拒绝"理论"必然意味着不知变通的体系构建这种陈词滥调。

17. Joshua L. Cherniss, *A Mind and Its Time: The Development of Isaiah Berlin's Political Thought* (Oxford: Oxford University Press, 2013).

18. Isaiah Berlin, 'The Truro Prize Essay (1928)', reprinted in *F*, pp. 631–37.

19. Berlin, KM_1, p. 135.

20. 这部分著作将在下一章讨论。

21. 这里特别相关的是1952年2月和3月伯林在宾夕法尼亚布林莫尔学院(Bryn Mawr College)发表的玛丽·弗莱克斯纳讲座(Mary Flexner Lectures), 题为《浪漫主义时代的政治思想》; 以及他在1952年10月和11月的BBC广播的演讲《自由及其背叛》。这两个系列讲座连同相关材料现分别出版为$PIRA_2$(《浪漫主义时代的政治思想》)和FIB_2(《自由及其背叛》)。

22. See the classic essay by A. Arblaster, 'Vision and Revision: A

Note on the Text of Isaiah Berlin's *Four Essays on Liberty*', *Political Studies* 19:1 (1971), pp. 81–86.

23. 据报告，伯林自己甚至说，他写的"其他一切"都是"两种概念"的"脚注"(Berlin and Polanowska-Sygulska, *UD*, p. 119)。

24. Isaiah Berlin, 'Two Concepts of Liberty', *L*, pp. 166–217, at p. 178, emphasis added.

25. Mario Ricciardi, 'Berlin on Liberty', in George Crowder and Henry Hardy (eds), *The One and the Many: Reading Isaiah Berlin* (New York: Prometheus Books, 2007), pp. 119–39, at p. 137.

26. Isaiah Berlin, 'Introduction', *L*, pp. 3–54, at p. 31.

27. Berlin, 'Two Concepts', p. 186.

28. Berlin, 'Introduction', p. 32.

29. Ibid.

30. Berlin, 'Two Concepts', pp. 169–70.

31. Berlin, 'Introduction', p. 45.

32. C. B. Macpherson, *Democratic Theory: Essays in Retrieval* (Oxford: Clarendon Press, 1973), p. 102.

33. Berlin, 'Two Concepts', p. 172.

34. Berlin, 'Introduction', p. 38.

35. E.g., Berlin and Polanowska-Sygulska, *UD*, passim; Jahanbegloo, *CIB*, pp. 40–42; Berlin and Lukes, 'Conversation', pp. 92–93.

36. E.g., George Crowder, *Isaiah Berlin: Liberty and Pluralism* (Cambridge: Polity Press, 2004), pp. 79–83; Beata Polanowska-Sygulska, 'Two Visions of Liberty: Berlin and Hayek', in *UD*, pp. 241–52.

37. See, most recently, Brian Caterino and Phillip Hansen, *Critical Theory, Democracy, and the Challenge of Neoliberalism* (Toronto: University of Toronto Press, 2019).

38. Berlin and Polanowska-Sygulska, *UD*, p. 154.

39. See, in particular, Berlin, 'Two Concepts', p. 177 note 1. 伯林在消极自由的量和质上的模糊性已经催生了一个小的学术产业。See, e.g., Ian Carter, *A Measure of Freedom* (Oxford: Oxford University Press, 1999); and Matthew H. Kramer, *The Quality of Freedom* (Oxford: Oxford University Press, 2003).

40. Berlin's critics here include Charles Taylor, 'What's Wrong with Negative Liberty', in his *Philosophy and Human Sciences: Philosophical Papers 2* (Cambridge: Cambridge University Press, 1985), pp. 211-29; and Nancy J. Hirschmann, 'Berlin, Feminism, and Positive Liberty', in Bruce Baum and Robert Nichols (eds), *Isaiah Berlin and the Politics of Freedom: 'Two Concepts of Liberty' 50 Years Later* (New York: Routledge, 2012), pp. 185-98.

41. Isaiah Berlin to Bernard Crick, 29 March 1966, *B*, p. 272.

42. Cherniss淡化了这种摇摆，称之为"伯林的〔……〕偶一为之"(*A Mind and Its Time*, p. 193，着重部分由作者标明）。这是Cherniss的解释性举动，以便呈现一个整洁一新的伯林自由理论，在这个理论中，不干涉和选择的能力是截然不同的。如果说Cherniss解释的独创性令人印象深刻，使伯林的作品看起来比实际上更加连贯；那么我对伯林的解读就显得可能没有那么替他着想了，但我意在更真实地表达他自己的话，包括那些模棱两可、令人困惑的话。

43. Isaiah Berlin, 'From Hopes and Fear Set Free', *L*, pp. 252-79, at p. 271, emphasis added.

44. Berlin, 'Introduction', p. 39.

45. 伯林对积极自由保持着深深的矛盾态度。在《两种概念》中，他似乎为消极自由辩护，反对它的积极对手。在他后来的一些采访中，他声称他的意图是不同的。但在1986年的一次采访中，他交替使用了"我意义上的自由"和"消极意义上的自由"（Berlin

and Polanowska-Sygulska, *UD*, p. 42）我认为他的矛盾态度从未得到解决。

46. Berlin, 'Two Concepts', p. 187.

47. Ibid., p. 194.

48. Ricciardi, 'Berlin on Liberty', p. 136.

49. Isaiah Berlin, 'Rousseau', *FIB*$_2$, pp. 28–52, at p. 51.

50. Isaiah Berlin, 'Fichte', *FIB*$_2$, pp. 53–79, at p. 66.

51. Berlin, 'Rousseau', p. 50. Brooke指出，伯林对卢梭的一些强烈谴责，除了卢梭本人外，只适用于希特勒。Christopher Brooke, 'Isaiah Berlin and the Origins of the "Totalitarian" Rousseau', in Laurence Brockliss and Ritchie Robertson (eds), *Isaiah Berlin and the Enlightenment* (Oxford: Oxford University Press, 2017), pp. 89–98, at p. 90.

52. Bertrand Russell, *History of Western Philosophy and Its Connection with Political and Social Circumstances from the Earliest Times to the Present Day* (London: George Allen & Unwin, 1946), p. 711, p. 667.

53. Berlin, 'Two Concepts', p. 198. 我同意Hampsher-Monk的观点，他认为伯林在积极自由和极权政权之间的联系不是概念上的，而是史学上的。See Ian Hampsher-Monk, 'Rousseau and Totalitarianism—with Hindsight?', in Robert Wokler (ed.), *Rousseau and Liberty* (Manchester: Manchester University Press, 1995), pp. 267–88, at p. 272.

54. Berlin and Lukes, 'Conversation', p. 92.

55. Michael Kenny, 'Isaiah Berlin's Contribution to Modern Political Theory', *Political Studies* 48:5 (2000), pp. 1,026–39, at p. 1,037.

56. Berlin, 'Introduction', p. 39.

57. Berlin, 'Two Concepts', p. 213, p. 182.

58. Ibid., p. 185.

59. See esp. Berlin, *PIRA*$_2$.

60. Berlin and Polanowska-Sygulska, *UD*, p. 154.

61. 在过去的几十年里，伯林的价值多元论思想在学术界催生了一个小型产业。本书将在第5章从一个特定的角度讨论伯林的多元论，该章考察了"艾希曼争议"。对于伯林的价值多元论的更一般的讨论，参见：e.g., Crowder, *Isaiah Berlin*; George Crowder, *The Problem of Value Pluralism: Isaiah Berlin and Beyond* (London: Routledge, 2019); William Galston, *Liberal Pluralism: The Implications of Value Pluralism for Political Theory and Practice* (Cambridge: Cambridge University Press, 2002); John Gray, *Isaiah Berlin: An Interpretation of His Thought* (Princeton: Princeton University Press, 2013); and Steven Lukes, *Liberals and Cannibals: The Implications of Diversity* (London: Verso, 2003).

62. Berlin, 'Two Concepts', pp. 213–14.

63. Ibid., p. 216.

64. 这一点在格雷（Gray）不被看好的作品《以赛亚·伯林》中得到了突出体现。

65. Berlin and Lukes, 'Conversation', p. 101. See also Berlin and Polanowska-Sygulska, *UD*, pp. 217–20.

66. Berlin and Lukes, 'Conversation', p. 101, emphasis added.

67. Isaiah Berlin, 'John Stuart Mill and the Ends of Life', *L*, pp. 218–51.

68. Berlin, 'Two Concepts', p. 175.

69. See, in particular, Isaiah Berlin, 'Conversations with Akhmatova and Pasternak' and 'Boris Pasternak', SM_2, pp. 50–79 and pp. 80–84, respectively; and 'Meetings with Russian Writers in 1945 and 1956', *PI3*, pp. 356–432.

70. John Stuart Mill, 'On Liberty', in *On Liberty and Other Essays*, ed. John Gray (Oxford: Oxford University Press, 1991), pp. 1–128, at p. 72.

71. Ibid., p. 17.

72. Michael Freeden, *Ideologies and Political Theory: A Conceptual Approach* (Oxford: Clarendon Press, 1996), p. 146.

73. 或者，用 Alan Ryan 令人难忘的话来说，穆勒的自由"在伯林式消极主义和柯勒律治式积极主义之间摆荡"。Alan Ryan, 'Freedom', *Philosophy* 40:152 (1965), pp. 93–112, at p. 101.

74. Berlin, 'Introduction', p. 39; Berlin and Polanowska-Sygulska, *UD*, p. 156, emphasis added.

75. See Cherniss, *A Mind and Its Time*, pp. 131–87.

76. Hannah Arendt, *Love and Saint Augustine*, ed. and trans. Joanna Vecchiarelli Scott and Judith Chelius Stark (Chicago: University of Chicago Press, 1996), esp. pp. 9–35.

77. See, e.g., Hannah Arendt, 'The Enlightenment and the Jewish Question' [1932] and 'Original Assimilation' [1932], reprinted in *JW*, pp. 3–18 and pp. 22–28, respectively.

78. See, in particular, her contributions to *Aufbau*, reprinted in *JW*, pp. 134–240.

79. 我将在下一章讨论这些著作。

80. Hiruta, 'Hannah Arendt, Liberalism, and Freedom from Politics', pp. 25–26.

81. Anthony Quinton (ed.), *Political Philosophy* (London: Oxford University Press, 1967), pp. 141–52.

82. 感谢 Roger Berkowitz 和 Helene Tieger 让我检查副本。

83. See esp. Cherniss, *A Mind and Its Time*, pp. 145–51.

84. Arendt, *DE*, IV: 17, p. 93.

85. Ibid., XVII: 10, pp. 404–5.

86. 巴德学院的汉娜·阿伦特藏品有一份德文原版的 *Vom Wesen der Wahrheit*。她在1968年1月的《思想日记》中有一条专门介绍了海德格尔的这本书（Arendt, DZ, XXV: 38, p. 675）。

87. Martin Heidegger, *Vom Wesen der Wahrheit* (Frankfurt am

Main: Vittorio Klostermann, 1943), p. 16; English translation as 'On the Essence of Truth', in Martin Heidegger, *Basic Writings*, ed. David Farrell Krell (London: Routledge Classics, 2011), pp. 59–82, at p. 73.

88. Arendt, *OR₃*, p. 22.

89. Benjamin Constant, 'The Liberty of the Ancients Compared with That of the Moderns', in his *Political Writings*, ed. and trans. Biancamaria Fontana (Cambridge: Cambridge University Press, 1988), pp. 309–28; Arendt, *OR₃*, p. 22.

90. Arendt, 'What Is Freedom?', p. 161.

91. Jeremy Waldron, *Political Political Theory: Essays on Institutions* (Cambridge, MA: Harvard University Press, 2016), pp. 290–307.

92. 这就是为什么Tim Gray对阿伦特政治自由作为"地位"概念的分析是不充分的：Tim Gray, *Freedom* (Basingstoke: Macmillan, 1991), pp. 46–50.

93. Robert A. Dahl, *A Preface to Democratic Theory* (Chicago: University of Chicago Press, 1956); Gabriel Almond and Sidney Verba, *The Civic Culture: Political Attitudes and Democracy in Five Nations* (Princeton: Princeton University Press, 1963).

94. John Adams cited in Arendt, *OR₃*, p. 137.

95. Arendt, *HC*, p. 52.

96. Ibid., p. 7.

97. Arendt, 'What Is Freedom?', pp. 151–52.

98. Ibid., p. 152.

99. Ibid., p. 152.

100. Ibid., p. 151. 或者，用另一种说法（*HC*, p. 207）："'产品'就是表演行为本身。"

101. Hannah Arendt, 'Totalitarian Imperialism: Reflections on the Hungarian Revolution', *The Journal of Politics* 20:1 (1958), pp. 5–43, at p. 5, p. 43.

102. Pettit 可能是最有影响力的批评家。See, e.g., Philip Pettit, *Republicanism: A Theory of Freedom and Government* (Oxford: Oxford University Press, 1997), p. 286; Philip Pettit, *On the People's Terms: A Republican Theory and Model of Democracy* (Cambridge: Cambridge University Press, 2012), p. 12; and Philip Pettit, 'Two Republican Traditions', in Andreas Niederberger and Philipp Schink (eds), *Republican Democracy: Liberty, Law and Politics* (Edinburgh: Edinburgh University Press, 2013), pp. 169–204, at p. 169. 对于 Pettit（错误）解读阿伦特的优秀研究，see Keith Breen, 'Arendt, Republicanism, and Political Freedom', in Hiruta (ed.), *Arendt on Freedom, Liberation, and Revolution*, pp. 47–78.

103. Berlin, 'Two Concepts', p. 187.

104. Hannah Arendt, *Lectures on Kant's Political Philosophy*, ed. Ronald Beiner (Chicago: University of Chicago Press, 1992).

105. 我在一篇文章中进一步讨论了这个问题：Hiruta, 'Hannah Arendt, Liberalism, and Freedom from Politics', pp. 20–24. See also Joan Cocks, *On Sovereignty and Other Political Delusions* (London: Bloomsbury Academic, 2014) and Sharon R. Krause, *Freedom beyond Sovereignty: Reconstructing Liberal Individualism* (Chicago: University of Chicago Press, 2015).

106. Arendt, 'What Is Freedom?', p. 163.

107. 或者，正如阿伦特自己附和雅斯贝尔斯的自由概念而说的："正因为我没有做我自己，我才是自由的。" Hannah Arendt, 'What Is Existential Philosophy?', *EU*, pp. 163–93, at p. 184.

108. Quentin Skinner, 'A Third Concept of Liberty', *Proceedings of the British Academy* 117 (2003), pp. 237–68, at p. 242.

109. Thomas Hill Green, *Lectures on the Principles of Political Obligation* (London: Longmans, Green, 1941), pp. 17–18. 将此与阿伦特对"前现代"政治的描述进行比较："政治意味着获得人类存在的最高可能性"（Arendt, *HC*, p. 64）。

110. See esp. Arendt, *HC*, pp. 175–81.

111. Ibid., p. 176.

112. Ibid., p. 180.

113. Bonnie Honig, 'Arendt, Identity, and Difference', *Political Theory* 16:1 (1988), pp. 77–98, at p. 88.

114. Margaret Canovan, *Hannah Arendt: A Reinterpretation of Her Political Thought* (Cambridge: Cambridge University Press, 1992), esp. pp. 201–52.

115. 相关的文献是大量的。See, e.g., Pettit, *Republicanism* and *On the People's Terms*, and Philip Pettit, *A Theory of Freedom: From the Psychology to the Politics of Agency* (Oxford: Oxford University Press, 2001); Skinner, 'A Third Concept of Liberty'; and Quentin Skinner, *Liberty before Liberalism* (Cambridge: Cambridge University Press, 1998).

116. Pettit, *Republicanism*, p. 27. See Quentin Skinner, 'Two Concepts of Citizenship', *Tijdschrift voor Filosofie* 55:3 (1993), pp. 403–19, at p. 411.

117. Jeremy Arnold, *Across the Great Divide: Between Analytical and Continental Political Theory* (Stanford: Stanford University Press, 2020), p. 100.

118. Arendt, *OR₃*, p. 271.

119. See Skinner, 'Two Concepts of Citizenship', pp. 415–16.

120. Arendt, *OR₃*, p. 271.

121. Dana R. Villa, *Public Freedom* (Princeton: Princeton University Press, 2008), p. 411.

122. Arendt, *OR₃*, p. 210.

123. Ibid., p. 272.

124. Ibid., p. 23.

125. 引用阿伦特的原话："自由即行动"，以及"人之为人所在即自由"('What Is Freedom?', p. 151, p. 166)。

126. Arendt, *HC*, p. 58.

127. Ibid., pp. 10–11, p. 193.

128. "准先验"这个术语借自Sophie Loidolt, *Phenomenology of Plurality: Hannah Arendt on Political Intersubjectivity* (New York: Routledge, 2018), p. 122.

129. 伯林交替使用"人性"和"人的条件"这两个术语,他对人性的理解是明确的经验主义的和非本质主义的。

130. Arendt, *HC*, p. 9.

131. See Stephen Mulhall, *Philosophical Myths of the Fall* (Princeton: Princeton University Press, 2005). 在这里,我不同意Loidolt(Loidolt, *Phenomenology of Plurality*, p. 113),她似乎让"限制"代表"界限",因此认为阿伦特的"人的条件"的条件性"不应被理解为一种'限制',而是一种实行能力"。在我的理解中,限制包含了界限和实行能力。

132. Martin Heidegger, *Being and Time*, trans. John Macquarrie and Edward Robinson (Oxford: Blackwell, 1962), p. 294.

133. Stephen Mulhall, *Heidegger's Being and Time*, 2nd ed. (London: Routledge, 2013), p. 129.

134. Peter E. Gordon, *Continental Divide: Heidegger, Cassirer, Davos* (Cambridge, MA: Harvard University Press, 2010), esp. pp. 5–11.

135. See Arendt, *HC*, pp. 17–21, pp. 54–56, pp. 192–99, pp. 313–20.

136. Ibid., p. 9.

137. Ibid., pp. 177–78.

138. Ibid., p. 176.

139. Ibid., p. 177.

140. Arendt, 'What Is Freedom?', pp. 166–67; Arendt, *HC*, passim; Heidegger, *Being and Time*, pp. 290–91.

141. Arendt, *HC*, p. 97.

142. Ibid., p. 246.

143. Hannah Arendt, 'Concern with Politics in Recent European Philosophical Thought', *EU*, pp. 428–47, at p. 433.

144. Heidegger, *Being and Time*, p. 220.

145. 不用说，对阿伦特的社会概念进行最系统研究的是 Hanna Fenichel Pitkin, *The Attack of the Blob: Hannah Arendt's Concept of the Social* (Chicago: University of Chicago Press, 1998).

146. Arendt, 'Concern with Politics'; Hannah Arendt, 'Heidegger at Eighty', *TWB*, pp. 419–31.

147. Arendt, 'What Is Existential Philosophy?', p. 187, p. 178. 在同一篇文章（p. 181）中，阿伦特提出了海德格尔的哲学唯我论和他后来参与纳粹主义的联系，指出海氏"利用神话化了的混乱概念，如'民间'和'大地'，努力为他孤立的自我提供一个共享的、共同的立足点"。

148. See the August 1970 entry in her *Denktagebuch*: Arendt, *DZ*, XXVII: 78, p. 793. 这种自我批评是阿伦特在生命的最后八年里重新披阅海德格尔著作的某种结果。这是由她在1967年夏天与海德格尔会面引起的，当时她去欧洲和以色列旅行。在这些会面使阿伦特和海德格尔达成"新的一致"之前，他们之间关系的恶化已经有几年了。根据Young-Bruehl的说法，这是由于"海德格尔对［阿伦特］1961年寄给他的《人的条件》的德文译本的强烈反应"。Elisabeth Young-Bruehl, *Hannah Arendt: For the Love of the World*, 2nd ed. (New Haven: Yale University Press, 2004), p. 442.

149. Seyla Benhabib, *The Reluctant Modernism of Hannah Arendt*, new ed. (Lanham, MD: Rowman & Littlefield, 2003), p. 107; Richard J. Bernstein, 'Provocation and Appropriation: Hannah Arendt's Response to Martin Heidegger', *Constellations* 4:2 (1997), pp. 153–71, at p. 159.

150. Dana R. Villa, *Arendt and Heidegger: The Fate of the Political*

(Princeton: Princeton University Press, 1996), p. 212, emphasis added.

151. Arendt, 'What Is Existential Philosophy?', p. 182. I owe the phrase 'phenomenology of plurality' to Loidolt, *Phenomenology of Plurality*.

152. Loidolt, *Phenomenology of Plurality*, pp. 170–71. See also Arendt, *DZ*, XXV: 17, p. 664.

153. Arendt, 'What Is Existential Philosophy?', p. 186. See also a related, and important, *Denktagebuch* entry dated August 1955: Arendt, *DE*, XXI: 68, pp. 549–50.

154. Arendt, *HC*, p. 7.

155. Waldron, *Political Political Theory*, pp. 290–93.

156. Judith Butler, *Notes Toward a Performative Theory of Assembly* (Cambridge, MA: Harvard University Press, 2015), p. 88.

157. 请注意，我在这里对（穆勒式）道德多元论和（伯林式）价值多元论做了区分。前者涉及关于善的观点的多样性，而后者关乎善本身的多样性及其不兼容性和/或不可通约性。穆勒和罗尔斯都是道德多元论者，但都不是价值多元论者。相比之下，伯林致力于价值和道德的多元论，尽管他最著名的发明是（假定的）价值多元论（因此有形容词"伯林式的"价值多元论）。另见本书第5章注15。

158. Loidolt, *Phenomenology of Plurality*, p. 223.

159. Arendt, *HC*, p. 178.

160. Ibid., p. 176.

161. Ibid., p. 176. 另见阿伦特对希腊自由的高度赞扬：*DE*, IX: 6, p. 205.

162. Arendt, *HC*, p. 176.

163. Ibid.

164. Arendt, 'What Is Freedom?', p. 166.

165. 不用说，多元论在阿伦特政治思想中的中心地位在卡诺万（Canovan）的开创性著作《汉娜·阿伦特》中得到了强调。

166. 我在一篇文章中尝试了对政治理论中的多元论概念进行更系统的分析：Kei Hiruta, 'Making Sense of Pluralism' (D.Phil. thesis, University of Oxford, 2012)。

167. Canovan, *Hannah Arendt*, p. 215 note 53.

168. See a revealing *Denktagebuch* entry dated August 1952: Arendt, *DE*, IX: 29, p. 223.

169. Loidolt, *Phenomenology of Plurality*, p. 69. See also pp. 101–5.

170. Villa, *Public Freedom*, p. 331, emphasis added. 关于阿伦特的其他道德一元论解读包括：Ronald Beiner, *Political Philosophy: What It Is and Why It Matters* (Cambridge: Cambridge University Press, 2014), pp. xv–xxii; and Peter Lassman, *Pluralism* (Cambridge: Polity Press, 2011), pp. 152–53。

171. Hannah Arendt, 'Understanding and Politics (The Difficulties of Understanding)', *EU*, pp. 307–27, at p. 325 note 10; Berlin and Lukes, 'Conversation', p. 101.

172. Bernard Crick, *In Defence of Politics* (London: Weidenfeld & Nicolson, 1962).

173. Bernard Crick, *Freedom as Politics* (Sheffield: University of Sheffield, 1966).

174. Berlin, 'Introduction', pp. 34–35.

175. Isaiah Berlin to Bernard Crick, 29 March 1966, MSB 173/116–119. 此处引用的部分信件内容在出版版本中被省略了：Berlin, *B*, pp. 271–75。

176. Aristotle, *Politics*, 1310a. Arendt cites from *Aristotle's Politics*, trans. Benjamin Jowett (New York: The Modern Library, 1943), p. 216; Berlin refers to William Lambert Newman, *The Politics of Aristotle*, vol. 3 (Oxford: Clarendon Press, 1887), pp. 501–2.

177. Arendt, 'What Is Freedom?', p. 146.

178. Ibid., p. 144.

179. Berlin to Crick, 29 March 1966, *B*, p. 274. Crick在各种场合回应了伯林的批评，包括：Bernard Crick, 'Hannah Arendt's Political Philosophy', in Robert Boyers, *Proceedings of 'History, Ethics, Politics: A Conference Based on the Work of Hannah Arendt'* (New York: Empire State College, 1982), pp. 23–31; 'Hannah Arendt and the Burden of Our Times', *The Political Quarterly* 68:1 (1997), pp. 77–84; and 'On Isaiah Berlin', in Bernard Crick, *Crossing Borders: Political Essays* (London: Continuum, 2001), pp. 163–73.

180. Isaiah Berlin, 'The Birth of Greek Individualism', *L*, pp. 287–321.

181. Ibid., p. 306.

182. Ibid., p. 287. 希腊化在这里指从亚历山大之死（公元前323年）到罗马吞并埃及（公元前30年）的时期。

183. Constant, 'The Liberty of the Ancients', p. 316.

184. Berlin, 'Introduction', p. 33.

185. Arendt, 'What Is Freedom?', p. 156.

186. 伯林引的是爱比克泰德的Encheiridion，而阿伦特引的是他的Discourses。但是他们对爱比克泰德的自由概念的理解几乎是一致的。See Berlin, 'The Birth of Greek Individualism', p. 305; Arendt, 'What Is Freedom?', p. 146.

187. Berlin, 'The Birth of Greek Individualism', p. 306, pp. 318–19; Arendt, 'What Is Freedom?', p. 145.

188. Berlin, 'The Birth of Greek Individualism', p. 304.

189. Ibid., p. 321.

190. Arendt, 'What Is Freedom?', p. 145.

191. Ibid., p. 156.

192. Berlin, 'The Birth of Greek Individualism', p. 321.

193. Ibid., p. 312.

194. Ibid., p. 315.

195. Ibid.

196. Arendt, 'What Is Freedom?', p. 146.

197. Ibid., p. 144.

198. Ibid., pp. 163–64.

199. Arendt, *HC*, p. 41.

200. Berlin, 'John Stuart Mill and the Ends of Life', p. 221.

201. Berlin and Polanowska-Sygulska, *UD*, p. 44.

202. Ibid.

203. Berlin, 'Two Concepts', p. 213.

204. Isaiah Berlin to Mary McCarthy, 7 August 1964. McCarthy 182.17, Archives and Special Collections, Vassar College Library. 这里引用的信件部分在出版的版本中被省略了: *B*, pp. 195–97。

205. Arendt, 'What Is Existential Philosophy?', p. 166.

206. Arendt, *HC*, p. 5.

207. Arendt, 'Hannah Arendt on Hannah Arendt', *TWB*, pp. 443–75, at p. 449.

208. 进一步的讨论，参见 Kei Hiruta, 'Value Pluralism, Realism and Pessimism', *Res Publica* 26:4 (2020), pp. 523–40.

209. Berlin, 'Two Concepts', p. 213.

第4章 非人性

1. From the *Menorah Journal* to Isaiah Berlin, 2 April 1943, MSB 110/163.

2. Hannah Arendt, 'We Refugees', *Menorah Journal* 31:1 (1943), pp. 69–77, reprinted in *JW*, pp. 264–74.

3. Isaiah Berlin to the editor of the *Menorah Journal*, 12 April 1943, MSB 110/174.

4. Isaiah Berlin, Contribution to 'Reputations Revisited', *The Times*

Literary Supplement, 21 January 1977, p. 66. 伯林在括号里恶作剧地加了一句话，说这种高估适用于阿伦特的"几乎所有著作"。但在其他地方，他反复表达了这样的观点，即《人的条件》是她所有著作中最糟糕的。

5. Stuart Hampshire, 'Metaphysical Mists', *The Observer*, 30 July 1978, p. 26.

6. Richard Shorten, *Modernism and Totalitarianism: Rethinking the Intellectual Sources of Nazism and Stalinism, 1945 to the Present* (Basingstoke: Palgrave Macmillan, 2012), pp. 16–17, emphasis added.

7. Arendt, OT_3, p. ix.

8. Jahanbegloo, *CIB*, 21. See also Shlomo Avineri, 'A Jew and a Gentleman', in George Crowder and Henry Hardy (eds), *The One and the Many: Reading Isaiah Berlin* (New York: Prometheus Books, 2007), pp. 73–94, at pp. 91–92.

9. Michael Ignatieff, *Isaiah Berlin* (London: Chatto & Windus, 1998), p. 123.

10. Hannah Arendt, 'Ideology and Terror: A Novel Form of Government', *The Review of Politics* 15:3 (1953), pp. 303–27, which has been incorporated into OT_3, pp. 460–79.

11. Hannah Arendt, 'Personal Responsibility under Dictatorship', *RJ*, pp. 17–48, at p. 25.

12. Arendt, OT_3, p. 461.

13. Hannah Arendt, 'Project: Totalitarian Elements in Marxism', 1952, submitted to the John Simon Guggenheim Memorial Foundation, catalogued as 012649, 012650 and 012651 in 'Correspondence File, 1938–1976, n.d.', HAP.

14. Michael Freeden, 'Thinking Politically and Thinking about Politics: Language, Interpretation, and Ideology', in David Leopold and Marc Stears (eds), *Political Theory: Methods and Approaches* (Oxford:

Oxford University Press, 2008), pp. 196–215, at p. 210.

15. Arendt, OT_3, p. 469.

16. 除了这种词源上的不准确，阿伦特关于意识形态的主张从方法论的角度来看也是值得怀疑的。克里克的批评性言论可能值得在这里搬来：" [阿伦特] 的借口有时让人很无语：例如，一个糟糕的旧日耳曼习惯，似乎认为概念的原始意义应该通过语文学回认。" Bernard Crick, 'Hannah Arendt and the Burden of Our Times', *The Political Quarterly* 68:1 (1997), pp. 77–84, at p. 79.

17. Arendt, OT_3, p. 470.

18. Ibid., pp. 470–71.

19. Karl R. Popper, *The Logic of Scientific Discovery* (London: Hutchinson, 1959).

20. See Hannah Arendt, 'Mankind and Terror' [speech given on 23 March 1953], reprinted in *EU*, pp. 297–306; as well as Arendt, 'Ideology and Terror'.

21. Arendt, OT_3, p. 322.

22. Ibid., p. 467.

23. Peter Baehr, *Hannah Arendt, Totalitarianism, and the Social Sciences* (Stanford: Stanford University Press, 2010), p. 73.

24. Dana R. Villa, *Politics, Philosophy, Terror: Essays on the Thought of Hannah Arendt* (Princeton: Princeton University Press, 1999), p. 182.

25. 一个突出的例外是Peter Baehr，他的著作是我本章大部分讨论的指南。

26. See, e.g., Arendt, OT_3, pp. 308–9; Hannah Arendt, 'On the Nature of Totalitarianism: An Essay in Understanding', *EU*, pp. 328–60, at pp. 346–47.

27. 关于那些将意大利排除在极权主义大家庭之外的人，见：e.g., R.J.B. Bosworth, *The Italian Dictatorship: Problems and Perspectives*

in the Interpretation of Mussolini and Fascism (London: Arnold, 1998); and Alexander de Grand, 'Cracks in the Façade: The Failure of Fascist Totalitarianism in Italy', *European History Quarterly* 21 (1991), pp. 515–35。Emilio Gentile是主张法西斯意大利应该被纳入极权主义大家庭的人中最有影响力的一个。See, e.g., Emilio Gentile, 'Fascism and the Italian Road to Totalitarianism', *Constellations* 15:3 (2008), pp. 291–302.

28. Abbott Gleason, *Totalitarianism: The Inner History of the Cold War* (New York: Oxford University Press, 1995), esp. pp. 13–50.

29. Arendt, 'On the Nature of Totalitarianism', pp. 346–47.

30. 阿伦特的开创性尝试是极权主义概念演变过程中更大故事的一部分。See Gleason, *Totalitarianism*; and Jeffrey C. Isaac, *Arendt, Camus, and Modern Rebellion* (New Haven: Yale University Press, 1992), pp. 37–45.

31. Arendt, OT_3, p. 311.

32. Ibid., p. 419, pp. 409–10.

33. Here I build on Kei Hiruta, 'Value Pluralism, Realism and Pessimism', *Res Publica* 26:4 (2020), pp. 523–40, at p. 535.

34. Isaiah Berlin to W. J. Norman, 4 September 1991, MSB 227/242. See also Isaiah Berlin to Stephen Spender, 24 September 1968, MSB 283/120–21.

35. Isaiah Berlin, 'The Arts in Russia under Stalin', SM_2, pp. 1–26, at p. 6. 36. Isaiah Berlin, 'The Birth of Greek Individualism', *L*, pp. 287–321.

37. Ibid., p. 301.

38. Diogenes Laertius, *Lives of Eminent Philosophers*, ed. Robert Drew Hicks (Cambridge, MA: Harvard University Press, 1925), Book 2: 108.

39. Dominic Hyde, *Vagueness, Logic and Ontology* (London: Routledge, 2016), p. 9.

40. Arendt, 'On the Nature of Totalitarianism', p. 355.

41. Arendt, *OT₃*, p. 458.

42. Arendt, 'On the Nature of Totalitarianism', p. 355.

43. Margaret Canovan, 'Arendt's Theory of Totalitarianism', in Dana R. Villa (ed.), *The Cambridge Companion to Hannah Arendt* (Cambridge: Cambridge University Press, 2000), pp. 25–43, at p. 29.

44. 这一段和下一段借鉴了 Kei Hiruta, 'Hannah Arendt, Liberalism, and Freedom from Politics', in Kei Hiruta (ed.), *Arendt on Freedom, Liberation, and Revolution* (Cham: Palgrave Macmillan, 2019), pp. 17–45, esp. pp. 29–30 and pp. 37–39。

45. 我在这里避免使用熟悉的术语"mass society"，因为在阿伦特的词典中，这是指她在《人的条件》中分析的消费主义社会类型，而不是她在《起源》中讨论的"society of the masses"。引人注目的是，她在《起源》中几乎没有提到"mass society"。See Peter Baehr, 'The "Masses" in Hannah Arendt's Theory of Totalitarianism', *The Good Society* 16:2 (2007), pp. 12–18, at pp. 16–17.

46. 不用说，这是阿伦特在《人的条件》中直接处理的一个主题。

47. Arendt, *OT₃*, p. 350.

48. Ira Katznelson, *Desolation and Enlightenment: Political Knowledge after Total War, Totalitarianism and the Holocaust* (New York: Columbia University Press, 2003), p. 14.

49. Robert Fine, *Political Investigations: Hegel, Marx, Arendt* (London: Routledge, 2001), p. 115.

50. Arendt, *OT₃*, pp. 327.

51. Ibid., p. 323, p. 350.

52. Hannah Arendt, 'Approaches to the "German Problem"', *EU*, pp. 106–20, at p. 107.

53. Ibid., p. 108. 一些历史学家明确认为德国性是极权主义兴起的原因，关于阿伦特与他们的争论的进一步精彩讨论，请参见 William Selinger, 'The Politics of Arendtian Historiography: European Federation and the Origins of Totalitarianism', *Modern Intellectual History* 13:2 (2016), pp. 417–46.

54. Arendt, *OT*$_3$, pp. 308–9, emphasis added.

55. Ibid., p. 440. 请注意，阿伦特将犹太人视为欧洲民族之一。

56. Ibid., pp. 308–11.

57. Ibid., p. 313. See also p. 337.

58. Ibid., p. 318.

59. The most notable example is Bernard Crick, 'Arendt and *The Origins of Totalitarianism*: An Anglocentric View', in Steven E. Aschheim (ed.), *Hannah Arendt in Jerusalem* (Berkeley and Los Angeles: University of California Press, 2001), pp. 93–104.

60. See Hannah Arendt, 'Comment by Hannah Arendt', in Richard Pipes (ed.), *Revolutionary Russia* (Cambridge, MA: Harvard University Press, 1968), pp. 344–51, at p. 344.

61. Arendt, *OT*$_3$, p. 456.

62. Ibid., p. 455.

63. Hannah Arendt, 'The Image of Hell', *EU*, pp. 197–205, at p. 198.

64. Hannah Arendt, 'Social Science Techniques and the Study of Concentration Camps', *EU*, pp. 232–47, at p. 238, emphasis added.

65. Peter Baehr, *Hannah Arendt, Totalitarianism and the Social Sciences*, p. 21.

66. Dan Stone, *The Holocaust, Fascism and Memory: Essays in the History of Ideas* (Basingstoke: Palgrave Macmillan, 2013), p. 50.

67. See Timothy Snyder, *Bloodlands: Europe between Hitler and Stalin* (London: The Bodley Head, 2000), pp. 380–83.

68. Hannah Arendt to Karl Jaspers, 17 December 1946, *C*, p. 69.

69. Richard J. Bernstein, *Hannah Arendt and the Jewish Question* (Cambridge, MA: The MIT Press, 1996), p. 88–100.

70. Michal Aharony, *Hannah Arendt and the Limits of Total Domination: The Holocaust, Plurality, and Resistance* (London: Routledge, 2015), p. 37; Dan Stone, *Concentration Camps: A Short History* (Oxford: Oxford University Press, 2017), pp. 38–39.

71. Aharony, *Hannah Arendt and the Limits of Total Domination*, pp. 37–61.

72. Baehr, *Hannah Arendt, Totalitarianism, and the Social Sciences*, p. 51.

73. Canovan, 'Arendt's Theory of Totalitarianism', pp. 26–29.

74. "古拉格"一词最初是斯大林时代行政部门Glavnoye Upravlenyie Ispravitelno-trudovykh Lagerey（劳改营行政长官）的缩写。后来扩大泛指苏联劳改营系统网络。

75. Anonymous author [Zoë Zajdlerowa], *The Dark Side of the Moon* (London: Faber & Faber, 1946).

76. 关于出版背景，参见"Introduction" in Zoë Zajdlerowa, *Dark Side of the Moon: A New Edition*, ed. John Coutouvidis and Thomas Lane (New York: Harvester Wheatsheaf, 1989), pp. 1–46。

77. Arthur Koestler, *The Yogi and the Commissar* (London: Jonathan Cape, 1945), p. 146.

78. Arendt, OT_3, p. 445.

79. Ibid., p. 392.

80. 不用说，阿伦特在《艾希曼在耶路撒冷》中直截处理了"最终解决"的问题，这将在下一章中讨论。

81. Arendt, 'Social Science Techniques and the Study of Concentration Camps', p. 233, p. 241.

82. Arendt, OT_3, p. 456.

83. Ibid.

84. Ibid., p. 447.

85. 关于堪比古拉格集中营的方式的概述，请参见 Wilson T. Bell,‘Gulag Historiography: An Introduction’, *Gulag Studies* 2-3 (2009-2010), pp. 1-20。

86. Paul R. Gregory,‘Introduction to the Economics of the Gulag’, in Paul R. Gregory and Valery Lazarev (eds), *The Economics of Forced Labor* (Stanford: Hoover Institution Press, 2003), p. 4.

87. Peter Hayes, *Why? Explaining the Holocaust* (New York: W. W. Norton & Co., 2017), p. 123.

88. Ibid., p. 132.

89. Marc Buggeln, *Slave Labor in Nazi Concentration Camps*, trans. Paul Cohen (Oxford: Oxford University Press, 2014), pp. 10-65.

90. Ibid., pp. 46-50; Kinga Frojimovics and éva Kovács,‘Jews in a "Judenrein" City: Hungarian Jewish Slave Laborers in Vienna (1944-1945)’, *The Hungarian Historical Review* 4:3 (2015), pp. 705-36.

91. 阿伦特在写《艾希曼在耶路撒冷》的时候，她自己可能多少改变了主意。在这本书中，她引用了 Raul Hilberg 的 *The Destruction of European Jews* 一书，强调了德国企业对集中营体系中的奴隶劳工的经济利用。See Arendt, *EIJ*$_2$, p. 79.

92. 关于该项目的全面研究，请参见 Tama Weisman, *Hannah Arendt and Karl Marx: On Totalitarianism and the Tradition of Western Political Thought* (Lanham, MD: Lexington Books, 2013).

93. Arendt,‘Project: Totalitarian Elements in Marxism’.

94. 奇怪的是，大多数阿伦特研究者在阅读她与古根海姆基金会的通信时，似乎她的意图并不是获得资助。似乎思想史的语境主义革命从未延伸到阿伦特研究。See Quentin Skinner, *Visions of Politics, Volume 1: Regarding Method* (Cambridge: Cambridge University Press, 2002).

95. Elisabeth Young-Bruehl, *Hannah Arendt: For the Love of the*

World, 2nd ed. (New Haven: Yale University Press, 2004), p. 279.

96. 阿伦特在这一时期未发表的（以及已发表的）论文如今被收集起来，并以精美的一卷本出版：Hannah Arendt, *The Modern Challenge to Tradition: Fragmente eines Buchs*, ed. Barbara Hahn and James McFarland (Göttingen: Wallstein Verlag, 2019)。

97. Dana R. Villa, *Public Freedom* (Princeton: Princeton University Press, 2008), p. 317.

98. Max Horkheimer and Theodor W. Adorno, *Dialectic of Enlightenment: Philosophical Fragments*, ed. G. S. Noerr, trans. E. Jephcott (Stanford: Stanford University Press, 2002).

99. 本章后面将讨论冷战时期的自由主义方法，尽管主要限于伯林的案例。关于阿多诺和霍克海默与阿伦特的方法比较，参见 Seyla Benhabib, 'From "The Dialectic of Enlightenment" to "The Origins of Totalitarianism" and the Genocide Convention: Adorno and Horkheimer in the Company of Arendt and Lemkin', in Warren Breckman, Peter E. Gordon, A. Dirk Moses, Samuel Moyn and Elliot Neaman (eds), *The Modernist Imagination: Intellectual History and Critical Theory* (Oxford: Berghahn Books, 2009), pp. 299–330; Katznelson, *Desolation and Enlightenment*, esp. pp. 47–106; and Villa, *Public Freedom*, pp. 210–54。

100. Hannah Arendt, 'Karl Marx and the Tradition of Western Political Thought', *TWB*, pp. 3–42, at p. 4.

101. Ibid., pp. 5–6.

102. 我在一篇文章中详细讨论了阿伦特的"传统"概念：Hiruta, 'Hannah Arendt, Liberalism, and Freedom from Politics', pp. 20–24. 更详细的研究，参见 Villa, *Politics, Philosophy, Terror*, pp. 180–203; and Ilya P. Winham, 'After Totalitarianism: Hannah Arendt, Isaiah Berlin, and the Realization and Defeat of the Western Tradition' (Ph.D. dissertation, University of Minnesota, 2015), pp. 36–75。

103. See Hannah Arendt, 'What Is Authority?', *BPF$_3$*, pp. 91–141,

at esp. pp. 104–15.

104. 矫正性强奸是强奸（被认为的）女同性恋者，以"惩罚"她们的性取向，并"治愈"她们的女同性恋行为。

105. Merle Fainsod, *Smolensk under Soviet Rule* (London: Macmillan, 1958).

106. Arendt, *OT*$_3$, p. xxxii.

107. Ibid., p. xxv, emphasis added; p. xxvi.

108. Ibid., p. xxix.

109. The sources include Arthur Koestler's *Scum of the Earth* (1941); Zoë Zajdlerowa's *The Dark Side of the Moon* (1947); Bruno Bettelheim's report on Dachau and Buchenwald (1946); Eugen Kogon's *Der SS Staat* (1946); David Rousset's *Les jours de notre mort* (1947) and *The Other Kingdom* (1947); and Edward L. Davis and Bruno Bettelheim, 'Copy of Document L–73', in US Office of Chief of Counsel for the Prosecution of Axis Criminality, *Nazi Conspiracy and Aggression* (Washington, DC: US Government Print Office, 1946), vol. 7, pp. 818–39.

110. Arendt, *OT*$_3$, p. xxiv.

111. See Hannah Arendt, 'Totalitarian Imperialism: Reflections on the Hungarian Revolution', *The Journal of Politics* 20:1 (1958), pp. 5–43.

112. Arendt, *OT*$_3$, p. xxv.

113. Ibid., pp. xxxvi–xxxvii.

114. Ibid., p. xxxvii.

115. 关于阿伦特对于后斯大林主义俄国的设想，参见Peter Baehr (ed.), 'Stalinism in Retrospect: Hannah Arendt', *History and Theory* 54:3 (2015), pp. 353–66; and Peter Baehr, 'China the Anomaly: Hannah Arendt, Totalitarianism, and the Maoist Regime', *European Journal of Political Theory* 9:3 (2010), pp. 267–86.

116. Baehr, 'Stalinism in Retrospect', p. 355.

117. Ibid., p. 357.

118. Roy A. Medvedev, *Let History Judge: The Origins and Consequences of Stalinism*, ed. David Joravsky and Georges Haupt, trans. Colleen Taylor (New York: Knopf, 1971); Nadezhda Mandelstam, *Hope against Hope: A Memoir*, trans. Max Hayward (New York: Atheneum, 1970); Aleksandr I. Solzhenitsyn, *The First Circle*, trans. Thomas P. Whitney (New York: Harper & Row, 1968).

119. 阿伦特对自己的看法似乎与这一普遍观点一致。她在1947年9月4日给卡尔·雅斯贝尔斯的信中写道,"很遗憾,我写不出幽默"(*C*, p. 99)。

120. Baehr, 'Stalinism in Retrospect', p. 357.

121. Cécile Hatier, 'Isaiah Berlin and the Totalitarian Mind', *The European Legacy* 9:6 (2004), pp. 762–82; Baehr, *Hannah Arendt, Totalitarianism, and the Social Sciences*, p. 13.

122. George Crowder, *Isaiah Berlin: Liberty and Pluralism* (Cambridge: Polity Press, 2004), p. 25.

123. Isaiah Berlin, 'The Pursuit of the Ideal', CTH_2, pp. 1–20, at pp. 15–16.

124. Isaiah Berlin, 'Political Ideas in the Twentieth Century', *L*, pp. 55–93, at p. 70; 'Herzen and Bakunin on Individual Liberty', RT_2, pp. 93–129, at p. 116. 在后一个文本中,"the highest law"被"the supreme law"所代替。

125. Berlin, 'Political Ideas in the Twentieth Century', pp. 70–71.

126. Richard Shorten, 'Rethinking Totalitarian Ideology: Insights from the Anti-totalitarian Canon', *History of Political Thought* 35:4 (2015), pp. 726–61, at pp. 737–38.

127. Jahanbegloo, *CIB*, p. 38.

128. Ilana Fritz Offenberger, *The Jews of Nazi Vienna, 1938–1945: Rescue and Destruction* (Cham: Palgrave Macmillan, 2017), p. 40–41.

129. Zoë Waxman, *Women in the Holocaust: A Feminist History* (Oxford: Oxford University Press, 2017), p. 34.

130. Eugen Kogon, *The Theory and Practice of Hell: The German Concentration Camps and the System behind Them*, trans. Heinz Norden (London: Secker & Warburg, 1950), p. 93.

131. Arendt, *OT₃*, p. 454.

132. Zygmunt Bauman, *Modernity and the Holocaust* (Cambridge: Polity, 1989).

133. Henry Hardy, *In Search of Isaiah Berlin: A Literary Adventure* (London: I. B. Tauris, 2018), pp. 253–54.

134. Ibid., p. 255.

135. Karl Marx with Friedrich Engels, *The German Ideology* (New York: Prometheus Books, 1998), p. 34.

136. See esp. Isaiah Berlin, 'The Concept of Scientific History', *CC₂*, pp. 135–86; and 'Historical Inevitability', *L*, pp. 94–165.

137. See esp. 'Helvétius' and 'Saint-Simon', in *FIB₂*, pp. 11–27 and pp. 113–41, respectively; and 'The Divorce between the Sciences and the Humanities', *AC₂*, pp. 101–39.

138. Isaiah Berlin, 'Political Judgement', *SR₂*, pp. 50–66, at p. 60, p. 61.

139. See Berlin's comments on Hayek in Berlin, *F*, pp. 541–42; *E*, p. 357; and *A*, pp. 423–28, p. 573.

140. Karl R. Popper, *The Poverty of Historicism* (London: Routledge & Kegan Paul, 1957); Friedrich A. von Hayek, 'Scientism and the Study of Society', *Economica* 9:35 (1942), pp. 267–91. See also Jan-Werner Müller, 'Fear and Freedom: On "Cold War Liberalism"', *European Journal of Political Theory* 7:1 (2008), pp. 45–64.

141. See, e.g., Hannah Arendt, 'Socrates', *PP*, pp. 5–39; 'Tradition and the Modern Age', *BPF₃*, pp. 17–40; and 'Heidegger at Eighty',

TWB, pp. 419–31.

142. Berlin, 'Helvétius', p. 26; Hannah Arendt, 'Truth and Politics', in *BPF₃*, pp. 223–59, at p. 236.

143. Berlin, 'Helvétius', p. 26.

144. Berlin, 'Political Judgement', p. 54.

145. 无需说，关于科学是一种无止境的探索的观点，可以参考 Karl R. Popper, *An Unended Quest*, revised ed. (London: Fontana, 1976).

146. 这一论点在伯林的著作中反复出现，从他的《卡尔·马克思》到《科学的历史的概念》和《历史必然性》。

147. Isaiah Berlin, *PIRA₂*, p. 96.

148. Berlin and Lukes, 'Conversation', p. 101.

149. E.g., Joseph Raz, *The Morality of Freedom* (Oxford: Clarendon Press, 1986); Steven Wall, *Liberalism, Perfectionism and Restraint* (Cambridge: Cambridge University Press, 1998).

150. Isaiah Berlin, 'Why the Soviet Union Chooses to Insulate Itself', *SM₂*, pp. 85–91.

151. Ibid. p. 88.

152. Vladimir Petrov, cited in Steven A. Barnes, *Death and Redemption: The Gulag and the Shaping of Soviet Society* (Princeton: Princeton University Press, 2011), p. 66.

153. Berlin, 'Why the Soviet Union Chooses to Insulate Itself', p. 88.

154. Ibid., p. 89. 在1946年写文章时，伯林不太可能知道红军在战争结束（以及之后）向西推进时所犯下的性暴力的规模。人们不禁要问，如果伯林对红军的残暴行为有更多的了解，他是否会修改或放弃小学生粗鲁行为的那个比喻。

155. Isaiah Berlin, 'The Artificial Dialectic: Generalissimo Stalin and the Art of Government', *SM₂*, pp. 92–111, at p. 110, p. 111. 这篇文章最初以O. Utis的笔名发表在*Foreign Affairs* 30 (1952), pp. 197–

214。本书的引文来自 SM_2。

156. Berlin, 'The Artificial Dialectic', passim.

157. Ibid., p. 107.

158. Isaiah Berlin, 'Marxist versus Non-Marxist Ideas in Soviet Policy', reprinted in SM_2, pp. 161–76, at p. 163.

159. Berlin, 'The Artificial Dialectic', p. 110, p. 107.

160. Isaiah Berlin, 'Joseph de Maistre and the Origins of Fascism', CTH_2, pp. 95–177. 根据 Henry Hardy 的说法，伯林在20世纪40年代就开始起草这篇文章，并一直修改到1960年。这意味着他关于迈斯特的文章可能是他"继《卡尔·马克思》(1939)一书之后的第一篇关于思想史的实质性文章"。Hardy, *In Search of Isaiah Berlin*, p. 271 note 13.

161. 关于亲和性和影响的区别，参见 Shorten, *Modernism and Totalitarianism*, pp. 73–106。

162. Berlin, 'Joseph de Maistre and the Origins of Fascism', p. 130.

163. Berlin, 'Political Ideas in the Twentieth Century', p. 72.

164. Ibid., pp. 74–75.

165. Ibid., p. 73. 在这里，我不同意 Crowder 对伯林的解释，他将列宁与非理性主义分离开来，并将其与纯粹工具性的暴力概念联系在一起。See Crowder, *Isaiah Berlin*, pp. 46–51.

166. Michael Kenny, 'Isaiah Berlin's Contribution to Modern Political Theory', *Political Studies* 48:5 (2000), pp. 1,029–39, at p. 1,029. See also Jason Ferrell, 'Isaiah Berlin on Monism', in Gene Callahan and Kenneth B. McIntyre, *Critics of Enlightenment Rationalism* (Cham: Palgrave Macmillan, 2020), pp. 237–49.

167. Jonathan Allen, 'What's the Matter with Monism?', *Critical Review of International Social and Political Philosophy* 12:3 (2009), pp. 469–89, at p. 471.

168. Jeremy Bentham, *An Introduction to the Principles of Morals and Legislation*, ed. J. H. Burns and H.L.A. Hart (London: Athlone Press, 1970), p. 11.

169. Ibid.

170. Karl R. Popper, *The Open Society and Its Enemies*, 2 vols (London: Routledge & Kegan Paul, 1945).

171. E.g., Isaiah Berlin, *PIRA*$_2$, p. 62; 'The Birth of Greek Individualism', p. 292; 'The Originality of Machiavelli', *AC*$_2$, pp. 33–100, at p. 97; 'Vico and the Ideal of the Enlightenment', *AC*$_2$, pp. 151–63, at p. 155; 'The Pursuit of the Ideal', p. 6; 'The Decline of Utopian Ideas in the West', *CTH*$_2$, pp. 21–50, at pp. 28–29; 'European Unity and Its Vicissitudes', *CT*$_2$, pp. 186–218, at p. 213; 'The Apotheosis of the Romantic Will: The Revolt against the Myth of an Ideal World', *CTH*$_2$, pp. 219–52, at p. 223 and p. 251; *RR*$_2$, passim; 'Herder and the Enlightenment', *TCE*$_2$, pp. 208–300, at p. 269.

172. Berlin, *RR*$_2$, p. 28.

173. Crowder, *Isaiah Berlin*, p. 25.

174. Allen, 'What's the Matter with Monism?', pp. 469–70.

175. 这一观点最早的清晰陈述见于伯林1949年6月关于"Democracy, Communism and the Individual"的演讲,重印于*POI*$_2$, p. 276–84. See esp. p. 277。

176. Isaiah Berlin, 'Two Concepts of Liberty', *L*, pp. 166–217, at p. 212. 177. See Crowder, *Isaiah Berlin*, p. 4.

178. Berlin and Lukes, 'Conversation', p. 92.

179. Berlin, *PIRA*$_2$, pp. 180–81.

180. Ibid., p. 170, p. 169.

181. Ibid., pp. 180–81.

182. E.g., Christopher Brooke, 'Isaiah Berlin and the Origins of the "Totalitarian" Rousseau', in Laurence Brockliss and Ritchie

Robertson (eds), *Isaiah Berlin and the Enlightenment* (Oxford: Oxford University Press, 2017), pp. 89–98; J. Kent Wright, 'Rousseau and Montesquieu', in Helena Rosenblatt and Paul Schweigert (eds), *Thinking with Rousseau: From Machiavelli to Schmitt* (Cambridge: Cambridge University Press, 2017), pp. 63–91, at pp. 72–73.

183. 关于自由平等主义的卢梭，参见 e.g., Christopher Bertram, *Rousseau and the Social Contract* (London: Routledge, 2004); and Christopher Brooke, 'Rawls on Rousseau and the General Will', in James Farr and David Lay Williams (eds), *The General Will: The Evolution of a Concept* (Cambridge: Cambridge University Press, 2015), pp. 429–46. 184. See Céline Spector, *Au prisme de Rousseau: Usages politiques contemporains* (Oxford: Voltaire Foundation, 2011), pp. 51–71。

185. Isaiah Berlin, 'Rousseau', FIB_2, pp. 28–52, at p. 39. 186. Berlin, $PIRA_2$, p. 155.

187. Ibid., p. 142, p. 235.

188. Berlin, 'Two Concepts', p. 198.

189. Of particular importance are Popper, *The Open Society and Its Enemies*; Jacob L. Talmon, *The Origins of Totalitarian Democracy* (London: Secker & Warburg, 1952); and Jacob L. Talmon, *Political Messianism: The Romantic Phase* (London: Secker & Warburg, 1960).

190. Carl J. Friedrich and Zbigniew K. Brzezinski, *Totalitarian Dictatorship and Autocracy* (Cambridge, MA: Harvard University Press, 1956).

191. Hacohen的评论很锐利："就像文化犹太复国主义的俄裔犹太创始人Ahad Ha-Am一样，［伯林］从未怀疑过"民族特性"的存在——犹太人、俄国人或英国人，原生种族属性在界定这一特性时至关重要。" Malachi Haim Hacohen, 'Berlin and Popper between Nation and Empire: Diaspora, Cosmopolitanism and Jewish Life', *Jewish Historical Studies* 44 (2012), pp. 51–74, at p. 66.

192. Berlin, 'Marxist versus Non-Marxist Ideas in Soviet Policy', p. 162.

193. Ibid.

194. Andrzej Walicki, 'Berlin and the Russian Intelligentsia', in Crowder and Hardy (eds), *The One and the Many*, pp. 47–71, at p. 49.

195. Ibid.

196. 伯林对俄国知识界的看法的批评性是否足够一直是一个争论的问题。See, e.g., Derek Offord, 'Isaiah Berlin and the Russian Intelligentsia', in Brockliss and Robertson (eds), *Isaiah Berlin and the Enlightenment*, pp. 187–202.

197. Isaiah Berlin, 'Russian Populism', RT_2, pp. 240–72, at p. 245.

198. Isaiah Berlin, 'A Remarkable Decade', RT_2, 130–239, at p. 143.

199. Isaiah Berlin, 'Epilogue: The Three Strands in My Life', *PI3*, pp. 433–39, at pp. 433–35.

200. 我的讨论是对Caute和Lukes的回应，他们都批评伯林夸大了思想在政治灾难中的作用。David Caute, *Isaac and Isaiah: The Covert Punishment of a Cold War Heretic* (New Haven: Yale University Press, 2013), p. 119; Steven Lukes, 'The Cold War on Campus', *Dissent* 61:1 (2014), pp. 71–75.

201. Berlin, 'Epilogue', p. 433.

202. Berlin, 'Two Concepts', p. 167.

203. Heinrich Heine, *Religion and Philosophy in Germany* (Albany: State University of New York Press, 1986), p. 106.

204. Ibid., pp. 158–161.

205. Isaiah Berlin, 'The Bent Twig: On the Rise of Nationalism', CTH_2, pp. 253–78, at p. 261.

206. Ibid., p. 262.

207. Isaiah Berlin, 'Nationalism: Past Neglect and Present Power',

AC_2, pp. 420–48, at p. 442.

208. David Miller, 'Crooked Timber or Bent Twig?: Berlin's Nationalism', in Crowder and Hardy (eds), *The One and the Many*, pp. 181–206, at p. 182.

209. E.g., Gina Gustavsson, 'Berlin's Romantics and Their Ambiguous Legacy', in Joshua L. Cherniss and Steven B. Smith (eds), *The Cambridge Companion to Isaiah Berlin* (Cambridge: Cambridge University Press, 2018), pp 149–66.

210. E.g., Frederick Beiser, 'Berlin and the German Counter-Enlightenment', in Joseph Mali and Robert Wokler (eds), *Isaiah Berlin's Counter-Enlightenment* (Philadelphia: American Philosophical Society, 2003), pp. 105–16; Lawrence Brockliss and Ritchie Robertson, 'Berlin's Conception of the Enlightenment', in Brockliss and Robertson (eds), *Isaiah Berlin and the Enlightenment*, pp. 35–50.

211. E.g., Darrin M. McMahon, 'The Real Counter-Enlightenment: The Case of France', in Mali and Wokler (eds), *Isaiah Berlin's Counter-Enlightenment*, pp. 91–104; and (again) Brockliss and Robertson, 'Berlin's Conception of the Enlightenment'.

212. Arendt, 'Preface to Part Three: Totalitarianism' [1966], OT_3, p. xxiv.

213. 摇篮烧毁的比喻借自Caute, *Isaac and Isaiah*, p. 52.

第5章 邪恶与审判

1. Yehuda Bauer, *Rethinking the Holocaust* (New Haven: Yale University Press, 2001), p. 227.

2. 阿伦特错误地将卡斯特纳描述为"匈牙利犹太人中最杰出的一员"。See Hannah Arendt, 'The Formidable Dr. Robinson: A Reply by Hannah Arendt', *JW*, pp. 496–511, at p. 506.

3. Randolph L. Braham, *The Politics of Genocide: The Holocaust in*

Hungary, condensed ed. (Detroit: Wayne State University Press, 2000), pp. 152-53. 在接受Sassen采访时，艾希曼这样吹嘘这次驱逐："这实际上是一个前无古人后无来者的成就。" Eichmann cited in Bettina Stangneth, *Eichmann before Jerusalem: The Unexamined Life of a Mass Murderer*（《耶路撒冷之前的艾希曼》）(London: The Bodley Head, 2014), p. 267.

4. 登上火车的确切人数仍不清楚。See Leora Bilsky, *Transformative Justice: Israeli Identity on Trial* (Ann Arbor: The University of Michigan Press, 2004), p. 265 note 5.

5. Braham, *The Politics of Genocide*, pp. 251–53.

6. See Yehuda Bauer, *Jews for Sale?: Nazi-Jewish Negotiations, 1933–1945* (New Haven: Yale University Press, 1994).

7. Bilsky, *Transformative Justice*, p. 67.

8. Hannah Arendt, EIJ_2, p. 42, p. 143.

9. See Bilsky, *Transformative Justice*, pp. 87–93.

10. Hausner cited in ibid., p. 90.

11. Arendt, EIJ_2, p. 5.

12. Deborah E. Lipstadt, *The Eichmann Trial* (New York: Schocken, 2011), p. 149. Stangneth同样指出，自从1963年《艾希曼在耶路撒冷：一份关于平庸的恶的报告》出版以来，每一篇关于阿道夫·艾希曼的文章都是与汉娜·阿伦特的对话。Stangneth, *Eichmann before Jerusalem*, p. xxii.

13. 许多学者都强调了这一事实，包括Dana R. Villa, *Public Freedom* (Princeton: Princeton University Press, 2008), pp. 303–4; Deirdre Lauren Mahony, *Hannah Arendt's Ethics* (London: Bloomsbury Academic, 2018), p. 34; and Michal Aharony, 'Why Does Hannah Arendt's "Banality of Evil" Still Anger Israelis?', *Haaretz*, 7 May 2019, https://www.haaretz.com/israel-news/.premium.MAGAZINE-why-does-hannah-arendt-s-banality-of-evil-still-anger-israelis-1.7213979, accessed 15 January

2020。

14. 请注意最近关于艾希曼争议的论文集的提示性标题：Richard J. Golsan and Sarah M. Misemer (eds), *The Trial that Never Ends: Hannah Arendt's* Eichmann in Jerusalem *in Retrospect*（《永不结束的审判：汉娜·阿伦特〈艾希曼在耶路撒冷〉回顾》）(Toronto: University of Toronto Press, 2017)。

15. 伯林是发明了价值多元论，还是（仅仅）重述了它，一直是一个颇有争议的问题。强调伯林的创新性的包括John Gray, *Isaiah Berlin: An Interpretation of His Thought* (Princeton: Princeton University Press, 2013); and Jacob Levy, 'It Usually Begins with Isaiah Berlin', *The Good Society*, 15:3 (2006), pp. 23–26。对伯林的创新性持怀疑态度的包括Lauren J. Apfel, *The Advent of Pluralism: Diversity and Conflict in the Age of Sophocles* (Oxford: Oxford University Press, 2011); and Peter Lassman, *Pluralism* (Cambridge: Polity Press, 2011)。Apfel认为，某些古典作家预见到了价值多元化，而Lassman认为是某些现代著作家预见到的，最著名的是马克斯·韦伯。

16. 关于阿伦特的具体伦理思想的一个有用的概述，可以参考Mahony, *Hannah Arendt's Ethics*。不幸的是，这本书几乎没有涉及阿伦特对Judenräte（犹太委员会）的批评，表面上是因为这个问题在其他地方"已经讨论过很多了"（p. 31）。恕我不能苟同。虽然这个问题就出版物卷帙的数量来说是有了"大量的讨论"，但还没有按照主题所要求的适当的严格程度和微妙程度进行处理。

17. Arendt, *OT*$_3$, p. 338, p. 454.

18. Arendt, *EIJ*$_2$, p. 176.

19. Ibid., p. 54.

20. See, e.g., David Cesarani, *Eichmann: His Life and Crimes* (London: Vintage, 2005); Lipstadt, *The Eichmann Trial*; and Stangneth, *Eichmann before Jerusalem*. 关于在这个问题上为阿伦特的辩护，参见Roger Berkowitz, 'Misreading "Eichmann in Jerusalem"', *The New York Times*,

7 July 2013, https://opinionator.blogs.nytimes.com/2013/07/07/misreading-hannah-arendts-eichmann-in-jerusalem/, accessed 15 January 2020。

21. Arendt, *EIJ*₂, p. 146.

22. Bilsky, *Transformative Justice*, p. 160. See also Arendt, *EIJ*₂, p. 287; and Hannah Arendt, '"As If Speaking to a Brick Wall": A Conversation with Joachim Fest', in *TWB*, pp. 274–90, at pp. 287–88.

23. Arendt, *EIJ*₂, p. 279. Butler对《艾希曼在耶路撒冷》的这一部分的评论一针见血："通过使用［直接称呼、合成效果和模棱两可的无名声音］的修辞手段，阿伦特制造了一个法官的文本形象和声音，她本应是这个法官但实际上又不是。"Judith Butler, *Parting Ways: Jewishness and the Critique of Zionism* (New York: Columbia University Press, 2012), p. 167.

24. Arendt, *EIJ*₂, p. 58.

25. E.g., ibid., pp. 282–85; Hannah Arendt, 'The Eichmann Case and the Germans: A Conversation with Thilo Koch', *JW*, pp. 485–89, at pp. 486–87.

26. E.g., Arendt, *EIJ*₂, p. 285; 'The Eichmann Case and the Germans', pp. 485–86; Hannah Arendt, 'Answers to Questions Submitted to Samuel Grafton', *JW*, pp. 472–84, at p. 482; Scholem and Arendt, 'Exchange', p. 55.

27. Arendt, *EIJ*₂, p. 56. 这些话直接与阿伦特后来试图将《艾希曼》描述为一篇报道相冲突。例如，她告诉Scholem，"在我的报告中，我只谈到了审判本身中出现的事情。"Scholem and Arendt, 'Exchange', p. 55.

28. Bilsky, *Transformative Justice*, p. 95, emphasis added.

29. Mahony, *Hannah Arendt's Ethics*, p. 33.

30. See esp. Arendt, *EIJ*₂, pp. 119–20.

31. See Leora Bilsky, 'Between Justice and Politics: The Competition of Storytellers in the Eichmann Trial', in Steven E.

Aschheim (ed.), *Hannah Arendt in Jerusalem* (Berkeley and Los Angeles: University of California Press, 2001), pp. 232–52.

32. Arendt, *EIJ*₂, p. 284.

33. Ibid., p. 117.

34. Ibid., pp. 125–26, emphasis added.

35. Berlin and Lukes, 'Conversation', pp. 107–8.

36. Isaiah Berlin to Henning Ritter, 24 May 1993, *A*, p. 463.

37. Ibid.; MI Tape 19, p. 1 and MI Tape 29, p. 2.

38. MI Tape 19, pp. 1–3.

39. Ibid., p. 2 and MI Tape 29, p. 3.

40. 进一步的讨论，参见 e.g., Ami Pedahzur and Arie Perliger, *Jewish Terrorism in Israel* (New York: Columbia University Press, 2011), esp. pp. 28–33; and Gaylen Ross (dir.), *Killing Kasztner: The Jew Who Dealt with Nazis* (2008; Brooklyn, NY: GR Films Inc, 2014), DVD, 2 discs.

41. Berlin to Ritter, 24 May 1993, *A*, p. 463.

42. Craig Taylor, *Moralism: A Study of a Vice* (Durham: Acumen, 2012).

43. Ibid., p. 2.

44. Michal Shaked, 'The Unknown Eichmann Trial: The Story of the Judge', *Holocaust and Genocide Studies* 29:1 (2015), pp. 1–38, at pp. 3–5.

45. In addition to Taylor's *Moralism*, I here draw on Robert K. Fullinwider, 'On Moralism', in C.J.A. Coady, *What's Wrong with Moralism* (Malden, MA: Blackwell Publishing, 2006), pp. 5–20.

46. Berlin and Lukes, 'Conversation', p. 108.

47. Jean-Paul Sartre, *Existentialism and Humanism*, trans. Philip Mairet (London: Methuen, 1948).

48. Ibid., p. 38.

49. 打算给出建议的人包括 Pierre Naville，他与萨特的讨论包含在《存在主义和人道主义》中。按照 Naville 的说法，萨特从前的学生"本应该得到回答。[……] 我肯定会试图得出一个明确的观点 [……]。最肯定的是，我会敦促他做些什么"（*Existentialism and Humanism*, p. 69）。

50. 伯林在1988年告诉 Michael Ignatieff，他"从未认真读过萨特"（MI Tape 6, p. 17）。但他至少读过萨特的一些作品，并承认'他是一个非常聪明的人&他的道德哲学我想我能相信四分之三"。Isaiah Berlin to Hamilton Fish Armstrong, 23 December 1954, *E*, p. 467.

51. Lisa Tessman, *When Doing the Right Things Is Impossible* (Oxford: Oxford University Press, 2017), p. 27.

52. 按照 Tessman 的术语（ibid., p. 27），警官仍然面临着一种"道德冲突"，在这样一种情况下：1）有做 A 的道德要求，也有做 B 的道德要求；2）一个人不能同时做 A 和 B。

53. Isaiah Berlin, 'Two Concepts of Liberty', in *L*, pp. 166–217, at p. 213.

54. Scholem and Arendt, 'Exchange', p. 52, emphasis added.

55. MI Tape 19, p. 3.

56. Elisabeth Young-Bruehl, *Hannah Arendt: For the Love of the World*, 2nd ed. (New Haven: Yale University Press, 2004), p. 106.

57. Her recollections of the arrest are found in Hannah Arendt, '"What Remains? The Language Remains": A Conversation with Günter Gaus', *EU*, pp. 1–23, at pp. 5–6.

58. Hannah Arendt to Gershom Scholem, 17 October 1941, *CAS*, pp. 5–9.

59. Young-Bruehl, *Hannah Arendt*, p. 154.

60. Hannah Arendt, 'We Refugees', *JW*, pp. 264–74, at p. 268, emphasis added.

61. Arendt, *EIJ*$_2$, p. 8, emphasis added.

62. Arendt, 'Answers to Questions Submitted to Samuel Grafton', p. 474.

63. Leora Bilsky, 'In a Different Voice: Nathan Alterman and Hannah Arendt on the Kastner and Eichmann Trials', *Theoretical Inquiries in Law* 1:2 (2000), pp. 519–47, at p. 532.

64. Scholem and Arendt, 'Exchange', p. 52.

65. Isaiah Berlin to Charles Henderson, 14 August 1931, *F*, p. 27.

66. 关于伯林生活中的这一插曲，请参见Henry Hardy在2018年6月26日Estoril Political Forum上发表的'Isaiah Berlin and James Bond at the Estoril Palace Hotel'。https://www.youtube.com/watch?v=ykjgVYrIlho, accessed 15 January 2020.

67. MI Tape 14, p. 11.

68. Young-Bruehl, *Hannah Arendt*, p. 159.

69. Michael Ignatieff, *Isaiah Berlin: A Life* (London: Chatto & Windus, 1998) pp. 98–99.

70. "教授的战争"是伯林自己的说法，引自Anne Deighton, 'Don and Diplomat: Isaiah Berlin and Britain's Early Cold War', *Cold War History* 13:4 (2013), pp. 525–40, at p. 529。"令人愉快的气氛"也是伯林自己的描述，in his 'Introduction by Isaiah Berlin', in H. G. Nicholas (ed.), *Washington Dispatches 1941–45: Weekly Political Reports from the British Embassy* (London: Weidenfeld & Nicolson, 1981), pp. vii–xiv, at p. x。

71. Deighton, 'Don and Diplomat', p. 532.

72. E.g., David Herman, 'Isaiah Berlin and the Holocaust: What Did Berlin Know? And When Did He Know It?', *Jewish Quarterly* 241 (Summer 2018), pp. 63–68; Michael Fleming, 'Isaiah Berlin and the Holocaust', *Dapim: Studies on the Holocaust* 32:3 (2018), pp. 206–25. See also the editors' note in Berlin, *B*, p. 510 note 1.

73. Peter Hayes, *Why? Explaining the Holocaust* (New York: W. W.

Norton & Co., 2017), p. 281.

74. 见 Anthony Eden 在下议院对联合声明的解读, in *Hansard*, House of Commons, vol. 385, cols 2,082-87, 17 December 1942, https://api.parliament.uk/historic-hansard/commons/1942/dec/17/united-nations-declaration, accessed 15 January 2020.

75. 伯林可能已经看到了 1942 年至 1943 年期间欧洲犹太人遭到毁灭的越来越多的证据, 但当时未能认识到其重要性, 这可能是因为他与外交部的同事们有着共同的机构偏见。这种可能性由 Arie M. Dubnov 提出, Arie M. Dubnov, *Isaiah Berlin: The Journey of a Jewish Liberal* (New York: Palgrave Macmillan, 2012), pp. 172-73。

76. Herman, 'Isaiah Berlin and the Holocaust', p. 68.

77. Jahanbegloo, *CIB*, pp. 19-20.

78. Arendt, '"What Remains? The Language Remains"', p. 5.

79. Kei Hiruta, 'Hannah Arendt, Liberalism, and Freedom from Politics', in Kei Hiruta (ed.), *Arendt on Freedom, Liberation, and Revolution* (Cham: Palgrave Macmillan, 2019), pp. 17-45, at pp. 24-30.

80. Richard J. Bernstein, *Hannah Arendt and the Jewish Question* (Cambridge, MA: The MIT Press, 1996), p. 38. 伯恩斯坦的话是阿伦特自己在各种表述中多次重申的话的简洁总结。

81. Bernard Wasserstein 的方法在这方面堪称典范。他对阿伦特持高度批评态度, 但也承认"没有人会因为阿伦特[最终]选择逃离纳粹化的欧洲而责怪她"。Bernard Wasserstein, *The Ambiguity of Virtue: Gertrude van Tijn and the Fate of the Dutch Jew* (Cambridge, MA: Harvard University Press, 2014), p. 240. See also Bernard Wasserstein, 'Blame the Victim', *The Times Literary Supplement*, 9 October 2009, pp. 13-14.

82. Isaiah Berlin, *Zionist Politics in Wartime Washington: A Fragment of Personal Reminiscence*, Yaacov Herzog Memorial Lecture (Jerusalem: Hebrew University of Jerusalem, 1972), reprinted in Berlin,

F, pp. 663–93. 关于 Ha'aretz 以希伯来文发表这段文字所引起的争议，参见 Berlin, B, pp. 503–22。

83. 为了避免误解：我并不是说伯林对纳粹大屠杀保持沉默可能仅仅是因为他的惭愧感。当然还有许多其他因素必须考虑在内，其中一个特别重要的因素是 Wasserstein 提出的。他写道："我认为，伯林对纳粹种族灭绝的公开沉默，是出于对利用数百万人的个人悲剧达到不可告人的目的的极度鄙视。" Bernard Wasserstein, *Isaiah Berlin, Isaac Deutscher and Arthur Koestler: Their Jewish Wars* (Amsterdam: Menasseh ben Israel Instituut, 2009), pp. 17–18.

84. 我不是第一个讨论阿伦特-伯林冲突这一方面的人。See, e.g., Seyla Benhabib, *The Reluctant Modernism of Hannah Arendt*, new ed. (Lanham, MD: Lawman & Littlefield, 2003), p. li note 6; and David Caute, *Isaac and Isaiah: The Covert Punishment of a Cold War Heretic* (New Haven: Yale University Press, 2013), pp. 268–69.

85. Ring 关于这个问题写了很多。See Jennifer Ring, 'Hannah Arendt and the Eichmann Controversy: Cultural Taboos against Female Anger', *Women and Politics* 18:4 (1998), pp. 57–79; and Jennifer Ring, *The Political Consequences of Thinking*: *Gender and Judaism in the Work of Hannah Arendt* (Albany: State University of New York Press, 1997).

86. Bilsky, 'In a Different Voice', p. 540.

87. Ring, *The Political Consequences of Thinking*, p. 110.

88. 在这里，学者们反复提出的一个观察结果值得注意：Raul Hilberg 的 *The Destruction of the European Jews*（阿伦特在她对犹太委员会的批评中大量引用了这本书）并没有像阿伦特的书那样受到强烈的批评。这其中有多少是由性别因素造成的，又有多少是由其他因素造成的，一直是一个争论不休的问题。

89. Richard H. King, *Arendt and America* (Chicago: University of Chicago Press, 2015), p. 212.

90. See Berlin cited in Frances Kiernan, *Seeing Mary Plain: A Life of Mary McCarthy* (New York: W. W. Norton & Co., 2000), p. 354; and Isaiah Berlin to Derwent May, 1 October 1986, *A*, p. 300. 当然，"bluestocking"（女才子）最初是一个非贬义词，指的是19世纪伦敦一群著名的沙龙女郎及其朋友和同事。但它很快就获得了贬义，当然是在伯林生前。

91. 读者可能还记得阿伦特在Günter Gaus的采访中说过的另一句名言："如果我可以这么说的话，我一直认为有些职业不适合女性，不适合她们。仅仅因为女人发号施令时不好看。如果她想保持女人味，就应该尽量不要陷入这种情况。"Arendt, '"What Remains? The Language Remains"', pp. 2–3.

92. Arendt and McCarthy, *BF*, p. xiii. 93. Berlin in Kiernan, *Seeing Mary Plain*, p. 268.

94. Nancy J. Hirschmann, 'Berlin, Feminism, and Positive Liberty', in Bruce Baum and Robert Nichols (eds), *Isaiah Berlin and the Politics of Freedom: 'Two Concepts of Liberty' 50 Years Later* (New York: Routledge, 2012), pp. 185–98, at p. 185.

95. Isaiah Berlin to Stephen Spender, 2 July 1963, T.

96. Arendt, *EIJ*$_2$, p. 284.

97. 按照阿伦特的说法："人们不能说他们（即在大屠杀期间合作的犹太工作人员）是叛徒（也有叛徒，但这无关紧要）。" Scholem and Arendt, 'Exchange', p. 54.

98. 阿伦特只提到了男性领袖，但也有女性领袖。Wasserstein对阿姆斯特丹犹太委员会的一名女性成员的研究是对阿伦特《艾希曼》一书含蓄而有力的回应。See Wasserstein, *The Ambiguity of Virtue*.

99. Shmuel Lederman, 'Hannah Arendt's Critique of the *Judenrate* in Context: Modern Jewish Leadership and Radical Democracy', *Holocaust and Genocide Studies* 32:2 (2018), pp. 207–23, at p. 214.

100. Scholem and Arendt, 'Exchange', p. 55. 阿伦特的观点可能受了她在居尔拘留营的经历的影响, 据她称, 那里的囚犯并没有完全被控制, 而是在绝望和"强烈的活下去的勇气"之间摇摆。Arendt, 'We Refugees', p. 268.

101. Scholem and Arendt, 'Exchange', p. 55.

102. Arendt, EIJ_2, p. 123, emphasis added.

103. 无需说, "特权"犹太人是一个备受争议的类别, 可能会有不同的界定。在这里, 我遵循 Adam Brown 的界定, 包括犹太人聚居区和集中营的"特权"犹太人。See Adam Brown, *Judging 'Privileged' Jews: Holocaust Ethics, Representation and the 'Grey Zone'* (New York: Berghahn, 2013).

104. Scholem and Arendt, 'Exchange', p. 55.

105. Ibid.

106. Berlin and Lukes, 'Conversation', p. 108.

107. 没有必要在目前情况下全面考虑这个问题。不过, 简而言之, 伯林对义务论和结果论都持拒绝态度, 认为它们不能公正地对待道德生活的复杂性。但他倾向于更明确地批评结果论, 尤其是因为这被极权主义领导人所利用, 他们拿来辩称为(谎称的)长期目标而做短期牺牲是合理的。

108. Bauer, *Rethinking the Holocaust*, p.155.109. Berlin and Lukes, 'Conversation', p. 108.

110. Yehuda Bauer 写下以下文字时, 可能是在含蓄地批评阿伦特: "每个犹太委员会都统治着一个地狱。" Bauer, *Rethinking the Holocaust*, p. 129.

111. Arendt, OT_3, p. 452.

112. 她写道: "集中营的生活没有可比物。所有的可比物都会造成混乱, 分散人们对本质的注意力。" (OT_3, p. 444) 这些话似乎表明, 即使在《起源》中, 阿伦特也对犹太人区和集中营的情况做了明显的区分。

113. Scholem and Arendt, 'Exchange', p. 55.

114. Hannah Arendt, 'The Destruction of Six Million: A *Jewish World* Symposium', *JW*, pp. 490–95, at p. 494.

115. See, most notably, Michal Aharony, *Hannah Arendt and the Limits of Total Domination: The Holocaust, Plurality, and Resistance* (London: Routledge, 2015).

116. Arendt, *EIJ*$_2$, p.11.

117. Ibid., p. 12. See also p. 283; Arendt, 'The Formidable Dr. Robinson', p. 496 and p. 508.

118. Scholem and Arendt, 'Exchange', p. 55.

119. 参见我在第4章的讨论。

120. Arendt, *OT*$_3$, p. 447.

121. 参与泄密的有两名纳粹官员,帝国全权大使Werner Best和他的得力助手Georg Ferdinand Duckwitz。1971年,Duckwitz被公认为"民族中的义人"。Best促成泄密的动机仍然不明。

122. Arendt, *EIJ*$_2$, pp. 170–75.

123. 阿伦特在这个问题上模棱两可。一方面,她写道,"丹麦犹太人的故事是独特的"(Arendt, *EIJ*$_2$, p. 171);另一方面,她写道,"同样的事情发生在保加利亚,也将发生在丹麦"(ibid., p. 187)。

124. Arendt, 'Answers to Questions Submitted to Samuel Grafton', p. 481.

125. Bernard Crick, 'Hannah Arendt and the Burden of Our Times', *The Political Quarterly* 68:1 (1997), pp. 77–84, at p. 81.

126. Isaiah Trunk, *Judenrat: The Jewish Councils in Eastern Europe under Nazi Occupation* (Lincoln, NE: University of Nebraska Press, 1996), pp. 570–75.

127. E.g., Arendt, *EIJ*$_2$, p. 11 and p. 143.

128. Nadezhda Mandelstam, *Hope against Hope* (London: The Harvill Press, 1999), pp. 42–43.

129. 这种批评方式由来已久。See, e.g., Noël O'Sullivan, 'Hannah Arendt: Hellenic Nostalgia and Industrial Society', in Anthony de Crespigny and Kenneth Minogue (eds), *Contemporary Political Philosophers* (London: Methuen, 1976), pp. 228–51; Judith Shklar, 'Hannah Arendt as Pariah', *Partisan Review*, 50:1 (1983), pp. 64–77; and Richard Wolin, *Heidegger's Children: Hannah Arendt, Karl Lowith, Hans Jonas, and Herbert Marcuse* (Princeton: Princeton University Press, 2001), pp. 30–69.

130. Shklar, 'Hannah Arendt as Pariah', p. 75. Shklar 和伯林对阿伦特的批评有许多有趣的相似之处。尚没有关于Shklar对阿伦特的多层次批评的全面研究，但学者们已经研究了它的各个方面。See, e.g., Samantha Ashenden and Andreas Hess, 'Totalitarianism and Justice: Hannah Arendt's and Judith N. Shklar's Political Reflections in Historical and Theoretical Perspective', *Economy and Society* 45:3–4 (2016), pp. 505–29; Christof Royer, 'International Criminal Justice between Scylla and Charybdis: The "Peace Versus Justice" Dilemma Analysed through the Lenses of Judith Shklar's and Hannah Arendt's Legal and Political Theories', *Human Rights Review* 18:4 (2017), pp. 395–416; and Seyla Benhabib, *Exile, Statelessness, and Migration: Playing Chess with History from Hannah Arendt to Isaiah Berlin* (Princeton: Princeton University Press, 2018), esp. pp. 125–44.

131. Villa可以说比任何其他阿伦特研究者做得都多，为阿伦特辩护，使她免受这种歪曲。See, e.g., Dana R. Villa, *Politics, Philosophy, Terror: Essays on the Thought of Hannah Arendt* (Princeton: Princeton University Press, 1999), esp. pp. 61–86; and his *Public Freedom*, esp. pp. 302–37.

132. Crick, 'Hannah Arendt and the Burden of Our Times', p. 82.

133. 不用说，人们是否可以在《人的条件》中找到浪漫的存在主义，一直是一个备受争议的问题，我不想在本书中详细讨论。(我的简短回答是"否"。)

134. 进一步的讨论，参见 Ruth Starkman, 'For the Honor and Glory of the Jewish People: Arendt's Ambivalent Jewish Nationhood', *The European Legacy* 28:2 (2013), pp. 185–96; and Tal Correm, 'Hannah Arendt on National Liberation, Violence, and Federalism', in Hiruta (ed.), *Arendt on Freedom, Liberation, and Revolution*, pp. 139–69。

135. Hannah Arendt, 'Days of Change', *JW*, pp. 214–17, at p. 217.

136. Bauer, *Rethinking the Holocaust*, p. 140.

137. 或者毋宁说，伯林怀疑阿伦特的"参与式民主"的概念是"从一个完全虚构的希腊城邦的图景中衍生出来的"。Berlin to May, 1 October 1986, *A*, p. 298.

138. Isaiah Berlin to Bernard Crick, 4 November 1963, T.

139. Arendt, '"What Remains? The Language Remains"', pp. 1–2.

140. 这是 Jenkins 对 Williams 的"第一个指导性信念"的简明概括。Mark P. Jenkins, *Bernard Williams* (Chesham: Acumen, 2006), p. 3.

141. Hannah Arendt, 'On Humanity in Dark Times: Thoughts about Lessing', *MID*, pp. 3–31, at p. 27.

142. Scholem and Arendt, 'Exchange', p. 55.

143. Berlin, 'Two Concepts of Liberty', p. 177 note 1.

144. Crick, 'Hannah Arendt and the Burden of Our Times', p. 82.

145. Isaiah Berlin to Sam Behrman, 19 July 1963, T. See also Isaiah Berlin to William Phillips, 7 May 1963, from the *Partisan Review* collection, Howard Gotlieb Archival Research Center at Boston University Libraries; Berlin to Mary McCarthy, 7 August 1964, *B*, p. 196; and Berlin to Meyer Schapiro, 20 July 1967, *B*, p. 337.

146. Arendt, '"As If Speaking to a Brick Wall"'.

147. Ibid., p. 290.

148. Arendt, 'Answers to Questions Submitted to Samuel Grafton', p. 480.

149. I draw on Craig Taylor's *Moralism* here again.

150. Scholem and Arendt, 'Exchange', p. 52. See Michelle-Irène Brudny, 'Scholem and Arendt, from Berlin to Jerusalem or New York', *Arendt Studies* 3 (2019), pp. 215-21.

151.《艾希曼》的第1版有这样一句话:"前柏林首席拉比利奥·拜克博士,在犹太人和外邦人的眼中,他是'犹太元首'。"(Hannah Arendt, *EIJ₁*, p. 105.) 第2版中包含"犹太元首"的定语从句部分被删除。

152. 这个问题在Barry Sharpe被忽视的作品 *Modesty and Arrogance in Judgement: Hannah Arendt's* Eichmann in Jerusalem (Westport, CT: Praeger, 1999) 中有广泛讨论。

153. Arendt, *EIJ₂*, p. 31.

154. Ibid., p. 114.

155. Arendt, 'Answers to Questions Submitted to Samuel Grafton', p. 480.

156. Hannah Arendt, 'Personal Responsibility under Dictatorship', *RJ*, pp. 17-48, at p. 33.

157. Arendt, *EIJ₂*, p. 295.

158. Ibid., p. 104.

159. Hannah Arendt, 'Some Questions of Moral Philosophy', *RJ*, pp. 49-146, at p. 78.

160. Arendt, *EIJ₂*, p. 104.

161. Ibid.

162. Arendt, *EIJ₂*, p. 103.

163. "谦虚/傲慢"的区别在许多方面平行于阿伦特在她职业生涯早期勾画的"贱民/新贵(pariah/parvenu)"的区别,最著名的是Hannah Arendt, 'The Jew as Pariah: A Hidden Tradition', *JW*, pp. 275-97; and Hannah Arendt, *Rahel Varnhagen: The Life of a Jewess, First Complete Edition*, ed. Liliane Weissberg, trans. Richard and Clara Winston (Baltimore: Johns Hopkins University Press, 1997), pp. 237-59.

这种可比性本身是一个有趣的问题，但超出了本书的范围。

164. Arendt, *EIJ*₂, p. 287.

165. Jahanbegloo, *CIB*, p. 84. See also Isaiah Berlin to Leonard Schapiro, 29 December 1976, *A*, pp. 41–42.

166. Arendt cited in Young-Bruehl, *Hannah Arendt*, p. 339.

167. Norman Podhoretz, *Ex-Friends: Falling Out with Allen Ginsberg, Lionel & Diana Trilling, Lillian Hellman, Hannah Arendt, and Norman Mailer* (New York: The Free Press, 1999), p. 168.

168. Berlin to Ritter, 24 May 1993, *A*, p. 463.

169. Hannah Arendt to Karl Jaspers, 20 October 1963, *C*, p. 522.

170. Ibid., p. 524.

171. Ibid., p. 522.

172. See Hannah Arendt, 'The Destruction of Six Million', *JW*, pp. 490–95, at p. 493; Scholem and Arendt, 'Exchange', p. 54.

173. Hannah Arendt to Karl and Gertrud Jaspers, 24 November 1963, *C*, p. 535. See also Hannah Arendt to Mary McCarthy, 4 February 1970, *BF*, p. 254; Berlin to McCarthy, 7 August 1964, *B*, pp. 195–97; Isaiah Berlin to Arthur Schlesinger, 1 April 1977, T.

174. Isaiah Berlin to Elżbieta Ettinger, 29 December 1993, PEE.

175. Scholem and Arendt, 'Exchange', p. 54.

176. 正如Judith Butler所指出的，见Butler, *Parting Ways*, p. 135.

177. Scholem and Arendt, 'Exchange', p. 54.

178. Ibid.

179. Ibid.

180. 关于阿伦特对Lazare的借鉴的更彻底讨论，请参见Adi Armon, 'The "Origins of The Origins": Antisemitism, Hannah Arendt, and the Influence of Bernard Lazare', *Arendt Studies* 3 (2019), pp. 49–68。

181. Hannah Arendt, 'From Dreyfus Affair to France Today', *Jewish Social Studies* 4:3 (1942), pp. 195–240, at p. 239.

182. Ibid., p. 240.

183. Ibid., p. 240 note 109.

184. Ibid., p. 236.

185. Ibid.

186. Arendt, *EIJ*₂, p. 117, emphasis added. See also Arendt, 'The Formidable Dr. Robinson', pp. 501–2.

187. Hannah Arendt (with Joseph Maier), 'Cui Bono?: Case against the *Saturday Evening Post*', *JW*, pp. 150–52, at p. 152.

188. Erich Fromm, *The Art of Loving* (New York: Open Road, 2013), pp. 72–73.

189. Ibid., pp. 73–74.

190. On this topic see, e.g., Paul Reitter, *On the Origins of Jewish Self-Hatred* (Princeton: Princeton University Press, 2012); Susan A. Glenn, 'The Vogue of Jewish Self-Hatred in Post-World War II America', *Jewish Social Studies* 12:3 (2006), pp. 95–136; and Sander L. Gilman, *Jewish Self-Hatred: Anti-Semitism and the Hidden Language of the Jews* (Baltimore: The Johns Hopkins University Press, 1986).

191. Hannah Arendt, 'A Way toward the Reconciliation of Peoples', *JW*, pp. 258–63, at p. 261.

192. 伯林写道:"我不禁认为,她对犹太复国主义者的态度,在某种程度上对犹太人的态度,有点像Koestler对共产主义者的态度——那里有某种东西将永远惩罚她和我们。" Berlin to McCarthy, 7 August 1964, *B*, p. 196.

193. Isaiah Berlin to Pierre Vidal-Naquet, 17 February 1975, MSB 209/278.

194. See my discussion in Chapter 2.

第6章　自由之岛

1. Hannah Arendt, Raymond Aron and Isaiah Berlin (the editors'

and translators' names are unknown), *Trójgłos o wolności* (Warsaw: Wolna Spółka Wydawnicza Komitywa, 1987).

2. 伯林不太可能知道 *Trójgłos o wolności* 的出版。

3. Andrzej Walicki, *Encounters with Isaiah Berlin: Story of an Intellectual Friendship* (Frankfurt am Main: Peter Lang, 2011), p. 148.

4. David Caute, *Isaac and Isaiah: The Covert Punishment of a Cold War Heretic* (New Haven: Yale University Press, 2013).

5. Ibid., p. 4.

6. Isaiah Berlin to Ursula Niebuhr, 27 April 1972, T.

7. Caute, *Isaac and Isaiah*, p. 262.

8. 这个问题的讨论，见 Russell Jacoby, *Picture Imperfect: Utopian Thought for an Anti-Utopian Age* (New York: Columbia University Press, 2005)。我试图挑战 Jacoby 的说法，见我的文章：Kei Hiruta, 'An "Anti-utopian Age?": Isaiah Berlin's England, Hannah Arendt's America, and Utopian Thinking in Dark Times', *Journal of Political Ideologies* 22:1 (2017), pp. 12–29。

9. "自由之岛"的形象反复出现在阿伦特的作品中。See, e.g., Hannah Arendt, 'Preface: The Gap between Past and Future', BPF_3, pp. 3–15, at p. 6; 'What Is Existential Philosophy?', *EU*, pp. 163–87, at p. 186; and OR_3, pp. 267–68.

10. 许多作者都观察到了这一点，e.g., Michael Ignatieff, *Isaiah Berlin: A Life* (London: Chatto & Windus, 1998), p. 36; and Jan-Werner Müller, 'Fear and Freedom: On "Cold War Liberalism"', *European Journal of Political Theory* 7:1 (2008), pp. 45–64, at pp. 54–55. 本章以他们的观察为基础。

11. Isaiah Berlin, 'Epilogue: The Three Strands in My Life', PI_3, pp. 433–39, p. 437.

12. Ignatieff, *Isaiah Berlin*, p. 36.

13. George Crowder, *Isaiah Berlin: Liberty and Pluralism*

(Cambridge: Polity Press, 2004).

14. Jahanbegloo, *CIB*, pp. 101–2.

15. Berlin and Lukes, 'Conversation', p. 121.

16. Isaiah Berlin to Helen Gardner, 21 December 1965, *B*, p. 262.

17. Isaiah Berlin to John Sparrow, 14 March 1964, *B*, p. 190.

18. L. T. Hobhouse, *Liberalism* (London: Oxford University Press, 1911).

19. Michael Freeden, *Liberalism Divided: A Study in British Political Thought 1914–1939* (Oxford: Oxford University Press, 1986); Michael Freeden, *Ideologies and Political Theory: A Conceptual Approach* (Oxford: Clarendon Press, 1996), pp. 141–225.

20. Berlin and Lukes, 'Conversation', pp. 98–99, p. 91.

21. Joseph Raz, *The Morality of Freedom* (Oxford: Clarendon Press, 1986); Steven Wall, *Liberalism, Perfectionism and Restraint* (Cambridge: Cambridge University Press, 1998).

22. Müller, 'Fear and Freedom', p. 48.

23. Berlin cited in Ignatieff, *Isaiah Berlin*, p. 301.

24. See Henry Hardy, 'Editor's Preface', in Berlin, *POI2*, pp. xxv–xxxiii, at p. xxv.

25. Joshua Rubenstein, *Leon Trotsky: A Revolutionary Life* (New Haven: Yale University Press, 2011), p. 180.

26. 伯林有时区分"民族意识"和"民族主义",前者指一种自然和良性的民族归属感,后者更狭义地指这种感觉的激情形式。但他并没有始终如一地使用这种术语的区别;这种二分法也没有充分抓住伯林对这一主题分析的复杂性。因此,我将在广义上使用"民族主义",并在不使用"民族意识"这一术语的情况下讨论各种类型的民族主义。

27. 我的分析借鉴了 David Miller, 'Crooked Timber or Bent Twig?: Berlin's Nationalism', in George Crowder and Henry Hardy (eds), *The*

One and the Many: Reading Isaiah Berlin (New York: Prometheus Books, 2007), pp. 181–206。

28. Ibid., p. 182.

29. E.g., Isaiah Berlin, 'Nationalism: Past Neglect and Present Power', AC_2, pp. 420–48, at p. 442; 'A Note on Nationalism', POI_2, pp. 301–11, at pp. 307–8; 'The Bent Twig: On the Rise of Nationalism', CTH_2, pp. 253–78, at pp. 262–63.

30. Jahanbegloo, *CIB*, p. 102.

31. See esp. Isaiah Berlin, 'The Problem of Nationalism: A Dialogue with Stuart Hampshire, chaired by Bryan Magee', 1972, available at the IBVL (2006), http://berlin.wolf.ox.ac.uk/lists/nachlass/probnati.pdf, accessed 1 September 2020.

32. John Stuart Mill, 'Considerations on Representative Government', in *On Liberty and Other Essays*, ed. John Gray (Oxford: Oxford University Press, 1998), pp. 203–467, at pp. 427–34.

33. Isaiah Berlin, 'Herder and the Enlightenment', TCE_2, pp. 208–300, at p. 256.

34. Berlin, 'The Problem of Nationalism', p. 3.

35. Ignatieff, *Isaiah Berlin*, p. 36.

36. E.g., Jahanbegloo, *CIB*, pp. 111–13; Isaiah Berlin, 'Appendix to the Second Edition', CC_2, pp. 261–334, at pp. 288–89 and pp. 305–10.

37. See Arie M. Dubnov, *Isaiah Berlin: The Journey of a Jewish Liberal* (New York: Palgrave Macmillan, 2012), pp. 53–76; Joshua L. Cherniss, *A Mind and Its Time: The Development of Isaiah Berlin's Political Thought* (Oxford: Oxford University Press, 2013), pp. 1–14.

38. Isaiah Berlin, 'Introduction', *L*, pp. 3–54, at p. 42; 'Two Concepts of Liberty', *L*, pp. 166–217, at p. 180, p. 170, emphasis added.

39. Isaiah Berlin, 'England's Mistaken Moralist', *The Times*

Higher Education Supplement, 15 October 1993.

40. Isaiah Berlin to Maurice Bowra, 3 December 1965, *B*, p. 259.

41. Dubnov, *Isaiah Berlin*, p. 188.

42. Isaiah Berlin, 'Winston Churchill in 1940', *PI₃*, pp. 1–29, at p. 29.

43. See Michael Kenny and Nick Pearce, *Shadows of Empire: The Anglosphere in British Politics* (London: Polity Press, 2018), pp. 38–60.

44. Isaiah Berlin, 'The Anglo-American Predicament', *E*, pp. 743–48, at p. 747–48. 这篇最初发表在 *Listener*, 29 November 1949, pp. 518–19。本书所有的引用都来自 *E*。

45. 'Mr Berlin', *Evening Standard*, 5 October 1949, p. 4, cited in Berlin, *E*, p. 130.

46. Berlin, 'The Anglo-American Predicament', *E*, p. 748. 伯林喜欢引用的这些话来自 Joseph Butler, *Fifteen Sermons Preached at the Rolls Chapel* (London: James & John Knapton, 1726), p. 136。

47. Isaiah Berlin, 'Rabindranath Tagore and the Consciousness of Nationality', *SR₂*, pp. 316–37, at p. 327.

48. 根据 Pitts 的观点，在20世纪的最后20年里，政治理论和思想史上对帝国和帝国主义问题的实质性探讨才刚刚开始。Jennifer Pitts, 'Political Theory of Empire and Imperialism', in Sankar Muthu (ed.), *Empire and Modern Political Thought* (Cambridge: Cambridge University Press, 2012), pp. 351–87.

49. Barnor Hesse, 'Escaping Liberty: Western Hegemony, Black Fugitivity', *Political Theory* 42:3 (2014), pp. 288–313. 但是，可以注意到，仅仅谈论某些与帝国主义和殖民主义有关的邪恶和错误，并不能自动摆脱种族和殖民主义的盲视。最近关于英语世界哲学中"殖民主义有什么错"的辩论中，一些参与者表现出不同程度的这种盲视，并因历史无知而加剧。关于辩论的概况，请参见 Margaret Moore, 'Justice and Colonialism', *Philosophy Compass* 11:8 (2016), pp.

447–61。

50. 总部位于伦敦的民意调查机构YouGov在2014年开展了一项关于英国公众对大英帝国遗产态度的调查。调查发现，除其他外，"大多数人认为大英帝国更值得骄傲（59%），而不是羞耻（19%）"；"尽管许多人（36%）不确定，但英国人确实倾向于认为，总体而言，前英国殖民地因为曾经是大英帝国的一部分而使它们现在变得更好，比例为49%至15%。" Will Dahlgreen, 'The British Empire is "Something to be Proud of "', 26 July 2014, https://yougov.co.uk/topics/politics/articles–reports/2014/07/26/britain–proud–its–empire, accessed 27 September 2019.

51. Isaiah Berlin to Geert Van Cleemput, 22 April 1996, *A*, p. 529; See also Berlin, 'Rabindranath Tagore', p. 328; and *KM*$_5$, pp. 187–88.

52. Isaiah Berlin, 'Benjamin Disraeli, Karl Marx and the Search for Identity', *Transactions of the Jewish Historical Society of England* 22 (1968–69), pp. 1–20, reprinted in *AC*$_2$, pp. 317–60. 我对这篇文章的引用来自*AC*$_2$。

53. Ibid., p. 331. 根据Cesarani的说法，直到20世纪80年代初，迪斯累利的传记作家才开始将他的犹太性作为中心主题进行讨论。伯林是这方面的先驱，尽管他落后于阿伦特，这一点我很快会谈到。See David Cesarani, *Disraeli: The Novel Politician* (New Haven: Yale University Press, 2016), pp. 4–5.

54. Berlin, 'Benjamin Disraeli, Karl Marx and the Search for Identity', p. 330, p. 342.

55. Berlin, 'Winston Churchill in 1940', p. 12.

56. Ibid.

57. Berlin, 'Benjamin Disraeli, Karl Marx and the Search for Identity', p. 341.

58. Ibid., p. 346.

59. 阿伦特对"帝国主义"一词的用法前后矛盾。一方面，她有时在广义上使用它来指德国和泛斯拉夫运动的"大陆帝国主义"以及英国、法国、荷兰等的"海外帝国主义"。另一方面，她有时更狭义地使用"帝国主义"，仅指"海外帝国主义"类型。在这一章中，我将重点放在狭义上，因为泛××运动在很大程度上与英帝国主义无关，英帝国主义是海外帝国主义变种的一个样板。

60. Arendt, *OT₃*, p. 123.

61. Karuna Mantena, 'Genealogies of Catastrophe: Arendt on the Logic and Legacy of Imperialism', in Seyla Benhabib (ed.), *Politics in Dark Times: Encounters with Hannah Arendt* (Cambridge: Cambridge University Press, 2010), pp. 83–112, at p. 91.

62. Arendt, *OT₃*, p 302.

63. Ibid., p. 138.

64. Vladimir Ilyich Lenin, 'Imperialism, the Highest Stage of Capitalism: A Popular Outline' [1916/1917] in his *Collected Works*, vol. 22 (Moscow: Progress Publishers, 1964), pp. 185–304.

65. 虽然我目前关注的是阿伦特与列宁的争论，但关于她对另一位不那么正统的马克思主义者罗莎·卢森堡的批判性阅读，可能会有一个不同但同样有趣的故事。事实上，阿伦特相当依赖卢森堡的帝国主义理论来挑战列宁的理论。关于这个问题，请参见 Seyla Benhabib, *The Reluctant Modernism of Hannah Arendt*, new ed. (Lanham, MD: Rowman & Littlefield, 2003), pp. 77–79。关于阿伦特借鉴卢森堡帝国主义理论的更广泛的讨论，参见 Philip Spencer, 'From Rosa Luxemburg to Hannah Arendt: Socialism, Barbarism and the Extermination Camps', *The European Legacy* 11:5 (2006), pp. 527–40.

66. 列宁本人表示更赞同"社会自由主义者"霍布森，而不是"非马克思主义者"考茨基。Lenin, 'Imperialism', pp. 269–70. See J. A. Hobson, *Imperialism: A Study* (London: James Nisbet, 1902).

67. Arendt, *OT₃*, p. 150.

68. Ibid., p. 189.

69. Ibid., p. 151.

70. Lenin, 'Imperialism', p. 266.

71. Arendt, OT_3, p. 155.

72. Mantena, 'Genealogies of Catastrophe', p. 89.

73. Arendt, OT_3, p. 75. 引自 Horace B. Samuel, *Modernities* (London: Kegan Paul, Trench, Trübner & Co., 1913), p. 58.

74. Arendt, OT_3, pp. 68–79.

75. 对于两个迪斯累利的细微分析，请参见 Joan Cocks, *Passions and Paradox: Intellectuals Confront the National Question* (Princeton: Princeton University Press, 2002), pp. 75–88; and Arie M. Dubnov, 'Can Parallels Meet? Hannah Arendt and Isaiah Berlin on the Jewish Post-Emancipatory Quest for Political Freedom', *The Leo Baeck Institute Year Book* 62 (2017), pp. 27–51, at pp. 39–44。

76. Arendt, OT_3, p. 78.

77. Ibid., p. 74.

78. Ibid., p. 171, p. 175, p. 180, pp. 182–83.

79. Ibid., p. 144.

80. Ibid., p. 121, p. 124.

81. Patricia Owens, *Between War and Politics: International Relations and the Thought of Hannah Arendt* (Oxford: Oxford University Press, 2007), p. 61.

82. 我在这里的解读借鉴了 Yehouda Shenhav, 'Beyond "Instrumental Rationality": Lord Cromer and the Imperial Roots of Eichmann's Bureaucracy', *Journal of Genocide Research* 15:4 (2013), pp. 379–99. 83. Arendt, OT_3, p. 209, p. 211.

84. Ibid., p. 211.

85. Ibid., p. 182.

86. Ibid., p. 211.

87. Ibid., p. 185.

88. See Shenhav, 'Beyond "Instrumental Rationality"'.

89. Mantena, 'Genealogies of Catastrophe', p. 91.

90. Arendt, OT_3, p. 220.

91. 我已经讨论过阿伦特对霍布斯的解读，以及她对"布尔乔亚自由主义"更广泛的批判观点，参见Kei Hiruta, 'Hannah Arendt, Liberalism, and Freedom from Politics', in Kei Hiruta (ed.), *Arendt on Freedom, Liberation, and Revolution* (Cham: Palgrave Macmillan, 2019), pp. 17–45. See also Dubnov, 'Can Parallels Meet?', pp. 44–49; Liisi Keedus, 'Liberalism and the Question of the "Proud": Hannah Arendt and Leo Strauss as Readers of Hobbes', *Journal of the History of Ideas* 73:2 (2012), pp. 335–58; and Edgar Straehle, 'The Problem of Sovereignty: Reading Hobbes through the Eyes of Hannah Arendt', *Hobbes Studies* 32:1 (2019), pp. 71–91。

92. 事实上，Owens在支持阿伦特观点的文章中写道，英国的行动在南非造成的死亡人数要多于德国在西南非洲造成的死亡人数。Owens, *Between War and Politics*, p. 65.

93. Müller, 'Fear and Freedom', pp. 54–55.

94. See my discussion in Chapter 2.

95. Arendt, OR_3, p. 148.

96. Hannah Arendt to Karl and Gertrud Jaspers, 26 June 1968, *C*, p. 681, emphasis added.

97. Arendt, OR_3, p. 110.

98. Hannah Arendt, 'Thoughts on Politics and Revolution: A Commentary', *CR*, pp. 199–233, at pp. 231–32. For a comprehensive study of the council system in Arendt's political thought, see Shmuel Lederman, *Hannah Arendt and Participatory Democracy: A People's Utopia* (Cham: Palgrave Macmillan, 2019).

99. Andrew Arato and Jean Cohen, 'Banishing the Sovereign?:

Internal and External Sovereignty in Arendt', *Constellations* 16:2 (2009), pp. 307–30, at p. 314.

100. See Lisa Disch, 'How Could Hannah Arendt Glorify the American Revolution and Revile the French?: Placing *On Revolution* in the Historiography of the French and American Revolutions', *European Journal of Political Theory* 10:3 (2011), pp. 350–71.

101. Woodrow Wilson cited in Arendt, *OR₃*, p. 192.

102. Arendt, *OR₃*, pp. 155–56, pp. 217–21, pp. 229–30, p. 294 note 42; Hannah Arendt, 'Civil Disobedience', *CR*, pp. 49–102, at p. 92.

103. John Adams cited in Arendt, *OR₃*, p. 137.

104. Thomas Jefferson, repeatedly cited in Arendt, *OR₃*, pp. 117–22, pp. 207–73.

105. 这意味着沃尔德伦最近对伯林所谓忽视政治机构的批评只是部分有效：Jeremy Waldron, *Political Political Theory: Essays on Institutions* (Cambridge, MA: Harvard University Press, 2016), pp. 1–22 and pp. 274–89。就伯林对法院等正式机构的作用几乎很少发表意见来说，批评是有效的；但伯林对广义上的机构说了很多，这种意义上的机构即"由公认角色组成的可识别实践，这些公认角色由管理角色承担者之间关系的一系列规则或公约联系起来"，就此而言，这种批评是无效的。Oran R. Young, *International Cooperation: Building Regimes for Natural Resources and the Environment* (Ithaca, NY: Cornell University Press, 1989), p. 5. Young定义是政治学中制度的标准定义。

106. Arendt, 'Civil Disobedience', p. 79.

107. Ibid., pp. 85–87; Arendt, *OR₃*, pp. 156–70.

108. See, in particular, Arendt, *OR₃*, pp. 460–79.

109. Ian Kershaw, *Hitler 1889–1936: Hubris* (New York: W. W. Norton & Co., 1999), p. 367.

110. Arendt, *OT₃*, p. 478.

111. 不用说，这是在暗指 Judith N. Shklar, 'The Liberalism of Fear', in Nancy L. Rosenblum (ed.) *Liberalism and the Moral Life* (Cambridge, MA: Harvard University Press, 1989), pp. 21–38。

112. 进一步的讨论，参见 Hiruta, 'Hannah Arendt, Liberalism, and Freedom from Politics'。

113. See esp. Arendt, *CR; TWB; OR₃*, pp. 207–73; and Hannah Arendt, 'Home to Roost', in *RJ*, pp. 257–75.

114. Arendt, *OR₃*, pp. 243–44.

115. Arendt, *HC*, p. 176.

116. Arendt, *OR₃*, p. 271.

117. Columbia University Archives, Rare Book & Manuscript Library, '1968: Columbia in Crisis' (2011), https://exhibitions.cul.columbia.edu/exhibits/show/1968, accessed 1 February 2020.

118. E.g., Isaiah Berlin to Rowland Burdon–Muller, 26 January 1967, *B*, p. 322; Berlin to Elizabeth Hardwick, 6 November 1968, *B*, pp. 362–63; Berlin to Stephen Spender, 22 February 1967, MSB 283/87; Berlin to A. H. Halsey, 5 March 1968, MSB 179/99–100; Berlin to David Cecil, 21 March 1969, MSB 182/56–57.

119. Isaiah Berlin to Christopher Sykes, 11 May 1968, *B*, p. 347.

120. Isaiah Berlin to McGeorge Bundy, 31 May 1968, *B*, p. 350.

121. Berlin to Bowra, 2 April 1969, *B*, p. 381.

122. Isaiah Berlin to Anna Kallin, 1 October 1968, *B*, p. 360.

123. Isaiah Berlin to Brian Urquhart, 7 September 1966, *B*, pp. 311–12; Berlin to Burdon–Muller, 17 January 1968, *B*, p. 344. See also Berlin's contribution to Cecil Woolf and John Bagguley (eds), *Authors Take Sides on Vietnam: Two Questions on the War in Vietnam Answered by the Authors of Several Nations* (London: Peter Owen, 1967), pp. 60–62, reprinted in Berlin, *B*, pp. 601–2.

124. Isaiah Berlin to Alan Ryan, 25 November 1968, MSB 181/84.

125. Isaiah Berlin to Arthur Schlesinger, 6 June 1968, *B*, p. 352.

126. Berlin to Bowra, 2 April 1969, *B*, p. 381.

127. Hannah Arendt to Karl Jaspers, 25 November 1967, *C*, pp. 676–77. See also Hannah Arendt to Mary McCarthy, 21 December 1968, *BF*, pp. 230–31; Arendt, *DZ*, XXVI: 3, pp. 702–5.

128. Arendt to Jaspers, 25 November 1967, *C*, pp. 676–77.

129. Hannah Arendt to Gertrud and Karl Jaspers, 27 July 1968, *C*, p. 682. See also Arendt, *DZ*, XXVI: 13, pp. 710–12.

130. Hannah Arendt, 'On Violence', *CR*, pp. 103–98, at p. 125.

131. Arendt, 'Thoughts on Politics and Revolution', p. 211.

132. Ibid., p. 202.

133. Ibid., p. 231.

134. Arendt to Jaspers, 26 June 1968, *C*, p. 681.

135. Elisabeth Young-Bruehl, *Hannah Arendt: For the Love of the World*, 2nd ed. (New Haven: Yale University Press, 2004), p. 487.

136. Hannah Arendt, '"The Rights of Man": What Are They?', *Modern Review* 3:1 (1949), p. 34.

137. Arendt cited in Alfred Kazin, *New York Jew* (Syracuse, NY: Syracuse University Press, 1996), p. 218; reiterated in Hannah Arendt, 'On Humanity in Dark Times: Thoughts on Lessing', *MID*, pp. 3–31, at p. 17.

138. See Hannah Arendt, '"What Remains? The Language Remains": A Conversation with Günter Gaus', *EU*, pp. 1–23, at pp. 12–13; Amos Elon, *The Pity of It All: A Portrait of the German-Jewish Epoch, 1743–1933* (New York: Picador, 2002), p. 118.

139. Frank Mehring, '"All for the Sake of Freedom": Hannah Arendt's Democratic Dissent, Trauma, and American Citizenship', *Journal of Transnational American Studies* 3:2 (2011), pp. 1–32.

140. Arendt to Jaspers, 26 June 1968, *C*, p. 681.

141. Peter Fryer, *Hungarian Tragedy* (London: Dennis Dobson, 1956), p. 42.

142. 对于美国在匈牙利革命中的作用（或缺失），我主要依靠 Charles Gati, *Failed Illusions: Moscow, Washington, Budapest, and the 1956 Hungarian Revolution* (Washington, DC: Woodrow Wilson Center Press, 2006)。

143. 根据Kramer的说法，"总共有大约31,500名苏联士兵、1,130辆坦克和自推进火炮、380辆装甲运兵车、185门防空火炮和许多其他武器在短时间内被重新部署"以恢复匈牙利的"秩序"：Mark Kramer, 'The Soviet Union and the 1956 Crises in Hungary and Poland: Reassessments and New Findings', *Journal of Contemporary History* 33:2 (1998), pp. 163–214, at p. 185。

144. Victor Sebestyen, *Twelve Days: Revolution 1956* (London: Phoenix, 2007), p. 102. The 'Sixteen Points'有多个版本。在本书中，我使用的是一个重印版，即 'Document No. 24: The "Sixteen Points" Prepared by Hungarian Students, October 22–23, 1956', in Csaba Békés, Malcolm Byrne and János M. Rainer (eds), *The 1956 Hungarian Revolution: A History in Documents* (Budapest: Central European University Press, 2002), pp. 188–90。

145. See 'Document No. 49: 1956年10月30日苏共中央主席团会议的工作记录 (Re: Point 1 of Protocol No. 49)'; 'Document No. 50: "苏联政府关于发展和进一步加强苏联和其他社会主义国家友谊和合作的原则的声明", October 30, 1956'; and 'Document No. 53: 1956年10月31日苏共中央主席团会议纪要和附件摘录', in Békés, Byrne and Rainer (eds), *The 1956 Hungarian Revolution*, pp. 295–99, pp. 300–302 and pp. 307–10, respectively. See also William Taubman, *Khrushchev: The Man and His Era* (W. W. Norton & Co., 2003), pp. 294–99.

146. Kramer, 'The Soviet Union and the 1956 Crises in Hungary

and Poland', p. 211.

147. András Lénárt and Thomas Cooper, 'Emigration from Hungary in 1956 and the Emigrants as Tourists to Hungary', *The Hungarian Historical Review* 1:3/4 (2012), pp. 368–96, at pp. 370–74.

148. Hannah Arendt to Heinrich Blücher, 24 October 1956, *Within Four Walls: The Correspondence between Hannah Arendt and Heinrich Blucher, 1936–1968*, ed. Lotte Kohler, trans. Peter Constantine (New York: Harcourt, Inc., 2000), p. 307.

149. Hannah Arendt to Karl Jaspers, 26 December 1956, *C*, p. 306.

150. Ibid.

151. Hannah Arendt, 'Totalitarian Imperialism: Reflections on the Hungarian Revolution', *The Journal of Politics* 20:1 (1958), pp. 5–43. 这篇文章有多个版本。我参考的是发表在 *The Journal of Politics* 上的原文。

152. Ibid., p. 43.

153. Ibid., p. 5.

154. Ibid., p. 8, emphasis added.

155. Gati, *Failed Illusions*, p. 177 note 62.

156. Fryer, *Hungarian Tragedy*, p. 65.

157. Sebestyen, *Twelve Days*, p. 197.

158. 这一类型中最著名的是John Sadovy的系列摄影作品，它出现在一个题为"匈牙利爱国者对暴政进行凶猛的打击"的栏目中，*Life* 41:20 (12 November 1956), pp. 34–43。在《生活》杂志上，Sadovy的照片展示了匈牙利反叛者的勇敢和对压迫者的正义愤怒；然而，在一些出版物中，特别是在苏联，同样的图像被作为"反革命"的残酷和野蛮的证据。进一步的讨论，参见Isotta Poggi, 'The Photographic Memory and Impact of the Hungarian 1956 Uprising during the Cold War Era', *Getty Research Journal* 7 (2015), pp. 197–206。

159. Alex von Tunzelmann, *Blood and Sand: Suez, Hungary and*

the Crisis that Shook the World (London: Simon & Schuster, 2016), p. 230.

160. Arendt, 'Totalitarian Imperialism', p. 28.

161. Laszlo G. Borhi, *The Merchants of the Kremlin: The Economic Roots of Soviet Expansion in Hungary, Working Paper No. 28* (Washington, DC: Woodrow Wilson International Center for Scholars, 2000), pp. 7–16.

162. Pál Germuska, 'Economic Growth and the Industrial Development Policy in Hungary, 1950–1975', in Christian Grabas and Alexander Nützenadel (eds), *Industrial Policy in Europe after 1945: Wealth, Power and Economic Development in the Cold War* (Basingstoke: Palgrave Macmillan, 2014), pp. 321–36, at p. 331.

163. Ibid., p. 325.

164. 这是"十六点"中的第五、第十一、第十二和第一点。

165. 这是"十六点"中的第七、第九、第十点。

166. 不用说，阿伦特的《论革命》中就有这两种革命模式的对比。

167. The United Nations, General Assembly, Special Committee on the Problem of Hungary, *Report of the Special Committee on the Problem of Hungary: General Assembly Official Records: Eleventh Session, Supplement No. 18 (A/3592)* (New York: United Nations, 1957).

168. Arendt, 'Totalitarian Imperialism', p. 29.

169. Ibid., p. 28.

170. Ibid.

171. 国民革命委员会拒绝了纳吉总理在两次苏联入侵之间提出的要求，即匈牙利人民应该交出武器并相信他的政府能够重建社会主义匈牙利。该委员会有争议的领导人杜达什·约瑟夫于1957年1月被处决。

172. Agnes Heller and Stefan Auer, 'An Interview with Agnes Heller', *Thesis Eleven* 97:1 (2009), pp. 99–105, at pp. 104–5.

173. Ibid., pp. 104–5. McConkey也提出了类似的反对意见,他批评阿伦特"将1919年的匈牙利苏维埃共和国完全排除在记录之外"。Mike McConkey, 'On Arendt's Vision of the European Council Phenomenon: Critique from an Historical Perspective', *Dialectical Anthropology* 16:1 (1991), pp. 15–31, at p. 23.

174. 还可以注意到,Heller在她与Fehér合著的早期作品中,对阿伦特关于匈牙利革命的解读表现出了更大的认同。See Ferenc Fehér and Agnes Heller, *Hungary 1956 Revisited: The Message of a Revolution—a Quarter Century After* (London: George Allen & Unwin, 1983), pp. 48–49 and pp. 97–115.

175. 参见"十六点"中的第十三、第十四点。

176. The United Nations, *Report of the Special Committee on the Problem of Hungary*, pp. 70–72.

177. Arendt, 'Totalitarian Imperialism', p. 23 note 11.

178. Cocks, *Passion and Paradox*, p. 85.

179. 目击者和历史学家一致认为这种口号无处不在。See, e.g., Gati, *Failed Illusions*, p. 13; Sebestyen, *Twelve Days*, p. 111, p. 113, p. 156; and Michael Korda, *Journey to a Revolution: A Personal Memoir and History of the Hungarian Revolution of 1956* (New York: Harper Collins, 2006), p. 94, p. 100.

180. 最悲惨的人命代价是伯林的叔叔Leo。Caute写道(*Isaac and Isaiah*, p. 141):"利奥叔叔于1952年被捕,当时发生了'犹太医生的阴谋'。他被指控属于一个英国间谍网,其中包括他的兄弟孟德尔和他的侄子以赛亚。[……]利奥被殴打,然后供认。他在狱中被关押了一年多,于1954年2月获释。虚弱和营养不良的他走在莫斯科的街道上,突然看见一个拷打他的人在他前面过马路。他心脏病发作,孤独地死在满是积雪的街道上。"

181. Isaiah Berlin to Clarissa Eden, 1 November 1956, *E*, p. 547.

182. Isaiah Berlin to Arthur Schlesinger, early/mid-November

1956, *E*. p. 557.

183. Nicola Lacey, *A Life of H.L.A. Hart: The Nightmare and the Noble Dream* (Oxford: Oxford University Press, 2004), p. 206.

184. Arendt, 'Totalitarian Imperialism', p. 5.

185. Berlin to Schlesinger, early/mid-November 1956, *E*. p. 557.

186. Gati, *Failed Illusions*, p. 220.

187. Iván Zoltán Dénes, 'Personal Liberty and Political Freedom: Four Interpretations', *European Journal of Political Theory* 7:1 (2008), pp. 81–98, at pp. 93–94.

188. 进一步的讨论，参见'Introduction' by Dénes in István Bibó, *The Art of Peacemaking: Political Essays by Istvan Bibo*, ed. Iván Zoltán Dénes, trans. Péter Pásztor (New Haven: Yale University Press, 2015), pp. 1–24.

189. Isaiah Berlin to Michel Strauss, 8 November 1956, *E*, p. 552–53.

190. Georgina Brewis, *A Social History of Student Volunteering: Britain and Beyond, 1880–1980* (New York: Palgrave Macmillan, 2014), pp. 165–69.

191. Pryce-Jones作为记者和作家将有一个杰出的职业生涯。他在1969年出版了一本关于匈牙利革命的书，并强调了学生在匈牙利事件中的核心作用。See David Pryce-Jones, *The Hungarian Revolution* (London: Ernest Benn Limited, 1969), esp. pp. 61–103.

192. Sebestyen, *Twelve Days*, p. 151.

193. E.g., Isaiah Berlin, 'European Unity and Its Vicissitudes', *CTH*$_2$, pp. 186–218, at p. 207; 'The Bent Twig', pp. 267–70; and 'The Life and Opinions of Moses Hess', *AC*$_2$, pp. 267–316, at p. 313.

194. 特别重要的是Andrzej Walicki, 'Marx, Engels and the Polish Question', *Dialectics and Humanism* 7:1 (1980), pp. 5–32; and Andrzej Walicki, *Philosophy and Romantic Nationalism: The Case of Poland*

(Oxford: Clarendon Press, 1982), pp. 358–91. 伯林定期与Walicki通信，马克思和民族主义问题在他们的谈话中反复出现。尽管Walicki有不同意见，但是，伯林从来没有改变他在这个问题上的想法。See Walicki, *Encounters with Isaiah Berlin*, esp. 66–67 and pp. 115–17.

195. Berlin, 'The Life and Opinions of Moses Hess', p. 313.

196. Ibid., p. 313.

197. E.g., Berlin, 'European Unity and Its Vicissitudes', p. 207; Isaiah Berlin to Andrzej Walicki, 2 March 1981, in Walicki, *Encounters with Isaiah Berlin*, pp. 121–22. See also Berlin, 'The Bent Twig', p. 268.

198. Berlin, 'A Note on Nationalism', p. 311; Berlin, 'The Counter-Enlightenment', AC_2, pp. 1–32, at p. 16.

199. 据伯林的朋友Amos Oz说，这是他作为一个"扔石头的孩子，一个犹太反叛的孩子"学会用英语说的第一句话，除了"yes"和"no"之外。Amos Oz, *How to Cure a Fanatic* (London: Vintage, 2012), p. 49.

200. Alan Macfarlane, 'Interview with Richard Sennett, Part 2 of 2', 24 April 2009, https://www.youtube.com/watch?v=sy4ecJukKBc, accessed 15 January 2020. 相关部分的文字记录见Ilya P. Winham, 'After Totalitarianism: Hannah Arendt, Isaiah Berlin, and the Realization and Defeat of the Western Tradition' (Ph.D. dissertation, University of Minnesota, 2015), p. 7.

201. Young-Bruehl, *Hannah Arendt*, p. 448.

202. Sam Copeland, *Bardwatch*, 'Anti-Defamation League Condemns Treatment of Hannah Arendt's Grave', 21 February 2017, http://student.bard.edu/bardwatch/2017/02/21/anti-defamation-league-condemns-treatment-of-hannah-arendts-grave/, accessed 5 June 2020.

203. Hannah Arendt to Karl Jaspers, 6 August 1955, *C*, p. 264.

204. Hans Jonas cited in Richard H. King, *Arendt and America*

(Chicago: University of Chicago Press, 2015), p. 1. 205. Caute, *Isaac and Isaiah*, p. 16.

206. Berlin to Sparrow, 14 March 1964, *B*, p. 190.

207. 我已讨论过阿伦特和伯林持续相关性的一个方面，参见 Kei Hiruta,'A Democratic Consensus?: Isaiah Berlin, Hannah Arendt, and the Anti-totalitarian Family Quarrel', *Think* 17:48 (2018), pp. 25–37。

第7章 结论

1. William James, *Pragmatism: A New Name for Some Old Ways of Thinking* (London: Longmans, Green, and Co., 1907), p. 6.

2. *The Economist*,'Chattering Classes', 19 December 2006, https://www.economist.com/special-report/2006/12/19/chattering-classes, accessed 15 January 2020.

3. 阿伦特所指的这场特殊的"斗争"是与"社会学家"的斗争："多年来我一直在激怒他们。" Hannah Arendt to Karl Jaspers, 21 December 1953, *C*, p. 235.

4. Berlin and Polanowska-Sygulska, *UD*, p. 194.

5. Dana R. Villa, *Public Freedom* (Princeton: Princeton University Press, 2008), p. 333.

6. Raymond Aron cited in Tony Judt, *The Burden of Responsibility: Blum, Camus, Aron, and the French Twentieth Century* (Chicago: University of Chicago Press, 1998), p. 171.

7. Arendt cited in Alfred Kazin, *New York Jew* (Syracuse, NY: Syracuse University Press, 1996), p. 218.

8. Norman Stone, *The Atlantic and Its Enemies: A History of the Cold War* (London: Allen Lane, 2010), p. 236.

9. Johnny Lyons, *The Philosophy of Isaiah Berlin* (London: Bloomsbury Academic, 2020), p. vii.

10. Malachi Haim Hacohen, 'Berlin and Popper between Nation and Empire: Diaspora, Cosmopolitanism and Jewish Life', *Jewish Historical Studies* 44 (2012), pp. 51–74, at p. 74.

11. Isaiah Berlin, 'The Origins of Israel', *POI*₂, pp. 173–96, at p. 196.

12. Isaiah Berlin to Mendel Berlin, autumn 1935, IBVL, 'Supplementary Letters 1928–1946', p. 28, http://berlin.wolf.ox.ac.uk/published_works/f/l1supp.pdf, accessed 15 January 2020.

13. 这里我借鉴了Timothy Garton Ash对目击者和历史学家的区分。Timothy Garton Ash, *We the People: The Revolution of '89* (Cambridge: Granta Books, 1990), pp. 11–24.

14. Johann Wolfgang von Goethe, *Faust Part One*, trans. David Luke (Oxford: Oxford University Press, 1987), p. 61.

15. Jacob Howland, *Kierkegaard and Socrates: A Study in Philosophy and Faith* (Cambridge: Cambridge University Press, 2006), p. 26.

16. 那些对此种非本真性感到内疚的人应该接受Howland优雅地提出的苏格拉底格言的变体（ibid., p. 26）："一个如此不热爱哲学以至于他的行为不忠实于他的最佳理解的人不配称为'哲学家'。"

17. 正如我在导言中所写的，今天在以英语为母语的学术界有一种奇怪的学科惯例，根据这种惯例，政治理论家不应该处理"深奥的形而上学问题"，如"人的条件"（David Miller and Richard Dagger, 'Utilitarianism and Beyond: Contemporary Analytical Political Theory', in Terence Ball and Richard Bellamy (eds), *The Cambridge History of Twentieth-Century Political Thought* (Cambridge: Cambridge University Press, 2006), pp. 446–69, at pp. 446–47）。这一惯例在许多方面都很奇怪，但在本书前面暴露出来的一个"奇怪"之处是，上世纪两位最伟大的政治理论家阿伦特和伯林都认为"人的条件"不是一个"深奥的形而上学问题"。对伯林来说，这是一个半经验半

思辨的问题，任何有思想的人都不能不时常思考这个问题。对阿伦特来说，研究人的条件"无非是想一想我们在做什么"（*HC, p. 5*）。目前还不清楚晚近的英语学者是如何做出这一令人质疑的假设的，即"人的条件"是一个"深奥的形而上学问题"，不属于政治理论的范畴。

18. 对当代政治理论的这些反对意见的最简洁的陈述是 Raymond Geuss, *Philosophy and Real Politics* (Princeton: Princeton University Press, 2008)。

19. Plato, *The Republic*, ed. G.R.F. Ferrari, trans. Tom Griffith (Cambridge: Cambridge University Press, 2000), p. 205. 中译文参考了顾寿观先生的《理想国》译本，见顾译《理想国》，岳麓书社，2010年，第296页。

索 引

（此部分所标页码即本书边码）

Abel, Lionel（莱昂内尔·阿贝尔），40, 227n194

Acton, 1st Baron (Lord Acton)（阿克顿勋爵），62

Adams, John（约翰·亚当斯），67

Adenauer, Konrad（康拉德·阿登纳），34, 225n150

Adorno, Theodor W.（西奥多·阿多诺），24, 29, 47, 103, 242n99

Aeschylus（埃斯库罗斯），82

Aesop's Fables（伊索寓言），54, 58

Ahabath Israel. See under love（对以色列的爱，*See under* love）

Aharony, Michal, 98

Aid and Rescue Committee (Hungary)（援助与营救委员会, 匈牙利），124

Akhmatova, Anna（安娜·阿赫马托娃），12, 63, 142

Allen, Jonathan（乔纳森·艾伦），114–15

Almond, Gabriel（加布里埃尔·阿尔蒙德），67

amor mundi. See under love（爱世界，*See under* love）

analytic-Continental divide（"分析-大陆"鸿沟），32, 224n141

Anti-Defamation League（反诽谤联盟），40

Antisemitism（反犹主义），3, 10, 11, 20, 36, 90, 121, 155, 171, 200

Antisthenes（安提西尼），83

索 引 [449]

Arato, Andrew（安德鲁·阿拉托），179

Arendt, Hannah（汉娜·阿伦特）; See also camps ; love

　　被捕，3, 10, 14, 136, 140, 249n57

　　对她的傲慢的指控，2, 9, 40, 42, 126, 130, 132, 144, 152, 154–55, 199 (see also arrogance)

　　论以赛亚·伯林，2–3, 30–31, 41, 65, 156, 215nn13–14

　　作为伯林的"眼中钉"，2, 6, 9, 21, 32, 46, 141, 160, 217n4

　　论英国哲学，2, 31–32, 178

　　委员会制度，179, 188–91, 203, 260n98

　　她的死，2, 11, 45, 46, 196–97

　　自由理论，49–50, 52, 64–80, 84–86, 181（另见 freedom）

　　与德国哲学，2, 25–27, 31–32, 224n142

　　与海德格尔，10, 26–27, 65–66, 73–77, 200, 223n116, 232n86, 235nn147–48 (see also Heidegger, Martin)

　　论霍布斯，2, 31–32, 177, 178, 260n91 (see also Hobbes, Thomas)

　　论人的条件，49, 50, 72–78, 80, 84–86, 234n125, 234n131, 266n17

　　论匈牙利革命，68, 179, 185, 188–92, 193, 201, 203 (see also under revolution)

　　论意识形态，89–91, 238n16 (see also ideology)

　　论帝国主义，96, 173–77, 258n59, 259n65 (see also imperialism)

　　关于"政治导论"的讲座（1963），30

　　与犹太军队，15, 18, 150, 151

　　关于"犹太当权派"，3, 39, 155–56 life of, 9–11

　　论"流氓"(the mob)，95, 174–75, 177

　　论出生性，50, 72–75, 78, 79, 80; 与有死性，73–74

　　论不参与，148–50

　　论牛津哲学，30–31, 200

　　与现象学，10, 26, 76, 77, 85

　　与多元论，78–80 (see also pluralism)

　　论复数性，50, 67, 75–77, 78, 79, 80, 103, 179, 235n151,

236n165
论抵抗, 147–50
自我憎恨的指控, 42, 126, 152, 158–59, 228n211
论"六八一代"(sixty-eighters), 182–85, 201
"斯大林主义回顾"研讨会 (1972), 105–6
作为一个幸存者, 137–38, 140, 141
论极权主义, 5, 17, 87–106, 117, 121, 122–23, 148, 160, 173–77, 180–81, 203, 239n30, 240n53 (see also totalitarianism)
论积极生活 vita activa 与沉思生活 vita contemplativa, 79–80
论犹太复国主义, 9, 10, 14–16, 17–21, 136, 141, 143–44, 150–51, 159, 192, 200, 256n192 (see also Zionism)

Arendt, Hannah, works of (汉娜·阿伦特著作):
Between Past and Future (《过去与未来之间》), 11, 49, 227n194
'The Concentration Camps' ("集中营"), 17
'The Concept of Love in Augustine' ("奥古斯丁爱的概念"), 10, 64
'Days of Change' (改变之日), 150
Denktagebuch (《思想日记》), 65, 199, 216n15, 224n139, 232n86
Eichmann in Jerusalem (《艾希曼在耶路撒冷》), 2, 5, 9, 11, 32–33, 37–42, 87, 98, 100, 123, 125–60, 197, 227n194, 241nn80 and 91, 274n12, 248n23, 248n27, 252n98, 254n151
'Exchange' with Gershom Scholem (1963/64) ("与肖勒姆对话"), 41, 42, 126, 135, 156–57, 248n27 (see also under Berlin, Isaiah)
'Freedom and Politics' ("自由与政治"), 48, 229n1
'"The Freedom to Be Free"' ("通向解放的自由"), 51, 229n13
'Freiheit und Politik' ("自由

索引 [451]

与政治"）, 48, 64, 229n1

'Heidegger at Eighty'（"海德格尔八十岁"）, 26–27, 223n116

The Human Condition（《人的条件》）, 2, 9, 11, 22–25, 26, 29, 40, 46, 49, 73, 85, 87, 150, 235n148, 238n4, 239n45, 240n46, 253n133

'Ideology and Terror'（"意识形态与恐怖"）, 93, 238n10

'The Jew as Pariah'（"作为贱民的犹太人"）, 254n163

The Life of the Mind（《精神生活》）, 30, 79

On Revolution（《论革命》）, 2, 11, 41, 43, 44, 49, 51, 263n166

The Origins of Totalitarianism（《极权主义的起源》）, 1, 3, 9, 11, 18, 22, 32, 37, 38, 41, 46, 49, 65, 87, 91, 93, 98, 99, 100, 102–5, 109, 117, 146–47, 174–76, 202, 239n45, 252n112

Rahel Varnhagen（《拉赫尔·瓦尔哈根》）, 2, 254n163

'To Save the Jewish Homeland'（"拯救犹太人家园"）, 18

'Totalitarian Elements in Marxism'（"马克思主义中的极权主义元素"）, 102–4

'Totalitarian Imperialism'（"极权帝国主义"）, 188–92, 263n151

'We Refugees'（"我们难民"）, 87, 137, 202 (*see also under* Berlin, Isaiah)

'What Is Freedom?'（"自由是什么？"）, 48, 81–82, 161

'"What Remains? Language Remains"'（the 'Gaus interview'）（"还剩下什么？只有语言", 高斯访谈）, 140, 141, 249n57, 251n91

'Zionism Reconsidered'（"犹太复国主义再思考"）, 18–19, 42

Bacon, Francis（弗朗西斯·培根）, 167

Baeck, Leo（利奥·拜克）, 153, 159, 254n151

Baehr, Peter(彼得·贝尔),90, 98, 239n25

Balfour Declaration(鲍尔弗宣言),20

Bard College(巴德学院),65, 232n86;

Bard College Cemetery(巴德学院公墓),196, 197

Battle of Chaeronea(喀罗尼亚战役),83

Bauer, Yehuda(耶胡达·鲍尔),38, 252n110

Bauman, Zygmunt(齐格蒙特·鲍曼),108

Beauvoir, Simone de(西蒙娜·德·波伏娃),142

Behrman, Samuel Nathan(塞缪尔·内森·贝尔曼),152

Belinsky, Vissarion(维萨里昂·别林斯基),126

Bell, Daniel(丹尼尔·贝尔),17, 40

Bem, József(约瑟夫·贝姆),186

Ben-Gurion, David(大卫·本-古里安),35, 36, 38, 138

Benhabib, Seyla(塞拉·本哈比),23, 76

Benjamin, Walter(瓦尔特·本雅明),10, 137

Bentham, Jeremy(杰里米·边沁),53, 61, 114, 115, 167

Berkeley, George(乔治·贝克莱),28, 167

Berlin, Aline(艾琳·伯林),35, 197

Berlin, Isaiah(以赛亚·伯林)
  论阿伦特,1–2, 6, 9, 15, 17–25, 29–30, 32–33, 39, 40–47, 85, 87, 126, 129–60, 161–63, 215n7, 217n27 (chap. 1), 217n4 (chap. 2), 218nn23–24, 238n4; 关于《艾希曼在耶路撒冷》,2, 9, 32–33, 39, 40–42, 87, 126, 129–60, 227n194; 关于《人的条件》,2, 9, 22–24, 25, 29, 87, 238n4; 关于《论革命》,2, 41; 论《极权主义的起源》,9, 41, 87; 关于"我们难民",87
  "阿伦特–肖勒姆对话",41–42, 125–26, 135, 138, 145, 156–57 (see also under Arendt, Hannah, works of)
  论大英帝国,166–67, 169–

索引 [453]

73, 177

与英国帝国主义, 12, 27–31, 164, 167–68, 172 (see also *empiricism*)

与英国唯心论, 28–29, 167–68 (see also *idealism*)

作为英国公务员, 3, 12, 13–14, 16, 22, 87, 139–40, 141, 201, 250n75

死, 6, 13, 46, 197

论艾希曼, 35–36, 155 (see also Eichmann, Adolf)

论英国（以及不列颠）, 162–69, 172, 173, 177, 178, 179, 180, 184, 203, 246n191

自由理论, 49–50, 52–64, 84–86, 92 (see also *freedom*)

与纳粹大屠杀, 36, 88, 138–41, 160, 251n83 (see also Holocaust)

论人的条件, 49, 50, 62–64, 80, 84–86, 110, 234n129, 266n17

论匈牙利革命, 185, 192–96, 201 (see also under *revolution*)

论帝国主义, 169–73 (see also *imperialism*)

论康德, 28, 48, 59–60, 61, 82, 116, 165, 168 (see also Kant, Immanuel)

生平, 11–13

"形而上学的", 论存在, 2, 22, 24–25, 28–29, 31, 41, 85, 168, 172

与穆勒, 19–20, 48, 53, 61, 63–64, 78, 82, 165, 167–68, 171, 232n73, 236n157 (see also Mill, John Stuart)

论民族主义, 20, 120–22, 166–67, 168, 170–71, 180, 185, 195–96, 201, 257n26, 265n194 (see also *nationalism*)

与观念的力量, 83, 88, 117–22, 166

论俄国知识分子, 117–19, 246n196

论俄国"国民性", 119, 246n191

论卢梭, 60, 61, 82, 103, 114, 116, 161, 166, 231n51 (see also Rousseau, Jean-Jacques)

论"六八一代", 182–85, 195, 201

与苏伊士运河危机, 193–94

(see also the Suez Crisis)
论极权主义 5, 60, 61, 87–89, 92–93, 106–23, 152, 160, 166, 168, 180, 203, 231n53, 252n107 (see also totalitarianism)
与犹太复国主义, 13, 14–16, 17, 19–21, 150–51, 159, 170, 196, 200, 221n73, 256n192 (see also Zionism)

Berlin, Isaiah, works of（以赛亚·伯林著作）
'Benjamin Disraeli, Karl Marx and the Search for Identity'（《本杰明·迪斯累利、马克思和对身份的寻求》）, 172, 175, 258n52;
'The Birth of Greek Individualism'（"希腊个人主义的诞生"）, 82, 83, 92;
Conversations with Isaiah Berlin (with Ramin Jahanbegloo)（《伯林谈话录》）, 6, 23, 46;
'Does Political Theory Still Exist?'（"政治理论还存在吗？"）, 30, 215n13;
'Epilogue: The Three Strands in My Life'（"后记：我的生活的三条线"）, 163;
Four Essays on Liberty（《自由四论》）, 1, 24, 53, 55, 65, 81, 168;
'Freedom and Its Betrayal'（"自由及其背叛"）, 230n21;
'Generalissimo Stalin and the Art of Government'（"斯大林大元帅和统治的艺术"）, 111, 244n155;
'Introduction' to *Roots of Revolution* (by Franco Venturi)（《革命的根源》导言）, 3;
'Isaiah Berlin in Conversation with Steven Lukes'（"以赛亚·伯林与史蒂文·卢克斯的对谈"）, 129–32, 134, 217n28, 246n200;
'Joseph de Maistre and the Origins of Fascism'（"约瑟夫·德·迈斯特和法西斯主义的起源"）, 244n160;
Karl Marx（《卡尔·马克思》）,

索引 [455]

3, 12, 22, 53, 117, 215n13, 244nn146 and 160;
'Marxist versus Non-Marxist Ideas in Soviet Policy'（"苏联政策中的马克思主义与非马克思主义思想"）, 112;
'Political Ideas in the Romantic Age'（"浪漫主义时代的政治观念"）, 230n21;
'Political Ideas in the Twentieth Century'（"二十世纪的政治观念"）, 24–25;
'The Pursuit of the Ideal'（"理想的追求"）, 107;
'Two Concepts of Liberty'（"两种自由概念"）, 48, 49, 53, 61, 62, 64, 65, 82, 161, 215n44, 230n23, 231n45;
'Why the Soviet Union Chooses to Insulate Itself'（"为什么苏联选择孤立自己"）, 110–11;
'Winston Churchill in 1940'（"温斯顿·丘吉尔在1940"）, 169; 'Zionist Politics in Wartime Washington'（"战时华盛顿的犹太复国主义政治"）, 141

Berlin, Leo (Lev Borisovich)（利奥·伯林）, 264n180
Berlin, Mendel（孟德尔·伯林）, 11, 218n14, 264n180
Berlin Conference (1884–85)（柏林会议）, 173
Bernstein, Richard J.（理查德·伯恩斯坦）, 76, 250n80
Bettelheim, Bruno（布鲁诺·贝特尔海姆）, 106, 242n109
Bibó, István（比波·伊什特万）, 194
Bilsky, Leora（莱奥拉·比尔斯基）, 128, 138
Bismarck, Otto von（奥托·冯·俾斯麦）, 95
Blackstone, William（威廉·布莱克斯通）, 66
Blücher, Heinrich（海因里希·布吕歇）, 10, 188, 196, 197, 217n11
Blumenfeld, Kurt（库尔特·布卢门菲尔德）, 14–16, 21, 219nn35 and 37
Bolshevism（布尔什维克主义,

即多数派主义), 44, 118; Bolsheviks（布尔什维克，即多数派）, 11, 107, 119, 121, 122, 166, 168, 180, 199

Bosanquet, Bernard（伯纳德·鲍桑葵）, 28, 61, 168

Bradley, F. H.（F. H. 布拉德利）, 28–29, 61, 168, 223n122

Brandeis, Louis（路易斯·布兰代斯）, 15

Brown, Norman Oliver（诺曼·奥利弗·布朗）, 1, 2, 46

Brzezinski, Zbigniew K.（兹比格涅夫·布热津斯基）, 117

Bundy, McGeorge（麦乔治·邦迪）, 183

Burke, Edmund（埃德蒙·伯克）, 171

Butler, Joseph, 258n46

Butler, Judith（朱迪斯·巴特勒）, 78, 248n23

Cambridge, philosophy in（剑桥，哲学）, 28, 32

camps（营，集中营，灭绝营）
  阿伦特的分类, 99
  集中营, 17, 93, 96–98, 99–101, 105, 106, 108, 122, 140, 144–47, 148, 152, 173, 214n91, 252nn103 and 112
  灭绝营, 96–98, 100, 140
  强迫劳动, 99, 100, 107, 111, 240n74 (see also Gulag)
  奥斯维辛 Auschwitz, 36, 98, 99, 124;
  贝尔赛克 Bełżec, 98;
  布痕瓦尔德 Buchenwald, 98, 99, 108, 242n109;
  切姆诺 Chełmno, 98;
  科隆布 Colombes, 10; 达豪 Dachau, 98, 99, 242n109;
  居尔 Gurs, 3, 10, 36, 87, 137, 252n100;
  科雷马 Kolyma, 111;
  马伊达内克 Majdanek, 98;
  索比堡 Sobibór, 98;
  特莱西恩施塔特 Theresienstadt, 144, 148, 153;
  特雷布林卡 Treblinka, 98;
  维马拉尔 Villemalard, 217n11
  战俘 POW (Prisoner of War), 34

Camus, Albert（阿尔贝·加缪）, 31

Canovan, Margaret（玛格丽特·卡诺万）, 79, 94, 236n165

Capitalism（资本主义）, 94, 174–

75

Carnap, Rudolf（鲁道夫·卡尔纳普），28

Carneades（卡涅阿德斯），82

Carr, E. H.（E. H. 卡尔），43, 109

Caute, David（大卫·考特），42, 161, 227n196, 246n200, 246n213, 264n180

Césaire, Aimé（艾梅·塞泽尔），171

Cesarani, David（大卫·切萨拉尼），37, 258n53

Cherniss, Joshua L.（约书亚·切尔尼斯），52, 220n51, 231n42

Chernyshevsky, Nikolay（车尔尼雪夫斯基），118

Chrysippus（克吕西普），82

Churchill, Winston（温斯顿·丘吉尔），169

CIA (Central Intelligence Agency)（中情局），16, 186

citizenship（公民身份），66, 68, 80, 82, 91, 148, 185, 200

civil war（内战），40, 94, 179；英国内战，169；作为艾希曼大争论的比喻，11, 32, 40, 42；俄国内战，189

Cohen, Jean（让·科恩），179

Cohn-Bendit, Erich（埃里希·科恩-本迪特），10

Cold War（冷战），61, 116, 122, 162, 193. *See also under* liberalism

Collini, Stefan（斯特凡·科里尼），13

Columbia University（哥伦比亚大学），105, 183–94

Commentary（《评论》杂志），17

Committee for a Jewish Army (CJA)（犹太军队委员会），16, 18

Comte, Auguste（奥古斯特·孔德），24, 109

Condorcet, Marquis de (Nicolas de Condorcet)（孔多塞侯爵），109

Conrad, Joseph（约瑟夫·康拉德），23, 175

Constant, Benjamin（邦雅曼·贡斯当），53, 61, 66, 82

Courage（勇气），67, 113, 150, 182, 184, 200, 202, 252n100

court（法院）
　作为正式机构，260n105
　耶路撒冷地方法院 (*see also* Israel, the state of)；与艾希曼审判，35, 122, 125, 127, 138, 140, 147 (*see also*

under Eichmann, Adolf）；
与卡斯特纳审判, 125, 132
（see also Kastner, Rudolf）
以色列最高法院, 125, 132
（see also Israel, the state of）
美国最高法院, 15, 179

Crates of Thebes（忒拜的克拉底）, 83

Crick, Bernard（伯纳德·克里克）, 2, 80–81, 84, 149, 150, 237n179, 238n16, 240n59

Cromer, 1st Earl of (Evelyn Baring)（克罗默，第一代伯爵，埃弗林·巴林）, 175, 176–77

Crowder, George（乔治·克劳德）, 107, 244n165

Czerniaków, Adam（亚当·切尔尼亚科夫）, 143

Dagger, Richard（理查德·达格尔）, 5

Dahl, Robert A.（罗伯特·达尔）, 67

Deighton, Anne（安妮·戴顿）, 139

Deontology（义务论）, 145, 252n107

Derrida, Jacques（雅克·德里达）, 27

Deutscher, Isaac（艾萨克·多伊彻）, 161–62

Dilthey, Wilhelm（威廉·狄尔泰）, 26

Diogenes（第欧根尼）, 81–82, 83

Disraeli, Benjamin（本杰明·迪斯累利）, 172–73, 175–76, 258n53, 259n75

Domination（支配）, 3, 5, 67, 71, 88, 97, 160, 163, 173, 176, 177, 187, 188；全面支配, 97–101, 105, 144–46, 148, 174, 252n100

Dreyfus, Alfred（阿尔弗雷德·德雷福斯）, 125;

Dreyfus Affair（德雷福斯事件）, 158

Dubnov, Arie M.（阿里米·杜布诺夫）, 41, 227n196, 250n75

Dudás, József（杜达什·约瑟夫）, 199, 263n171. See also National Revolutionary Council

Eckstein, Ze'ev（泽伊夫·埃克斯坦）, 131

Eden, Anthony（安东尼·艾登）, 193, 250n74

Eden, Clarissa（克拉丽莎·艾登）, 193

Egypt（埃及），175, 187, 193, 237n182

Eichmann, Adolf（阿道夫·艾希曼），11, 32–43, 122–23, 124–60, 203；抓捕，21, 34–35, 36, 122；"正常"，126–27, 155；作为"一个小齿轮"，33, 127；"不思考"，11, 39, 154；审判，11, 32–37, 122–23, 124–60, 200, 225n146, 248n27 (*see also under* court). See also under Berlin, Isaiah

Eisenhower, Dwight D.（德怀特·艾森豪威尔），187, 194, 195

Eliot, T. S.（T. S. 艾略特），107

empiricism（经验主义），2, 12, 24, 27–32, 85, 167–68, 172, 234n129. *See also under* Berlin, Isaiah

Encounter（《文汇》杂志），41, 42, 126, 156

Epictetus（爱比克泰德）. *See under* freedom

Epicurus（伊壁鸠鲁），81, 82；

Epicureanism（伊壁鸠鲁主义），82, 83–84

Ettinger, Elżbieta（阿丽斯贝塔·爱丁格），9, 217n2

Eubulides（欧布里德），93

Evening Standard（《标准晚报》），169

Evil, 'banality' of（"平庸的恶"），39, 126, 154, 177, 226n185

Faber & Faber（费伯出版公司），22–24, 99, 209

Fainsod, Merle（默尔·芬索德），43, 104

Fanon, Frantz（弗兰茨·法农），171

Fascism（法西斯主义），91, 92, 112, 122, 167, 168, 239n27

Federalist Papers（《联邦党人文集》），201

Ferro, Marc（马克·费罗），43

Fest, Joachim（约阿希姆·费斯特），152

Fichte, Johann Gottlieb（约翰·戈特利布·费希特），61, 120, 121, 171

'Final Solution'（"最终解决方案"），33, 100, 106–7, 114–15, 116, 127, 148, 153–54, 241n80. *See also* Holocaust

Forster, E. M.（E. M. 福斯特），221n72

Foster, John Galway（约翰·戈尔韦·福斯特），139

Franco, Francisco（弗朗西斯科·佛朗哥）, 92
Freeden, Michael（迈克尔·弗里登）, 63
freedom（自由）. *See also under* Arendt, Hannah; Berlin, Isaiah
　古代人的自由, 82
　亚里士多德与自由, 81 (*see also* Aristotle)
　古希腊的自由, 82-84
　爱比克泰德论自由, 82, 237n186
　存在主义的自由, 133
　作为自由意志, 48
　海德格尔论自由, 65-66 (*see also* Heidegger, Martin)
　自由与希腊化, 82-84 (*see also* Hellenism)
　"自由之岛", 161, 163, 165, 173, 185, 191, 196, 256n9
　liberty and freedom, 50-51, 229n13
　穆勒论自由, 63-64, 78, 82, 165, 232n73 (*see also* Mill, John Stuart)
　现代人的自由, 66, 82
　消极自由, 48, 49-50, 51, 52, 53-64, 68, 69, 72, 80-84, 85, 92, 118, 164, 165, 168, 203, 230n39, 231nn42, 45 and 73；阿伦特与消极自由, 51, 65-66, 72, 181；消极自由及其条件, 54-55；消极自由与新共和主义自由, 71-72；消极自由与政治自由, 50, 68, 69, 71-72, 80-84, 181
　新共和主义自由：其与消极自由, 71-72；其与政治自由, 50, 70-72
　政治自由, 48, 50, 64, 66-84, 178, 181, 185, 188-92, 201, 203, 233n92, 234n125；政治自由与消极自由, 50, 68, 69, 71-72, 80-84, 181；政治自由与新共和主义自由, 50, 70-72；政治自由与积极自由, 50, 69-70；政治自由与自我展示, 70, 77-78, 80；政治自由与自我实现, 68, 69-70, 72, 77-78, 80, 182
　来自政治的自由, 72, 84, 181
　积极自由, 49-50, 53, 58-64, 65-66, 82, 92, 106, 113, 115-16, 122, 168, 181, 231nn45 and 53；积极自由与真实

自我的神话, 59–60, 116;
积极自由与政治自由, 50,
69–70
自由与主权, 69, 233n107
极权主义下的自由, 97, 144–
52, 160 (see also totalitarianism)
Freiburg（弗赖堡）, 32
Freud, Sigmund（西格蒙德·弗洛伊德）, 109, 158
Friedrich, Carl J.（卡尔·弗里德里希）, 117
Fromm, Erich（埃里希·弗洛姆）, 24, 158
Fryer, Peter（彼得·弗莱尔）, 189

Gati, Charles（加蒂·查尔斯）, 189, 194, 262n142
Gaus, Günter（君特·高斯）, 140, 141, 249n57, 251n91
gender（性别）, 25, 251n91; 与艾希曼大争论, 141–42, 251n88
Gentile, Emilio, 239n27
Gerő, Ernő（格罗·艾尔诺）, 186, 187
Gladstone, William Ewart（威廉·埃瓦特·格莱斯顿）, 175
Glazer, Nathan（内森·格雷泽）, 17
Gobineau, Arthur de（阿瑟·德·戈比瑙）, 176
Goldmann, Nahum（纳胡姆·戈德曼）, 40
Gomułka, Władysław（瓦迪斯瓦夫·哥穆尔卡）, 186
Gordon, Peter E.（彼得·戈登）, 74
Gray, John（约翰·格雷）, 46, 232n64, 247n15
Great War（大战）. See World War I
Green, Thomas Hill（托马斯·希尔·格林）, 28, 61, 167–68
Grünwald, Malkiel（马尔基尔·格伦沃尔德）, 124–25, 131
Gulag（古拉格）, 99, 100–101, 240n74. See also camps
Gurian, Waldemar（瓦尔德马·古里安）, 14

Ha'aretz（《国土报》）, 141, 250n82
Hacohen, Malachi Haim, 246n191
Halevi, Benjamin（便雅悯·哈勒维）, 38, 125, 132
Hamann, Johann Georg（约翰·格奥尔格·哈曼）, 29

Hampshire, Stuart（斯图尔特·汉普希尔）, 12, 87

Handlin, Oscar（奥斯卡·汉德林）, 17

Hardy, Henry（亨利·哈代）, 6, 22, 108–9, 220n53, 244n160

Hart, H.L.A.（H.L.A.哈特）, 30, 51, 193

Harvard University（哈佛大学）, 1, 13, 16, 43–45, 104, 218n23, 219n48, 225n228

Hausner, Gideon（吉迪翁·豪斯纳）, 40, 125, 128

Hayek, Friedrich A.（弗里德里希·哈耶克）, 47, 55, 109

Hayes, Peter（彼得·海耶斯）, 101, 139

Hegel, G.W.F.（黑格尔）, 28, 50, 60, 61, 69, 96, 103, 114, 116, 121, 166, 168

Heidegger, Martin（马丁·海德格尔）, 9, 10, 24, 25–31, 168, 200, 223n116, 235n148；阿伦特对他的借用, 26, 73–77, 235n147 (*see also under* Arendt, Hannah)；《存在与时间》, 76；海氏论自由, 65–66；《论真理的本质》, 65, 232n86, 233n87

Heine, Heinrich（海因里希·海涅）, 119–20, 166

Hellenism（希腊化）, 82–84, 201, 237n182. *See also under* freedom

Heller, Agnes（海勒·艾格尼丝）, 191, 264n174

Helvétius, Claude-Adrien（爱尔维修）, 109

Herder, Johann Gottfried（约翰·戈特弗里德·赫尔德）, 167, 171

Herodotus（希罗多德）, 82

Herzen, Alexander（亚历山大·赫尔岑）, 118

Herzl, Theodor（西奥多·赫茨尔）, 157

Heydrich, Reinhard（赖因哈德·海德里希）, 153

Hilberg, Raul（劳尔·希尔伯格）, 38, 241n91, 251n88

Himmler, Heinrich（海因里希·希姆莱）, 37, 127

Hirschmann, Nancy（南希·赫希曼）, 142

Hiruta, Kei（蛭田圭）, 236n166, 242n102, 256n8, 260n91, 265n207

Hitler, Adolf（阿道夫·希特勒）, 15, 35, 60, 89, 91, 92, 95, 116, 121, 140, 154, 181, 231n51

Hobbes, Thomas（托马斯·霍布斯）, 2, 31–32, 40, 48, 53, 61,

索　引　[463]

167, 177, 178, 260n91. See also under Arendt, Hannah

Hobhouse, L. T.（霍布豪斯），165

Hobson, J. A.（J. A. 霍布森），171, 174, 259n66. See also under imperialism

Hollis, Martin（马丁·霍利斯），49

Holmes, Jennifer（詹妮弗·霍姆斯），6, 22

Holocaust（大屠杀），2, 33, 36, 38–39, 88, 97–98, 100–101, 124–60, 251n83, 251n97. See also 'Final Solution'; under Berlin, Isaiah

Honig, Bonnie（邦尼·霍尼格），70

Hook, Sidney（西德尼·胡克），17

Horkheimer, Max（马克斯·霍克海默），47, 103, 242n99

Houwink ten Cate, Lotte（洛特·豪温克·滕卡特），41

Hume, David（大卫·休谟），28, 110, 167

Hurwitz, Henry（亨利·赫维茨），87

Hussein, Saddam（萨达姆·侯赛因），1

Husserl, Edmund（埃德蒙·胡塞尔），10, 24, 25–26, 27, 28

idealism (philosophy)（唯心主义，哲学），120；英国的，28–29, 167–68 (see also under Berlin, Isaiah)

ideology（意识形态），19, 20, 44, 89, 94, 95, 97, 101, 104, 122, 141, 176. See also under Arendt, Hannah

Ignatieff, Michael（迈克尔·伊格纳季耶夫，中文名叶礼庭），6, 164, 218n24, 249n50

Ihud, 18

imperialism（帝国主义）：英国的，163, 168–77, 203, 258n59；欧洲的，170, 173, 174, 177；德国的，177, 258n59；霍布森论帝国主义，174, 259n66；列宁论帝国主义，174–75, 259nn65-66；卢森堡论帝国主义，259n65；马克思论帝国主义，171；马克思的帝国主义理论，174–75；帝国怀乡病，169；帝国的错误，171, 258n49. See also under Arendt, Hannah; Berlin, Isaiah; totalitarianism

India（印度），171, 175

individualism（个人主义）, 55, 61, 78, 83, 84, 178, 200, 201

individuality（个性）, 63, 70, 75, 78, 80, 84, 97

Israel, the State of（以色列国）, 2, 11, 17, 19, 21, 34-36, 41, 122-23, 124-25, 130-31, 137-38, 141, 156, 168, 187, 193, 196, 221n73, 225n146, 235n148; 建国, 18, 19, 201. *See also under* court

Jabotinsky, Vladimir（弗拉基米尔·亚博京斯基）, 16

Jahanbegloo, Ramin（拉明·贾汉贝格鲁）, 6, 23, 46

James, William（威廉·詹姆斯）, 199, 224n139

Jaspers, Karl（卡尔·雅斯贝尔斯）, 10, 24, 25, 29, 31, 35, 37, 43, 45, 77, 154, 184, 185, 188, 197, 200, 233n107, 243n119

Jewish Cultural Reconstruction, Inc.（犹太文化重建公司）, 11

Johnson, Lyndon B.（林登·约翰逊）, 183

Jonas, Hans（汉斯·约纳斯）, 14, 222n108

Kádár, János（卡达尔·亚诺什）, 187

Kant, Immanuel（伊曼纽尔·康德）, 26, 27, 28, 48, 50, 59, 60, 61, 69, 77, 82, 116, 120, 151, 165, 168;《判断力批判》, 77

Kastner, Rudolf（鲁道夫·卡斯特纳）, 38, 124-25, 131, 132, 143, 145, 247n2; 'Kastner train'（"卡斯特纳列车"）, 124, 247n4. *See also under* court

Kazin, Alfred（阿尔弗雷德·卡津）, 17, 40

Kennan, George（乔治·凯南）, 43-44

Kennedy, John F.（约翰·肯尼迪）, 16, 183

Keren Hayesod（基础基金会）, 14, 15, 219n35, 219n36

Khrushchev, Nikita（尼基塔·赫鲁晓夫）, 105, 187, 189-90, 195

Kierkegaard, Søren（索伦·克尔凯郭尔）, 26, 31, 61

Kipling, Joseph Rudyard（约瑟夫·鲁德亚德·吉卜林）, 175

Koestler, Arthur（阿瑟·科斯勒）, 99, 242n109, 256n192

Kogon, Eugen（欧根·高更）,

98, 242n109

Kravchinsky, Sergey（谢尔盖·克拉夫钦斯基）, 118

Kristallnacht（水晶之夜）, 91

Lawrence, T. E.（T. E. 劳伦斯）, 175–77;

Lawrence of Arabia (film)（《阿拉伯的劳伦斯》，电影）, 177

Lazare, Bernard（伯纳德·拉扎尔）, 143, 157–58, 255n180

Lederman, Shmuel（什穆埃尔·莱德曼）, 144

Le Mercier de La Rivière, Pierre-Paul（皮埃尔-保罗·勒·梅塞尔·德拉里维埃尔）, 109

Lenin, Vladimir Ilyich（弗拉基米尔·伊里奇·列宁）, 44, 60, 82, 92, 104, 107, 112, 113, 116, 118–19, 171, 174–75, 195, 244n165, 259n65–66. *See also under* imperialism

Levi, Primo（普里莫·莱维）, 98

Levinas, Emmanuel（伊曼纽尔·列维纳斯）, 25

liberalism（自由主义）, 19–20, 55, 61, 72, 78–79, 89, 110, 163, 165, 171, 178, 183–84, 201; Cold War, 16, 103, 104, 178, 194, 242n99, 260n91; and Libertarianism（自由至上主义）, 55

Lipsky, Louis（路易·利普斯基）, 15

Lipstadt, Deborah E.（黛博拉·利普施塔特）, 125

Locke, John（约翰·洛克）, 28, 31, 167, 171

Loidolt, Sophie（索菲·洛伊多尔特）, 25, 234nn128 and 131, 235n151

Love（爱）：父爱与母爱, 158; 对犹太民族的爱 (*Ahabath Israel*), 42, 156–58; 爱国主义的爱, 157–58; 对政治的爱, 82 (*see also* polis, Greek); 对世界的爱 (*amor mundi*), 157, 197

Lukes, Steven（史蒂文·卢克斯）, 129–31, 132, 134, 246n200. *See also under* Berlin, Isaiah, works of

Luther, Martin（马丁·路德）, 103

Luxemburg, Rosa（罗莎·卢森堡）, 171, 189, 259n65. *See also under* imperialism

Macdonald, Dwight（德怀特·麦克唐纳），17, 40

Maier, Joseph（约瑟夫·迈尔），18

Maistre, Joseph de（约瑟夫·德·迈斯特），112–13, 171, 244n160

Makiya, Kanan (pseud. Samir al-Khalil)（卡南·马基亚，化名：萨米尔·哈利勒），46; *Republic of Fear*（《恐惧共和国》），1, 46, 229n238

Mandelstam, Nadezhda（纳杰日达·曼德尔斯塔姆），105, 149; *Hope against Hope*（《希望对抗希望》），105

Mander, John（约翰·曼德），41

Mantena, Karuna（卡鲁纳·曼特纳），173

Mao Zedong（毛泽东），92, 107

Marburg（马堡），10, 26, 32

Marx, Karl（卡尔·马克思），12, 22, 50, 53, 60, 61, 65, 69, 103–4, 109, 113, 114–15, 116, 166, 168, 171, 195, 224n160, 265n194. *See also under* imperialism

Mazzini, Giuseppe（朱塞佩·马志尼），171

McCarthy, Mary（玛丽·麦卡锡），2, 17, 40, 41, 142, 227n206

McTaggart, John M. E.（约翰·M. E.麦克塔格特），28–29

Medvedev, Roy A.（罗伊·A.梅德韦杰夫），105

Menorah Journal（《烛台杂志》），87

Merleau-Ponty, Maurice（莫里斯·梅洛-庞蒂），24, 25

Mill, John Stuart（约翰·斯图亚特·穆勒），20, 24, 31, 48, 53, 61, 63–64, 78, 165, 167–68, 171, 232n73, 236n157; *On Liberty*（《论自由》），63, 82, 165. *See also under* Berlin, Isaiah; freedom

Miller, David（大卫·米勒），5

modesty（谦虚），153–55, 156, 159, 254n163

monism（一元论），78–79, 81, 84, 104, 106, 113–15, 116, 122, 236n170

Montesquieu, Charles-Louis de Secondat（孟德斯鸠），48, 66

Moore, G. E.（G. E.摩尔），2, 28–29, 30, 167, 168

moral dilemma（道德困境），38, 126, 129–37, 145–46, 151–52. *See also under* pluralism

Morgenthau, Hans（汉斯·摩根索），40

Moses, Siegfried（齐格弗里德·摩西），40

Mossad（摩萨德），34–35

Müller, Heinrich（海因里希·米勒），153

Müller, Jan-Werner（扬-维尔纳·米勒），165

Munich Agreement（慕尼黑协定），12, 91, 193

Murdoch, Iris（艾里斯·默多克），29, 142

Mussolini, Benito（墨索里尼，贝尼托），91, 116

Nagy, Imre（纳吉·伊姆雷），187, 189, 190, 191, 263n171

Napoleon Bonaparte（拿破仑·波拿巴），120, 166

National Revolutionary Council (Hungary)（国民革命委员会，匈牙利），191, 263n171. See also Dudás, József

National Socialism（国家社会主义）. See Nazism（纳粹）

nationalism（民族主义）：英国的，166–67；German, 120–22, 166–67, 201 (see also under Nazism) ; and the Hungarian Revolution, 185, 192, 195–96；犹太人的，15, 18, 192 (see also Zionism) ；俄国的，43–44. See also under Berlin, Isaiah

Naville, Pierre（皮埃尔·纳维尔），249n49

Nazism（纳粹），5, 33, 37, 47, 65, 86, 87–109, 121–22, 132, 165, 166, 174, 176, 180, 200, 201, 235n147；与德国民族主义，95, 121–22, 166, 201；与斯大林主义，5, 47, 86, 87, 89, 91, 92, 97, 102, 165；与乌托邦主义，107–9 (see also utopianism)

Neoliberalism（新自由主义），55. See also liberalism

Neurath, Otto（奥托·纽赖特），28

New Yorker（《纽约客》），37, 39, 132, 155, 159, 225n169

Niebuhr, Reinhold（赖因霍尔德·尼布尔），15

Nietzsche, Friedrich（弗里德里希·尼采），26, 31, 96, 121, 168

Nuremberg Laws（《纽伦堡法案》），91

Nuremberg trials（纽伦堡审判），33

Oakeshott, Michael（迈克尔·奥

克肖特），47

Owens, Patricia（帕特里夏·欧文斯），176, 260n92

Oxford（牛津），11–13, 21, 22, 23, 28, 29, 32, 43, 46, 48, 87, 133, 139, 142, 165, 183, 193, 194–95, 197–98, 202, 218n17; All Souls College（万灵学院），12, 42, 197, 228n218; Bodleian Library（博德利图书馆），139; Corpus Christi College（基督圣体学院），11, 197; New College（新学院），11, 218n17; 牛津哲学, 12, 28, 30–31, 168, 200; Wolfson College（沃尔夫森学院），13, 197; Wolvercote Cemetery（沃尔弗科特公墓），197

Palestine（巴勒斯坦），10, 11, 14, 18, 20, 38, 140, 196

Parekh, Bhikhu（比库·帕雷克），23, 221n81

Partisan Review（《党派评论》），40, 142, 227n194

Pasternak, Boris（鲍里斯·帕斯捷尔纳克），12, 63

paternalism（家长主义），106, 109, 110–13, 114, 116, 122

patriotism（爱国主义）. See under love

Peirce, Charles Sanders（查尔斯·桑德斯·皮尔斯），224n139

Pełczyński, Zbigniew（兹比格涅夫·佩琴斯基），46

Penslar, Derek J.（德里克·彭斯拉），15

Petőfi, Sándor（裴多菲），186, 192

Petrograd (St Petersburg)（彼得格勒，即圣彼得堡），3, 11, 20, 118, 197, 203

Pettit, Philip（菲利普·佩迪特），50, 70, 233n102

Phenomenology（现象学），2, 10, 24, 25–26, 28, 30, 31, 76, 77, 85, 235n151. *See also under* Arendt, Hannah)

Phillips, William（威廉·菲利普斯），31, 40, 142

Pipes, Richard（理查德·派普斯），43–44, 228n218; *Revolutionary Russia*, 43, 44

Pitkin, Hanna F.（汉娜·皮特金），23, 50, 221n81, 235n145

Plato（柏拉图），26, 31, 82, 83, 103, 104, 114, 204; *The Republi*(《理想国》)*c*, 204; *The Sophist*(《智者篇》), 26,

Plekhanov, Georgy V.（格奥尔基·

索 引 [469]

V. 普列汉诺夫), 107, 113
pluralism（多元论）：阿伦特与多元论, 79-80；文化多元论, 171-72；道德多元论, 78-80, 236n157；本体论的多元论, 79；政治多元论, 79；价值多元论, 62-63, 80, 84, 85, 114, 126, 164, 194, 199, 231n61, 236n157, 247n15 (*see also* moral dilemma)

Podhoretz, Norman（诺曼·波德霍雷茨）, 31, 155

Polanowska-Sygulska, Beata（贝阿塔·波兰诺夫斯卡-西古尔斯卡）, 84-85

Poliakov, Léon（莱昂·波利亚科夫）, 38

polis, Greek（希腊城邦）, 81-84, 201, 254n137. See also *under* love

Pol Pot（波尔布特）, 107

Popper, Karl R.（卡尔·波普尔）, 90, 103, 109, 114, 117, 178, 244n145

Pottle, Mark（马克·波特尔）, 6

Pryce-Jones, David（大卫·普莱斯-琼斯）, 194-95, 264n191

Quine, W.V.O.（蒯因）, 30

Quinton, Anthony（昆顿, 安东尼）, 65

Radio Free Europe（自由欧洲电台）, 186, 187

Rand, Ayn（安·兰德）, 79

Rawls, John（约翰·罗尔斯）, 30, 51, 72, 162, 203, 236n157

Raz, Joseph（约瑟夫·拉兹）, 165

Reichstag Fire (27 February 1933)（国会大厦纵火案）, 10

Ritchie, David G.（大卫·里奇）, 50

revolution, in philosophy（哲学革命）, 25-32

revolution (revolutionary upheavals), political（政治革命，革命性反叛）, 94, 107, 113, 116, 118, 120, 166, 189, 200

　　美国革命（1775-83）, 68, 178, 179, 190, 263n166

　　法国革命（1789）, 112, 120, 190, 263n166

　　法国革命（1848）, 179

　　法国革命（1870-71）, 179

　　德国革命（1918-19）, 179

　　匈牙利事件（1956）, 68, 151,

162, 179, 185–96, 201, 203, 262n142, 264nn174 and 191（see also under Arendt, Hannah；Berlin, Isaiah；nationalism）；匈牙利学生提出"十六点", 187, 190, 192, 262n144, 263n164–65, 264n175

俄国革命（1905）, 179, 218n14

俄国革命（1917）, 3, 11, 20, 43–44, 179, 187, 199；

关于俄国革命的研讨会1967, 43–45, 228n225

革命精神, 178–80, 181, 182, 184, 191, 192, 201

Rhodes, Cecil John（塞西尔·约翰·罗斯）, 175, 176, 177

Riesman, David（大卫·里斯曼）, 24

Riga（里加）, 11, 20, 88, 138, 149, 197, 218n14

Ring, Jennifer（詹妮弗·林）, 142, 251n85

Robespierre, Maximilien（马克西米利安·罗伯斯庇尔）, 116, 120

Robinson, Jacob（雅各布·罗宾逊）, 38, 42

Rosenberg, Alfred（阿尔弗雷德·罗森博格）, 126

Rosenberg, Harold（哈罗德·罗森博格）, 17

Rousseau, Jean-Jacques（让-雅克·卢梭）, 48, 60, 61, 82, 103, 114 116, 118, 120, 161, 166, 231n51, 245n183 (see also under Berlin, Isaiah);《社会契约论》, 60

Rousset, David（大卫·鲁塞）, 98, 242n109

Rothschild, Jacob（雅各布·罗斯柴尔德）, 194–95

Rovere, Richard H.（理查德·H. 罗维里）, 17

Rumkowski, Chaim（哈伊姆·鲁姆考斯基）, 143

Russell, Bertrand（伯特兰·罗素）, 2, 28, 30, 31, 60, 83, 167, 168;《西方哲学史》, 83

Russell, Luke（卢克·拉塞尔）, 39

Said, Edward（爱德华·赛义德）, 221n73

Salazar, António de Oliveira（安东尼奥·德·奥利维拉·萨拉查）, 92

索　引　[471]

Salzburg(萨尔茨堡), 138–39

Sartre, Jean-Paul(让-保罗·萨特), 24, 25, 29, 31, 133–35, 137, 144, 249nn49–50;《存在主义与人道主义》, 133–35, 249n49

Sassen, Willem(威廉·萨森), 34, 247n3

Schapiro, Leonard(莱昂纳德·夏皮罗), 43

Schlesinger, Arthur, Jr.(阿瑟·小施莱辛格), 1, 16–17, 45, 193, 220nn51 and 53

Schlick, Moritz(莫里茨·石里克), 28

Schocken, Salman(萨尔曼·肖肯), 15, 219n37

Scholem, Gershom(格肖姆·肖勒姆), 40, 41, 42, 126, 135, 137, 138, 142, 145, 153, 156–58, 228n211, 248n27. See also under Arendt, Hannah, works of ; Berlin, Isaiah

scientism(唯科学主义), 106, 109–10, 112, 114, 116, 122

Sebestyen, Victor(维克多·塞巴斯蒂安), 195

Sennett, Richard(理查德·桑内特), 196

Servatius, Robert(罗伯特·塞尔瓦提乌斯), 127

sexism(性别偏见). See gender

Shklar, Judith N.(朱迪斯·施克莱), 149–50, 165, 253n130, 261n111

Shoah(浩劫/大屠杀). See Holocaust

Shorten, Richard(理查德·肖顿), 88

Skinner, Quentin(昆廷·斯金纳), 50, 70

slavery(奴隶制), 65, 66, 78, 100, 241n91

Smolensk Archive(斯摩棱斯克档案), 104

Socrates(苏格拉底), 83, 104, 204

Solzhenitsyn, Aleksandr I.(亚历山大·索尔仁尼琴):《第一圈》, 105;《古拉格群岛》, 99

Sophocles(索福克勒斯), 82

Sparrow, John(约翰·斯派洛), 42, 227n206

Sparta(斯巴达), 82, 92–93

Spender, Stephen(斯蒂芬·斯彭德), 42

Stalin, Joseph(约瑟夫·斯大林), 24, 60, 82, 89, 92, 96, 104, 105–6, 111–12, 186, 188, 192, 195

Stalinism(斯大林主义), 5, 12,

47, 61, 63, 86, 87, 89, 91, 92, 94, 96–97, 99, 100, 102–5, 111–12, 115, 165, 176, 187, 240n74；与纳粹主义, 5, 47, 86, 87, 89, 91, 92, 97, 102, 165

Stangneth, Bettina（贝蒂娜·斯坦尼思）, 225nn146 and 149, 247n12

Stoicism（斯多葛主义）, 59, 82–84；

Stoics, the（斯多葛派）, 48, 54, 58, 60, 61, 69, 82, 83, 149

Stone, Dan, 98

Strauss, Leo（列奥·斯特劳斯）, 47, 222n108

Strawson, P. F.（P. F. 斯特劳森）, 30–31

Streicher, Julius（朱利叶斯·斯特雷切）, 126

Suez Crisis（苏伊士运河危机）, 187, 189, 193, 194. *See also under* Berlin, Isaiah

Suicide（自杀）, 3, 58, 69, 130, 136–37, 146, 184

Tagore, Rabindranath（泰戈尔）, 170

Talmon, Jacob L.（雅各布·L. 塔尔蒙）, 103, 117

Talleyrand, Charles-Maurice de（查尔斯-莫里斯·德·塔列朗）, 19

Taylor, Craig（克雷格·泰勒）, 132, 254n149

Terror（恐怖）, 47, 90, 112, 120, 151, 166, 173, 179, 183, 199；恐怖气氛, 144, 147, 149, 152；大恐怖（苏联）, 92, 111；恐怖分子, 44, 118, 168；全面恐怖（极权主义的）, 90–91, 94, 97, 144–45, 174；白色恐怖, 189. *See also* violence

Tessman, Lisa（丽莎·泰斯曼）, 133, 249n52

Thucydides（修昔底德）, 82 *Times Literary Supplement*（《泰晤士报文学增刊》）, 17, 42, 87

Tocqueville, Alexis de（亚历克西斯·德·托克维尔）, 53, 61, 80, 161, 179

tolerance (toleration)（宽容）, 63, 158, 164, 178, 200；与英国, 164, 168, 177, 178, 184

totalitarianism（极权主义）, 3, 4, 5, 17, 37, 60, 61, 62, 65, 86, 87–123, 148, 152, 160, 162, 163, 165, 166, 168, 180–81, 185, 188, 191, 203, 231n53, 239n27, 239n30, 240n53；定义, 89–93；

索 引 [473]

与帝国主义, 96, 173–77. See also under Arendt, Hannah; Berlin, Isaiah; freedom
total war（总体战）, 47, 165
Treaty of Versailles（《凡尔赛条约》）, 95, 121
Trójgłos o wolności（《自由的三种声音》）, 161, 162, 256n2
Trotsky, Leon（莱昂·托洛茨基）, 24, 107, 166
Trunk, Isaiah（以赛亚·特朗克）, 149
Tyranny（暴政）, 62, 72, 89, 90, 91, 92, 97, 102；多数者的暴政, 179；暴君, 60, 61

Ulam, Adam（亚当·乌拉姆）, 43, 45
United Nations, the（联合国）, 36, 194；《关于匈牙利问题的报告》, 190, 192
uopianism（乌托邦主义）, 103, 106–10, 115, 116, 118, 122, 166, 170, 199. See also under Nazism

Venturi, Franco, 3
Verba, Sidney（西德尼·韦尔巴）, 67
Vico, Giambattista（詹巴蒂斯塔·维科）, 29
Vienna（维也纳）: 犹太人遭到迫害, 33, 108；维也纳的哲学, 28–29, 32
Vietnam War（越南战争）, 183–84
Villa, Dana R.（达纳·维拉）, 76, 80, 253n131
violence（暴力）, 15, 49, 90, 92, 100, 104, 106, 107, 109, 112–13, 118, 148, 173, 185, 186, 189–90, 191, 199, 218n14, 244n165; sexual, 242n104, 244n154. See also terror
Vitoria, Francisco de（弗朗西斯科·德·维多利亚）, 171

Waldron, Jeremy（杰里米·沃尔德伦）, 77, 260n105
Walicki, Andrzej（安杰伊·瓦利基）, 118, 161, 163, 265n194
Wall, Steven（史蒂文·沃尔）, 165
Wannsee Conference（万湖会议）, 125, 153–54
Warsaw（华沙）, 108, 143, 161；犹太区起义, 140, 150
Wasserstein, Bernard（伯纳德·瓦瑟斯坦）, 38, 250n81, 251n83,

252n98

Weber, Max（马克斯·韦伯），247n15

Weizmann, Chaim（哈依姆·魏茨曼），12, 14, 15

Wilhelm II, Kaiser（威廉二世，凯撒），166

Williams, Bernard（伯纳德·威廉斯），32, 151, 254n140

Winham, Ilya（伊利亚·温汉姆），44, 221n78, 228n225, 265n200

Wise, Stephen（斯蒂芬·怀斯），15

Wisliceny, Dieter（迪特尔·维斯里奇尼），33

Wittgenstein, Ludwig（路德维希·维特根斯坦），28

Woolf, Virginia（弗吉尼亚·伍尔夫），142

World War I（第一次世界大战），11, 26, 94–95, 96, 121, 173, 190, 218n14

World War II（第二次世界大战），1, 3, 10, 12, 13, 15, 16, 33, 34, 38, 64, 88, 101, 111, 122, 124–68, 169, 244n154

World War III, prospect of（第三次世界大战，前景），187, 194

Young-Bruehl, Elisabeth（伊丽莎白·扬-布鲁尔），43, 137

Youth Aliyah（青年阿利亚运动），10, 21

Zajdlerowa, Zoë (pseud. Martin Hare)（佐伊·扎伊德勒瓦，又名马丁·黑尔），99, 241n76, 242n109

Zeno of Citium（基提翁的芝诺），92

Zionism（犹太复国主义），9, 10, 13–16, 17–21, 24, 25, 124, 140, 141, 143–44, 150–51, 159, 170, 192, 196, 200, 221n73, 246nn191–92；反-犹太复国主义，18；比特摩尔"特别犹太复国主义会议"（1942年5月），18–19, 21；后-犹太复国主义，15, 18；世界犹太复国主义组织，10, 40；德国犹太复国主义者同盟，10, 14, 136；美国犹太复国主义组织，13, 19. *See also under* Arendt, Hannah；Berlin, Isaiah

Zweig, Arnold（阿诺德·茨威格），10

索　引　[475]

2